KB219960

신학적 교회론

〈개정판〉

신학적 교회론 〈개정판〉

2020년 11월 13일 개정판 1쇄 발행
2024년 9월 11일 개정판 2쇄 발행

지은이 | 은준관
펴낸이 | 김영호
펴낸곳 | 도서출판 동연
등 록 | 제1-1383호(1992. 6. 12.)
주 소 | 서울시 마포구 월드컵로 163-3
전 화 | (02)335-2630 팩 스 | (02)335-2640
이메일 | yh4321@gmail.com
인스타그램 | instagram.com/dongyeon_press

Copyright ⓒ 은준관, 2020

이 책은 저작권법에 따라 보호받는 저작물이므로
무단 전재와 복제를 금합니다.
잘못된 책은 바꾸어드립니다. 책값은 뒤표지에 있습니다.

ISBN 978-89-6447-623-9 93200

| 개 정 판 |

신학적
교회론

은준관 지음

Theological   Ecclesiology

동연

머리말

　신학적 교회론 개정판을 내놓는 2020년 11월 오늘, 교회 성장의 마지막 '아이콘'(Icon)이었던 한국교회마저 코로나바이러스의 공격으로 끝이 보이지 않는 수렁으로 빠져들어 가는 비극적 상황과 마주하고 있습니다. 우리는 '뉴 노멀'(New Normal)이라는 신조어로 이 위기를 대처하려 하지만, 오늘의 위기는 전 인류가 거주하는 생태계를 멸망으로 몰고 가는 대재앙의 전주곡이라는 이유에서 보다 심각한 심판의 징조로 다가오고 있습니다. 18세기 산업혁명 이후 전 세계는 개발과 발전이라는 이름으로 생태계를 마구 파괴하여 왔습니다. 지금 이대로 가면 2,200년에는 지구가 뜨거워져서 스스로 폭발할 것이라고 합니다. 여기에 대한민국은 여덟 번째 주범이라고 합니다. 이 위기를 앞에 두고 많은 기독교 지도자들은 코로나 이후의 예배와 헌금 문제에 초점을 두고 교회 생존에 매달리고 있습니다. 죽어가는 생태계를 다시 살리는 창조신학과 교회의 소명에는 거의 무관심으로 일관하고 있습니다.

　오늘 개정판을 내놓으면서 저는 다시 한번 교회의 정체성을 생각해 봅니다. 교회는 제도도, 교제도, 설교도, 선교도 아닙니다. 이것은 교회의 소명을 담는 존재양식(modes of existence)들입니다. 존재 양식은 존재 근원이 아닙니다. 교회는 예수 그리스도의 '십자가'와 '부활'의 후속 공동체입니다. 십자가에서 흩어졌던 제자들이 부활하신 그리스도를 만난 다음 죽음의 도성 예루살렘에 모여 성령의 능력 주심 안에서 모이기 시작한 공동체가 교회(에클레시아-ecclesia)였습니다. 교회는 부활에서 오고 있는 하나님 나라를 경험한 하나님 나라 백성들의 모임이었습니다. 그리고 하나님 나라를 증언하는 공동체였습니다.

　여전히 부족하지만 오늘 출판된 개정판『신학적 교회론』은 예수 그리스도의 부활을 중심에 두는 교회가 어떤 교회인가를 모색하는 졸저입니다. 이제는 지난날의 교회성장주의, 기독교왕국의 꿈, 화려한 번영신학의 허상을 넘어, 예수 그리스도 안에서 이 우주와 창조, 세계와 역사 그리고 전 인류의 삶과 운행을 친히 손안에 두시고 지금도 경륜하시는 하나님의 통치하심과 거룩하신 뜻 앞에 겸손히 엎드리는 한국교회를 생각합니다.

개정판을 위해 원고정리와 교정에 열정을 쏟아준 실천신학대학원대학교 제자 문석영 목사(TBC 성서연구원 행정기획실장, 평촌교회 교육목사)와 아름다운 출판을 맡아준 연세대학교 신과대학 제자 김영호 사장(장로)에게 깊은 감사를 보냅니다.

2020년 11월
일산 서재에서
은준관 목사

차 례

제I부

현대 교회의 위기와 한국교회

학생혁명에서 발화되어 전 세계의 문화혁명으로 퍼져나간 1960년대의 시대적 에토스는 한 마디로 모든 것에 대한 부정과 저항이었다. 이와 때를 같이 하여 '죽음에 이르는 병'을 예고한 키르케고르의 후예들이 역사의 무대에 등장하여 온갖 큰소리로 '모든 것의 죽음'을 들고나오기도 했다.

그 하나는 신학계의 일대 충격을 가한 알타이저(Thomas J. J. Altizer)의 '하나님 죽음'이라는 무신론적 선언이었고,[1] 다른 하나는 이반 일리치(Ivan Illich)가 선언한 '학교의 죽음'이었다.[2] 세 번째는 존 로빈슨(John A. T. Robinson) 주교가 조용하게 그러나 조심스럽게 예고한 '교회의 죽음'이었다.[3]

그러나 50여 년이 지난 오늘, 하나님은 지금도 살아계셔서 전 우주의 진행을 경륜하고 계시며 학교는 죽기는커녕 과학 왕국의 아방가르드로서 역사 안에 주역으로 자리 잡고 있다. 오히려 영원히 존속하리라 믿었던 교회가 서서히 그 힘과 영광의 모습을 잃어가고 있다. 유럽과 미국을 차례로 공략하고 있는 교회 죽음의 세력은 자칫 한국교회까지 그 대상으로 삼을 날이 가까이 다가오고 있는지도 모른다.

---

1 Thomas J. J. Altizer, *The Gospel of Christian Athersim*(Philadelphia: Westminster Press).
2 Ivan Illich, *Deschooling Society*(New York: Harpe& Row, 1970).
3 John A. T. Robinson, "Church and Theology: Here to Where," *Theology Today*, 1968, voll. II, 149.

1장
현대 교회의 위기와 징후

1. 제3교회론

교회의 죽음을 두고 그 의미를 추구하는 해석은 크게 두 가지로 구분되고 있다. 그 하나는 종교 사회학적 접근으로서 여기는 딘 호지(Dean R. Hoge), 데이빗 루젠(David Roozen) 그리고 칼 더들리(Carl Dudley) 등이 속한다. 다른 하나는 교회 신학적 접근이며 여기에는 에밀 브루너(Emil Brunner), 콜린 윌리엄즈(Colin Williams) 그리고 에이버리 덜레스(Avery Dulles) 등이 속한다.

이 두 가지 접근 방법을 수용함과 동시에 제3의 방법을 제시하고 있는 신학자는 월버트 뷸만(Walbert Bühlmann) 신부이다. 역사 해석적 방법을 제시한 뷸만은 교회 죽음을 단순한 분석적 방법만도 또 추상적 추리도 아닌 역사의 현상과 흐름이라는 맥락에서 그 의미를 추구하고 있다는 이유로 설득력을 가졌다.

교회의 위기와 징후를 역사적 맥락에서 풀이한 뷸만의 해석으로부터 사상적 틀을 유출하는 일은 중요한 출발인 듯하다. 뷸만은 그의『제3교회의 도래』[1]에서 2,000년의 교회의 진행을 제1교회, 제2교회, 제3교회로 구

---

1 Walbert Bühlmann, *The Coming of the Third Church*(maryknooll, NY: Orbis Books, 1978). 뷸만 신부는 Tangnyika 선교사, Freiburg 대학선교학 교수를 역임했으며 지금은 Gregorain 대학교수와 교황청 세계 Capuchin 선교총무직을 맡고 있다.

분한다. 이는 '제3 세계론'에서 영향을 받은 것으로 보이지만,[2] 그 내용 전개는 이념적이고 정치적이며 경제적 의미를 내포하고 있는 제3 세계론에 비해 뷸만은 자기 비판적 시각에서 교회의 역사적 현상을 해석하고 있는 것이 인상적이다.

뷸만에 의하면 '제1교회'에는 지역적으로 동방교회들과 공산주의 국가 내의 교회들이 포함된다. 특히 11세기 로마교회와 분리하기 이전의 교부 시대와 중세 초기까지의 교회 역사를 중심으로 형성된 '정교회'(正敎會, Orthodox Church)가 제1교회로 지칭된다. 정교회(正敎會)는 두 가지 강력한 구조를 지니고 있다. 하나는 '자율성을 지닌 교회 지도자들'이고,[3] 다른 하나는 '예배에 있어서 초대 기독교 신비주의의 보전'이다.[4] 전자가 오랜 세월 로마교회와의 정치적 갈등에서 연유된 것이라면 후자는 전통 보전의 정통성에 그 근거를 두고 있다.

그러나 뷸만에 따르면 제1교회로서 정교회(正敎會)는 로마교회와의 분열 이후, 개혁의 의지와 정열을 분출되지 못한 채 '영적 고립'[5]만을 반복해 오고 있다. 예배 의식(liturgy)의 갱신뿐만 아니라 교회를 비교권화(de-clericalization)하려는 어떤 개혁적 시도도 추구하지 않고 있다는 것이다. 교회와 세계 사이의 관계 그리고 역사에 대한 교회의 책임조차 묻지 않는 반역사적(anti-historical) 종교로 전락했다는 의미이다. '아침에 지는 별'[6]로 상징된 제1교회의 모습은 확실히 죽음에 이르는 병에 걸린 교회의 비극적 모습을 예시하고 있다.

제1교회와의 엇갈림 속에 출현한 제2교회는 서기 1000년에서 1500년까지의 로마가톨릭교회와 1500년에서 1950년까지의 유럽과 미국의 개신교회 모두를 총칭한다. 자본주의 사상을 토양으로 하여 성장한 제2교

---

2 *Ibid.*, 3. 뷸만은 공산권 내의 교회들을 제1교회 범주 안에 넣었는데, 공산주의의 붕괴 이후 이 교회들은 제3교회의 가능성으로 부각된다.
3 *Ibid.*, 9.
4 *Ibid.*
5 *Ibid.*
6 *Ibid.*, 24.

회는 한때 '새 세계의 근거지'였다.[7] 전투적 교회(the church militant)의 위상을 가지고 전 세계를 선교의 대상으로 삼았던 제2교회였다. 1963년 교황 요한 23세의 개혁의 표상인 제2 바티칸 공의회(Vatican Council II)는 2,000년간 쌓여 온 교권주의적 한계를 뛰어넘어 새로운 도약을 가져올 '새 오순절, 새 교회상, 평신도 사역의 부상'이라는 역사적 계기로 평가했다. 그리고 1968년 웁살라(Uppsala)에서 열린 세계교회협의회(WCC)는 새로운 신학과 선교의 지평을 '하나님의 선교'(missio Dei)라는 혁명적 신학을 선언하였다. 이렇게 하여 로마가톨릭교회와 개신교회는 시대의 도전과 대결하면서 새로운 역사 변화의 가능성을 모색하는 듯하였다.

그러나 예상과는 달리 교회의 위기 현상은 더욱 심화되어 갔다. 교회의 분위기 쇄신이나 신학 사상의 전환이라는 역사적 계기마저 이미 기울기 시작한 교회의 위기를 극복하기에는 역부족이었다는 것이 뷜만의 해석이다.[8] 로마가톨릭교회를 사례로 하여 뷜만은 그 이유를 해석하고 있다. 예배 갱신 운동이 교회의 분위기를 쇄신하는 데 크게 공헌하였으나, 문제는 예배 갱신이 긍정적 결과를 얻지 못하고 있다는 데 있다. 교회교육은 강화되고 있지만 교인 수나 교인의 신앙생활은 급격히 저하되고 있다.[9] 사제들의 소명감이 점차 감소함에 따라 신학생 수는 절반으로 감소하고 있다.[10] 점차 서민 교회는 사라지고 교회 종소리는 그쳤으며 사제관은 빈집으로 변하고 있다. 교회의 고유 기능이었던 장례식도 이제는 국가가 떠맡기 시작했다.[11] 제2교회의 제도가 쇠퇴함과 동시에 역사 속에 남는 것은 '흩어짐의 교회'(church of the diaspora)이며 여기에는 예배, 기도 그리고 교육, 더 나아가 영적 교제와 섬김을 위해 모여드는 헌신한 소수의 기독자의 그룹들만이 남는다.[12] 이는 성서의 남은 자 사상의 교회론적 해석이며 토인

---

7 *Ibid.*, 4.
8 *Ibid.*, 14.
9 *Ibid.*
10 *Ibid.*, 15. 뷜만은 프랑스를 들어 예증하고 있다. 1963-1971년 사이에 신학생 수는 5,279 명에서 2,840명으로 줄었으며 안수받은 사제는 573명에서 237명으로 감소했다는 것이다.
11 *Ibid.*, 16-17.

비의 '창조적 소수'의 사상과도 맥을 같이한다고 볼 수 있다. 그리하여 뷸만은 제도로서, 건물로서, 조직으로서 제2교회는 심각한 위기에 봉착하게 되었고 '헌신된 기독자'의 소교회 혹은 소그룹 운동만이 신앙의 유산을 이어 가고 있다고 서술하였다. 그래서 뷸만은 제2교회를 '아침에 지는 달'이라고 비유한다.[13]

'새롭게 지평 위, 떠오르는 태양'[14]으로 비유된 제3교회는 20세기 중엽부터 역사의 무대 위에 등단하기 시작하였다. 이는 역사의 뒤안길에 숨어서 침묵과 고립을 마치 신앙의 진수로 착각하는 제1교회와 기독교 왕국의 영광을 좇다가 역사의 주도권을 빼앗긴 제2교회의 한계 속에서 제3교회가 등장하는 것이어서, 교회사의 단속적 의미(연속과 단절의 고리)를 시사해 주고 있다. 그것은 다음의 예고에서 잘 드러난다.[15]

	1900년	1965년	2000년
유럽·북미의 신자 수: 제1, 제2교회	392(100만) (85%)	637(100만) (63%)	796(100만) (42%)
아시아·아프리카·남미·오세아니아의 신자 수: 제3교회	67(100만) (15%)	370(100만) (37%)	1118(100만) (58%)

2000년대의 제3교회의 교인 수가 전 세계 기독교인 신자 수의 50%가 넘을 거라는 지표는 단순한 '수(數)'의 증가만을 의미하지 않는다. 지구의 영적 중심지가 전환될 것임을 강력히 암시하고 있다. 뷸만은 제3교회의 태동에 미래의 소망을 걸면서 그 특징을 아프리카, 남미 그리고 아시아인들이 경험한 기나긴 고난, 삶의 실존과 '자존의식'에서 오는 정체성의 회복에서 찾으려 한다.[16] 유럽과 미국이 경험하지 못한 가난, 정치적 탄압, 병고를 거쳐오면서 그들은 형제애, 평화, 고난을 아는 사람들이기 때문이다.

그러기에 제3교회의 가능성은 고난과 눈물 그리고 배고픔을 아는 사람

---

12 *Ibid.*, 17.
13 *Ibid.*, 24.
14 *Ibid.*, 24.
15 *Ibid.*, 20.
16 *Ibid.*, 29.

들의 삶과 영혼의 심연에서 분출되는 신앙적 에너지에 있다는 것이다. 그러나 이 에너지는 '한'으로서만 표출되는 것이 아니라, '부활의 소망' 안에서 변화되는 영적 에너지이다.[17]

뷸만에게서 제3교회의 태동이 가지는 의미는 제1교회의 '예배의 형식 유지'와 '교권적 폐쇄주의'도 아니고 제2교회의 '기독교 왕국'의 회복도 아니다. 그러나 인류의 고난과 눈물을 함께 아파하면서 '부활의 소망'으로 고통을 치유하려는 '크리스토 프락시스'(Christo praxis)인 것이나. 뷸만의 교회 신학적 시도는 추상적이고 단순한 분석에 근거한 해석이라는 약점이 있지만 그 신학적 비전은 교회 미래를 새롭게 재구성해가는 데 필요한 방향 제시임에 틀림이 없다.

뷸만의 제3교회론을 이 책의 서론적 논거로 삼으면서, 그 내용을 요약하자면 다음과 같다.

1-500년에는 세계의 중심이 서남아시아였으나, 500-1500년에는 그 축이 유럽으로 옮겨졌다. 제1교회와 제2교회는 이 기간 동안 태동했다.[18] 그러나 1500-1850년에는 지구의 축이 미국으로 전환되었으며 1500-1950년은 아시아와 아프리카의 역사 각성기이다. 이 기간은 제2교회의 전성기이다.[19]

1950년 이후 지구의 '중심'이 아시아로 옮겨짐과 동시에 제3교회의 태동이 이 지역에서 일어난다.[20]

대부분의 종교사회학적 분석은 단순하고 특히 아시아를 바라보는 문화사적·정치사적 시각이 피상적이라는 한계를 안고 있는 반면 뷸만의 제3교회론은 역사적 실증과 경험에 근거한 것이라는 이유에서 설득력이 있다. 흔히 사용되는 통계론적 교회 이해나 종교사회학적 분석이나 추상적·신학적 교회론보다도 제3교회론은 역사성에 근거한 분석 방법을 사용하였다는 이유에서 독보적이라 할 수 있다.

---

17 *Ibid.*, 94.
18 *Ibid.*, 86.
19 *Ibid.*
20 *Ibid.*

이는 마치 역사 500년 주기 변화설(500 years cycle)을 레이먼드 휠러 (Raymond Wheeler)의 이론과 맥을 같이하는 듯하여 인상적이다.[21]

	동방	서방
1000 B.C.	(흥) 다윗과 솔로몬 왕국 아시리아 제국 바빌로니아 왕국 페르시아 제국	(쇠) 원시종족 (barbaric)
500 B.C.	(쇠) 바빌로니아 왕국 멸망 페르시아 제국 멸망	(흥) 그리스 민주주의 시작 알렉산드로스 대왕의 왕국 로마 제국의 성장
1 A.D.	(흥) 예수 탄생 기독교의 성장 (서남아시아, 유럽, 아프리카) 로마 제국의 기독교화	(쇠) 로마 제국의 쇠퇴 로마 제국의 멸망
500 A.D.	(쇠) 이슬람 제국의 등장 동방 왕국의 쇠퇴	(흥) 서구 기독교 문명 태동 기독교의 확장(프랑스, 독일, 영국, 스칸디나비아, 러시아) 동로마 제국의 득세
1000 A.D.	(흥) 몽골 제국의 등장 (칭기스칸, 쿠빌라이칸) 세계 정복의 꿈 서유럽 위협 중국 문화의 개화 서남아시아에서의 오스만 제국의 등장(쇠)	(쇠) 내전과 질병으로 인한 유럽의 쇠퇴 교회의 분열과 타락
1500 A.D.	(쇠) 몽골 제국의 쇠퇴 오스만 제국의 쇠퇴 인도와 동남아시아의 쇠퇴	(흥) 종교개혁, 르네상스 아메리카 발견의 항해 서방 세계의 식민지 정책 산업 혁명 포르투갈·스페인·프랑스·영국·독일

---

21 Pat Robertson, *The New Millennium*(Dallas: Word Publishing Co., 1990), 130-133.

		· 이탈리아 등장
2000 A.D.		기독교 유럽의 세계화
		미국의 민주주의 등장
		'부'와 군사력 등장
		(기독교 국가)

2000 A.D.	(흥)	(쇠)
	OPEC과 일본 등장	경제적 파탄
	태평양 국가 등장	가정 해체
	이슬람과 힌두교 성장	출생 격감
	기술의 우위성	탈기독교화
	한국·중국·필리핀·대만에서의	신앙 상실
	기독교 성장	군사 유지와 경제적 파탄22

휠러(R. Wheeler)의 500년을 주기로 '지구의 중심'(서남아시아 – 유럽 – 미국 - 아시아)이 이동했다는 변화설과 영적 '축'이 동시대에 이동했다는 불만의 해석은 상호 보완적 의미를 갖는다. 그리고 제3교회를 '삶의 아픔'이라는 역사의 물음과 '부활의 소망'이라는 신앙적 해답 사이의 변증법적 관계를 신학적 근간으로 삼은 해석은 예리한 것으로 평가한다.

2. 제2교회의 '흥'과 '쇠': 유럽과 미국교회

제2교회란 중세 로마가톨릭교회로부터 제2 바티칸 공의회를 거쳐 지금까지 전 세계에 현존하고 있는 로마가톨릭교회와 16세기 종교개혁 이후의 유럽과 미국의 모든 개신교회를 포괄한 교회이다. 제1교회의 죽음을 상징적으로 선언한 이후 제2교회도 시간이 흐를수록 내적인 빛을 잃어가는 불행의 역사를 걸어가고 있다. 이것은 제3교회에 대한 역사적 교훈과 경고로서, 그 실체를 분석하는 일은 매우 중요하다고 본다.

---

22 *Ibid.*, 132-133.

1) 미국교회의 '흥'과 '쇠'[23]― 그 현상

미국교회의 '흥'과 '쇠'를 가장 포괄적이면서도 객관적으로 접근한 연구서는 『교회성장과 쇠퇴 이해: 1950-1978』[24]이며 같은 주제를 평이하게 서술한 연구서는 칼 더들리(Carl Dudley)의 『우리 교인들은 모두 어디로 갔는가?』[25]이다. 이 두 연구서는 교회 성장과 쇠퇴에 관한 연구 지침서로서 높이 평가되고 있으며 또한 종교사회학적 대표작으로 평가되고 있다.

특히 루젠(David A. Roozen)과 캐롤(Jackson W. Carroll)은 그들의 논문 "교회 멤버십과 참여의 동향"[26]에서 몇 가지 충격적인 통계자료를 제시하고 있다. 그 하나는 1952년에서 1978년 사이에 개신교회가 1960년 중반을 기점으로 교회 성장의 정점을 이루었다가 급격한 쇠퇴 현상을 본다는 것이다. 이와 반대로, 로마가톨릭교회는 완만한 변화를 보이는 것이 특징이다. 불과 10년 사이에 미국 전 인구의 6%에 해당하는 개신교 교인이 감소했다는 사실은 충격이었다.

이와 같은 현상은 주류 개신교회로 분류되는 교회들 속에서 공통으로 나타나고 있다. 예를 들어 루터교회는 1960년대에 850만 명을 정점으로 교인 수가 감소하기 시작하였으며 성공회는 같은 기간에 340만 명을 최고치로 하고는 급감소되고 있고 장로교회는 1960년 중반에 교인 수가 430만 명까지 증가했지만 급속히 쇠퇴하고 있다. 최악의 경우는 회중 교회로서 1960년대에 220만 명이었던 것이, 1970년에는 190만 명 이하로 감소하기 시작한 것으로 나타났다.[27]

---

23 유럽교회의 '흥'과 '쇠'에 대한 종교사회학적 자료의 빈곤으로 인해, 미국교회 연구 분석에만 의존함.
24 Dean R. Hoge & David A. Roozen, ed., *Understanding Church Growth & Decline: 1950-1978*(NY: Pilgrim Press, 1979)
25 Carl S. Dudley, *Where Have All Our People Gone?*(NY: Pilgrim Press, 1979).
26 David A. Roozen & Jackson W. Carroll, "Recent Trends in Church Membership and Participation: An Introduction," *Understanding Church Growth& Decline*.
27 Dean M. Kelly, *Why Conservative Churches Are Growing?*(NY: Harper & Row, 1972), 3-8.

회중 교회가 겪은 부정적 경험과는 다소 다르지만 미국 연합감리교회마저 1960년 중반의 1,100만 명을 정점으로 하여 교회 성장은 끝나고 1985년 920만 명으로 줄었다.[28] 아직 정확한 통계는 나오지 않았지만 격감의 추세는 계속된다는 것이 종교사회학자들의 일관된 견해이기도 하다. 그리고 보면 남침례교회와 몇몇 보수 교단만을 제외한 모든 주요 교단들이 계속 교인들을 잃고 있다는 비극적 상황에 놓인다.

더 충격적인 통계는 미국교회가 지난 20-30년 사이에 주일학교 학생들을 급격하게 잃고 있다는 사실이다. 물론 이는 성인들의 교회 이탈 현상과 맞물려 일어나는 현상이기는 하나, 그 격감의 강도와 속도가 성인보다 배에 이른다는 데 문제의 심각성이 있다. 이는 '주일학교의 죽음'을 예고한 웨스터호프(John H. Westerhoff)의 논거[29]를 입증해 주는 것이다. 주일학교의 죽음은 미래 미국교회의 운명을 더욱 어둡게 하는 역사의 징표라는 이유에서 비극적 상황인 것이다.

'주일학교의 죽음'이라는 측면에서 살펴보면 루터교회는 근 몇 년 사이에 300만 명에서 200만 명으로 학생 수가 줄었고 성공회는 1959년에 100만 명 정도의 학생들이 있었으나 10년 만에 72만 명으로 줄었으며 회중교회는 120만 명에서 75만 명으로, 장로교회는 230만 명에서 130만 명으로 줄었으며,[30] 특히 미국 연합감리교회는 1960년 주일학교 학생 수가 780만 명이었으나 1984년에는 415만 명으로 감소하는 비극적 경험을 안고 있다.[31]

교인 격감 현상과 주일학교를 떠나는 어린이들 뒤에는 많은 요인과 변인들이 자리 잡고 있는 것이 사실이다. 이는 우연한 결과가 아니기 때문이다. 그 많은 원인 중에서 더들리 교수는 '도시 변형과 인구 이동'에 따라 생겨난 원인을 가장 중요한 변인으로 본다.[32]

---

28 Richard B. Wilke, *And Are We Yet Alive?*(NY: Harper & Row, 1972), 3-8.
29 John H. Westerhoff, *Values for Tomorrow's Children*(Philadephia: Pilgrim Press, 1979)
30 Dean M. Kelley, *Why Conservative Churches Are Growing?*, 3-8.
31 Richard B. Wilke, *And Are We Yet Alive?*, 12-14

점차 낙후되고 퇴색해 가는 도시 중심부의 교회일수록 교인 수가 급격히 감소하고 있으며 도시 외곽 지대와 변두리의 쾌적한 지역의 교회들은 완만한 교인 상실을 경험하고 있는 것으로 나타난다. 그러나 이 같은 사회학적 변인 외에도 교인 격감 현상에는 많은 내적·심리적·정신적 원인이 내재해 있는 것으로 보인다. 도시 변형과 인구 이동에 따른 이러한 교인 상실 현상은 1990년대에 들어서면서 한국교회도 경험하기 시작하는 현상이라는 것이 문제점으로 부각되었다.

2) 미국교회의 '흥'과 '쇠' — 그 원인 분석

미국교회가 처음부터 영적 능력을 상실한 채 무기력한 교회로 일관된 것은 아니었다. 교회 역사상 가장 짧은 기간 동안 가장 극적인 교회 성장을 성취했던 것이 미국교회였다. 교회의 쇠퇴는 교회 성장 이후의 현상이기에 쇠퇴 이유를 교회 성장 선상에서 규명하는 것이 중요하다. 이와 관련하여 칼 더들리(Carl S. Dudley) 교수는 제2차 세계대전이 끝난 1945년을 기점으로, 교회 쇠퇴 현상이 시작된 1964년까지 일어났던 교회 성장의 기적을 다음과 같이 설명한다.

"제2차 세계대전 이후 급격히 늘어난 교인 수에 대하여 교회들은 영적으로, 감정적으로, 물리적으로 준비되지 않았다. 갑자기 예배당은 작아졌고 교육관은 비좁아졌다. … 이때부터 교회는 예배당 짓는 일, 신학교 건립하는 일, 캠프와 다른 시설 짓는 일에 과잉투자하는 결과를 초래했다."[33]

교회의 준비 부족과 과잉 투자가 교회 성장에 잘못 대응한 출발점이었다면, 같은 이유로 준비 부족과 과잉 투자 의식은 교회 쇠퇴를 가속화 한

---

32 Carl S. Dudley, *Where Have All Our People Gone?*, 27.
33 *Ibid.*, 4.

원인이 되었다. 다시 말하면 역사의 급격한 변동에 대한 교회의 의식 전환이 미숙했었다.

더들리가 높은 평가를 아끼지 않았던 중요한 연구는 1978년 2월 1-3일에 열렸던 하트포드(Hartford) 신학교 심포지엄인 "교회 성장과 쇠퇴"(Church Growth and Decline)에서 제시된 연구들이었다.[34] 지금도 이 연구는 객관적이면서도, 학문적 깊이와 신학적 통찰력을 통합한 교과서로 평가되고 있다. 이 연구서는 미국교회 성장에 관한 깊은 해석을 제공한다.

(1) 교회 성장 요인 I ― 제도적 · 상황적 요인들

무엇보다도 먼저, 교회 성장에는 제도적 · 상황적 요인들이 복합적으로 깔려 있었다. 그 처음은 국가적인 상황적 요인들(national contexual factors)로서, 여기에는 정치적 · 경제적 · 사회적 구조와 함께 강력한 가치 지향성이 작용했다.[35] 이는 제2차 세계대전에서 미국의 승리, 한국전쟁 그리고 강력한 정치적 · 경제적 성장과 미국 제일주의 철학 등으로 이어진 미국 황금시대의 도래가 교회 성장의 주요한 요인이었다는 것을 말한다.

교회 성장의 제도적 · 상황적 요인 두 번째는, 이 기간 동안 교단 본부와 범교단 본부들(national institutional factors)이 합심하여 '전도'와 '새 교회 건립'[36]이라는 전략을 세우고 이를 강력한 추진한 데 있었다. 이 새로운 개척 교회 건립을 최우선적 정책으로 삼았던 것이다.

교회 성장의 제도적 · 상황적 요인 세 번째는 '지역적인 상황적 요인'(local contextual factors)으로서, 이는 특히 중산층 백인들이 도시에서 교외(suburbia)로 이동하여 새 도시, 새 이웃, 새 공동체를 형성한 것이 그 요인

---

34 *Ibid*., 7. Dean R. Hoge & David A. Roozen이 공동 편저한 *Understanding Church Growth and Decline*: 1950-1978은 이 연구 논문의 집대성임.

35 Dean R. Hoge & David A. Roozen, ed., *Understanding Church Growth and Decline*: 1950-1978, 39.

36 *Ibid*.

이 되었다는 것을 의미한다. 새 도시 형성은 농촌과 도심지 교회의 약화를 가져왔지만 반면 새 지역 형성과 교외문화(suburban culture)의 형성은 새 교회 형성에 지대한 영향을 끼친 것으로 나타난다. 깁슨 윈터(Gibson Winter)는 이를 "교회 변두리 노예"(the suburbian captivity of the churches)[37] 라고 불렀다.

교회 성장을 뒷받침한 제도적 · 상황적 요인 네 번째는 '지역적인 제도적 요인'(local institutional factors)으로서 이것은 단위 교회마다 가지는 특수한 구조, 프로그램의 범위와 지도력의 질들을 의미한다.[38] 각종 현대식 교회 건축, 사회가 해주지 못하는 청소년 프로그램, 주일교회학교의 교육 프로그램 그리고 엄격한 목회자 자격 규정과 지도력 등은 교회 성장을 뒷받침한 요인들이었다.

이렇듯 정치적 상황, 교단의 선교 정책, 도시 이동, 교회 프로그램의 우수성 등이 미국교회 성장의 긍정적 요인들이었다면 이는 직접적 혹은 간접적으로 한국교회 성장을 뒷받침한 한국적 상황과도 많은 흡사성이 있는 것으로 평가된다.

(2) 교회 성장 요인 II - 박탈 이론들

교회 성장은 제도적 · 상황적 요인이라는 외적 여건 외에도 박탈 이론으로 알려진 내적 요인에 의하여 심화된 것으로 나타난다. '박탈 이론'(deprivation theory)이란 사람들이 박탈당했다는 피해 의식을 교회와 신앙을 통하여 심리적으로 '보상'(compensation) 받으려는 것을 의미한다. 경제적 박탈 의식(economic deprivation)을 가진 이들은 혁명적 운동에 가담하든지 아니면 대부분 '종파적 종교운동'(sectarian religious movement)에 참가하여

---

37 Gibson Winter, *The Suburbian Captivity of the Church*(New York, Garden City: Doubleday& Co., 1961).
38 Dean R. Hoge& David A. Roozen, ed., *Understanding Church Growth and Decline*: 1950-1978, 40.

잃어버린 것을 보상받으려 한다.39 대다수 사람이 교회의 '축복' 사상을 선호하는 이유가 여기에 있으며 이는 교회 성장에 큰 요인으로 작용한다. 미국교회는 '신앙'과 '중산층화'를 동일시했던 것으로 나타난다.40

박탈 이론에는 또한 '사회적 박탈의식'(social deprivation)이 있다. 이는 사람들이 사회로부터 받지 못한 인정과 사회적 신분을 교회를 통해 받으려 한다는 것을 의미한다.

박탈 이론의 세 번째는 '신체적 박탈'(organismic deprivation)인데, 이는 사람들이 잃어버린 건강을 되찾기 위해 교회의 '치유'(healing) 운동에 참여한다는 것을 뜻한다.41 오늘날에는 많은 변질을 가져왔지만 한때 유행했던 '천막 속의 치유'에 수 없는 사람들이 운집했던 미국교회 운동은 신체적으로 박탈 의식을 가진 많은 사람이 모여든 예이기도 하다.

박탈 이론의 네 번째는 '윤리적 박탈'(ethical deprivation)로서, 이는 자아와 사회 간의 갈등을 종교와 교회를 통하여 승화하려는 노력으로 나타난다.

다섯 번째는 '심리적 박탈'(psychic deprivation)로서, 이러한 박탈 의식이 있는 사람들이 자기 정체성과 삶의 의미를 찾기 위해 주로 종파적 운동에 모여든다는 것이다.

여기서 박탈 이론은 그것이 '경제'든, '사회'든, '신체'든, '윤리'든, '심리'든지 간에 소외되고 또 빼앗겼다고 의식하는 사람들이 신앙의 이름으로 교회 공동체를 통하여 승화하거나 보상받으려는 인성의 내적 갈구 이론이며 교회 성장에 직접적·간접적으로 작용하는 매우 설득력 있는 이론임에 틀림없다. 그러나 박탈 이론의 약점은 교회 성장의 신앙적·초월적 기능성이 격하될 위험성을 안고 있다는 데 있다.

---

39 *Ibid.*, 48-49.
40 Carl S. Dudley, *Where Have All Our People Gone?*, 18-22.
41 Dean R. Hoge& David A. Roozen, ed., *Understanding Church Growth and Decline*: 1950-1978, 18-22.

(3) 교회 성장 요인 Ⅲ — '아이 키우기', '사회 신분', '교리 신봉', '지역주의'

연구자들에 의하면 미국교회 성장 뒤에는 제도적·상황적 요인과 박탈 이론 외에도 아이들을 양육하기 위해 청장년층 사람들이 교회에 적극 참여했다는 '아이 키우기'(child rearing) 동기가 깔려 있다.[42] 그리고 중산층 사람들은 교회를 통하여 사교적 연관성을 확대해 가려는 동기로 교회에 출석하는 경우가 많았는데, 이는 '신분 이론'(status group theory)[43]으로 명명되었다. 또 교회 성장 뒤에는 정통 교리를 신봉하는 열정이 교회 참여를 유발했으며 '지역주의'(localism)를 선호하는 사람들은 자신의 지역 교회에 적극적으로 참여하여 자신과 지역 교회를 동일시하였다.

이렇게 연구자들이 조사하여 얻은 성장 요인들, 즉 '아이 키우기', '신분 상승', '교리 신봉', '지역주의' 등은 '박탈 이론'에서 제시된 부정적 요인보다는 좀 더 적극적 요인으로서 범주화될 수 있을 것이다. 이러한 요인들이 미국교회 성장을 뒷받침한 요인들이었다는 분석은 한국교회 성장을 분석 비교하는 작업에 좋은 틀이 될 것이다.

그러나 미국교회 성장사는 1964년을 정점으로 끝났고, 1964년 이후의 미국교회는 쇠퇴기라는 예상하지 못했던 역사의 도전에 직면해 있다. 교회 쇠퇴의 원인에 대해서는 또 한 번 연구자들의 발견과 해석에서 도움을 찾아야 할 것이다.

(4) 교회 쇠퇴의 원인

호지와 루젠의 조사 연구에 따르면 교회 쇠퇴의 원인은 교회 성장의 복합적 요인들보다는 단순하고 즉흥적이며, 직접적이었다는 데 그 특징이 있다. 교회를 떠나는 가장 큰 이유는 '병고', '직업 이동', '교통문제', '여가'

---

42 *Ibid.*, 53-54.
43 *Ibid.*, 54-55.

그리고 '가족의 반대'라는[44] 범주로 나타났다. 이는 급격한 사회변동과 거기에 따르는 생활구조의 변화와 인구 이동이 교회 쇠퇴의 직접적 원인이라는 것으로서, 오랫동안 종교사회학에서 논의되어 온 현상 분석이다.

그러나 교회 쇠퇴의 더 근원적인 이유는 사회변동의 역작용보다는 훨씬 더 심각한 문제 속에 담겨 있다. 그것은 교회 그 자체의 효율성 상실에 있다는 발견이다. 교회의 모든 프로그램이 그 효율성과 의미를 상실한 채 '지루하고', '무관심'해졌다는 것이다.[45] 여기에는 목회자의 영적 감화력과 지도력이 점차 그 영향력을 상실해 간 것도 그 이유 중의 하나이다. 그 결과 신자들은 교회에서의 '소속감'을 잃게 되었으며 '용납되고', '사랑을 나누며', '필요한 존재로 수용되는' 공동체 경험을 가지지 못한 것으로 나타났다.[46]

결국, 미국교회의 쇠퇴 원인 뒤에는 교회 성장이라는 꿈의 환상 속에 파묻혀 시설 확충에만 몰두하는 동안 신자 하나하나의 영적·지적·심리적 요구를 집약하여 돌볼 수 있는 목회의 전략도, 교회 프로그램의 전환도 서둘러 진행하지 못한 데서 실패는 시작되었다고 본다. 신앙 공동체 형성에 교회가 속수무책이었다는 뜻이다.

미국교회의 쇠퇴는 교회 성장이라는 환상적 경험 이후에 등장한 후속적 현상인 반면 유럽교회의 쇠퇴는 교회 성장의 극적 경험도 없이 오랜 역사의 흐름 속에서 서서히 침몰하는 현상으로 나타나고 있다는 것이 그 특징이기도 하다.

에밀 브루너(Emil Brunner)는 그 이유를 두 가지 차원에서 해석하고 있다. 그 하나는 프랑스 혁명 이후에 나타난 '자유'가 교인으로서 '의무조항'을 소멸시켰는데, 이는 결과적으로 프랑스인들을 교회로부터 단절시키는 역사적 현상을 가져오게 했다는 것이다.[47] 비록 감리교회 같은 자유 교회

---

44 *Ibid.*, 64-65.
45 *Ibid.*, 65.
46 *Ibid.*, 64-65.
47 Emil Brunner, *The Christian Doctine of the Church, Faith and the Consumation* (Philadelphia: Westminster Press, 1950), 93-94.

(free church)가 주로 저소득층의 사람들을 포용하는 전도에 힘썼다 하더라도, 의무조항 소멸 현상은 유럽교회의 교인 격감을 가속화시킨 결과를 가져왔다는 것이다.

브루너에게서 두 번째 요인은, 개인주의 사상의 등장이다. 개인주의 사상은 '보이지 않는 교회', '순수한 교회'에 지나친 강조를 함으로써 기성교회, 보이는 교회, 역사적 교회를 부정하는 경향으로 흘렀다는 것이다. 이는 '교회 없는 기독교인들'(churchless Christians)을 만들었으며 그 결과 보이는 교회는 점차 건물만 남는 유령화 현상으로 몰리게 되었다는 것이다.[48]

브루너에 이어 유럽교회의 쇠퇴를 들고나온 이는 판넨베르크(Walfhart Pannenberg)와 한스 큉(Hans Küng)이다. '교회 없는 기독교인들'이라는 유럽교회의 현상은 서독 개신교인 중 15%만이 교회에 출석할 뿐(가톨릭 신자는 25%) 나머지 85%의 기독교인들은 교회 출석을 거부하고 있는 데서 나타난다.[49] 바로 이 교회 없는 기독교인들은 자녀들의 세례, 결혼, 장례식에만 교회에 참여하며 이를 위해 종교세를 내는 의무에만 참여한다는 것이다.

로마가톨릭교회를 대변하는 큉은 로마교회의 쇠퇴 이유를 다음과 같이 접근하고 있다. 그는 1963년에 167명의 사제가 사제직을 떠났지만 1970년에는 3,800명의 사제가 떠났다는 사실을 들고 있다. 지난 8년간 로마교회의 사제 22,000-25,000명이 사제직을 떠났으며 그중에는 30-40세 사제가 주류를 이루고 있다는 것이다. 해마다 사제 안수(ordination)는 20-50%가 줄고 있으며 현직 사제의 40%가 사제직을 떠나려고 한다는 것이다.[50] 큉은 이 비극적 현상이야말로 개혁의 열정도 의지도 없는 가톨릭교회의 권위주의와 교권주의에 기인한다고 본다.[51]

결국, 미국교회와 유럽교회의 쇠퇴는 그 배경과 형태는 달라도 한 가지

---

48 *Ibid*.
49 Walfhart Pannenberg, *The Church*(Philadelphia: Westminster Press, 1983), 9.
50 Hans Küng, *Reforming the Church Today*(NY: Crossroad, 1990), 7-8.
51 *Ibid*.

공통된 원인에 의해 일어나는 현상이라는 사실이 발견된다. 그것은 역사에 대한 교회의 무기력성, 개혁에 대한 교회의 둔감 때문이다.

3) 공동체의 붕괴 — 쇠퇴의 원인

그토록 화려했던 기독교 왕국인 제2교회의 '흥'과 '쇠'의 엇갈림 뒤에 깊숙이 자리 잡은 쇠퇴의 근원적 이유는 무엇인가? 이 물음에 대한 신학적 해석은 제3교회의 소중한 길잡이가 될 것이다.

이 물음에 대해 가장 예리하고도 강렬한 어조로 비판해 온 신학자는 로마 가톨릭 진영에 속한 한스 큉(Hans Küng)이다. 그는 특히 『고뇌하는 교회』[52]에서 로마가톨릭교회의 위기는 한 마디로 절대적 교황 군주주의(papal absolute monarchy)[53]에로의 회귀에 있다고 말한다. 이 같은 교황 절대권의 부활은 2,000년의 교회 역사 속에서 역사 전환적 사건으로 해석되고 기대되었던 제2 바티칸 공의회(1963)에 대한 반역이며 더욱이 신약 교회의 재현을 약속했던 로마교회의 선언에 대한 배반이라고 본다.

신약 교회의 재현이란 교황은 '통치자'도 '머리'도 '군주'도 아니라 주교단(college of bishops)에 연결된 교회의 한 일원이며 하나님을 섬기는 '종'이라는 것을 의미한다.[54] 이 같은 성서적이고 신학적인 교회 개혁을 뒤로 하고 교황 절대권을 재연하는 오늘의 로마교회는 밑으로부터의 신앙 운동과 공동체 운동을 외면하거나 저해하는 힘으로 나타난다는 것이다. 그 예로 큉은 '남미의 해방신학', '미국의 평화운동', '인도의 이슬람', '남미의 기초 공동체 운동'을 들고 있다.[55] 그리고 교황 절대권의 강화는 법률의 개혁을 갈구하는 사회적 요구를 외면하고 있다. 예를 들어 '피임 허용(68%)', '여성 안수(52%)', '사제의 결혼(63%)', '재혼 허용(73%)' 같은 사회적·현실적 요구

---

52 Hans Küng& Leonard Swidler, ed., *The Church in Anguish*(San Francisco: Harper& Row, 1987)
53 *Ibid.*, 1.
54 *Ibid.*, 2.
55 *Ibid.*

가 교권적 권위주의의 이름으로 거부되고 있다는 것이다.56

　로마가톨릭교회 진영에 속하면서 로마교회의 위기를 다소 낮은 소리로 비판하고 나선 이는 후테펜(Anton Houtepen)이다. 후테펜은『하나님의 백성』57에서 로마교회 쇠퇴의 원인을 '예수 운동의 이념들'을 포기한 데서 찾고 있다. 여기서 예수운동이란 가난하고 소외된 사람들과 함께하는 소공동체 운동을 지칭하고 있다. 이러한 운동의 포기는 성령의 역사를 소홀히 한 결과로서 나타났다는 것이다.58 결국, 오늘 로마가톨릭교회는 공동체 경험, 새로운 예배, 소그룹 운동을 외면함으로써 참 교회가 무엇인지를 망각하는 신학적 혼돈에 빠졌다는 것이다. 이 같은 비판적 시각은 이미 언급된 뷜만에 의하여도 심화되고 있다. '새 오순절', '새 교회', '평신도를 향한 개방' 등을 표방했던 교황 요한 23세의 개혁에도, 오늘의 가톨릭교회는 예배 갱신도, 교육 개혁도 사라진 채 점차 '소명 없는' 교회로 전락하고 있다는 것이다.59

　쿵과 후테펜 그리고 뷜만으로 이어지는 일련의 비판 속에는 한 가지 공통적 주제가 깔려 있음을 발견한다. '개혁'이 중단되는 곳에는 교권화와 제도화가 필요악처럼 나타나며, 그것은 생명력 있는 삶과 신앙을 함께 나누고 섬기는 하나님 백성의 공동체를 약화 내지 쇠퇴시키고 있다는 것이다. 결국, 로마교회의 위기는 공동체의 부재에서 오는 것이다.

　제2교회의 '흥'과 '쇠'에 대한 비판적 논조는 가톨릭 진영 못지않게 개신교 진영에서도 높은 강도로 전개되어왔다. 피터 호지슨(Peter C. Hodgson)은 서구 기독교 위기의 근원적 이유를 서구 부르주아 문화 붕괴에서 찾는다.60 부르주아 문화란 개인주의와 자본주의를 근간으로 형성된 귀족의식의 문화이며, 이 문화의 붕괴는 적어도 네 가지 위기를 동반하고 있다는 것이다.

---

56 *Ibid.*, 6.
57 Anton Houtepen, *People of God*(Maryknoll, NY: Orbis Books, 1984)
58 *Ibid.*, 7-9.
59 Walbert Bühlmann, *The Coming of the Third Church*, 13-17.
60 Peter C. Hodgson, Revisioning the Church(Philadelphia: Fortress Press, 1988), 11.

첫째는, '인지적 · 의식적 위기'(cognitive crisis)이며 이는 전통적 서구 의식의 해체 과정을 의미한다. 두 번째는 '역사적 위기'(historical crisis)이며 이는 두 번의 세계 전쟁과 나치주의, 스탈린주의, 홀로코스트(Holocaust), 베트남전쟁, 핵위협 전쟁으로 얼룩진 역사의 위기이다. 여기서 사실 구속사의 의미는 그 의미를 상실하게 된다. 세 번째는 미국의 영향력 상실에서 오는 '정치적 위기'(political crisis)이며 네 번째는 자본주의도, 사회주의도 그 기능을 상실한 '사회적 · 경제적 위기'(socioeconomic crisis)이다.61 호지슨에 의하면 서구 부르주아 문화의 위기는 서구 기독교의 위기라는 현상뿐만 아니라 전통적 의미의 구속사의 근거마저 상실하는 신학적 위기까지 가져 왔다고 한다.

그러나 에밀 브루너(Emil Brunner)와 류벤(Arend Th, van Leeuwen) 같은 유럽 신학자들은 서구 기독교의 붕괴를 부르주아 문화의 해체에서 찾는 호지슨과 달리 그 원인을 '과학혁명'에서 찾는다. 특히 류벤은 과학기술 혁명을 들어 계시의 하나님은 동양의 절대 왕권인 제정 왕국(ontocracy)과 서양의 절대권인 기독교 왕국(Christendom)을 비신화하고 또 비신격화해 간다고 해석을 한다.62 그것은 '바벨탑', '가나안 신화', '우주적 총체성을 강조하는 고대 그리스 문화와 불교 문화', '로마 제국', '중국 문화' 등으로 이어지는 역사 변혁과 함께, 제도와 권력을 절대화해 온 기독교 왕국이 비신격화되어 가는 해체 과정을 포함한다. 성서의 하나님은 계시의 하나님이며, 계시적 하나님은 그 어떤 절대화된 것도 정죄하는 주체라는 이해이다. 결국, 서구 교회 위기는 '예루살렘 성전'처럼 신화화되고 신격화된 서구교회를 하나님이 '세속화'한다는 것에 놓여 있다.63 과학혁명을 그 방법으로 사용한다는 것이다.

에밀 브루너는 류벤의 해석과는 다른 관점에서 접근하지만 '과학'이 창

---

61 *Ibid.*, 13-14.
62 Arend Th, van Leeuwen, *Christianity in World History*(NY: Charles Scribner's Sons, 1964), 159, 332.
63 *Ibid.*, 168-170.

출해 낸 이른바 '지적 상황'(intellectual enlightenment)이라는 시대적 변화가 기독교를 위기로 몰고 간 원인이 되었다고 해석한다.[64] 새로이 창출된 합리주의라는 지적 상황에 대한 연관성 혹은 응답성을 상실한 기독교는 삶으로부터 동떨어진 예배만을 되풀이함으로써 하나의 '제사주의', '종파주의'(cultism)에 빠졌다는 것이다.[65] 그리고 오늘의 교회는 '세례'나 '성만찬' 예식마저 살아 계신 하나님과 만남의 경험이 배제된 의식으로 전락시킴으로 '성례전주의'(sacramentalism)에 빠졌다는 것이다. 교회에 봉사하기 위해 제정된 '사제직'과 '목사직'은 공동체적 교제와 형제 됨을 저해하는 요인으로 바뀌었으며 이는 결국, 교회를 '제도주의'(institutionalism)에 빠뜨리는 결과를 가져왔다.[66] 과학혁명이 도출한 지적 상황에 대한 기독교의 대응 능력 상실은 삶과 역사로부터 기독교를 점차 단절시킬 뿐만 아니라 기독교를 하나의 무기력한 형식주의로 전락시키고 있다는 것이다.

기독교의 무기력성을 미국적 상황에서 풀이한 윌키(Richard B. Wilke) 감리교회 감독은 한 마디로 '교회의 공동체 상실'이야말로 교회를 잠자는 거인으로 만들었다고 주장한다.[67] 여기서 공동체 상실, 특히 '지지 공동체'(supportive community)의 상실은 목회자들이 단순한 교회 현상 유지 내지 '생존'만을 지속하려는 잘못된 목회철학과 지나치게 '개인' 하나하나를 돌보는 개인주의적 목회 구조에서 기인하는 것이라고 해석한다.[68] 결국, 현대 미국교회는 하나님 백성인 평신도를 제자화하거나 공동 참여를 촉진하는 공동체 형성 과정에서 실패해 왔으며, 이로써 교회는 초점을 잃어가고 있다는 것이다. 여기서 얻는 한 가지 결론은 공동체성 상실이라는 비극적 경험이 오늘의 서구교회와 미국교회를 점차 무기력하게 몰아가고 있다는 사실이다.

---

64 Emil Brunner, *The Christian Doctrine of the Church, Faith and the Consummation*, 97.
65 *Ibid.*
66 *Ibid.*, 98-99.
67 Richard B. Wilke, *And Are Yet Alive?*, 32.
68 *Ibid.*

2장
제3교회는 올 것인가?
: 한국교회론

한국교회의 기적적 성장은 한국의 특수한 역사적 상황과 민족적 운명의 지평 위에서 전개된 것이 사실이다. 그러나 1985년을 기점으로 드러나기 시작한 한국교회의 침체 현상은 이미 서유럽과 미국교회들이 경험한 교회 죽음의 징후들을 그 안에 담고 있다는 것이 또한 그 특징이다. 뷸만이 극찬한 아시아 교회, 더욱이 한국교회의 '제3교회' 가능성이 지정학적으로 지구의 중심추가 동양으로 이동되었다는 주기(cycle) 이론과 지난 20-30년 동안 극적으로 성장한 한국교회의 '수'의 마술과 맞물려 논의되는 것은 단순한 우연만은 아니다. 서구와 미국교회가 극심한 위기를 경험하는 동안 한국교회는 교회 성장의 영광을 홀로 즐기고 있었지만 한국교회는 이제 미래를 낙관할 수만은 없는 위기 현상과 징후들 앞에 직면하기 시작하였다.

1. 한국교회 성장과 그 '변'

1992년에 간행된 『기독교대연감』[1]에서는 한국 개신교회 교단 94개, 3만 7천여 교회, 교인 1,250만 명, 남녀 교역자 3만 4천여 명이라는 통계

---

1 기독교문사, 『기독교대연감』, 1992, 278.

자료가 나타나 있다. 한국 로마 가톨릭 성당에 관하여서는(1990년 당시) 본당 794, 공소 1,484, 신자 273만 명, 성직자 1,728명, 수사와 수녀 5,600여 명이라는 통계가 기록되어 있다.[2] 개신교회와 가톨릭 성당을 합한 총계는 교회 39,468곳, 교역자 36,500여 명, 교인 1,530만 명 이상이라는 나타나 있다.

기독교 국가를 방불케 하는 한국교회 성장과 교인 증가는 그 파급 속도에 있어서 세계 어느 교회와도 비교될 수 없는 경이적이었다. 이는 '기적'에 가까운 종교 현상이다. 이 추세로 가면 2000년대에 가서는 전 인구의 30%를 상회할 것이라는 예상이 가능해질 수도 있었다.[3]

1905-1910년 사이의 장로·감리교회의 교인 수는 5만 8천 명이었으나,[4] 80년 만에 1,250만 명(개신교회)으로 늘어났다. 이는 무려 200배가 넘는 교인 증가를 의미한다.

이 같은 한국교회의 성장을 가능케 했던 요인들은 무엇인가? 많은 학자는 그 일차적 원인을 역사적·사회적 상황에서 찾고 있다. 주재용 교수는 청일전쟁(1892-1895), 러일전쟁(1904-1905) 그리고 한일병합으로 이어진 당시의 정치적 위기와 충격이 사람들로 하여 새로운 종교로 부각된 기독교 안에서 삶의 해결을 찾게 했다고 해석한다.[5] 이는 박탈 이론과도 맥을 같이 한다. 그러나 종교사회학적 접근을 시도하는 이들은 교회 성장의 이유를 당시 전통문화의 해체 과정과 그 속에 서서히 파고든 기독교의 전투성에서 찾고 있다. 박영신 교수는 개화 초기에 점차 '세계적 상황'으로 변모한 조선의 '용해적' 사회구조[6] 속에서 기독교가 유교를 대치하는 새로운 에토스로 등장했다고 주장한다. 유교의 문화적 해체 이후 대안으로 등장

---

2 *Ibid.*, 296.
3 김병서/이원규 편저, "한국사회의 산업화와 교회 발전" 『한국교회와 사회』(서울: 나단, 1989), 417.
4 주재용, 『기독교의 본질과 역사』(서울: 전망사, 1983), 166.
5 *Ibid.*
6 박영신/이원규 편저, "한국 근대 사회변동과 기독교," 『한국교회와 사회』(서울: 나단, 1989), 300-301.

한 기독교는 정치적으로 항일의식, 반봉건의식, 여권 신장, 국가 자주 의식을 심어주었다(주재용 교수). 또 기독교는 갈등 사회학적으로 신분제도, 계층성, 조상숭배, 제사 문제에 있어서 전통문화와의 깊은 갈등 과정을 거쳤다(김병서 교수). 더 나아가 기독교가 초월적 존재인 하나님 신앙을 기준으로 하는 새로운 사회 건설, 특히 '변형 지향성'의 사회구조를 제시하고 나선 것은 교회 성장의 시작이었다(박영신 교수).

주재용 교수의 정치적 해석, 김병서 · 박영신 교수의 사회학적 해석에 이어 교회 성장의 원인을 사회심리학적 해석에서 찾으려는 이는 노길명 교수이다. 19세기 말 급속한 해체 상황이 형성되고 있을 무렵, 로마 가톨릭 성당은 처음에는 양반 속에 침투했다가 박해를 겪으면서 점차 민중 속으로 파고들었는데, 여기에는 많은 경우 내세 지향성의 경향으로 흘렀다. 대조적으로 개신교회는 박해를 경험하지 않았지만, 처음부터 소외 계층을 전도의 대상으로 삼았는데, 이는 현실 도피적 신비주의의 경향이 있었다. 그러면서도 개신교회는 개화와 독립이라는 사회운동과 자유와 평등이라는 인권 운동의 기초를 마련하는 데 공헌했다고 풀이된다.[7]

그러기에 한국교회의 성장 뒤에는 일찍부터 정치적 · 사회적 · 사회심리학적 요인들이 깊숙이 자리 잡고 있었다. 정치적으로는 일본의 침략이 불러일으킨 민족주의 의식이 기독교를 수용하게 하였고 사회적으로는 전통문화, 특히 유교의 해체 상황 속에서 새로운 대안으로 기독교가 등장하였으며 사회심리학적으로는 소외 계층의 자유와 평등사상을 설파하고 나선 개신교회가 그들의 소외의식을 극복하는 계기를 마련해 주었다.

그러나 한국교회 성장에는 내면적 요인 몇 가지가 뒷받침되고 있다. 특별히 1970년대 이후 급격히 성장한 교회 확장 뒤에는 교회의 선교 정책이 크게 작용한 것으로 나타난다. 물론 교단의 선교 정책은 장로교회의 초기 정책으로 알려진 네비우스(Nevius)의 자급자족주의가 강력한 철학으로

---

7 노길명/이원규 편저, "한국 근대 사회변동과 기독교," 『한국교회와 사회』(서울: 나단, 1989), 104-106.

작용되어 온 것도 사실이다. 그러나 한국교회 성장은 오히려 1970년대의 작품이라고 보아야 할 것이다. 물론 한국교회 성장에 그 당시에 정치·경제적 상황이 크게 작용한 것은 사실이다. 예를 들어 1960-1970년대의 정치적 상황은 강렬한 반공 이데올로기를 내세운 유신체제에 의해 통제되고 있었으며, 이때의 불안과 공포의식에 사로잡힌 사람들은 교회에서 새로운 안식과 보호를 받으려 했다.[8]

이원규 교수는 이어서 1960-1970년대의 한국경제가 10%의 성장률을 이룩하는 기적을 낳았지만 분배 정의가 실패하면서 많은 저소득 계층 사람들 속에 소위 '상대적 박탈감'이라는 소외의식이 깊숙이 자리 잡았다고 주장한다. 여기서 교회는 보상의 대상이 되었다.[9] 그리고 전통적 사회(농경사회)가 무너지면서 교회는 고독한 군중이 자기 정체성과 소속감을 되찾는 대안 공동체로 부각되었다.

그러나 한국교회는 1970년대에 들어서면서 '교회성장학'(church growth)을 거의 무비판으로 수용하여 교단마다 정책을 교회 성장에 맞추어 설정하기를 이르렀다. 장로교회 통합 측은 5,000교회 운동을, 합동 측은 1만 교회 운동을, 감리교회는 5,000교회 100만 신도 운동을, 성결교회는 2,000교회 운동을 선교 정책으로 설정하였다.[10] 바로 이때 한국교회는 이념적으로, 신학적으로 양분화되는 비극적 현상을 노출하기 시작하였다. 교회 성장을 교단 정책으로 내세운 교회와 교단들은 점차 보수주의적 경향으로 선회하는가 하면 인권과 사회참여를 선교 정책으로 내세운 교회와 교단들은 점차 진보주의화 되면서, 이 둘 사이에는 근접할 수 없는 거리가 조성된 것이다. 이로써 한국교회는 1970-1980년대를 정점으로 하여 교회 성장 황금기를 맞이하였으나, 동시에 한국교회는 성장 못지않은 위기 징후들에 직면해야만 하는 새로운 상황 앞에 놓이게 되었다.

---

8 이원규,『한국교회의 사회학적 이해』(서울: 성서연구사, 1992), 235.
9 *Ibid.*, 236.
10 주재용,『기독교의 본질과 역사』, 172.

2. 한국교회의 위기적 징후

한국교회는 1985년이라는 상징적인 해에 개신교 100주년을 맞이하면서 역설적으로 성장의 둔화라는 새로운 현실을 접하게 되었다. 교인 수의 감소라는 물량적 위기의식 못지않게 그 안에 복합적으로 작용하는 내면적 요인들이 한국교회의 미래를 더욱 어둡게 한다는 것이 종교사회학자들의 공통된 견해이다.[11]

이원규 교수는 성장이 가져온 긍정적 차원보다 오히려 부정적 차원들이 교회를 위기 현상으로까지 몰아가고 있다는 견해를 피력한다. 교회성장론은 개인주의 신앙을 강조한 나머지 기복신앙의 만연을 가져왔으며 교회의 대형화 추세는 농촌과 공단지역 교회의 소외를 심화시킨 교회의 계층화를 자극시켰다는 것이다.[12] 그뿐 아니라 교회가 점차 보수화되고 개인 구원에 강조점을 두면서 한국교회는 점차 '탈사회적' 집단으로 변모해 갔으며 이는 결국, 교회가 성장 그 자체에 목적으로 둔 나머지 '목적전치' 내지는 목적을 상실한 집단으로 전락하고 있다고 분석하고 있다.[13] 이는 한국교회의 문제를 파헤친 예리한 분석이다.

한국교회의 미래를 다소 비관적 시각에서 예고하는 이 교수는 1990년 대 이후 한국 사회에 등장한 정치적 민주화, 경제적 평등, 사회복지가 사실상 교회의 사회적 보상 기능을 점차 무용적인 것으로 만들고 있다는 것을 위기적 징후의 원인으로 보고 있다. 더욱이 그는 여가 산업의 등장이 교회를 대신할 '기능적 대행물'(functional alternative)이 되었다는 것도 위기 요인으로 삼고 있다.[14] 즉, 한국의 정치, 경제, 사회의 자유화는 그동안 박탈의식을 보상하는 기능을 수행해 온 교회의 역할을 크게 축소시켰고 여가문화의 확대(텔레비전, 비디오, 노래방, 취미, 오락, 스포츠 등)가 교회의 사회

---

11 이원규,『한국교회의 사회학적 이해』, 241-242.
12 *Ibid.*, 238-239.
13 *Ibid.*, 239-240.
14 *Ibid.*, 242.

심리적 기능과 대치됨으로 교회는 그 기능을 잃게 되었다는 것이다.

이 같은 종교사회적 분석은 한국교회의 재정구조를 사회학적으로 연구한 노치준 교수의 분석에서도 유사하게 나타나고 있다. 100만 원(농촌교회)과 30억 원(대형교회) 사이의 격차가 보여주는 위화감은 한국교회 간의 계층화의 단면이며 선교 의식이 결핍된 대형교회는 대부분 헌금을 자체 유지에 집중투자함으로써 사회로부터 불신의 대상이 되어왔다. 한국교회는 결국 교회 간의 계층화(농촌 교회와 대형교회)뿐만 아니라, 교회와 교회 사이의 불신과 단절을 가져온 이원화를 초래했다는 것이다.[15] 세계를 놀라게 하는 오늘의 한국교회, 그 교세와 성장은 화려한 신앙의 유산 못지 않게 내적인 문제와 위험을 안기 시작하였다.

그 하나는 심각할 만큼 심화해 가는 '교직주의'(clericalism)의 경향이라고 말할 수 있을 것이다. 김영재 교수는 그의 글 "한국교회의 문제점과 그 쇄신에 대한 제언"에서 한국교회의 교권화 현상을 풍자하고 나섰다. 개신교회 목사가 점차 '제사장화' 되려는 것, 교회가 '성전'으로, 새벽기도회는 '새벽제단'으로, 헌금은 '제물'로, 목사의 '축복권과 저주권', 강단의 '성역화' 그리고 직분의 '계층화'[16]가 되어 가는 과정은 본래 성서적이고, 개신교적인 교회의 증언적·봉사적 모습으로부터 점차 '기독교 왕국화' 되어 가는 위기 현상을 풍자화한 것이다. 이것은 뷸만이 말하는 제2교회(the second church)의 영광과 몰락이 주는 역사적 교훈이기도 하다.[17] 예수 그리스도 안의 신앙은 모든 제도, 교리, 기구, 교단보다 우선되는 종말적인 것이며 나아가 선교적 의미와 책임을 내포하고 있는 전존재론적인 것이다. 그러나 바로 이 전존재론적 신앙은 2차적인 것들, 즉 헌금, 교단, 직분, 사회봉사에 교묘히 은폐되었고 신앙이 마치 축복과 왕국화와 같은 것으로

15 노치준, "한국교회 재정구조의 사회학적 연구 I · II · III,"『기독교사상』11(1983), 1(1984), 2(1984); "한국교회의 개교회주의에 관한 연구",『기독교사상』5(1986).
16 김영재, "한국교회의 문제점과 그 쇄신에 대한 제언,"『한국 기독교와 기독 지성인』(서울: 도서출판 풍만 1987), 26-33.
17 Walter Bühlmann, *The Coming of the Third Church*, 16-19.

혼돈되어 가는 한국교회는 교직주의(clericalsim)와 교권주의(ecclesiaticalism)로 전락되고 있다. 그러므로 한국교회에 대한 평가가 "교인이 얼마나 많은가? 교회의 규모가 얼마나 큰가? 헌금이 얼마나 많은가?"에 의하여 이루어지는 한 교권주의의 심판을 면할 길이 없을 것이다.

이러한 한국교회에 대한 부정적 평가는 1982년 2월, 한국기독교사회문제연구원이 조사 발표한 『비기독교인의 교회 및 기독교인에 대한 여론 조사』에서도 여실히 드러났다. 각 계층의 비기독교인 1,411명에게 교회에 대한 인상을 물었다. 16-19%만이 예배하는 신성한 곳이라고 대답했는가 하면 13.4%는 기업화되어 있다고 답변했으며, 21.5%의 대학생들은 위선적이라고까지 응답한 것으로 보아 교회는 비기독교인들 속에 점차 기업주의화된 집단으로 보이는 사실에 주목했다.[18]

또 이 여론 조사에서 응답자의 61%가 교회에 출석해 본 경험이 있다고 밝혔으며, 그중 대학생의 응답자들 80%가 교회에 출석해 본 경험이 있다고 밝혔는데 그들은 교회에 대해 '헌금 강요', '권위주의', '자기도취', '위선적' 그리고 '폐쇄적'인 점 등을 들어 오늘의 한국교회를 극히 부정적으로 보고 있다.[19] 교회에 다니지 않는 이유를 응답자의 42.8%는 "종교를 원하지 않아서", 20.2%는 "시간이 없어서", 10.8%는 "교회가 싫어서" 그리고 4.1%는 "돈이 없어서"라고 응답하였다.[20] 이 모든 응답자가 주는 내면적 암시는 무엇인가? 한 마디로 한국교회는 그 성장과 규모에 비기독교인들로부터 심각한 냉소와 비판의 대상이 되고 있다는 것이다. 이는 한국교회가 교회 신학적인 정체와 기능을 점차 상실해 가고 있다는 징조로 볼 수 있다.

한국교회에 대한 또 다른 심층적 연구는 노치준 교수의 "한국교회의 제정구조의 사회학적 연구" 속에서 표출되었다.[21] 연구에 한계가 있는 것은 사실이지만 최초로 한국교회의 내면을 파헤친 과감한 연구라는 이유에

---

18 한국기독교사회문제연구원, 『비기독교인의 교회 및 기독교인에 대한 여론 조사』, 1982.
19 Ibid., 57.
20 Ibid., 64-67.
21 노치준, "한국교회 재정구조의 사회학적 연구 I · II · III."

서 소중한 자료로 평가되는 이 논문들은 한국교회의 관심과 가치가 어디에 놓여 있는가를 지적하고 있다. 한국교회 교인들은 1년 평균 15만 원을 헌금하고 있는 것으로 나타났으며 농어촌을 제외하고는 전국의 교회가 평균 5,000만 원의 예산을 집행하는 것으로 나타났다. 물론 여기에는 초대형교수의 수억 원과 소형 교회의 1,000만 원 사이라는 간격이 있기는 하나, 5,000만 원의 예산을 가진 교회들은 그것을 32.2%를 교역자 급여로 지출하고 있었으며 관리비와 교회 운영을 위해서는 20%를 사용하고 있었다.

그러나 문제는 교역자 급여나 교회 운영이 필요 없다는 뜻이 아니라 교회 헌금을 어떻게 교회 신학적으로, 나아가 선교신학적으로 해석하고 또 사용하는가에 있다. 관리비, 운영비 그리고 예배비까지 합한 예산이 전체 예산의 30%가 넘고, 모든 급여에 대한 예산이 54%, 총합 자체 유지비가 84%를 차지하고 있는 것에 비하여, 교회로서 본질적 사명인 선교비는 4.8%, 사회봉사는 2.3% 그리고 교육비는 7.9%에 지나지 않았다. 선교와 교육은 예산의 15%를 맴도는 반면 85%는 자체 유지를 위하여 사용되고 있다는 것이다. 이 모든 통계 저변에는 개교회주의, 교권 확장 의식, 역사 도피주의 같은 잘못된 신학이 교역자와 평신도의 의식구조 속에 깊숙이 흐르고 있다고 해석한다.

이 같은 한국교회의 부정적 차원은 역사적 연계성으로부터 오는 것이라고 민경배 교수는 해석한다. 특히 초기 선교를 윤곽 지은 데니스(James Dennis)의 선교신학은 기독교 신앙 없는 사회정의나 애국 정의란 무의미하다는 초자연주의 신앙에 기초하고 있었는데, 그 역시 유명한 네비우스 방법인 소명, 토착화, 자급자족, 복음 전도가 개인 구원과 회심적 신앙에 역점을 두는 결과를 초래했다고 해석한다.[22] 이 같은 개인 구원의 강조는 '내연'으로 나타나고 초기 선교 때의 사회 구원과 사회개혁은 바로 이 회심적 신앙의 '외연'으로 나타났을 뿐이라고 민 교수는 해석한다. 이는 매우 적절하고 또 흥미 있는 해석이다. 사회개혁 운동이 그토록 활발했음에도,

---

22 민경배,『한국 기독교 사회운동사』(서울: 대한기독교출판사, 1987), 21.

그것은 사회 구원의 신학으로부터 온 것이 아니라(물론 헐버트 정치신학이 부분적으로 있기는 하였지만) 개인 구원의 외연적 표현에 불과했다는 의미인 것이다. 한국교회는 처음부터 '신앙의 개인화', '개교회주의' 그리고 '교회 분열'의 씨를 갖고 있던 것이다. 여기서 우리는 한국교회의 분열과 신학교 난립 그리고 점차 기복신앙으로 되어 가는 이유를 보게 된다. 개인 구원의 강조는 바로 이 모든 부정적 요소의 이유가 된 것이다.

이 문제를 현재 상황에서 확대하여 해석하는 이는 김영재 교수이다. 세속화 신학을 적용하는 자유주의적 진보주의 신학자들은 선교사들이 전해준 기독교는 서양 것이라고 단정하고 기독교 복음이 한국의 역사와 문화 및 종교적 배경에 비추어 재해석되어야 한다고 주장하면서 이를 한국 신학의 한 흐름으로 학파화한다. 토착화 신학을 주창하는 이들은 한국 기독교의 독자성을 지나치게 강조한 나머지 교회의 보편성(ecumenicity)을 외면하였다.23 또 김 교수는 "보수주의 교회는 이미 수용한 신학을 절대시 하고 도그마화해서 교회의 전통을 역사적으로 폭넓게 연구하지 못하고 문화적·사회적 특수성의 고려를 통해 신학적 사고나 자기반성을 하지 못한 다"고 한국교회의 도그마주의를24 비판하였다. 그는 신학적 진보주의나 보수주의 모두에게서 "공통적으로 교회사 의식의 빈곤함을 볼 수 있다"고 보았으며 이는 교회 신학적 논의를 위해서 대단히 중요한 해석적 관점이 라고 보았다.

오늘의 한국교회! 그것이 쌓아놓은 업적은 수, 예산, 건물과 시설에 있어서 황금기를 맞고 있는 것이 사실이다. 그러나 부정적 비판의 소리가 드높아지는 그 이면의 이야기는 무엇인가? 개인 구원의 내연이 사회 구원의 외연으로 나타났다고 보는(민 교수의 해석) 한 그 속에 남아 있는 단서와 진보주의(김영재 교수의 정의에 대해서는 재해석이 필요하지만)·보수주의 역사 의식 결여가 표출한 한국교회의 재정구조의 모순과 비선교적 무책임성은

---

23 김영재, "한국교회의 문제점과 그 쇄신에 대한 제언," 『한국 기독교와 기독 지성인』, 24.
24 Ibid., 25.

무엇으로 설명될 수 있을 것인가?

이를 '그리스도'(Christo)와 '역사성'(Praxis) 사이의 단절 현상이라고 필자는 종합하여 본다. 그리스도 안의 신앙이 한국교회의 궁극적 관심과 중심이 된다면, 한국교회가 위임받은 헌금, 교인, 시설 모두는 그리스도의 이름으로, 하나님의 영광으로, 화해와 사랑으로 새롭게 역사화해야 하는 선교와 증언 그리고 교육으로 재투입되어야 하기 때문이다. 교회가 생기기 이전, 예수 그리스도 사건은 '말씀'이 '육신'이 되는 성육신 사건이었으며 교회는 바로 이 성육신 사건의 증언 공동체이다. 선교비, 교육비, 사회사업비 모두를 합쳐 15%를 넘지 못한다는 통계 뒤에는 증언 공동체로서 신학 의식보다 마치 교회가 신앙의 독점과 왕국의 주역이라는 독소적 교권주의와 교직주의가 깔려 있다. 그러므로 오늘의 한국교회의 근본 문제는 수와 제도, 교리와 교파의 문제가 아니다. 각기 입장을 달리하는 모든 신앙 공동체들은 한 그리스도, 한 세례 안에서 예수 그리스도를 역사와 인류의 주로 고백하는 종말론적 신앙을 소유해야 할 것이다. 이 신앙은 역사의 아픔 속에서 함께 고통을 느끼는 그리스도의 구원에 대한 증언과 봉사로 이어져야 할 것이다. 이것이 Christo-Praxis로서 교회 공동체의 모습이다. 예수 그리스도 안에서 이루어지는 역사화(Praxis)인 것이다. 그러므로 한국교회의 문제는 예수 그리스도 안의 신앙고백과 함께 그 신앙고백의 역사화에 놓여 있다.

위기에 대한 한국교회의 대처 능력은 어디에 있는가? 사회참여의 계획을 세우고 신사회 운동을 적극적으로 지원하는 동시에 교회 스스로 위기 극복의 선교운동을 전개해야 할 것을 촉구[25]하는 김병서 교수는 '선교지향성'에서, 이원규 교수는 복음화와 인간화의 종합으로서 선교, 사회적 공신력 회복, 질적 성숙의 훈련 그리고 종교교육의 강화에서[26] 찾는다. 그러나 문제는 좀 더 심층에 깃들어 있다. 선교와 훈련은 구체적인 방법과 기능

---

25 김병서,『한국교회의 위기와 교회적 대응』(서울: 도서출판 교육목회, 1993), 29.
26 이원규,『현대교회의 위기와 가능성』(서울: 도서출판 교육목회, 1993), 91.

의 차원이다. 보다 근본적 문제는 교회 공동체 회복의 문제로서 이는 특히 교회의 초월적 존재론의 재발견과 함께 교회가 현존하는 터전으로서 역사 문제에 대한 신학적 정립을 모색하는 데 있다.

다시 말해서, 한국교회와 세계 교회는 그 앞에 전개되는 역사의 변동을 어떤 신학적 시각에서 해석하느냐와 이 역사 안에서 교회의 존재 이유와 존재 양식을 새롭게 재정립하는 데서 문제접근이 이루어져야 할 것으로 생각된다.

3. 역사 변동과 신학적 대응

교회의 존재 이유와 존재 양식을 역사 변동의 리듬과 연계하여 새로운 위치 설정을 모색하는 본격적인 신학적 작업은 20세기 중엽부터 시작되었다. 유럽에서의 신학적 시도는 고가르텐(F. Gogarten), 류벤(Arend Th. van Leeuwen) 그리고 로빈슨(John A. T. Robinson)에 의하여 추진되었다. 미국에서의 신학적 시도는 1960년대 소위 세속신학의 기수라고 알려진 콕스(Harvey Cox)와 종교사회학자 윈터(Gibson Winter)에 의하여 강력하게 추진되었다. 이들 신학자의 공통된 주제 중 한 가지는 급격하게 변하는 사회와 역사의 진행이야말로 전통적인 교회 구조와 목회 방법을 무기력화해 가고 있으며 새로운 체제의 태동을 강력히 요청하고 있다는 것이다.

1) 20세기와 21세기 사이 — 몰락과 태동

앞서 논의한 대로 그토록 화려했던 미국 개신교회의 교회 성장은 1960년대 초기를 정점으로 하여 둔화 현상으로 선회하였다. 1970년대, 1980년대, 1990년대를 거치면서 미국교회는 그칠 줄 모르는 교인 격감 현상 때문에 그 힘을 사실상 잃어가고 있다. 이러한 현상 배후에 등장한 세속정신(secular spirit)은 전통문화를 침식하고 있었는데, 이는 저항, 무관심, 포기 등으로 이어진 히피 문화에서 강하게 표출되었다. 그리고 소비문화와 여가문화가 교회문화를 대치하고 말았다. 결국, 무신론적 문화는 교회가 서야 할 자리를 점령하고 만 것이다.

한국교회의 미래는 어떠한가? 정치적 이데올로기가 무너지면서 그 공백 속에 강력한 세력으로 다가선 새로운 가치구조인 과학 왕국과 한국교회는 장차 어떻게 대결 또는 대응될 수 있는가? 바로 이 질문이야말로 한국교회와 한국 신학이 계속 묻고 또 거기에 대한 해답을 찾아야 하는 과제이며, 이 질문과 씨름하는 교회만이 모름지기 역사 속에 살아남을 수 있을지도 모른다.

그렇다면 먼저 20세기와 21세기 사이에 일어난 역사 변동의 현상과 그 의미는 무엇인가?

첫째는 공산주의 왕국의 붕괴로서 이는 교회의 탈이념화를 직접적·간접적으로 강요하는 역사적 도전으로 나타난다. 오랜 세월 동안 반공 이데올로기에 근거했던 한국교회의 구조적 변화를 가속화 해 간 정치적 변동의 대표적 사건은 바로 공산주의 왕국의 붕괴이기 때문이다. 이원설 박사는 브레진스키(Brezenski)와 아말리에크(Amaliek)의 예언을 인용하면서 구소련의 붕괴는 '군사적 민족주의', '냉소주의' 그리고 '무법성'(lawlessness)이라는 무서운 결과를 초래할 것이라고 진단한 바 있다.[27]

그러나 로버트슨(P. Robertson)은 구소련의 붕괴가 가져온 비극적 현실을 숙연하고도 경건한 현실로서 수용하고 있다. 지구 인구의 40%인 20억을 손안에 넣었던 소련 제국의 붕괴는 오늘날 600만 명이 넘는 사람들을 무주택자로 만들었고, 3,000만 명에게 맑은 물을 마시지 못하게 하였으며, 1,300만 명을 숨 막힐 정도로 작은 주거지에서 생활하게 한[28] 비극을 만들어낸 필연처럼 다가온 역사의 심판이라는 것이다. 그러면서 로버트슨

---

27 이원설, 『미래 사회의 도전과 한국교회의 대응』(서울: 예수장로회 바른목회 실천협의회, 1991), 12.
28 Pat Robertson, *The New Milenium*(Dallas: Word Publishing, 1990), 22.

은 체코의 대통령 하벨(Havel)의 연설문을 인용하면서, 동구의 혁명은 어떤 군사적 침략이 아니라 '인간 의식세계 속에 일고 있는 혁명'[29]이라는 점을 강조하고 있다. 이데올로기 이후의 소련과 동구권 안에는 새로운 정신적 의식혁명이 진행되고 있다는 것이다.

바로 이러한 탈이데올로기가 한국교회에 던지는 도전은 무엇인가? 철저한 반공 이데올로기를 근간으로 형성된 한국교회의 신앙적·투쟁적 열기가 분출해 낸 사상적 근거가 소멸되기 시작하였다는 데에 문제는 내재한다. 싸워야 할 이념적 적을 잃었기 때문이다. 많은 경우 한국교회는 탈이념 시대를 러시아 선교, 중국 선교, 북한 선교라는 명목하에 투쟁적 열기로써 전환해 보려 하지만 탈이념화해 가는 러시아와 중국, 동구의 역사적 진행과 대결하기에는 너무도 무기력하다. 한국교회는 탈이념 시대 속에서 또 다른 '식민주의적 선교' 형식의 고답적 신앙의 분출보다는 탈이념 시대의 교회 존재 이유와 존재 양식을 모색하는 새로운 신학화 작업을 우선해야 할 것으로 생각된다. 그렇지 못하다면 한국교회는 또 다른 혼돈을 거듭하는 잘못을 범하게 될 것이다.

20세기와 21세기 사이에 일어난 역사적 변동의 두 번째는 서구 자본주의의 한계와 거기서 파생되는 지구상의 비도덕화 현상이다. 자본주의의 실패는 경제적 풍요나 경제철학의 결핍에 있는 것이 아니다. 이익 추구와 자유경쟁의 경제철학은 경제적 풍요를 가져온 것이 사실이지만 지나친 자유경쟁과 이익 추구는 인간을 끝없는 욕망과 소비의 노예로 만들어 버림으로써 이 땅에 '윤리적 공백'[30]을 만들어 버렸다는 데 그 실패의 원인이 있다. 결국, 자본주의는 인간을 개인주의적 존재로 전락시켰으며 이는 지구상의 공동체성을 붕괴시켜 가는 필요악처럼 파고들었다. 그리고 자본주의는 소수에 의한 경제적 독점과 다수의 경제적 박탈 의식을 가속화시키는 계층화를 가져오게 하였다.

---

29 *Ibid.*, 4.
30 Joon Kwan Un, "Building Solidarity: A Theological Interpretation of Christian Social Ministy," 『현대와 신학』(연세대학교 연합신학대학원, 1993), 12.

대부분 자본주의 경영철학에 근거에 두고 발전한 교회성장론은 1970년대와 1980년대 초반까지 한국교회를 휩쓸면서 한국교회의 기적을 창출한 것이 사실이다. 그러나 자본주의의 한계와 함께 태동된 계층화, 소비화, 환경오염 그리고 개인주의화에 대한 심각한 비판이 제기되고 있는 이 역사적 시점에서, 한국교회는 계속 자본주의적 발상만을 되풀이함으로 역사와 사회에 대한 책임을 언제까지 외면해야 하는가는 질문이 제기된다. 교회 성장 못지않게 교회 안의 계층 간의 갈등 극복의 문제, 공동체 창조의 문제 그리고 역사를 변혁해 가는 선교적 비전의 문제 등이 제기되어야 할 것이다. 심층적 차원에서 보면 한국교회의 문제는 교회가 그동안 성취한 외향적 성장과 확대를 영속화하고 보존하려는 교권주의적 의식구조를 과감히 넘어서서 어떻게 하나님과 하나님의 세계를 섬기고 증언하는 일에 모든 에너지를 집약시키고 분출할 것인가를 결단하는 과감한 신학적 구도에로 전환되는 데 있다.

20세기와 21세기 사이의 역사적 변동 세 번째는 21세기를 주도해 갈 거인으로 등장한 과학기술 왕국의 도래이다. 다니엘 벨(Daniel Bell)은 탈산업화 사회의 도래 이후 세계는 '과학 공동체'(community of science)와 '전문직'(professionalism)에 의하여 새로운 가치조직체로 대치될 것이라고 예언한 바 있다.[31] 과학 공동체는 이념을 소유하지 않지만 모든 사람의 행동규범을 말없이 규제하는 '에토스'(ethos)를 가지고 있다는 벨은 서술한다.[32] 다시 말해서 21세기의 인간들을 장악하는 에토스는 교회가 아니라 과학 공동체이며 기술과 업적이라는 새로운 가치가 도덕과 양심을 대치할 것이라는 예언이다.

이처럼 탈이념적 상황에서, 자본주의의 한계를 넘어서야 할 교회는 이제 새롭게 등장한 거인과 대결해야 하는 또 다른 상황 앞에 놓이게 되었다. "신앙과 과학은 만날 수 있는가? 신앙인이 동시에 과학인이 될 수 있는가?

---

31 Daniel Bell, *The Coming of Post-Industrial Society*(NY: Basic Books, Inc., 1973), 374, 381.
32 *Ibid.*, 381.

그것은 어떤 모습으로 나타나는가?" 이 질문은 21세기를 맞이한 한국교회가 끊임없이 자신에게 물어야 할 물음인 것이다. 이 물음은 교인이 몇 명이며, 헌금이 얼마이며, 교회가 해외 선교사를 몇 명 보냈는가는 질문보다 훨씬 더 근원적인 질문인 것이다. 이 물음에 대한 교회의 침묵은 또다시 역사 대응의 능력과 방법을 상실하게 하는 비극으로 이어질 것이기 때문이다.

20세기와 21세기 사이의 역사 변동 네 번째는 탈이념시대, 자본주의의 한계, 과학 공동체의 등장을 꿰뚫고 인간의 의식구조 속에 일어나고 있는 삶의 질과 생명 회복이라는 의식구조의 등장이다. 찰스 라이치(Charles A. Reich)는 일찍이 이를 '제3 의식'이라고 불렀으며 또한 관계의 질의 회복과 자연의 회복 그리고 공동체의 회복 운동이라고 부른 바 있다.[33]

앨빈 토플러(Alvin Toffler)는 새로이 태동하는 역사의 징조를 '제3의 파도'라고 불렀으며 이는 전자화된 통나무집(electronic cottage)으로써 상징화된다. 전자와 자연의 결합이야말로 집단화되고 통제 중심이었던 산업사회를 넘어서서 작고, 비대중화되고, 생명을 존중하는 새로운 공동체로 출현할 것이라는 것이다.[34] 이 같은 '제3 의식' 혹은 '제3 파도'는 한 마디로 작고, 질적이며, 자연과의 호흡이며, 생명 회복과 관련되는 소공동체의 성격을 지닌다는 것이 그 특징이다. 이 같은 삶의 스타일 변화와 의식혁명은 "큰 것은 무조건 아름답다"를 노래하여 온 자본주의, 산업주의, 교회 성장론을 큰 위기로 몰아갈 것은 자명한 사실이다. 21세기 교회는 처음 교회의 코이노니아(koinonia) 소공동체를 미래 교회의 모습으로서 재고해야 할 시대적 도전 앞에 놓여 있다.

요약하면, 20세기가 지나고 21세기가 가까이 다가오는 이 역사의 시점은 한 마디로 전통과 과거가 송두리째 부정되고 전적으로 새로운 현실이 등장하는 교차로라고 표현될 수 있을 것이다. 공산주의의 붕괴, 공장문화의 쇠퇴, 자본주의의 한계 그리고 EU, NAFTA, APEC의 블록화와 과학

---

33 Charles A. Reich, *The Greening of America*(New York: Random House Inc., 1970), 243.
34 Alvin Toffler, *The Third Wave*(New York: William Morrow& Co. Inc., 1980), 215.

공동체의 등장과 함께 서서히 다가오는 생명 회복(biosphere)이라는 의식 혁명 등으로 이어진 역사의 진행 앞에서 교회는 어떻게 대응할 수 있을 것인가? 역사 변혁을 모색하는 신학적 틀의 모색을 추구할 것인가? 아니면 역사의 흐름을 외면한 채 목농사회(牧農社會)적 향수에 젖어 역사의 뒤안길로 영영 밀려날 것인가? 한국교회는 결단해야 하는 역사적 시간 앞에 서 있는 것이다.

2) 역사 변동에 대한 신학적 대응

현대 교회, 특히 21세기를 주도하는 제3교회로서 한국교회는 안으로부터의 위기(identity crisis)보다 더 절실하고도 심각한 밖으로부터의 도전과 위기 앞에 직면해 있다. 밖으로부터의 도전과 위기는 연관성의 위기 혹은 관계성의 위기(crisis of relevance)이다. 밖으로부터의 위기는 지구촌을 근본적으로 흔들고 있는 세력으로서, 질서와 구조 그리고 가치를 재편성해 가는 역사 변동의 힘이며, 여기에 수반되는 온갖 것의 변화를 의미한다. 이는 전통적 교회 구조와 체제 그리고 가치를 근본에서 흔들어 놓고 있기 때문이다.

여기서 교회는 하나님과 그리스도 사건과 성령의 역사(役事)에 대한 신학적 질문을 해야 하는 신학적 과제 못지않게, 바로 지금 역사의 변동이 제기하는 온갖 질문들(지구촌화, 과학화에서 제기되는 질문들) 앞에 책임 있게 응답해야 할 신학적 상황(theological situation) 앞에 놓여 있다. 새 술을 새 부대에 담아야 하는 새로운 과제를 안게 된 것이다. 신앙은 역사 앞에서 무엇이어야 하며, 역사는 신앙의 무엇이어야 하는가는 상관관계는 교회의 존재 이유와 존재 양식을 재해석하고 재편성하는 새로운 틀이 되고 있기 때문이다. 따라서 이 질문 앞에 응답하는 네 가지 유형의 신학적 대응을 먼저 비판적으로 검토하고자 한다.

신학적 대응의 처음 접근은 '교회론적 접근'이라고 유형화할 수 있을 것이다. 전통적 · 교회 중심적 신학에 근거를 두는 교회론적 접근은 중세 로마가톨릭교회의 '그리스도의 몸'(corpus Christi)35이다. 로마교회는 고린도전서 12장의 머리와 몸 사이의 유기적 관계를 원초적 은유(metaphor)로 삼았으며, 이는 교회를 제도화하는 신학적 틀이 되었다.36 비록 개신교회의 신학적 개혁에도, 마틴 루터의 '성도의 교제'(communio sanctorum)로서 교회론이나 존 칼뱅의 '선택된 자의 모임'(coetus electorum)으로서 교회론37은 전통적 · 교회 중심적 신학의 범주를 넘지 못하고 있다. 좌파로 알려진 필립 슈페너(Philip J. Spener)의 '경건자의 모임'(collegia pietatis)38은 내면 · 신앙적 개혁으로 이루어졌지만, 슈페너의 교회론도 교회 중심적 신학에 속한다고 볼 수 있다.

그러나 이러한 전통적 · 교회 중심적 신학에 속하는 모든 교회론적 시도는 내적 · 신앙적 · 공동체적 개혁을 강하게 모색해 온 공헌에도, 삶과 역사와의 연계성을 외면함으로 교회와 역사 사이의 단절이라는 불가피한 결과를 가져오게 하였다. 교회의 정체성 회복이라는 노력에도, 전통적 · 교회 중심적 신학은 연계성 위기와 관계성 위기(crisis of relevance)를 가져오게 하였다. 지난 2,000년 동안의 교회론은 교회의 실존적 · 선교적 '장'(場)인 역사를 외면하여 비역사적 교회로 전락하는 오류를 범했다는 비판을 받는다.

전통적 · 교회 중심적 교회론은 20세기 중반, 특히 1963년의 로마가톨릭교회의 제2 바티칸 공의회(Vatican Council II)와 1968년의 웁살라 세계교회협의회(WCC)의 에큐메니칼 운동 속에서도 계속되었다. 특히 암스테

---

35 Emil Brunner, *The Christian Doctrine of the Church, Faith, and the Consummation, Dogmatics*: vol. III, 24-25.
36 Avery Dulles, *Models of the Church*(Garden City, NY: Doubleday & Co. Inc., 1978), 39-50.
37 Emil Brunner, *The Christian Doctrine of the Church, Faith, and the Consummation*, 23-27.
38 Wilistion Walker, *A History of the Christian Church*(NY: Charles Scribner's Sons, 1918), 496-498.

르담(1948)에서 에반스톤 대회(1952)까지, 다시 에반스톤(1954)에서 뉴델리(1961) 사이 그리고 뉴델리(1961)에서 웁살라(1968) 대회를 거치는 동안 교회론은 그 기나긴 대화를 통한 '통일성 추구', '선교적 차원의 추구'에도 '교회가 교회론의 중심이 됨으로'[39] 왜곡되고, 오도되었다고 윌리엄즈(Colin W. Wiliams)는 비판한다. 이는 예리하고도 타당한 신학적 비판이다. 로마가톨릭교회든 개신교회든지, 교회 중심적 신학이 해석의 '중심'이 되는 한, 교회는 역사의 리듬으로부터 단절 오류를 피할 수 없다.

역사 변동에 대한 신학적 대응 두 번째는 '세속화 신학'(theology of secularization)적 접근이라고 범주화할 수 있을 것이다. 세속화 신학은 고가르텐(Friedrich Gogarten)에 의하여 제창되고 류벤(Arend Th. van Leeuwen)에 의하여 심화되었으며 콕스(Harvey Cox)에 의하여 대중화되었다.

샤이너(Larry Shiner)는 『역사의 세속화』[40]에서 고가르텐의 세속화 신학을 강하게 변호하고 있다. 고가르텐의 신학은 다음 두 가지 신학과의 차별성을 가지고서 역사를 해석하는 것으로 풀이된다. 처음 신학은 옹(Walter Ong)과 엘리아데(Mircea Eliade)에 의하여 제창된 세속화 접근이다. 이 접근은 '신화'를 통한 원초적 우주와 거룩에 인간이 참여함으로 역사의 혼란과 상실이 다시 회복될 수 있다는 견해이다.[41] 그러나 이 같은 우주 복귀론적 세속화는 고가르텐에게서 인간실존의 역사성과 신앙의 역사성을 부정하는 것뿐이다. 왜냐하면 인간은 우주적 무매개성(cosmic immediacy)에로는 돌아갈 수 없기 때문이다.[42]

고가르텐이 동의하지 않는 두 번째 세속화 신학은 마리탱(Jacques Maritain)에 의하여 제창된 세속화 신학이다. 정치 및 경제 제도의 세속성을 수용하면서, 그것은 '거룩의 누룩'에 의하여 침투해야 할 영역으로 받아들이는 신학이다. 세속적 문명은 교회로부터 독립되고 자율적이기는 하

---

39 Colin W. Williams, *The Church*(Philadelphia: Westminster Press, 1968), 14-16.
40 Larry Shiner, *The Seculariztion of History*(Nashville: Abingdon Press, 1966)
41 *Ibid.*, 175-176.
42 *Ibid.*, 176.

나, 종교적 신앙의 영감을 필요로 하는 것이라는 해석이다.[43] 여기에는 리처드 니부어(H. Richard Niebuhr)의 변혁론적 신학(theology of transformation)도 포함된다. 그러기에 고가르텐은 변혁론적 세속화 신학도 문제가 있다고 본다. 변혁론적 신학의 공통점 하나는 "모든 세속은 세속적 구도에 맡기지 말고… 기독교 신앙에 의하여 새로워져야 한다"라고 믿는다는 것이다.[44] 이에 대하여 고가르텐은 진정한 세속화란 거룩에 의한 세속의 변화가 아니라, 세계를 비합리적 세력과 신화적 우상으로부터 인간의 책임으로 전환하는 것이라고 본다.[45] 그러므로 세속화란 세계의 '세계화'(worldilization)이며 혹은 '비우상화'(deidolization)인 것이다.[46] 세계를 창조하고 또 경륜하는 하나님이 선포됨으로, 더욱이 예수의 탄생과 십자가와 부활을 통하여 하나님이 역사에 개입하셨다는 사실이 선언됨으로써, 기독교 신앙이 세계의 모든 세력을 꺾고 인간들을 모든 악령으로부터 자유롭게 된다는 것이다. 이것이 세속화다.

여기서 인간은 하나님의 '자녀'라는 자아의식을 지님과 동시에 세계에 대한 책임적 존재로 나타나게 된다. 바로 이러한 인간실존의 역사적 책임 혹은 역사화(historification)는 세계에 대한 인간의 책임으로 이어진다. 이것은 고가르텐의 신학적 해석의 핵심이다. 그러나 세속화 신학을 고가르텐과는 전혀 다른 관점에서 풀이하는 신학자는 류벤이다. 고가르텐의 세속화는 하나님의 영역과 인간의 영역이라는 독자적 영역을 혼돈하지 않고 서로의 자율성을 존중하면서 신화가 아닌 인간의 책임을 강조한 데 반하여, 류벤은 세속화를 하나님과 이스라엘 사이의 계시적 만남에서 해석한다. 하나님과 이스라엘의 만남은 인간의 종교적·신화적·순회적 우주론을 파괴하고(비신화화와 비신격화), 세계를 시간적이고 역사적이며 종말론적인 것으로 바꾸어 간다고 해석한다. 여기서 하나님은 바벨탑, 가나안,

---

43 *Ibid.*, 178.
44 *Ibid.*, 179.
45 Harry E. Smith, *Secularization and the University*(Richmond: John Knox Press, 1968), 28.
46 *Ibid.*, 30.

이란, 중국과 인도의 제정 왕국(ontocratic kingdom)을 세속화(비신격화)하는 주체이며 동시에 세계를 끊임없이 역사화하는 주체라는 것이다.[47]

세속화 신학은 그 어느 다른 신학적 해석보다 신앙과 역사 사이의 관계를 예리한 관점에서 접근하고 있는 것이 사실이다. 특히 세속화 신학의 사회학적 해석을 시도한 콕스의 『세속도시』[48]는 신앙과 세계를 새롭게 조명하는 전위신학으로 평가된다. 그러나 류벤의 해석을 제외한 모든 세속화 신학은 하나님의 영역과 인간의 책임 사이의 상호 불가침적 자율성의 강조를 통하여 하나님과 세계 사이의 단절을 여전히 남겨두었으며, 그 결과 이 세계를 인간의 책임 안에 전적으로 맡겨버리는 인본주의적 해석의 한계를 드러내고 있다. 결국, 인간의 책임에 대한 강조, 특히 도시의 출현을 세속화의 극치로 찬양하고 그것을 인간의 책임으로 해석한 콕스의 해석은 하나님의 역사 개입의 가능성마저 부정하는 결과를 가져온 것이다.

류벤의 세속화 신학에도 역사화는 강조되지만, 역사의 종말론은 없다는 점에서 문제는 남는다. 결국, 세속화 신학은 신앙과 역사의 만남을 시도한 학문적 공헌에도, 하나님은 하나님 영역에만, 세계는 인간의 책임으로 양분하는 이원론에 빠졌다는 비판을 면치 못한다. 여기서 신앙과 역사의 관계 설정에는 실패한 것으로 볼 수 있다.

역사 변동에 대한 신학적 대응 세 번째는 '선교신학'(theology of mission)적 접근이다. 세속화 신학이 역사에 대한 기독교적 연계성을 모색하고 나선 신학자들의 사상적 추구였다면, 선교신학은 에큐메니칼 운동으로부터 분출된 세계 긍정을 향한 모색이었다. 특히 교회 연합이 제도적으로 불가능하다는 한계 의식은 오히려 교회의 다양성을 인정하는 의식으로 고양되었고, 다양성을 포괄하고 종합적 개념으로서 선교, 특히 그리스도의 선교에 대한 복종으로서 선교가 강조되기에 이르렀다.[49] 이와 같은 선교의식은 1954년 에반스톤 대회에서 1961년 뉴델리 대회 사이에 세계 교회 지

---

47 Arend Th. van Leeuwen, *Christianity in World History*, 330.
48 Harvey Cox, *The Secular City*(NY: The MacMillan Co., 1965).
49 Colin W. Williams, *The Church*, 15.

도자들의 생각을 장악하였으며, 이는 교회의 존재 이유와 존재양식을 선교라는 존재론적 동기에서 풀이한 의미 있는 해석이었다.

선교신학의 본격적인 작업은 1968년 웁살라 세계교회협의회 이후에 부각한 하나님 선교(missio Dei) 신학에서 심화되었다. 하나님 선교신학의 등장과 함께 교회론적 관심은 교회 그 자체를 전환하였다. 선교는 더이상 교회의 영역이 아니라, 하나님이 수행하는 하나님의 선교라는 신학적 선언에서 선교 개념은 근본으로 수정되기 시작하였다. 특별히 세계교회협의회(WCC)는 그들의 상표 같은『타자를 위한 교회』[50]에서 선교는 교회의 특정한 전도나 봉사의 행위이기 이전에 세계를 향한 하나님의 궁극적 관심에서 출발해야 할 것을 촉구하였다. 이것은 신학과 교회의 구조를 '하나님 – 교회 – 세계'에 두어왔던 전통적·교권적 틀로부터 '하나님 – 세계 – 교회'라는 선교신학적 구조로 전환하게 한 계기가 되었다.[51] 여기서 강조된 것은 하나님과 세계의 1차적 관계이며, 교회는 세계의 한 부분으로서 혹은 하나의 '후기'(postcript)로서 전 세계의 구원을 이루어 가는 그리스도의 임재와 하나님의 뜻을 증언하는 공동체로 해석한다.[52] 이러한 하나님 선교신학의 태동은 웁살라 대회를 중심으로 신학자들의 공동 작업에 의하여 이루어졌지만, 그후 비체돔(Georg Vicedom)의 *missio Dei*(하나님의 선교), 발타자르(Hans von Balthasar)의 *A Theology of History*(역사신학), 호켄다이크(J. C. Hoekendijk)의 *The Church Inside Out*(흩어지는 교회)의 사상이 하나님 선교신학에 영향을 끼쳤다.[53] 그리고 하나님 선교신학은 WCC의 정책 변화뿐만 아니라 세계 모든 교회의 선교신학적 의식과 선교 활동을 교회 중심으로부터 '세계', '사회개혁' 중심으로 전화(轉化)시켜 놓은 강렬한 기폭제가 되었다.

선교신학의 획기적 전환은 개신교회에서만 일어난 신학적 혁명은 아

---

50 WCC, *The Church for Others*(Geneva: WCC, 1967).
51 Richard P. McBrien, *The Church in the Thought of Bishop John Robinson*(Philadelphia: Westminster Press, 1966), IX.
52 WCC, *The Church for Others*, 69-70.
53 Colin Williams, *The Church*, 17-20.

니었다. 로마가톨릭교회의 사상적 전환에도 깊은 역사적 의미를 주었다. 특히 1956년 10월 12일에 시작하여 1964년 12월 8일에 끝난 제2 바티칸 공의회(네 회기로 나누어 진행됨)에서 로마가톨릭교회는 인간 문화, 특히 과학의 합법적 자율성(legitimate autonomy)을 인정하고 또 그것을 최대한 수용할 것을 촉구하기에 이르렀다.[54] 이는 인간 문화를 단순히 선교의 대상으로 보던 교권주의적 구조에서부터 세계와의 대화의 가능성을 열어 놓은 새로운 선교구조로의 전환이었다. 그리고 로마가톨릭교회는 교회를 '하나님의 백성'으로 '순례적 · 종말론적 교회'로 정의함으로 선교적 · 대화적 · 봉사적 차원을 크게 부각하기에 이르렀다.[55]

이처럼 WCC와 제2 바티칸 공의회를 거쳐 부상된 선교신학, 특히 하나님 선교신학이 세속화 신학의 이원론적 · 인본주의적 의식구조를 넘어서서 하나님과 세계의 관계를 원초적 관계로 설정하고, 교회를 섬김과 종의 공동체로 규정함으로써 교회와 세계의 관계를 새롭게 정의한 것은 신학적 공헌으로 평가되고 있다. 교회 중심적 구조가 부정되면서, 하나님-세계라는 관계 속에서 교회의 존재 이유를 '섬김'을 통해 재긍정하는 새로운 신학적 구도를 창출해낸 것이다.

그러나 덜레스는 바로 이 섬김의 교회도 몇 가지 취약점을 지니고 있음을 지적한다. 선교적 교회는 성서적 근거가 희박하고 '종'의 개념은 세상의 종이 아니며, 하나님 나라가 지상의 평화와 정의라는 추상적 가치들과 동일시될 수 없음을 들어 선교적 교회의 허구성을 비판한다.[56] 그러나 필자의 비판은 덜레스의 관점과 입장을 달리한다. 선교신학의 공헌은 교회 중심에서 하나님 중심으로 구원과 선교의 초점을 옮긴 데 있으며, 이는 전적으로 성서적이라고 본다. 세계 긍정은 교회와 세계 사이의 이원론을 극복

---

54 Avery Dulles, *Models of the Church*, 97. 그리고 Walter M. Abbott, ed., "Pastoral Constitution of the Church in the Modern World", *The Document of Vatican II*(NY: Guild Press, 1966), 199-316 참조.
55 *The Document of Vatican II*, 24-37, 78-85.
56 Avery Dulles, *Models of the Church*, 104-105.

하는 신학적 근거가 되었다고 본다. 그리고 교회를 '섬김'의 모습에서 본 것은 처음 교회의 존재 양식에 상응하는 것이라고 본다.

그러나 이 선교신학적 교회론은 몇 가지 문제를 안고 있는 것이 사실이다. 무엇보다도 선교신학 구조에서는 '하나님과 세계'의 관계라는 추상적·인위적 관계 설정은 시도되었으나, 그리스도 안에서의 하나님의 역사 개입(기독론)과 종말의 약속(종말론)이 결여되어 있다. 기독론과 종말론의 결여는 선교를 하나님의 개입이 아닌 인간과 교회의 행위로 다시 몰아가는 위험한 결과를 가져올 수밖에 없기에, 이는 또 다른 낙관주의로 전락하게 된다고 본다. 하나님 선교신학은 그 혁명적 신학구조의 전환에도, 실천적 차원에서 영적 차원과 모이는 교회를 약화한 취약점을 동반하고 있으며, 이는 결국 공동체 형성 없는 선교라는 허구성에 빠지기 쉬운 위험을 안는다. 여기서 우리는 하나님 선교신학으로부터 역사 대응의 신학구조를 배우면서도, 그것이 가지는 몇 가지 약점을 극복해야 할 또 다른 과제를 안게 된다.

역사 변동에 대한 신학적 대응 네 번째는 역사종말론적 신학의 접근 가능성이다. 일찍이 종말론적 논의는 성서학에서 활발히 진행되었다. 특히 예수가 선포한 "하나님 나라가 가까웠으니…"를 중심으로 바이스(Johannes Weiss), 슈바이쳐(Albert Schweitzer), 다드(C. H. Dodd), 예레미아스(Joachim Jeremias) 그리고 쿨만(Oscar Cullmann)[57] 등에 의하여 신약 신학의 중요 의제로 부각되어 왔다. 그리고 이들의 논거 중심에는 하나님 나라의 '시간성', 특히 그것이 미래적이냐, 과거냐, 혹은 현재냐는 시간성에 지나치게 집착함으로 하나님 나라와 역사의 관계라는 폭넓은 관계를 보지 못하는 한계가 드러나게 되었다.[58]

성서신학의 논의와는 달리 조직신학에서의 논의는 바르트(Karl Barth)

---

[57] Rom Farmer, "The Kingdom of God in the Gospel of Matthew," *The Kingdom of God in 20th Century Interpretation*, Wendel Willis, ed.,(Mass; Hendrickson, 1987), 122-126.

[58] *Ibid.*, Rom Farmer는 단절된 시간성을 하나님 나라 해석의 규범으로 삼는 것을 steno 상징(단세포적)이라 불렀으며 복합적이고 연결된 관계, 예를 들어 전 역사의 관점에서 하나님 나라를 보는 상징을 tensive 상징이라고 불렀다.

의 기독론적 삼위일체론에서 시작하여, 몰트만(Jürgen Moltmann)의 삼위
일체론적 기독론을 통한 하나님 나라 사상에서 더욱 폭넓게 전개되었다.
특히 몰트만에게 있어서 종말론적 논의는 하나님 나라와 역사와의 관계로
심화되어 갔다고 볼 수 있다. 근일에 이르러 역사 종말론적 논의는 로핑크
(Gerhard Lohfink), 호지슨(Peter Hodgson), 큉(Hans Küng), 맥브리엔(Richard
McBrien)에 의하여 더욱 심화되어 갔다.

　　역사 종말론적 신학의 초점은 무엇이고 그것이 왜 역사 변동에 대처하
는 신학적 해석의 틀로서 중요한 것인가? 역사 종말론적 신학은 무엇보다
도 먼저 교회의 초월적 존재론을 제도, 교제, 성례전, 설교, 섬김에서 찾지
않는다. 그것들은 교회의 중요한 사역이지만, 존재론적 근거는 될 수 없기
때문이다. 역사종말론적 신학은 교회의 초월적 존재론을 예수 그리스도
안에서 선포되고 실현되는 하나님의 통치(Basileia Tou Theou)에 두고 있다.
하나님의 통치는 하나님이 창조한 전 역사의 영역을 포괄할 뿐만 아니라,
그 과정에 하나님이 직접 개입하는 것을 의미한다. 여기서 미래의 교회론
은 제도성, 코이노니아성, 성례전성, 설교 중심성, 선교 중심성을 과감히
넘어서서 예수 그리스도 안에서 도래하고 있는 하나님의 통치 안에 그 존
재론적 근거를 두어야 하는 새로운 신학적 구도 변화를 요청하고 있다.

　　Basileia Tou Theou(하나님의 통치)는 교회를 포함한 전 세계와 전 역
사를 통치의 영역으로 삼는다는 사실에 주목된다. 역사는 더이상 저주나
인간 창조의 영역이 아니라 하나님의 통치- 심판- 은총의 장인 것이다.
이를 호지슨은 '신적인 장'(divine Gestalt)라고 불렀다.[59] 역사 변동이 과격
하고 그 속도가 아무리 빠르다 하더라도 또 그것이 교회의 구조와 자리를
흔들어 놓는 세력이라 하더라도, 역사 변동에 대한 신학적 대응의 주체는
교회나 인간이 아니라 하나님의 통치여야 한다는 해석이다. 이는 교권주
의와 자유주의의 역사해석을 근본에서 수정하는 것이다.

　　마지막으로 역사 종말론적 신학은 하나님의 통치와 역사와의 관계 안

---

59 Peter Hodgson, *Revisioning the Church*, 60-61.

에서 비로소 교회의 자리를 찾는다. 하나님 통치-역사-교회라는 구도에
서 교회는 역사 속에 임재하는 하나님 나라의 징표(sign)요, 증언이요, 그
림자라는 의미를 부여받는다. 교회는 그 자체에 목적이 있거나 구원의 약
속에 있지 않기 때문이다. 교회는 그리스도 안에서의 하나님 나라를 신앙
으로 소망하는 순례 공동체일 뿐이기 때문이다. 여기서 복음과 역사를 포
괄하는 교회론의 근원적인 모티프를 찾는다. 이 책은 바로 Basileia Tou
Theou의 증언 공동체로서 역사 속에 현존하는 본연의 교회 모습을 모색
하는 데 그 목적이 있다.

우리는 그동안 '교회'라는 관점과 목적에서 하나님 나라를 해석해 오지
않았는가? 이제 하나님 나라의 관점과 목적에서 교회를 해석해야 할 때가
오고 있지 않는가? 이것은 로빈슨 감독이 주는 경고이기도 하다.[60]

이 책은 교회의 관점에서 하나님 나라를 해석하는 전통적 구도를 넘어
서서, 하나님 나라의 관점에서 교회의 모습과 그 사명을 규명하고자 하는
데 근본적 모티프가 있다.

---

60 Richard P. McBrien, *The Church in the Thought of Bishop Robinson*, p. X.

제II부

성서적 교회론

성서적 교회란 구약에 나타난 언약의 백성인 이스라엘을 포괄하면서 동시에 새 이스라엘 교회(ecclesia)를 지칭한다. 형태와 구조는 각기 달랐으나, 그것들은 많은 경우 연속성과 비연속성, 역설적 연관성들을 가지고 역사 안에 출현하였다. 특히 '회막'(tent of meeting), '성막'(tabernacle), '성전'(temple), '회당'(synagogue)으로 이어진 공동체는 하나님과 이스라엘 사이, 이스라엘과 역사 사이에 일어났던 신앙적 · 역사적 경험의 표출이었으며 이는 구약의 다양한 공동체성을 말해 주고 있다.

신약의 '에클레시아'(ecclesia)는 구약 공동체의 유형적 연속성을 지니면서도, 그 신앙적 · 역사적 경험의 내용에 관한 한 그것은 전적으로 새로운 사건이었기에 비연속성의 성격을 가졌던 것으로 해석되고 있다. 그러기에 공동체의 유형적 다양성은 당연히 역사적 경험과 관련되어 있었으며 그 어느 하나도 사실상 절대화될 수 없는 상대적 의미이다.

그러나 구약 공동체나 신약 ecclesia의 다원적 형태와 다양한 존재 양식의 표현 뒤에는 원역사적 – 초월적 – 역사 변혁적 사건으로 해석될 수 있는 하나님의 주권적 통치와 구원 사건이 일관성 있게 깔려 있음을 볼 수 있다. 구약 공동체 형성 뒤에는 이집트 탈출 사건이라는 대단원의 하나님 개입이 있었으며 또한 '제2 출애굽'이라는 회복의 역사가 있었음을 보게 되는 것이다. 에클레시아 뒤에는 예수 그리스도의 말씀과 이적, 십자가와 부활 그리고 승천과 재림의 약속이라는 하나님의 역사 개입의 사건이 존재론적으로 자리

잡고 있었음에 유의하게 된다.

그러기에 성서적 교회론의 모색은 역사적 상황이라는 경험적 모티프(motif)의 중요성과 함께 하나님의 주권적 행위와 개입이라는 신학적 모티프의 양면에서 이루어져야 할 것이다.

3장
구약에 나타난 신앙 공동체

    구약의 신앙 공동체는 다양하게 표출된 형태 뒤에 한 가지 근원적 모티프에 의하여 특정 지어져 왔다. 구약 신학자들은 이 모티프가 이스라엘과 맺은 야훼 하나님의 언약 관계였다고 해석한다. "나는 너희 하나님이 되고… 너희는 내 백성이 된다"라는 언약은 이스라엘 신앙의 근거가 될 뿐만 아니라 이스라엘을 언약 공동체로 결속시켰던 원초적 힘이었기 때문이다. 바로 이 언약에서 경험한 야훼 신앙은 이스라엘을 이방 문화와 종교로부터 구별하는 요인이기도 하였다.

    월터 해릴슨(Walter Harrelson)은 그의 저서 *From Fertility Cult To Worship*[1]에서 이스라엘 공동체의 역사적 성격을 잘 설명하고 있다. 고대 이방종교는 고대 메소포타미아 신화에서 유출되어 나온 '유형론적 추리'(analogical reasoning)가 바빌로니아 신화 그리고 시리아·페니키아 종교에까지 이어져 오면서 형성된 것을 전제로 한다. 유형론적 추리란 천상(天上)과 천하(天下)가 신비롭게 결합해 있다는 우주론적 해석이다.[2] 천상의 신들의 왕 마르두크(Marduk)를 위해 세운 신전 에사길라(esgaila)는 천상(지상)의 지구라트(ziggurat)라는 남부 바빌로니아의 신전으로 재연되었다고 이방 종교는 믿었다는 것이다. 지구라트는 땅과 하늘을 직접 연결짓는 상

---

1 Walter Harrelson, *From Fertility Cult To Worship*(New York: Doubleday Co. Inc., 1976), 장일선 역, 『구약성서의 예배』(서울: 대한기독교출판사, 1980)
2 *Ibid.*, 4.

징적 건물로 추리되었다는 것이다.

이 같은 우주론적(cosmological)이고도 신화적(mythical) 유비는 이방 문화, 이방 종교, 이방 왕권의 근거가 되었다. 여기서 예배란 곧 인간의 지상 생활을 천상 생활과 일치시키는 중요한 방도가 된다.[3]

> "예배자가 성전에 나올 때면 그는 천상에 있는 원형의 성전에 다가서는 셈이다. 그가 지상의 왕을 섬기면 그는 신들의 왕인 마르둑을 섬기는 것이 된다."[4]

그러나 이스라엘 공동체의 차별성은 무엇인가? 이스라엘 공동체는 그 존재 근거와 존재 이유를 천상에 있는 신들과의 신비적 관계에서 찾지 않았다. 오히려 창조와 역사를 통하여 자신을 드러내시고 또 말씀하시는 야훼 하나님과 만남에서 찾았다고 해릴슨은 해석한다. 창조, 족장들과의 약속, 출애굽, 광야에서의 인도, 시내산 계약, 약속의 땅 진입, 부족 동맹체 형성, 다윗 왕조의 수립 등으로 이어졌던[5] 일련의 역사적 사건들 속에서 하나님의 심판과 은혜의 구원을 경험했었다. 바로 이 역사적 경험은 이스라엘 공동체를 끊임없이 역사적 공동체로 형성해 갔다. 이는 신비적이고 신화적이며 공간적인 이방 신앙과는 그 성격과는 그 성격을 근본에서부터 달리하는 신학적 모티프였다. 역사적 사건들 속에서 만난 야훼 하나님과의 관계에서 태동된 공동체들은 크게 구분되어 '성막' 공동체, '성전' 공동체 그리고 '회당' 공동체로 출현하였다.

1. 만남으로서 '성막 공동체'(Tabernacle Community)

시내산 언약과 가나안 정복 사이에 태동된 신앙적 예배공동체는 크게

---

3 *Ibid.*, 18.
4 *Ibid.*
5 *Ibid.*

세 가지 유형으로 나뉠 수 있다. 즉 회막, 법궤, 성막이라는 세 가지 유형으로서 이는 초기 이스라엘, 특히 광야 생활과 사사 시대를 특징지었던 야훼 신앙(Yahwehtic cult)에 근거한 형태들이다.

아이히로트(Walther Eichrodt)와 폰 라트(Gerhard von Rad)는 세 행태의 공동체 중에서도 가장 중요한 의미를 지닌 유형은 '성막'(tabernacle)이었음을 강력히 주장하고 있다. 아이히로트에게 있어서 '성막'은 '회막'과 '법궤' 사이에 맺어졌던 '깨어지지 않는 연합'(unbreakable association)[6]이었으며 폰 라트에 있어서의 '성막'은 회막과 법궤의 결합(combination)이었다.[7] 그러나 성막 공동체를 올바로 이해하기 위해서는 성막을 구성했던 '회막'과 '법궤'를 이해해야 할 것이다.

회막 공동체(tent of meeting)의 처음 출현은 출애굽기 33장 7-11절에 나오는 야훼 문서 속에 증언되고 있다.

> "모세가 항상 장막을 취하여 진 밖에 쳐서 진과 멀리 떠나게 하고 회막이라 이름하니… 모세가 회막에 들어갈 때에 구름 기둥이 내려 회막문에 서며 여호와께서 모세와 말씀하시니…."[8]

야훼 문서 전승에 따르면, '회막'은 광야 기간 중 하나님의 백성으로서 이스라엘이 수행했던 실질적 제의의 중심(cultic centre)이 된다. 법궤에 관한 언급은 없으며, 회막은 그 자체로서 하나님을 만나는 성소였다. 또한 하나님을 찾는 사람은 누구나 갈 수 있는 곳이기도 하였다. 회막에 관한 자세한 서술은 민수기 2장 17절과 3장 38절에 기록되어 있는데, 여기서는 '회막'이 야영 장막(tent)의 진 밖이 아니라 중심에 있었다는 새로운 위치

---

6 Walther Eichrodt, *Theology of the Old Testament*(London: SCM Press, 1961), vol. 1, 109.

7 Gerhard von Rad, *Old Testament Theology*(New York: Harper and Row, 1962), vol. 1, 238.

8 출애굽기 33:7-9.

설정이 특징으로 나타난다. 회막 안쪽에는 레위인들의 장막(tent), 모세의 장막(tent), 아론과 그의 자녀들의 장막(tent)이 있었고, 바깥쪽에는 부족별 장막(tent)이 있었던 것으로 기록되어 있다.

그러기에 '회막'(tent of meeitng)은 하나님과 모세 사이의 '만남의 자리'(meeting place)였다.9 이는 현존의 차원이 아니라 오히려 계시적 만남을 의미한다. 회막은 후대의 성전처럼 야훼 하나님의 지상적 좌정의 자리가 아니라 야훼와 모세 사이 만남의 자리였다.10 여기서 아이히로트와 폰 라트는 의견의 일치를 보이고 있다.

그러나 다른 차원에서 회막을 보는 뉴맨(Murray Lee Newman)은 '회막'이야말로 하늘로부터 내려오는 야훼의 초월성을 경험한 모세의 경험을 지칭하는 상징이라고 해석한다.11 뉴맨은 이어서 이 회막은 첫째, 만남과 계시의 장소로서 신탁의 말씀을 듣는 장소였는가 하면, 두 번째, '회집'(assembly)이라는 의미의 만남이었다고 해석한다. 특히 언약의 백성들이 한 자리에 모이는 '인보(雁報) 동맹 회의'(amphictyonic gatherings)의 자리로서 회막은 이스라엘 민족이동 과정에 중요한 역할을 담당하였다고 해석한다.

비록 가나안 정착 이후 '회막'은 사라졌지만, 시내산으로부터 가나안 정복까지 회막은 이스라엘 민족의 순례 과정에서 야훼의 '계시', '말씀-신탁', 회집을 통한 안보 동맹을 결속시킨 중심적 역할을 수행한 것으로 평가된다. 그러기에 회막 공동체는 '계시적'이고, '종말론적'이며, '순례적'이고 또 철저하게 '역사변혁적' 의미를 담고 있었다.

회막(tent of meeting)에서 성막 공동체(tabernacle)로 넘어가는 과정에 끼어든 종교적 상징은 법궤(ark)였다. 법궤에 관한 성서의 기록은 민수기 10장 35절에 있는데, 이 기술은 법궤가 '광야 순례기간'에 존재해왔음을 보여주고 있으며 여호수아 3-6장에서는 법궤가 가나안 정복 과정에서 주

---

9 Walther Eichrodt, *Theology of the Old Testment*, vol. 1, 104.
10 Gerhard von Rad, *Old Testament Theology*, vol. 1, 238.
11 Murray Lee Newman, Jr. *The People of the Covenant*(New York: Abingdon Press, 1962), 66.

도적 역할을 수행하였음이 나타나 있다. 사무엘상 1-6장은 법궤가 12지파의 종교적 중심이었으며, 예루살렘 성전 지성소에 모셨음을 보여준다. 예루살렘 성전 파괴와 함께 법궤는 없어졌으나, 그 대치를 예레미야는 극구 반대한 것으로 전해지고 있다(렘 3:16).12

그러나 법궤가 언제부터 회막 안에 안치되어 왔는지에 대해서는 분명하지 않다. 회막 안에 처음부터 안치되었다고 보는 것은 부당하다고 폰 라트는 주장한다.13 그러기에 '회막'과 '법궤'는 처음부터 각기 다른 두 그룹들의 제의적 중심(cultic foci)으로서 독립적으로 존재해 왔다고 보아야 할 것이다.14

아이히로트는 법궤의 근원은 '가나안 모형'(Canaantie models)으로부터 유래된 것임을 강력히 주장하고 있다.15 회막이 '계시', '초월성', '만남', '시간'을 상징한다면 법궤는 하나님의 임재와 내재성을 대변하는 종교적 상징이었다. 법궤는 '보이지 않는 주님의 왕좌'이면서, 광야에서 이스라엘을 인도해 간 '움직이는 신전'(portable shrine)이었다.16 이는 아이히로트의 해석인데, '야훼의 왕좌'(throne of Yahweh)로서 법궤라는 해석에는 폰 라트와 뉴맨 그리고 존 브라이트 모두가 이에 동의한다. 예루살렘 성전 지성소에 모셔진 법궤는 하나님의 임재를 상징하고 있으며, '궤'가 떠날 때에는 야훼가 이스라엘 앞에서 대적을 물리치고, '궤'가 쉴 때에는 야훼가 왕좌에 좌정하는 것으로 이해한 것은 하나님의 임재와 인도하심을 상징하고 있다.17

'회막'(tent of meeting)과 '법궤'(ark)에 대해서 아이히로트는 다음과 같이 요약한다. 즉, '회막'이 하나님의 '불접근성'(unapproachableness)의 표현이며, 계시와 말씀을 통한 이스라엘의 인도를 의미하고 있다면 '법궤'는 보이지 않는 하나님의 보이는 옥좌로서 이스라엘의 운명 속에 내재해 있고

---

12 Gerhard von Rad, *Old Testament Theology*, vol. 1, 236.
13 *Ibid.*, 235.
14 *Ibid.*
15 Walther Eichrodt, *Theology of the Old Testament*, vol. 1, 104.
16 *Ibid.*, 109.
17 Gerhard von Rad, *Old Testament Theology*, vol. 1, 237.

또 인도해 갔던 '매개'(medium)였다는 것이다.[18]

한편 폰 라트는 '회막'이 계시의 신학(a theology of manifestation)이라고 한다면 '법궤'는 임재의 신학(a theology of presence)이라고 풀이하면서, 특히 솔로몬 성전의 지성소는 임재 신학의 극치였다고 해석한다. 그러나 폰 라트는 아이히로트나 뉴맨과는 달리 신명기 10장 1-5절을 인용하면서 법궤는 하나님 임재의 매체가 아니라 돌판을 담는 하나의 궤에 불과하다는 신학적 해석을 강력히 암시한다. 이를 신명기적 비신화화라고 부른다. 한 걸음 더 나아가 열왕기상 8장 9절을 인용하면서 "궤 안에는 두 돌판 외에 아무것도 없으니…"에 초점을 맞추어 법궤 신화의 비신화화를 지지하고 있다.[19]

그렇다면 성막(tabernacle) 공동체란 무엇이며, 성막이 가졌던 회막과 법궤와의 관계는 어떤 것인가? 아이히로트가 말하는 회막과 법궤 사이의 '깨뜨릴 수 없는 연합'으로서 '성막'은 무엇이며, 폰 라트가 말하는 '회막과 법궤 사이의 결합'(combination)으로서 성막이란 무엇인가?

『이스라엘의 성막』을 저술한 스트롱(James Strong)은 이스라엘의 성막은 모세 자신이 진지에서 멀리 떨어진 곳에 진 쳤다는 만남의 장막에서 그 기원이 시작되었다고 주장하고 있다. 바로 그 성서적 근거를 출애굽기 33장 7-11절에 둔다.[20] 그러나 성막의 건립은 제2년 정월, 즉 니산월 첫 달에 야훼께서 명하신 대로 모세의 손에 의해 이루어졌다. 건립에서 완성까지는 8개월이 걸린 것으로 알려졌다. 결국, 스트롱의 논저는 성막의 기원은 회막에서 시작되었으나, 그 건립은 성막의 완성 형식으로 이루어졌다는 데 있다.

성막은 광야를 행진하는 동안 이스라엘의 본부 역할을 수행하였고 여호수아가 가나안을 정복할 때에는 적들을 물리치는 방패가 되었으며, 솔로몬이 성전이 지을 때는 모세가 사용하였던 성막의 본래 자료들이 사용

---

18 Walter Eichrodt, *Theology of the Old Testament*, vol. 1, 110.
19 Gerhard von Rad, *Old Testament Theology*, vol. 1, 227-228.
20 James Strong, *The Tabernacle of Israel*(Grand Rapids: Kregel Publication, 1984), 11.

되었던 것으로 알려지고 있다.[21]

그러나 성막이 지녔던 신학적 의미에 대한 설득력 있는 해석은 다시 폰 라트로부터 오고 있다. 폰 라트에게 있어서 성막(tabernacle)은 회막과 법궤 다음의 세 번째 형태가 아니라, '회막과 법궤의 결합'이라는 형태로 나타나고 있다. 그러나 회막과 법궤가 언제 결합했는지는 분명치 않은 것으로 남는다. 여기서 폰 라트가 주장하는 핵심적 사상이 깃든다. 회막과 법궤가 결합된 성막은 그 성향에 있어서 법궤 신학보다는 오히려 계시와 만남인 옛 회막의 재연이라는 의미로서 성막이 등장했다고 본다. 여기서 임재와 왕좌 개념은 사실상 사라졌다고 해석된다.[22]

폰 라트는 바로 이 같은 해석의 근거를 출애굽기 29장 42절 이하에 나오는 야훼의 약속에 두고 있다. "내가 거기서 너희와 만나고 네게 말하리라…." 성막은 회막과 법궤의 결합 형태이지만, 그 핵심적 특징은 오히려 계시적이고, 말씀 사건적이며, 만남의 사건으로 이해되었다. 그리고 야훼의 영광이 성막 위에 임했을 때, 족장들과 약속하신 야훼의 언약은 성취되어 갔다.[23]

여기서 아이히로트는 다윗이 예루살렘을 하나님의 도성으로 정도한 이후 성막을 궁중 축제의 자리로 바꿈으로 성막은 궁중화되었다고 해석하는데[24] 반하여 폰 라트는 성막을 하나님과 이스라엘과의 만남, 계시, 말씀의 공동체였다는 해석을 하고 있다. 고대 이스라엘의 신앙 공동체인 '성막' 공동체는 야훼 하나님과 이스라엘 민족 사이의 만남, 신탁, 계시 그리고 인도의 자리였으며, 이는 종말론적 의미와 역사 변혁적 공동체의 의미를 내포하고 있다고 해석될 수 있다.

---

21 *Ibid.*, 12-13.
22 Gerhard von Rad, *Old Testament Theology*, vol. 1, 238-239.
23 *Ibid.*, 241.
24 Walther Eichrodt, *Theology of the Old Testament*, vol. 1, 124.

2. 현존으로서 성전(Temple)

구약에 나타난 신앙 공동체의 또 다른 형태는 성전(temple)이었다. 성전은 형태에 있어서는 성막의 종교적 요소들을 흡수하였고 법궤(ark)를 성전 중심에 안치했기 때문에 성막과의 연속성을 지니고 있는 것은 사실이다. 그러나 성전은 장막, 회막, 성막과는 전적으로 다른 종교적, 신학적 의미와 성격을 지녔다는 이유에서 비연속적인 것이다.

성전은 현대 교회에 비하여 규모가 큰 것은 아니었지만(약 90×30×45 feet), 그 당시 그것은 거대한 건축이었던 것으로 알려지고 있다.[25] 그러나 성전은 페니키아(고대 가나안) 건축자들에 의하여 가나안식 건축 설계를 바탕으로 세워졌기 때문에, 성전은 '이스라엘의 삶과 예배 중심 속에 가나안 문화가 침입'하여 온 이방 문화의 상징이 되었다.[26] 이는 당시 야훼 신앙을 지켜 오던 지도자들과 이스라엘 사람들에게 커다란 충격을 주었을 것이라고 앤더슨(Bernhard Anderson)은 해석한다.

성전 건축에 관하여 존 브라이트(John Bright)는 다음과 같이 서술한다. 성전은 당시 팔레스타인과 시리아의 건축술을 따라 두로 사람들에 의해 건축되었다(왕상 7:13). 직사각형의 성전은 두 기둥을 두고서 동쪽으로 향하여 있었다(왕상 7:21). 성전은 현관과 성소와 그 뒤의 지성소로 구성되어 있었다. 지성소(하나님의 지상적 거처)는 커다란 '그룹'의 보호를 받으며, 보이지 않는 야훼께서 좌정하시는 것으로 여겨졌다. 성전은 솔로몬 치정 4년에 시작되었으며(B.C. 959), 7년 뒤에 완성되어 솔로몬에 의하여 봉헌되었다.[27]

그러나 문제는 성전 cult가 가지는 신학적·종교적 의미의 변질에 있었다. 성전은 두 가지 목적을 가지고 있었다. 그 하나는 성전의 '왕실 채플화'였다. 대제사장은 왕명에 따라 임명되었으며, 대제사장은 왕실 내각의 일

---

25 Bernhard Anderson, *Understanding Old Testament*(Englewood Cliffs: Prentice Hall, 1986), 237.
26 *Ibid*.
27 John Bright, *A History of Israel*(Philadelphia: Westminster Press, 1971), 213-214.

원이 됨으로[28] 종교의 왕실화 내지 귀족화를 이루었다. 이것은 신앙의 제도화를 재촉한 계기가 되었다.

성전의 두 번째 목적은 '법궤'를 지성소에 안치함으로써 성전을 이스라엘 민족의 국가 종교 혹은 민족 종교의 중심지로 삼으려는 의도였다. 그러기에 성전은 왕실과 함께 이스라엘 민족의 종교적 중심지로 성역화되어 갔다.[29] 성전은 이렇게 왕실 종교와 민족 종교의 중심지로 부각되었다.

여기서 부각되는 신학적 관심은 광야의 순례 기간 동안 이스라엘을 지탱해 온 장막·회막·성막 중심의 야훼 신앙과 성전을 통하여 왕실화되고 이방화되고 또 민족 종교로 탈바꿈하는 제의적 종교(cultic religion) 사이의 갈등에 있다. 유일신적·종말론적 신앙과 제도화된 종교 사이, 시간의 신학과 공간의 신학 사이 갈등의 노출이었다.

그러나 폰 라트에 의하면, 솔로몬이 임명한 페니키아 건축가들이 야훼를 알지 못했고, 그들이 건축한 성전이 시리아와 팔레스타인의 신전들의 모양을 따랐으며, 지성소의 성역화가 메소포타미아(Mesopotamia)로부터 온 것이라 해서 야훼 신앙이 전적으로 소멸되거나 12지파의 인보 동맹의 질서가 깨졌다고 말할 수 없을 것이라고 한다.[30] 물론 야훼 신앙이 도전을 받은 것은 사실이지만, 이스라엘이 하나의 국가가 되고, 성전이 민족 종교의 중심이 되는 때, 야훼 하나님과 바알 혹은 바알 문화와의 대결이 심화되기 시작한 사건으로 보아야 한다는 것이다. 더 빈번해진 가나안과의 새로운 접촉과 관계는 이스라엘에게 이방 문화의 영향력을 가중시켰지만, 그것은 이스라엘이 야훼 하나님과 바알 사이의 대결이라는 새로운 역사적·토착화적 상황에 놓였음을 의미했다는 것이다.

가장 좋은 예는 성전 건축을 반대하고 나섰던 선지자 나단에서 찾을 수 있다. 사무엘하 7장 4-8절을 근거로 폰 라트는 나단 선지자가 야훼 신앙, 특히 '회막'(tent of meeting) 안에서 이스라엘과 함께한 야훼 신앙의 전

---

28 *Ibid.*
29 *Ibid.* 그리고 Gerhard von Rad, *Old Testament Theology*, vol. 1, 43-48을 보라.
30 Gerhard von Rad, *Ibid.*

통을 대변하여 다윗의 성전 건축 계획을 반대했던 사건을 중시한다.[31]

나단의 항거는 거부되고 솔로몬에 의하여 성전은 건축되었다. 오랜 세월 이스라엘 민족의 중심 사상이었던 '야훼주의'(Yahwism) 신앙은 소멸되고,[32] 왕실 종교, 민족 종교로서 성전 공동체가 자리 잡게 되었다.

그러나 성전 건축에 대한 나단의 항거가 역사적으로 단절되는 듯했으나, '임존사상'에 근거를 둔 성전 종교에 대한 비판은 후대 많은 예언자의 글과 말에서 이어져 갔다. 유배되어 이방 땅에 잡혀간 이스라엘에게 비록 성전은 기도로 하나님과 만날 수 있음을 설파한 예레미야의 충고(29:12-14)에서, 유배 중에 있는 이스라엘 속에서 야훼 하나님 영광의 비전을 보았던 에스겔의 환상[33]에서도 반성전적, 반제도적인 하나님의 계시는 드러나 있었다. 성전은 파괴를 거치면서 하나님은 공간과 집에 묶어 둘 수 없는 살아계신 하나님이심을 경험하기에 이른 것이다.

성전은 한 마디로 이방 건축술의 집대성으로서, 건축의 규모와 장엄성에도 야훼 신앙이 위기에 직면하는 상황을 만들어 내었다. 성전은 신앙의 제도화와 제사화를 만들어 낸 제도 신학이라 부를 수 있다.

3. 예배 · 말씀 · 소망으로서 회당 공동체(Synagogue Community)

이스라엘 민족사 속에 나타난 성막이 '계시와 만남'의 신앙적 구조를 지닌 종말론적 공동체였다면 성전은 '임재와 제사'를 중심으로 형성된 성례전적 공동체였다. 그러나 이스라엘의 삶과 가장 오랜 세월 운명을 같이 해 온 공동체는 회당이었다. 회당은 오늘의 이스라엘 민족의 삶 속에까지 영적 근거를 마련해 주는 역사적 공동체로서 자리하고 있기 때문이다.

그러나 회당 공동체는 그 생존의 역사가 긴 만큼 복잡하고도 다양한

---

31 *Ibid.*, 61.
32 *Ibid.*
33 Bernhard Anderson, *Understanding Old Testament*, 449.

시대적 경험들을 그 안에 지니고 있다. 무엇보다도 회당 공동체 태동 뒤에는 가혹한 정치적 비극이 깔려 있었다. 그것은 예루살렘성과 예루살렘 성전 파괴라는 역사적 경험에서 비롯되었다. 존 브라이트(John Bright)는 그 어느 학자보다 예루살렘 파괴에서 연유된 이스라엘의 정치적 경험을 회당 공동체 형성의 중요한 모티브로 해석하고 있다. 바빌로니아 왕 느부갓네살에 의하여 파괴된 유대 땅과 건물들은 여러 해 동안 재건될 수 없을 정도로 초토화되었다는 사실을 고고학은 증명하고 있다.[34] 바빌로니아에 끌려간 사람들을 제외하고서라도 수많은 유대인은 배고픔이나 질병이나 전쟁으로 죽었으며, 많은 사람은 처형당하기도 했고 또는 다른 나라로 도피한 것으로 알려졌다. 멸망 전 25만 명가량의 인구가 몇 년 뒤에는 2만 명을 넘지 못했으며, 그나마 남쪽 땅 산악 지대는 에돔 사람들에 의하여 다시 점령된 것으로 알려졌다.[35]

결국, 바빌로니아의 침략과 파괴는 유다 왕국의 땅을 초토화했을 뿐만 아니라 민족 자체가 멸종되는 위기로까지 몰고 간 것이다. 이것은 선민의식을 자랑하던 유대인에게는 정치적 죽음이요, 영적 흑암이었다. 성전은 파괴되었지만 그 남은 흔적을 거룩한 자리로 삼은 순례자들이 그중에서도 북쪽 이스라엘인들이 제사드리기 위해 그곳을 성역화한 일만이 남게 되었다.[36]

예루살렘 멸망 이후 비운의 유배(exile) 생활은 유대인들에게 새로운 공동체를 태동시키게 하는 계기가 되었다. 바빌로니아에 끌려온 유대인들은 유다의 정치적, 종교적, 지적 지도자들이었으며 그 수는 4,600명 정도로 추정되었다. 거기에 가족 수를 가산하면 그 수는 3-4배에 이를 것으로 알려지고 있다.[37] 그들이야말로 유다 왕국의 엘리트들이었고, 바로 그 이유로 유배의 대상이 되었다.

유배 속의 유대인들은 비록 고통과 천대를 겪어야 했지만, 그들에게는

---

34 John Bright, *A History of Israel*, 344.
35 *Ibid.*
36 *Ibid.*
37 *Ibid.*, 345.

집을 짓게 하고 또 농사일을 허용하는 최소한의 자유가 주어졌던 것으로 알려졌다. 특히 바빌로니아에서 멀지 않은 북방 메소포타미아에 유배된 유대인들은 그들 스스로 정착촌이 허용될 정도였다.[38] 그들은 전적으로 자유인은 아니었으나 그렇다고 노예도 아니었다. 그들에게는 결사의 자유가 있었으며 공동체 활동이 허용되었다. 이것이 회당 공동체가 새로운, 그러면서도 잠정적 공동체(예루살렘으로 돌아갈 때까지)로서 태동되고 또 급속히 파급되어 간 이유이기도 했다.

문제가 된 것은 유대인들의 부자유 속의 자유가 아니었다. 오히려 유배라는 정치적 경험에서 유대인들이 과거에는 상상도 할 수 없었던 종교적 상황과 접하면서 신앙적 질문을 던져야 했던 데 있었다. 예루살렘에만 계실 줄 알았던 야훼 하나님을 유대인들은 이방 땅에서도 만날 수 있었기 때문이었다. 조지 웨버(George W. Webber) 교수는 이를 '유배 동기'(exile motif)라고 부른다. 출애굽(exodus)에서 히브리인들이 자기 정체성을 찾은 것처럼, 이번에는 유배(exile)라는 동기가 하나님 백성이 되는 규범적 경험이 되었다는 것이다.[39] 이러한 유배 동기에서 이스라엘은 예루살렘에도 계시지만 이방 땅에도 계신 야훼 하나님을 만나는 새로운 신앙적 경험과 거기서 생겨나는 신앙적 정체성(identity)을 유지할 수 있었다. 이것은 특별히 선지자 예레미야의 중심 메시지였다.

결국, 이스라엘은 출애굽 동기로부터 유배 동기를 거치면서, 그 신앙은 영적 흑암을 헤치고, 영혼을 다해 추구하는 깊은 하나님 경험으로 이어졌다. 이는 '하나님께서' 하시는 '심판'(예루살렘 멸망, 민족의 멸망 등)과 동시에 새로운 미래를 준비하시는 시험이며 단련이라는 새로운 이해로 발전되어 갔다. 여기서 웨버는 '유배'는 하나님의 활동이었으며 의미와 목적과 기쁨이 있는 새로운 경험이었다고 주장하였다. 그리고 유배에서 이스라엘은 하나님 백성으로서 분명한 소명이 주어졌다고 주장하였다.[40]

---

38 *Ibid.*, 345.
39 George W. Webber, *Today's Church*(Nashville: Abingdon Press, 1979), 12.
40 *Ibid.*, 13.

이러한 역사적, 신앙적, 정치적 상황에서 태동된 새 공동체가 바로 '회당'(synagogue)이었다. 그러나 "회당은 언제, 어디에서 시작되었는가?"라는 질문에 대하여 구약학자들 사이에는 지금도 논쟁이 계속되고 있다. 그 누구도 결정적인 단서나 고고학적 증거를 제시할 수 없기에 추측과 전통에 의존하고 있다.

회당의 기원을 유배 이전(pre-exilic period)으로 보는 이는 존 브라이트이다. 브라이트는 회당의 기원 자체는 불분명하나, 그 역사적 뿌리는 '성전'(temple)과 함께 이미 공공 예배(public worship)를 위해 존재해 온 모임에서 찾아야 한다고 해석한다. 이 모임은 레위의 교훈을 듣는 장소일 수도 있었으며, 예언자들이 제자들과 함께 만들었던 모임일 수도 있다고 본다.[41]

회당에 관한 전문가인 유리 카플라운(Uri Kaploun)은 그의 저서 『회당』에서[42] 회당의 기원에 관하여 다양한 근거들을 제시하고 있다. 그 하나는 주전 6세기에 발굴된 Elath라는 비문에 적힌 'Bet Kenisabiyrushalayim'이라는 말에서 찾을 수 있으며(이는 '예루살렘 안의 회당'이라는 뜻), 이를 회당의 기원으로 보는 학설을 제시하고 있다.

또 다른 학설은 '이집트적 다이스포라'에서 이미 회당의 흔적을 찾을 수 있다는 고고학적 연구로부터 제기될 수 있다. 이에 의하면 회당은 에스겔보다 훨씬 먼저 존재한 공동체였다.[43] 결국, 회당의 기원을 유배 이전으로 보는 이는 브라이트와 카플라운이다.

그러나 브라이트와 카플라운을 포함한 대다수의 구약학자는 회당의 역사적 기원을 에스겔서와 에스겔의 집에서 시작한 모임에서 찾고 있다. 카플라운은 에스겔서에 나오는 '작은 성전'(a little sanctuary)은 회당을 의미했으며 특히 이 구절이 탈무드에서 '바빌로니아 회당과 공부의 집'으로 응용되었다는 사실에 의미를 부여하고 있다.[44]

---

41 John Bright, *A History of Israel*, 439.
42 Uri Kaploun, *The Synagogue*(Philadelphia: Jewish Publication Society of America, 1973)
43 *Ibid*., 2-3.
44 *Ibid*., 1. 특히 여호야긴의 정배와 함께 시온에서 가져온 돌집(Shefre Yativin Nehardea)

회당이 에스겔에게서 비롯되었다는 주장은 아이히로트(W. Eichrodt)와 앤더슨(B. Anderson)에 의해서도 재확인되었다. 아이히로트는 예루살렘이 망할 때 에스겔이 새로운 공동체 태동을 외쳤으며, 물가나 서기관의 집에서 가진 예배와 기도를 위한 모임은 금식, 회개와 탄원 그리고 제사장들의 교훈을 포함했을 것으로 해석하고 있다.[45] 에스겔 33장 1절 이하를 근거로 에스겔 자신이 이 모임에서 교사로 일했을 가능성이 높은 것으로 아이히로트는 풀이한다. 물론 아이히로트 자신도 역사적으로나 고고학적으로 이를 증명할 수 없는 가정적 해석임을 전제하고 있다.

다른 한편 카플라운에 의하면 회당의 기원에 관한 또 다른 학설은 '에스겔론'을 부정하고 에스겔 이후의 시대적 산물로 추정하고 있다. 예를 들어 에스라서와 느헤미야서에 회당의 언급은 없지만, 유배 동안 생겨난 회당 공동체를 귀환한 유대인들이 예루살렘으로 옮겨왔을 것이라고 보는 학설이다. 이는 회당의 기원을 바빌론 유배 기간에서 찾고 있는 것이 분명하다. 또 다른 학자들은 처음 회당의 출현을 고대 그리스 통치 밑에서의 마카베오 시대의 산물로 보고 있다.[46] 그것은 1902년 발견된 고대 대리석 비문에 유대인들이 회당을 마케도니아 왕에게 봉헌했다고 쓴 기록에 근거한 것이다.

이렇듯 회당의 기원과 그 역사에 대한 구약학자와 이스라엘 학자들의 깊은 관심은 회당 공동체가 이스라엘 민족의 신앙과 정치적 운명에 지대한 영향을 끼쳤다는 사실과 연관되어 있다. 한 가지 분명한 것은 회당의 출현은 '유배'와 깊은 관련이 있었으며, 회당은 유배의 고통을 경험한 유대인에게 영적인 삶의 성찰과 새로운 기초를 마련해 준 새로운 신앙 공동체였다. 예루살렘은 잃었지만 '유배 생활'을 최종적인 것으로 받아들이기를 거부하고, 그 어느 날 야훼께서 그 백성을 다시 회복할 것이라는 소망을 표출한 공동체가[47] 회당이었다는 의미에서, 초기 회당은 종말론적 성격을

은 하나님 임재의 임시 거처로 이해되었다.
45 Walther Eichrodt, *Theology of the Old Testament*, vol. 1, 250.
46 Uri Kaploun, *The Synagogue*, 2.

가졌던 것으로 봤다.

그렇다면 회당의 신앙, 예배 그리고 교육 구조는 어떠했던가? 문헌적으로나 고고학적 증거에 의하여 뒷받침되고 있는 서기 1세기의 회당 구조는 고대 회당의 모습(특히 유배 당시 출현한 것으로 추정되는)과 그 후의 모습을 윤곽 짓는 일에 근거가 된다.[48] 유배 당시 출현한 고대 회당이 '전통과 율법', 특히 '안식일'과 '할례'에 강조를 두고서 유대인의 신앙적·민족적·종교적 정체성을 굳게 지키기 위한 것이었다면,[49] 1세기의 회당은 종교적 성격을 포함했지만 그보다는 사회적이고 정치적이며 조직 공동체적인 것으로 변모하였다.

초기 티베리아스의 회당은 한 도시(polis)로서 조직되었으며, 시의회와 각종 시민 모임이 회당에서 열렸다. 필로의 알렉산드리아 회당은 그 도시 안에 산재했던 회당들의 중심이면서 동시에 집단 지도체제를 유지했던 정치적 성격을 지니고 있었다. 그리고 1세기의 회당은 유대 땅을 넘어서서 세계 곳곳으로(예를 들어 알렉산드리아, 예루살렘, 바빌론, 로마, 시리아, 이탈리아, 헝가리, 유고슬로비아, 북아프리카 등) 확산되어 갔던 것으로 보아 종교의 디아스포라(diaspora)와 세계화의 성격을 띠게 되었다.[50] 그러나 보우덴(Derrick J. Bowden)은 1세기의 회당이 시민적, 정치적, 사회적 성격을 가졌음에도, 그 중심 기능은 여전히 '종교적'이었음을 강조했다.[51] 서기 70년 제2차 예루살렘 성전 파괴 이후 사두개파는 사라지고, 바리새파가 득세하면서 새로운 유대주의가 형성되었다. 회당의 확산은 그들의 훈련을 위한 것이었다. 그 당시 예루살렘에만 해도 400여 개 회당이 있었으며, 회당은 국가적 단위가 끝나고 유다 종족만이 남았다는 공감대의 근거가 되었다. 성전을 대치하는 새로운 공동체인 회당은 예배와 교육을 그 구조로 삼았다.[52]

47 John Bright, *A History of Israel*, 350-351.
48 Uri Kaploun, *The Synaglgue*, 3.
49 John Bright, *A History of Israel*, 439.
50 Uri Kaploun, *The Synagogoue*, 3-4.
51 Derrick J. Bowden, *The World of the New Testament*(Oxford: Headington-Hill HAll, Religious Education Press, 1971), 67.

회당의 처음 구조는 예배였다. 여기에는 찬양과 기도, 주해 그리고 공동체적 요구라는 3차원적 기능이 수행되었다. 회당의 예배는 미시나(mishna) - 십계명 - 예언자 편지 - 토라(torah) 낭독 - 셰마(shema) - 제사장의 축도 등의 순서에 따라 진행되었다. 대부분 제사장이나 레위 사람이 집례하였으며 예배는 매일 드려졌던 것으로 알려졌다. '구원의 날'(day of atonement)에는 대제사장의 집례로 진행되었다고 보는 것이 카플라운의 해석이다.[53]

그러나 보우덴은 카플라운의 해석에 동의하지만 집례가 제사장에 의하여 수행되었다는 대목에서 '제사장이 있는 한'[54]이라는 단서를 붙임으로써 회당 예배가 늘 제사장의 집례를 따르지 아니했음을 암시하고 있다. 회당이 제사 중심으로부터 예배와 말씀 그리고 교육 중심으로 전환이었다는 데 그 의미가 있다.

회당의 두 번째 구조는 교육이었다. 이것은 첫 번째 구조보다 더 핵심적 위치에 있었다. 회당 그 자체는 'Didaskaleia'라고 불릴 만큼 강력한 영향력을 지닌 교육 기관이었다.[55] 예배에서 토라가 계시로 받아들여지면서, 토라를 가르치는 호밀리(homily)를 통하여 교육이 진행되었다. 그러기에 회당에서의 예배와 교육은 뗄 수 없는 상호 관계를 형성하였다. 이것은 '제사' 중심의 예배로부터의 혁명적 변화였다.[56]

비록 후대에 그 제도적 형태를 갖추게 된 것으로 알려졌지만 회당의 예배와 교육의 통합적 기능은 그대로 둔 채, 회당으로부터 발전한 교육 기관이 출현하였다. 스위프트(Fletcher H. Swift)는 이것이 '초등학교'(elementary school)와 '소페림학교'(school of the Soferim)였다고 설명한다.[57] 초등학

52 *Ibid.*, 68.
53 Uri Kaploun, *The Synogogoue*, 7.
54 Derrick J. Bowden, *The World of the New Testament*, 69.
55 Lewis G. Sherrill, *The Rise of Christian Education*(New York: The MacMillan Co., 1944), 45.
56 *Ibid.*
57 Fletcher H. Swift, *Education in Ancient Israel*(Chicago, London: The Open Court Publishing Co., 1919), 91-102.

교에서는 주로 서기관과 하잔(Hazzan)으로 불린 교사들에 의하여 율법이 교수되었으며, 소페림학교에서는 주로 서기관이 되려는 사람들을 위한 전문교육이 행해졌던 것으로 해석한다.

이에 대해 루이스 셰릴(Lewis Sherrill)은 유배 이후에 등장한 회당과 그 회당으로부터 생겨난 교육기관들이 Beth Hassepher 혹은 '책의 집'(the house of the book)이라 불린 '초등학교'(elementary schools)와 Beth Hammidrash 혹은 Beth Talmud라고 불린 '중학교'(secondary schools) 등으로 나타났다고 풀이한다. 중학교는 '배움의 집'(the house of study)이라는 의미를 내포하고 있었으며, 이는 토라의 연구와 해석을 포함하는 고등교육을 의미했다.[58] 스위프트와 셰릴은 학교 교육에 관한 해석에는 일치한다. 그러나 쉐릴은 스위프트가 밝히지 않은 또 다른 교육 기관의 존재를 증명하려고 한다. 그것은 '아카데미'(academy)로서, 이는 서기 70년 산헤드린이 무너지고 바리새파 지도자들, 특히 랍비들이 주도권을 잡기 시작하면서부터 랍비 양성을 위한 신학교로 발전하였다.[59]

이렇듯 회당의 출현과 함께 회당에서 생겨난 교육 기관들은 25명을 단위로 하는 교실을 기본 단위로 하였다. 교사직을 맡았던 사람은 하잔이라 불렀다. 하잔은 회당에서 나팔을 불어 안식일을 알렸고 토라 낭독을 위해 두루마리를 가져오는 일, 새 기도문을 선택하는 일, 본문을 선택하는 일, 찬송을 작곡하는 일 등 회당 의식에서 주역을 맡았던 것으로 알려졌다.[60]

"회당에서의 하잔은 학교 교사였는가? 하잔이라 동일하게 칭해진 또 다른 하잔이 있었는가?"라는 문제는 학자들 사이에서 해결되지 않고 있지만, 한 가지 분명한 것은 하잔은 교육을 전담한(회당과 학교에서) 전문인으로서 봉급을 받지 않고 토라를 가르쳤다는 사실이다.[61] 대부분 하잔은 회당 의식과 초등학교 교육을 담당하는 일에 제한되어 있었다.

---

58 Lewis J. Sherrill, *The Rise of Chrisitian Education*, 52-63.
59 *Ibid*.
60 Uri Kaploun, *The Synagogoue*, 16.
61 Lewis J. Sherrill, *The Rise of Christian Education*, 56.

하잔 외의 또 다른 교육자는 '서기관'(scribes) 혹은 소페림(Soferim)으로 불린 계급의 사람들이었다. 제사장과 예언자의 시대가 지나가고, 새롭게 태동된 소페림은 '글을 쓸 수 있는 사람'으로서, 에스라가 소페림의 첫 번째 사람으로 추정되고 있다.[62] 소페림은 소페림 후보를 교육하는 율법학자이며, 교육자였다.

회당 공동체는 예루살렘 파괴 이후 성전을 대신하는 대체 형태로 나타났지만, 회당은 '성전 신화'를 비신화한 공동체로서 등단하였다. 예루살렘 성전을 유일한 옥좌로 신격화했던 과거 신앙은 이제 이방 속에서도, 전 우주 어느 곳에서도 하나님을 만나고, 경배하고, 말씀을 경청할 수 있는 새로운 신앙으로 변화되었다. 여기서 회당은 성막처럼 '잠정적' 공동체의 의미를 갖는다. 그러나 회당은 성막의 '순례적' 공동체는 아니었다. 성막이 하나님의 계시와 인도하심을 따라 약속의 땅을 향해 나아간 종말론적 공동체였다면, 회당은 하나님의 계명이 기록된 율법과 전통(안식일과 할례)을 배우고 또 설교를 듣는 말씀과 율법 공동체로서 변모하였다. 이는 이스라엘의 정체성 보존을 위해(이방의 위협 속에) 필연적으로 발전된 형태이기도 하다.

---

62 Fletcher h. Swift, *Education in Ancient Isarel*, 81.

4장
예수와 공동체

예수의 유년 시절 그리고 성장 과정이 '회당'과 어떠한 연관성이 있는지에 대한 역사적, 고고학적 문헌은 그리 흔하지 않다. 다만 마태복음 13:55과 마가복음 6:3을 근거로, 예수가 공생애 이전에 아버지 요셉의 직업을 따라 목수 일을 했을 것이라는 추정만이 가능하다. 그리고 누가복음 4:16을 근거로, 예수의 소년기는 회당과 깊은 연관과 영향력 아래 있었던 것으로 해석되고 있다.

특히 '율법을 지키는 일'과 '글 읽는 법'을 교육하는 회당의 중심 기능에 비추어, 예수도 회당 교육을 통한 유대인의 훈련을 받았을 것으로 우닉크(Unnik)는 추측하고 있다.[1] 이는 회당이 정치적, 사회적 그리고 영적으로 예수의 인격 형성 과정에 크게 기여했을 것이라는 역사적 가정을 가능하게 한다. 그리고 회당은 예수와 유대주의 사이를 연계하는 역사적 고리와 역사적 연속성을 마련하는 틀이 되었다.

그러나 예수는 특히 그의 공생애의 시작과 함께 유대주의 틀을 초월하는 새로운 세계의 도래를 선언하고 또 실천함으로 유대주의와의 단절을 가져오게 했다. 특히 하나님 나라의 도래를 선포하고 또 제자공동체를 만들어 간 사건에서 예수는 민족주의의 상징이었던 회당을 넘어서게 된다.

---

1 W.C. van Unnik, *The New Testament*(New York & Evanston: Harper& Row, 1962), 45, 69.

이는 유대주의와의 비연속적 차원이다.[2] 특별히 우주 구원을 위한 종말론적 공동체로서 12제자 공동체는 유대의 12지파를 종말론적으로 대변하는 새로운 공동체의 태동으로 해석된다.[3]

그러기에 예수와 공동체의 관계는 유대주의와의 연속성(가정 교육과 회당을 중심으로)과 비연속성(하나님 나라의 실현과 우주 구원의 실현을 위한 새로운 공동체 형성)을 동시에 지니고 있다. 바로 이 역설적 의미는 예수 당시의 정치적 · 사회적 · 종교적 상황과도 밀접히 관련되어 있다.

1. 역사적─종교적 상황

예레미아스(Joachim Jeremias), 로핑크(G. Lohfink) 그리고 호지슨(Peter Hodgson)으로 이어지는 사상가들은 예수의 선포와 사역의 궁극적 모티브는 하나님 나라 혹은 하나님 통치(Basileia Tou Theou)의 실현에 있었다고 주장한다.[4] 하나님 나라는 예수의 선포에 있어서 중심 사상일 뿐만 아니라 인간 역사와 공동체를 이해하는 원초적 사건이었다는 것이다.

그러나 하나님 나라 혹은 하나님의 통치는 처음부터 공간적 개념이거나, 정적 개념이 아니었다. 그것은 "행동하는 하나님의 통치로서 처음에는 지상 군주를 심판하는 것으로 그리고 천상과 지상의 모든 권세를 심판하는 것"으로 나타난다.[5] 그러면서도 "그 통치의 특색은 지상에서 완성되는 것은 아니지만 하나님은 이 땅에 정의의 이상은 실현하여 간다"라고 이해되고 있다.[6] 그러므로 하나님의 통치에서는 지상의 권력과 정치 · 사회의

---

2 Gerhard Lohfink, *Jesus and Community*(Philadelphia: Fortress Press, 1982), 9, 26.
3 *Ibid.*, 28.
4 Gerhard Lohfink의 *Jesus and Community*, Peter Hodgson의 *Revisioning the church*는 앞서 이에 관한 논의로 인용되었지만 *Joacim Jeremias*의 *New Testament Theology*(London: SCM Press, Ltd. 1971), 96-102를 참조 바람.
5 Joachim Jeremias, *New Testament Theology*, 98.
6 *Ibid.*

모든 잘못된 제도까지 심판의 대상이 되는 것이다. 여기서 필자는 예수 당시의 정치적·종교적 상황, 특히 종교 공동체에 관하여 살펴보고자 한다.

그 처음으로 예수가 선포한 하나님 나라와 대치되는 당시 정치적 상황은 어떠했는가? 팔레스타인은 지정학적으로 아시아와 아프리카를 이어 놓는 요새였으며 초강대국들(바빌로니아, 아시리아, 페르시아, 이집트, 마케도니아, 고대 시리아, 고대 그리스와 로마)의 침략으로 각축전이 벌어진 지역이기도 했다. 운명적으로 침략을 받아야 했던 유대인들은 이방 문화의 침략 앞에 수없이 저항과 수용의 악순환을 거쳐야 했다. 크레이그(Clarence T. Craig)는 이러한 정치적, 문화적, 종교적 위협 속에서도 이스라엘 민족의 종교적·윤리적 유일 신앙(monotheism)을 태동시킨 것에 특별한 의미를 부여한다.[7]

예수 당시의 팔레스타인은 처절한 정치적 갈등과 압박의 악순환으로 얼룩져 있었다. 극악한 고대 그리스 왕 안티오코스(Antiochus)의 학정에 저항하고 나섰던 자들은 마카베오족이었으며, 처음 마카베오는 제사장이었던 마타티아스(Mattathias)였다. 그에 의하여 민족주의 독립운동이 확산되어 갔다. 마침내 마카베오족이 승리하게 되었고, 안티오코스가 죽자 마카베오 유다(Judas Maccabaeus: 마타티아스의 아들)가 팔레스타인의 통치자로 등장하며 약 100년 동안 자주권을 유지하였다(B.C. 165-63).

그러나 계속되는 형제들의 죽음과 내부적 갈등, 특히 바리새파와 사두개파 사이의 갈등은 또 다른 초강대국인 로마의 침략을 불러들이기에 이르렀다. 주전 63년 로마군의 침략은 팔레스타인의 자치를 종식시켰고, 이스라엘은 또다시 로마의 손에서 속국이 되는 정치적 치욕 역사가 시작되었다.[8]

---

7 Clarence T. Craig, *The Beginning of Christianity*(New York: Abingdon Press, 1944), 25.
8 마카베오의 자치권 통치를 둘러싼 정치적, 종교적 갈등 과정에 관하여 Clarence T. Craig, *The Beginning of Christianity*, 25-27, Derrick J. Bowden, *The World of the New Testament*, 15-16 그리고 Howard Clark Kee, *Understanding the New Testament*(Englewood Cliffs, N. J: Prentice-Hall Inc., 1983), 36-38을 참조하시오.

로마의 융화 정책의 일환으로 산헤드린(Sanhedrin)이 회복되고 제한된 권한이 복원되었으나, 이스라엘 평민에게는 수입 중 40%를 세금으로 수탈해 가는 경제적 탄압이 가중되었다. 결국, 팔레스타인은 가난과 질병, 배고픔과 절망으로 물들어가고 있었다.9

정치적 상황에 이어 역사적 배경의 두 번째는 팔레스타인의 종교적 상황이다. 이는 종교 집단들에 의해 조성된 종교적 갈등과 혼란의 상황이다.

종교적 집단의 처음은 사두개파였다. 사두개파의 기원에 관하여서는 솔로몬 때 '사독'으로부터 계승되었다는 크레이그의 해석과 사독의 후예가 아니라 로마 총독에 의해 임명된 대제사장에 불과하다는 보우덴의 해석이 있으나, 그 기원을 정확히 추적하기는 어렵다. 키(Kee) 교수는 사독의 후예라는 가설과 마카베오 시절의 Hasmonean(왕자 계보)의 세속화된 민족주의 단체라는 주장을 수용하고 있다.10

그러나 분명한 것은 사두개파는 귀족적이고, 계급적이었으며, 특별히 로마 총독의 실무직과 헤로데 왕실의 실권을 행사했던 기득권자들로서 알려져 있다.11 그들은 부활을 부정했고 토라에 초점을 맞추어 신조를 형성하였으며, 묵시문학이나 종말론에는 무관심하였던 것으로 알려졌으며, 예루살렘의 멸망(A.D. 70)과 함께 사두개파는 역사의 뒤안길로 사라졌다.

종교적 집단의 두 번째는 바리새파였다. 바리새파의 기원에 관한 학문적 추정도 확실한 것은 아니다. 키 교수는 바리새파의 기원을 '에스라' 시대에서 보고 있지만, 그것이 세력으로 집단화되기 시작한 것은 주전 2세기 마카베오 시대라고 해석한다.12 사두개파에 비하여 바리새파는 진보적이었고 토라에 근거를 두지만 모세 자신의 '말'의 토라에 더 큰 비중을 두었다. 이것이 사두개파와 다른 점이다. 그래서 바리새파는 율법과 삶의 응용이라는 양면성을 가졌다. 그런 의미에서 바리새파인은 나름대로 영적이었다.

---

9 Clarence T. Craig, *The Beginning of Christianity*, 31-32.
10 Howard C. Kee, *Understanding the New Testament*, 51.
11 Derrick J. Bowden, *The World of the New Testament*, 50-51.
12 Howard C. Kee, *Understanding the New Testament*, 52.

하나님과 율법에 대한 헌신은 고도의 율법주의적 생활 규범으로 나타나기도 했다.[13] 바리새파 사람들의 모임은 하브라(haburah)라고 칭해졌다. 회당의 틀을 따랐던 그들의 예배에는 솔로몬의 시편을 중심으로 한 찬송이 있었다. 한 마디로 바리새파는 '분리주의자들'(separatists)이었으며, 민족주의자들이었고, 철저한 율법주의자들이었다.[14] 현대 유대주의는 바리새파의 후예들이다.

종교적 집단의 세 번째는 에세네파였다. 쿰란 공동체(Qumran community)의 전신이기도 한 에세네파는 마카베오 시대에 출현한 하시딤(Hasidim)의 영적 후예들로 알려졌다. 특히 사해 사본이 발견(1947년)된 이후, 에세네파는 사두개파나 바리새파보다 예수운동과 더 깊은 연관성이 있었던 것으로 학자들은 해석하고 있다.[15]

그 근거의 몇 가지에 관하여 학자들은 다음과 같이 그 특징을 열거하고 있다. 첫 번째는 철저한 세계 부정이다. 사회, 종교, 정치적 영역으로부터의 철저한 도피(Kee)가 특징인 에세네파는 자신들만의 공동체를 이루었다 (Bowden). 이 공동체의 구성원들은 철저한 기도와 예배, 율법을 공부하는 일 그리고 개인 재산을 포기하는 일(Craig)과 결혼을 거부하고 독신 생활을 하는 엄격한 훈련에 참여하였다. 그들에게는 3년간의 준비 기간을 거쳐야만 서약을 하도록 허용되었다. 에세네파의 특징 그 두 번째는 메시아적 대망과 종말론적 대망이었다.[16] 에세네파는 아론의 메시아가 새 예루살렘과 새 성전을 회복할 것이라는 소망에 신앙의 핵심을 두었다. 사두개파의 귀족주의, 바리새파의 민족주의적 율법주의와는 달리 에세네파는 예언자의 전통을 따라 묵시문학적 종말론을 핵심으로 삼았다. 이러한 의미에서 예수운동과의 연관성이 있지만, 에세네파의 종말론을 철저하게 현세 부정적, 세계 도피적이었다. 이것은 예수운동과의 연관성을 주장하는 이론에

---

13 Derrick J. Bowden, *The World of the New Testament*, 52-53.
14 Clarence T. Craig, *The Beginning of Christianity*, 34.
15 Howard C. Kee, *Understanding the New Testament*, 57.
16 *Ibid.*, 63.

대한 질문으로 나타난다.

종교적 집단의 네 번째는 쿰란 공동체였다. 에세네파와 쿰란 사이의 유기적 연계성에 관한 학문적 논의는 결론 없는 가정으로 끝나고 있다. 로스(C. Roth)는 에세네와 쿰란 사이의 연결을 거부하는가 하면 플리니(Pliny)와 요세푸스(Josephus)는 에세네와 쿰란의 흡사성을 강력히 주장하고 있다.[17] 키 교수는 에세네파의 신앙운동이 쿰란 공동체 수립과 함께 끝났다고 보며, 쿰란 공동체는 서기 70년 예루살렘 성전 파괴와 함께 그 모습조차 사라져 간 것으로 해석[18]함으로 에세네와 쿰란 사이에 존재했던 연계성을 강력히 암시하고 있다.

사두개파와 바리새파 사람들과 예수와의 관계는 대부분 '대결적'이었지만, 쿰란 공동체와의 관계는 내면적이고도 역설적(유사성과 차별성)이었던 것으로 해석하고 나선 이는 노만 고트월드(Norman K. Gottwald)였다. 고트월드는 The Church Unbound[19]에서 쿰란 공동체의 특징을 요약하고 있다. 쿰란은 유대주의의 철저한 개혁과 훈련을 요구하는 공동체였다는 것이다. 즉 모세법에 복종하는 서약과 엄격한 공동체 규칙을 따라 생활하는 약속을 전제로 한 훈련 공동체였다는 것이다.[20] 그 공동체의 명칭은 '언약'(berith), '회중'(edāh), '모임'(gāhāl), '공동체'(yahad)로 표현되었고 그 이후 다른 유대인들과 구분되는 '특별한 이스라엘'[21]이라는 배타적 선민의식이 쿰란 공동체 내에 자리 잡게 되었다.

고트월드에 따르면, 쿰란 공동체 신앙 내면에는 '악마의 영'과 '진리의 영'으로 구분되는 두 영이 있었으며, 이는 인간 역사를 통치하기 위하여 하나님이 만들어 낸 영이었다. 오랜 투쟁 끝에 악마의 영은 진리의 영에 의하여 정복되고, 빛의 자녀들(모세 같은 예언자들)이 일어나 이 세계를 다스리게 된다.[22] 이러한 이원론적·묵시문학적 해석은 성서 해석에까지 이

---

17 Derrick J. Bowden, *The World of the New Testament*, 59.
18 Howard C. Kee, *Understanding the New Testament*, 57, 65.
19 Norman K. Gottwald, *The Church Unbound* (Philadelphia: J.B.Lippincott Co., 1967)
20 *Ibid.*, 43.
21 *Ibid.*, 44.

어져 갔다. 성서가 참 이스라엘의 태동, 참 이스라엘의 고난 그리고 최후 승리(곧 다가올)라는 극적인 사건의 빛에서 해석했다.

이러한 쿰란 공동체는 고대 예언자들의 전승과 어떤 관계가 있었는가? 쿰란과 예언자들이 이스라엘의 '순결'(purity)에 관심이 있는 점에서 둘의 공통점이 드러난다. 쿰란은 에스겔, 에스라, 느헤미야의 영향을 깊이 받은 것으로 보인다.

그러나 예언자들과 쿰란 사이의 결정적 차이점은 예언자들이 이스라엘 전체의 구원을 결코 포기한 적이 없었지만, 쿰란 공동체는 패역한 이스라엘을 사실상 포기하고, 이 세계의 멸망을 통해서만 최후의 승리가 올 것임을 믿는 역사 부정의 도피 운동으로서 나타났다는 데 있다. 예언자들은 이스라엘의 신앙적·제의적·윤리적 실패에 분노하였으나, 이스라엘을 포기하지 않고 '남은 자'로서 '고난받는 종됨'을 통하여 이스라엘의 언약을 회복하고자 하였다.[23] 그러나 쿰란 공동체는 철저하게 세계와 이스라엘의 포기를 선언했으며, 참 하나님의 사람들(빛의 아들들)을 통해서 하나님의 뜻이 실현될 것이라고 믿었던 것이다.

한 걸음 더 나아가 고트월드는 예수와 예언자들과 쿰란 사이의 관계에 대하여 예리한 해석을 하고 있다. 예수와 예언자 그리고 쿰란의 공통적 관심 한 가지는 '참 이스라엘'의 존속이었다.[24] 인간 가운데 하나님의 뜻이 완성되는 것에 대한 소망이었다.

예수가 후기 유대주의와 묵시문학적 이원론(apocalyptic dualism)을 수용했다는 이유에서 그가 예언자보다는 쿰란에 가까운 것은 사실이다.[25] 예수의 사역 자체가 오고 있는 종말의 선언과 회개를 촉구하고 있기에, 그가 한 종파 운동의 선구자라고 해석될 수 있고 구약을 자주 인용한 예수가 예언을 완성시켰다는 해석이 가능하며, 아울러 그 완성은 예수 자신의 사역에서 구

---

22 Ibid.
23 Ibid., 46.
24 Ibid., 46.
25 Ibid., 47.

체화됨으로써 유대주의와 다른 새로운 공동체를 창조한 것으로 해석될 수 있기 때문이다. 이 점에서 예수와 쿰란 사이에는 유사성이 존재한다.

그러나 예수와 쿰란 사이에는 큰 차이점이 내재해 있다. 예수는 금욕주의의 도피를 위하여 세계와 이스라엘을 포기하지 않았다는 사실에 주목하게 된다.[26] 쿰란은 참 이스라엘을 찾기 위해 옛 이스라엘을 버렸지만 예수는 "옛 이스라엘 속에서 새 이스라엘을 모색-형성했던 것"이다.[27] 쿰란은 '세계의 종말'과 진리의 최후를 폭력적으로 해석하지만, 예수는 하나님 나라가 이미 그의 사역 안에 현존하고 있음을 선포함으로, 하나님 나라는 역사의 파괴와 부정이 아니라 역사 안에 지금 실현되고 있는 하나님의 주권적 사랑과 능력이었다.

고트월드는 다음과 같이 결론짓는다.

"예수와 교회는 충성스러운 유대인의 종파처럼 보였지만 그것은 유대인과 이방인이 모두 참여하는 폭 넓은 공동체로서 확산되어 갈 것이다."[28]

2. 예수가 선포한 Basileia Tou Theou와 제자 공동체

Basileia Tou Theou(하나님 나라 혹은 하나님 통치)는 예수의 오심과 그의 사역 그리고 십자가와 부활 사건의 근본 모티프이며 내용이다. 하나님의 나라는 사두개파적인 귀족주의적 배타주의와 바리새파적인 독신적 율법주의를 배격한다. 그리고 쿰란 공동체의 역사 도피적 종말론도 수용하지 않는다. 예수가 외쳤던 '오고 있는 하나님 나라'는 유대인과 이방인, 선택된 자와 소외된 자 그리고 창조와 인류 모두를 포괄하는 역사 '변혁적'인 것(metanoia) 안에 두었다. 바로 이러한 전제는 역사 이해와 교회론 이해에

---

26 *Ibid.*
27 *Ibid.*
28 *Ibid.*, 49.

중요한 단서가 된다.

그렇다면 예수가 선포한 Basileia Tou Theou란 무엇인가? Basileia 는 예수가 처음으로 선포한 것인가? 많은 성서학자는 예수의 Basileia Tou Theou 사상이 이스라엘의 경험과 유대적 전통에 그 뿌리를 두고 있다는 데 동의하고 있다. 어네스트 스코트(Ernest F. Scott)는 그의 고전인 『신약에 나타난 하나님 나라』[29]에서 하나님 나라 사상은 구약 개념에서 온 것임을 주장하고 있다. 특히 그는 '야훼 하나님'이 '왕'으로서 칭해진 가운데 그 왕께 예배하도록 촉구된 이스라엘 신앙에 그 근거를 두고 있다. 야훼를 왕으로 호칭한다는 것은 야훼가 이스라엘을 통치하고 그 민족을 보호한다는 의미를 내포하고 있다.

구약에 나타난 하나님 나라 사상에는 '이스라엘의 왕'[30]으로 야훼 하나님은 우주와 이방, 모든 인류를 창조하시고 통치하신다는 우주성과 세계성이 깔려 있었다. 그리고 이스라엘은 모든 다른 민족까지도 야훼 하나님께 복종시키기 위한 '제사장 같은 나라'로 이해하였다.[31] 비록 '하나님 나라'라는 용어가 구약에 나타난 것은 아니지만,[32] 구약 전체에 흐르는 사상은 세계가 하나님의 왕 되심과 그의 통치 안에서 움직이고 있다는 데 있었다.

Basileia Tou Theou의 뿌리로서 구약에서는 하나님 나라가 '공간'이나 '지역'(locality)으로[33] 여겨지지 않는다. 하나님의 왕 되심과 이스라엘을 포함하는 모든 우주와 사람, 역사를 '통치'(reigh)하는 행위로서 Basileia는 이해되었다. 그러므로 예수가 선포한 Basileia Tou Theou의 역사적 근원으로서 구약 사상은 '우주 창조주로서 통치자'이자 '이스라엘의 왕'인 하나님 사상이었으며 그는 '의'로 다스리는 역사의 주관자로서 이해되었다.

29 Ernest F. Scott, *The Kingdom of God in the New Testament*(New York: MacMillan Co., 1931).
30 *Ibid.*, 13-14.
31 Alan Richardson, *An Introduction to the Theology of the New Testament*(London: SCM Press Ltd., 1958).
32 Ernest F. Scott, *The Kingdom of God in the New Testament*, 17.
33 Clarence T. Craig, *The Beginning of Christianity*, 78.

이같은 유대 전통을 배경으로 한 예수의 Basileia Tou Theou는 과연 무엇이었나? 예수의 공생애 중심 주제는 하나님의 '왕권적 통치'(kingly reign of God)의 도래에 대한 선포였다.[34] 대부분의 신약 학자들은 이에 동의한다.[35] 마가복음 1:15, 9:47, 10:23-25 그리고 누가복음 4:43, 8:1, 17:20 이하에서 예수가 선포한 하나님 나라의 도래는 신약 사상의 중심 주제로서 부각되고 있다.

크레이그(Clarence T. Craig)와 퀴에코우스키(Fredrerick J. Cwiekowski)는 예수가 선포한 Basileia Tou Theou가 구약 사상으로부터 온 것임을 강조하면서, 예수와 유대적인 것과의 연속성을 부각한다. 크레이그는 유대 신앙 속에 깊숙이 자리 잡아 온 하나님 나라 사상에는 '하나님의 통치'와 '하나님의 뜻'이라는 두 차원이 깔려 있었다고 본다. 이는 야훼 하나님의 창조주 되심과 왕 되심의 신앙이며, 그의 통치는 정치적·영적 차원을 포함하여 전 세계로 확대되며, 하나님의 나라는 하나님의 뜻을 따르는 사람들의 삶 속에서 실현된다는 유대 신앙을 포괄하고 있다.[36] 바로 이러한 해석은 퀴에코우스키에 의하여 재확인되고 있다.[37] 다시 말해서 예수가 선포한 하나님 나라는 모든 창조물과 모든 세계를 하나님의 능력으로 '통치'한다는 왕권의 의미가 있다는 해석이다.

예수가 선포한 하나님 나라의 두 번째 의미는 하나님 나라는 '종말론'적이었다. 쿰란 공동체의 묵시문학적 종말론으로부터 영향을 받았을 것이라는 기존의 가설을 부인하고, 퀴에코우스키는 하나님 나라 사상이 예수 당시에 존재했던 「에녹 1서」라는 유대 문헌 속에 담겨 있었던 하나님 나라의 종말 사상으로부터 유래된 것임을 주장한다.[38] 일찍이 불트만(Ru-dolf

---

34 Joachim Jeremias, *New Testament Theology*, 96.
35 여기에는 Ernest F. Scott, Crarence T. Craig, Alan Richardson, Joachim Jeremias, Rudolf Bultmann, Frederick J. Cwiekowski 등이 속한다.
36 Clarence T. Craig, *The Beginning of Christianity*, 77-78.
37 Frederick J. Cwiekowski, *The Beginning of the Church*(Ireland: Gill& MacMillan Co., 1988), 39.
38 *Ibid.*, 40.

Bultmann)도 예수의 중심 메시지는 '하나님의 통치' 사상이었음을 강력히 주장한 바 있다.[39] 불트만은 하나님의 통치가 종말론적 사상이었으며, 이는 하나님이 사탄의 권세를 이기고 모든 슬픔과 고통을 소멸시켜 예언자들의 약속이 성취되기를 대망하는 하나님의 백성에게 구원을 가져다 줄 것으로 이해한다.[40] 세계의 종말이 오고 하나님의 새로운 미래가 도래할 것이라는 대망의 역사적 자리에서 예수는 오고 있는 하나님 나라를 선포하였다는 것이다. 이를 리처드슨(Alan Richardson)은 하나님 나라의 종말론적 실재(eschatological reality)라 하였다.[41]

예수가 선포한 하나님 나라(Basileia Tou Theou)에 대한 세 번째 성서학적 해석은 통치성, 종말성에 이은 하나님 나라의 현존과 그 시간성에 대한 논의이다.[42] 예수가 선포한 Basileia Tou Theou는 공간적이거나 정적인 것이 아니었으며(Joachim Jeremias), 열심당이 주장했던 정치적 행동에 의한 인간의 성취도 아니었고(Alan Richardson), 세계 역사와 무관한 타계적 실재도 아닌(Jan Milic Lochman) 역사 현존의 사건이었기에, 하나님 나라는 '시간성'을 내포하는 것이다.

하나님 나라의 시간성에 대해서는 대체로 성서학자들이 동의하고 있지만, 그 시간성은 무엇이었나? 라는 질문에 대해서는 첨예한 대립과 갈등적 해석이 제시되고 있다(이에 대한 신학적 논의는 후반부에서 다룰 것임). 예를 들어 '실현된 종말론'(realized eschatology)는 주장하는 다드(C. H. Dodd)의 완성형의 시간성, '미래적 종말론'(futuristic eschatology)을 대변하는 바이스(Johannes Weiss)와 슈바이처(Albert Schweitzer)의 미완의 시간성 그리고 하나님 나라의 현재적 실존과 결단에 초점을 둔 불트만(Rudolf Bultmann)의 시간성에는 포괄성과 연속성의 차원이 결여되어 있고 하나님 나라의

---

39 Rudolf Bultmann, *Theology of the New Testament*(NY: Charles Scribner's Sons, 1955), vol. I, 4.
40 *Ibid*.
41 Alan Richardson, *An Introduction to the Theology of the New Testament*, 89.
42 하나님 나라의 현존과 시간성에 관한 신학적 논의와 논쟁은 본서 후반부에서 심도 있게 취급될 것임.

현존을 단편적으로 해석하는 한계가 있다.

하나님 나라는 실현된 것이 아니며, 미래적 사건도 아니고, 실존적 결단이라는 시간성에 예속되어있는 것도 아닌, 종말론적 실재(eschatological reality)로서 지금 역사 안에 현존해 있고 동시에 미래적 약속으로 실현된다는 것에 학자들은 동의하고 있다. 예수의 교훈에서 하나님 나라를 오고 있는(arriving) 임박성으로 보아야 한다는 리처드슨의 해석은 예레미아스에 의하여 재확인되고 있다. 예레미아스에 의하면, 누가복음 17:20-21을 근거로 하나님의 나라는 현재적 사건으로 해석되지만, 동시에 마가복음 9:1, 9:43-48을 근거로 하나님 나라는 미래적 사건으로 이해될 수 있다. 이러한 의미에서 하나님 나라는 종말론적으로 이해되어야 한다는 것이다.[43]

하나님 나라가 오고 있는 혹은 밝아 오는 하나님의 통치라는 해석은 불트만에 의해서도 강하게 제시되었다.[44] 하나님 나라의 시간성에 관한 연구는 퀴에코우스키에 의하여 심화되었으며, 그의 해석은 심도 있는 것으로 평가된다. 퀴에코우스키에 따르면, 공관복음은 예수가 오고 있는 하나님 나라를 선포하고 증거하는 성격을 띠고 있지만, 요한복음에서는 하나님 나라가 객관화되지 않고 '예수 자신이 하나님 나라'(Kingdom in Jesus)로서 증언되고 있다.[45] '현재적 현존'과 '오고 있는 실재'라는 양면성을 퀴에코우스키는 다른 차원에서 설명하는 것이다. 하나님의 통치는 예수 그리스도 안에서 이미 현재적 사건으로 일어났으며, 동시에 하나님 통치는 오고 있는 미래 사건이라는 것이다. 유대인들은 현재와 미래를 '신적 실재'(divine reality) 안에서 보는 사고 구조에 근거하고 있으며,[46] 성서적 관점에서의 '시간'은 단순히 시간과 날의 연결로 계산되는 '양적 실재'(quantative reality)가 아니라 역사 안에 현존해 있고 행동하는 하나님의 능력에 의해 측정되는 '질적 실재'(qualitative reality)인 것이다.[47]

---

43 Joachim Jeremias, *New Testament Theology*, 99-100.
44 Rudolf Bultmann, *Theology of the New Testament*, vol. I, 7.
45 Frederick J. Cwikowski, *The Beginning of the Church*, 39.
46 *Ibid.*, 41.
47 *Ibid.*, 42.

예수가 선포한 하나님 나라(Basileia Tou Theou)의 네 번째 특징은 '통치성', '종말성', '시간성'과 관계된다. 구약에서 하나님의 왕권적 통치는 '공의'(righteousness)로서 나타나고 있는가 하면, 마가복음 9:1, 9:43-48을 근거로 하는 하나님 나라는 미래적 예언자들이 하나님의 심판을 예고할 때 들고 나왔던 사상이다.[48] 예수의 하나님 나라는 "소경이 보고", "앉은뱅이가 걸으며", "문둥이가 깨끗해지며", "귀머거리가 들으며", "죽은 자가 살아나며", "가난한 자에게 복음이 전파되는" 새로운 질서의 도래를 의미했다.[49] 여기서 하나님 나라는 기득권자의 심판과 눌린 자의 자유라는 양면성을 가지고 있으며, 하나님 나라는 이 양면성의 차원으로 역사 안에 도래하게 된다. 여기에 '회개'인 Metanoia가 요청된다. 하나님 나라의 임재는 삶과 역사의 대전환을 결단하는 변화와 회개를 동반하게 되는 것이다.

예수가 귀신을 쫓아내고, 병을 고치고, 죄인과 음식을 나누는 일련의 치유와 기적들은 하나님 나라가 도래하고 있음의 '징표'(signs)였으며, 이 징표들을 통하여 신앙의 눈을 뜬 이들은 하나님의 나라(Basileia Tou Theou)가 도래되고 있음을 분별할 수 있게 된다.[50] 결국, 하나님의 통치는 역사의 심판(denouncement)과 재편성(announcement)이라는 양면성으로 역사 안에 공의와 사랑을 실현해 가는 하나님의 행위인 것이다. 예수는 이 도래를 선포했으며 그의 말씀과 기적, 십자가와 부활이라는 사건 속에서 하나님 나라가 도래하고 있던 것이다.

그렇다면 예수와 제자 공동체, 특히 그 후에 생겨난 에클레시아와의 관계는 어떤 것이었는가? 더욱이 예수가 선포한 Basileia Tou Theou와 제자 공동체 그리고 에클레시아와의 관계는 어떻게 해석될 수 있는가? 이 질문에 대한 대답은 처음 교회의 존재론을 규명하는 데 중요한 실마리가 될 것이다. 또 이것은 신약학자들 간의 상반되는 해석으로 인해 쟁점화되고 있다.

---

48 Ernest F. Scott, *The Kingdom of God in the New Testament*, 14.
49 Joachim Jeremaias, *New Testament Theology*, 103.
50 Alan Richardson, *An Introduction to the Theology of the New Testament*, 89.

처음 해석은 예수가 자신의 공동체를 창조할 의도가 없었다고 보는 견해이다. 예레미아스에 의해 대변되는 공동체 창조 부정론은 그 근거를 '임박한 마지막 때'라는 종말론에 두고 있다.[51] 물론 예수를 중심으로 하나님 나라의 통치를 기다리는 사람들, 특히 12제자 공동체가 생성되었고, 예수가 이들을 세상으로 내보낸 것은 사실이다. 즉 제자들은 예수를 중심으로 '동심원적 서클'(concentric circle)[52]을 형성하였다.

그러나 제자공동체가 형성되었다고 해서 예수가 이 공동체를 교회처럼 만들려는 '의도'가 있었던 것으로 해석할 수 없다는 것이 예레미아스의 주장이다. 예레미아스는 예수가 자신의 공동체를 원하지 않았다는 근거를 '에클레시아'(ecclesia)라는 용어가 마태복음서에만 두 번 정도 나타난다는 것과 로마가톨릭교회와 리처드슨이 강력히 주장하는 '베드로론'(마 16:18)에서의 베드로는 한 특정인을 지칭하는 것이 아니라 하나님의 백성 전체를 지칭한다는 것에 그 근거를 두고 있다.[53] '에클레시아'란 후대에 발전된 형태이기 때문에, 예수가 교회를 세울 의향이 처음부터 없었다고 보아야 한다는 것이다.

예수와 교회 사이의 단절을 강력히 주장하는 예레미아스의 좀 더 근원적 이유는 그의 '하나님의 백성'(People of God) 사상에서 찾을 수 있다. 예수의 궁극적 사역의 목표는 에클레시아 창조가 아니라, 종말의 때에 가난한 자, 눈 먼 자, 병든 자 그리고 죄인 모두를 포함하는 '종말론적 하나님의 가족', 혹은 하나님의 백성 모두를 불러모으는 데 있었다는 것이다. 그러기에 하나님의 백성이 '제자'로서만 제한하여 해석되는 것과 '교회'만으로서 해석되는 것은 잘못되었다고 그는 주장한다.[54]

여기서 예레미아스는 남은 자(holy remnants) 사상, 특히 제사장적 계보를 강조한 바리새파 사람들의 기득권적 해석과 에세네와 쿰란 공동체로 이

---

51 Joachim Jeremias, *New Testament Theology*, 168. Albert Schweitzer도 이 범주에 속한다.
52 *Ibid.*, 167.
53 *Ibid.*
54 *Ibid.*, 168-177.

어졌던 금욕주의적 역사 도피적 집단으로의 남은 자 사상을 예수가 철저하게 부정했다는 사실에 그의 논거의 근거를 두고 있다.[55] 예수는 인간의 노력이나 분리의 방법으로써 남은 자와 공동체를 세우려 하지 않았다는 것이다. 예레미아스는 '우주주의'와 '종말론'의 이름으로 '집단성', '배타적 성격을 지닌 공동체'를 부정하는 해석을 하였다. 예레미아스와 같은 신학적 입장에서, 예수가 교회 설립을 의도하지 않았다는 사상은 슈바이처(A. Schweitzer)와 케제만(E. käsemann)에 의하여 동조되고 있다.

예수와 공동체의 관계에 관한 두 번째 해석에는, '재림'(Parousia)의 소망 안에서 다가올 종말의 때에 교회 설립을 예수가 거부했다는 슈바이처와 예레미아스의 주장에 대해 정면 반발로 제시된 리처드슨의 '의도론'이 있다. 로마 가톨릭 신학과 성공회 신학과 맥을 같이 하는 리처드슨은 성서적 종말론에서 출발하고 있으나, 예레미아스와 달리 성서적 종말론 안에 '메시아적 공동체 교회론'을 포함한다는 주장이다.[56]

예레미아스는 종말론과 우주적 하나님 백성론에서 논리를 전개시킨 반면, 리처드슨은 성서적 종말론과 교회론이라는 도식에서 접근함으로 예레미아스와 입장을 달리하고 있다. 리처드슨의 교회론은 메시아적 공동체로서 선교라는 사역을 위임받은 사역 공동체라는 것이다. 리처드슨에 의하면 예수는 의도적으로 교회를 설립하였고 교회를 통하여 하나님의 위임된 선교가 수행되도록 위촉하였다. 이를 위해 교회 내에는 처음으로 사역(ministry)이 주어지게 되었고 사역자들이 임명되었다.[57] 이러한 교회의 위임과 사역의 위촉은 마태복음 16:18의 베드로의 신앙 고백 이후 나오는 "내 교회를 세우리니…"와 마태복음 18:17에 나오는 "교회에 말하고…" 그리고 요한복음 21:15-17에 나오는 "내 양을 먹이라"는 예수의 위임에 그 근거를 두고 있다.

리처드슨에 따르면 예수는 의도적으로 교회를 설립하였다는 주장이

---

55 *Ibid.*, 171-173.
56 Alan Richardson, *An Introduction to the Theology of the New Testament*, 307.
57 *Ibid.*, 307.

다. 이는 베드로의 사도적 우위성 위에 교회를 세웠다는 것을 의미한다.[58] 그리스도는 곧 교회로서 그의 몸은 그리스도에게 속한 사람들로 구성되는 유기적인 것이었다. 리처드슨은 슈바이처, 예레미아스, 콘첼만(Hans Conzelmann)[59]과는 반대로 예수가 의도적으로 교회를 세웠고, 사역을 위임했으며 베드로에게 사도적 우위를 부여했다는 전통적 가톨릭 신학의 입장을 대변하고 있다. 던(James Dunn)은『신약성서의 통일성과 다양성』에서 예수가 친히 교회를 설립했다는 사실을 여섯 가지 이유를 들어 이를 뒷받침하고 있다.[60]

그러나 예수와 공동체의 관계에 관한 세 번째 해석은 로핑크(Gerhard Lohfink)에 의하여 제시된 변증법적 해석이다. 예레미아스는 우주론적 종말론의 이름으로 사실상 교회론을 약화시켰고 리처드슨은 교회론의 이름으로 종말론을 약화시킨 약점들을 드러냈다. 그러나 로핑크는 두 사람의 종합이 아니라 '역설'의 논리로써 성서의 신비를 풀어보려고 하였다.

로핑크는 리처드슨과 마찬가지로 예수가 12제자를 부르고 그들에게 하나님 나라를 증거하는 사역을 위임했다는 사실에서 지상 공동체의 중요성을 강조한다.[61] 12제자는 12지파의 새로운 대변이었으며 동시에 이스라엘의 일깨움과 종말론적 공동체의 태동을 예증하는 것이었다.

그러나 로핑크는 리처드슨과는 달리, 12제자 공동체가 베드로의 사도적 우위나 그리스도의 몸이라는 유기성을 이유로 종말론이 상실되지 않는다고 주장한다.

오히려 로핑크는 예레미아스처럼 예수는 마지막 때의 임박함과 함께 모든 인류를 하나님의 종말론적 백성으로 불러모으는데 목적이 있었음을 분명히 주장한다.[62]

---

58 *Ibid.*, 309.

59 Hans Conzelmann, *An Outline of the Theology of the New Testament*(New York: Harper& Row, 1969), 32. "Jesus did not found a Church" 이하 참조.

60 James Dunn, *The Unity and Diversity in the New Testament*, 김득중, 김광훈 역,『신약성서의 통일성과 다양성』(서울: 나단, 1990), 174-175.

61 Gerhard Lohfink, *Jesus and Community*, 1-10.

로핑크는 특히 예수가 선포한 하나님 나라와 하나님의 통치는 모든 죄인들까지 용납되는 우주적 사건이었으며, 민족적 유대주의를 넘어서는 것임을 강조함으로써 예레미아스와 일치한다. 그러나 로핑크는 예레미아스의 약점(종말론의 이름으로 교회론을 부정하는 것)을 극복하는 해석을 다음과 같이 제시하고 있다.

> "하나님은 전 세계를 포괄하는 그의 종말론적 통치를 이룩해 간다(우주론적 종말론). 그러나 그 통치는 바로 가족 같은 동아리(clan), 작은 그룹 형성이 시작됨으로써 이루어진다(공동체)."[63]

하나님의 우주적 통치는 작은 공동체 창조에서 실현된다는 해석이다. 그러기에 예수의 제자 공동체는 쿰란의 선상에서 이해될 수 없으며, 오히려 전 이스라엘과 전 인류를 포괄하는 하나님의 종말론적 백성, 우주적 종말론적 공동체를 예시(pre-figure)하는 공동체다. 그러기에 예수의 제자 공동체는 이미 도래하기 시작된 하나님의 통치와 모든 민족의 우주적 구원의 징표로서 이해된다. 예수의 제자 공동체는 기득권의 남은 자와 선택된 자가 아니라 하나님의 우주적·종말론적 백성의 모임을 예증하는 종말론적 모임이었다.[64]

여기서 제자들의 역사적 공동체는 우주론적·종말론적 공동체의 징표라는 연계성 안에서 역설적 관계에 놓는다.

로핑크는 양극을 대변한 예레미아스와 리처드슨을 극복한다. 예수는 제자 공동체를 불러오고 있는 하나님 나라를 증거했다는 것이다.

---

62 *Ibid.*, 26-27.
63 *Ibid.*, 28.
64 *Ibid.*

5장
처음 교회

　예수와 공동체 관계를 규명하는 학문적 시도가 신약 신학의 쟁점이 되었듯이, 처음 교회의 출현을 두고 펼쳐지는 해석은 다양하고도 복잡하다. 이는 처음 교회, 특히 사도행전에서 증거되는 예루살렘의 아람어를 사용했던 공동체에 관한 정보가 부족하기 때문이다.[1] 그나마 사도행전 2-5장에서 제시되는 누가의 기록이 1세기 말로 추정되는 교회의 사람들을 묘사해준다는 해석에서 보면 처음 교회 출현의 시기와 때를 역사적으로 규명하는 작업은 더욱 어려워질 것이다.[2]

　"복음서가 먼저냐? 서신이 먼저냐?"라는 질문을 제기하는 키(Howard Kee) 교수의 논리에 따르면 바울서신이 복음서들보다 20년에서 50년 먼저 쓰여졌을 것으로 추정한다.[3] 그러기에 복음서로부터 기록의 순서가 자연발생적으로 진행되었을 것이라는 논리는 타당성을 가지지 못한다. 복음서와 서신은 1세기와 2세기 초에 퍼져나간 기독교 운동 안에서 평행적으로 진행된 독립된 두 흐름의 기록으로 여긴다.[4]

　처음 교회에 관한 해석은 사도행전과 바울서신에 의존해야 하는 한계가 있다.[5] 콘첼만(Hans Conzelmann)에 따르면 처음 교회에 관한 해석은 유

---

1 Ferdinand Hann, *The Worship of the Early Church*(Philadelphia: Fortress Press, 1973), 40.
2 *Ibid*.
3 Howard Clark Kee, *Understanding the New Testament*, 74.
4 *Ibid*.

다와 사마리아를 중심으로 한 팔레스타인 공동체(예루살렘 공동체)에 관한 기술은 사도행전에 그리고 고대 그리스주의적 기독교(안티오크 교회를 기점으로) 공동체에 관한 기술은 바울서신에 의존해야 한다는 것이다.6

그 외에 처음 교회에 관한 해석에 도움을 주는 역사 자료들은 12사도의 교훈집으로 알려진 'Didache', 'Clement의 처음 서신들', '안티오크의 이그나티우스'(Ignatius of Antioch), '폴리캅의 서신'(Epistle of Polycarp), '바나바 서신'(Epistle of Barnabas) 등 신약 밖의 자료들을 포괄하고 있다.7 그러나 이러한 자료들은 처음 교회의 역사적 발전 과정을 서술하는 작업에는 중요한 자료들이지만, 처음 교회의 기원에 관한 논의에는 큰 도움이 되지 못하고 있다.

1. 처음 교회의 태동

처음 교회의 출현, 특히 초기 예루살렘 공동체의 태동을 두고 성서신학자들은 크게 두 주류로 갈린다. 그러나 두 흐름의 학자들이 공통으로 주장하는 논리 한 가지는 '부활' 사건을 교회의 존재론적 근거로 삼는 데 있다. 그러나 부활을 경험한 처음 신도들의 존재 양식이 베드로와 제자 공동체의 '역사적 교회성'에서 온 것인가? 아니면 처음 교회가 부활의 후속 사건이며 동시에 종말을 기다리는 종말론적 모임이었는가? 라는 문제는 논쟁의 핵심으로 부각되고 있다.

고구엘(Maurice Goguel), 슈나켄베르크(Rudolph Schnackenburg) 그리고 콘첼만(Hans Conzelmann)은 처음 교회의 태동을 12제자의 공동체와 그 연속성에서 그 의미를 찾는다. 고구엘은 처음 교회는 예수의 재림을 기다리

---

5 J. G. Davies, *The Early Christian Church*(NY: Holt Rinehart& Winston, 1965), 36.
6 Hans Conzelmann, *History of Primitive Christianity*(Nashville: Abingdon Press, 1973), 21-22.
7 *Ibid.*, 22-28.

는 공동체였으나, 더 중요한 것은 '제자들 자신이 곧 교회'라는 의식에 있었다고 본다.8 부활과 재림은 예루살렘 교회를 태동시킨 사건이었으나, 역사적으로 남은 것은 예수와 함께 예수의 사역에 동참하였던 제자들의 '연속'(continuation)이었다는 것이다. 예루살렘 교회의 '핵'(nuclear)은 12제자들의 사도성에 있었다는 해석이다.9

고구엘의 신학적 해석은 슈나켄베르크에 의하여 보완되고 확대되었다. 슈나켄베르크는『신약에 나타난 교회』10에서 처음 교회는 '부활신앙'에서 태동되었다는 자유주의 학설을 부정, 처음 교회는 부활 이후에 예수의 제자들이 자의식을 가지고 모인 데서 시작되었다는 해석을 제시한다.11

즉, 제자들의 모임은 예수의 신적 사건에 근거하고 있다는 것이다. 예수의 부활과 성령의 임재는 기독교 공동체를 탄생시키는 일을 주목적으로 했다는 것이다.

여기서 '부활 이후의 제자들의 모임'인 처음 교회의 태동은 사실상 예수의 재림과 교회 사이의 관계를 단절시켰으며, 교회는 부활과 성령의 역사를 대행하는 새로운 집단으로 자리잡았다는 의미가 된다. 성령의 임재가 교회의 효력에는 큰 사건이었지만 교회 태동의 사건은 아니었다는 것이다.12

다시 말해 위로부터 온 능력의 인침의 순간이었지, 교회 출현의 사건은 아니었다는 것이다. 성령의 임재는 세상의 구원을 수행하는 교회의 과제를 강화하는 사건에 불과했다는 것이다.

같은 해석의 연장 선상에서 콘첼만은『원시 기독교의 역사』에서 처음 교회의 태동을 부활한 예수가 제자들에게 그리고 사람들에게 나타난 이후의 사건이라고 본다.13 처음 교회에 관한 유일한 자료는 사도행전이지만,

---

8 Maurice Goguel, *The Primitive Church*(New York: MacMillan Co., 1964), 37.
9 *Ibid.*, 38-39.
10 Rudolph Schnackenburg, *The Church in the New Testament*(New York: Herder& Herder), 1966.
11 *Ibid.*, 12.
12 *Ibid.*, 15.
13 Hans Conzelmann, *History of primitive Christianity*, 33ff.

사도행전의 정보 부족은 누가복음과 고린도서에 의존해야 하는 한계를 드러낸다고 한다. 특히 고린도전서 15:3-5의 증언을 근거로, 콘첼만은 부활 이후 예수가 12제자의 머리인 게바(시몬 베드로)에게 나타나서 특수한 위치를 부여하였고, 이어 12제자에게 나타났다는 데서 교회의 태동이 시작되었음을 암시한다(12는 12지파의 대변이었다). 그리고 콘첼만은 예수가 바울에게 나타났다는 데에도 의미를 부여한다. 이 모든 일련의 사건 뒤에는 예수가 베드로에게 "내가 이 반석 위에 내 교회를 세우리니…"(마 16:18)라고 말씀한 예수의 약속이 그 근거가 된다.[14]

해석의 초점은 다소 다르지만 고구엘, 슈나켄베르크 그리고 콘첼만은 처음 교회의 태동은 12제자 공동체의 연속에서 본다. 예수의 부활과 성령강림은 교회를 지상에 태동시키기 위한 사건이었으며, 교회는 부활 이후에 태동한 역사적 공동체로서 의미를 갖는 것이다. 여기서 예수의 재림과 교회 사이에는 사실상 '대망'이라는 '종말론적' 관계가 사라지고 만다. 이것은 로마가톨릭교회의 교회론 형성에 신학적 근거가 되었다.

그러나 처음 교회의 태동을 부활의 후속 사건으로 보는 학자는 바르트(Karl Barth)와 불트만(Rudolf Bultmann)이다. 또한 슐라터(Adolf Schlatter)와 쿼에코우스키(F. G. Cwiekowski)이다.

슐라터는 제자 공동체의 연장 또는 연속으로서 교회의 출현을 거부하면서, 교회는 철저하게 부활사건에 의하여 태동된 역사적 실존임을 강조한다.[15] 교회는 처음부터 그 자체에 의미가 있었던 것도 아니었고 교회는 사도도 베드로도 바울도 결코 아니었다. 베드로에게, 12제자에게, 120문도에게 야고보와 바울에게 부활하신 그리스도 예수가 출현했다는 것은 교회의 존재를 정당화하려는 것이 아니라 오히려 교회의 내면적 삶에 외적 형태를 부여하기 위한 것이라고 슐라터는 해석한다.[16]

슐라터에 따르면 처음 교회는 처음부터 하나님의 소유라는 자아 의식

---

14 Ibid., 39-42.
15 Adolf Schlatter, The Church in the New Testament Period(London: S. P. C. K., 1955).
16 Ibid.

이 있는 교회였고, 교회는 장차 올 그리스도를 선포하는 종말론에서 자기 존재의 의미를 찾았다는 것이다.[17]

교회가 증거하고 선포하는 궁극적 메시지는 '하나님의 통치'(the reign of God)이다. 하나님의 통치는 전 인류를 포괄하기 때문에 전 인류의 하나 됨이 교회를 통해 증언된다.

하나님의 통치와 그 통치 안에서 하나됨을 선포되는 한, 교회는 종말론 적이다. 여기서 종말론은 교회의 전 존재와 사명을 결정짓는 신학적 모티 프이다. 이것이 슐라터의 해석이다.

물론 예수가 사도직(apostolate)을 창조함으로써 사도들에게 목회를 위 임한 것은 사실이다. 그러나 부활한 예수가 제자들에게 나타났다는 사실만 을 근거로, 사도만이 목회를 위임받았다거나 독점했다는 해석은 지나치게 일방적이다. 왜냐하면 예수는 사도들 외의 다른 사람들에게도 나타났기 때문이다. 예수의 부활과 하나님의 통치에 있어서, 사도와 다른 은사의 사 람들 모두가 그의 사역 안에 포함되고 있으며, 예루살렘뿐만 아니라 갈릴 리도 포괄되고 있다는 사실에 슐라터는 의미를 부여한다.[18]

슐라터의 신학적 해석과 맥을 같이하는 퀴에코우스키는 처음 교회의 태동을 예수가 부활한 후 '출현'(appear)한 사건에서 그 의미를 찾는다. 교회 의 시작은 예수의 설교와 사역으로 거슬러 올라가지만 더 결정적인 계기는 예수의 부활과 성령의 임재를 경험한 사람들의 증언에 있었다고 본다.[19] 특히 부활한 후 예수가 자신을 드러낸 사건(appearance)에서 교회는 '종말 론적 때'의 증언자로서 부름을 받았다는 것이다.

'부활 출현'에는 부활 이전과 부활 이후 예수의 연속성이라는 차원도 있지만 동시에 '부활'은 새로운 존재(하나님의 능력에 의한)의 변화라는 이유 에서 비연속성의 차원도 내포되어 있다.[20] 중요한 것은 '나타남'(부활 출현)

---

17 *Ibid.*, 7-8.
18 *Ibid.*, 9-25.
19 Frederick J. Cwiekowski, *The Beginning of the Church*, 65.
20 *Ibid.*

은 부활을 확증하는 사건이었으며, 부활은 인간 역사 속에 하나님의 때가 개입했다는 것을 의미한다는 것이다.

그러므로 '예수가 누구에게 먼저 나타났는가?'는 그리 중요하지 않다. 연대기적으로는 예수가 마리아와 갈릴리 여인들에게 먼저 나타난 것으로 알려지고 있다(마 28:9-19; 막 16:9). 그 후에 베드로와 11제자 등 사도들에게 나타났다(고전 15장).

그러나 중요한 것은 연대가 아니고 예수의 '나타남'(부활 출현)은 사명을 부여하기 위한 것이었다는 데 있다. 부활 이후 성령 강림은 장차 임할 마지막 때를 미리 경험한 사람들에게 공통적인 경험을 가져오게 했으며, 이는 선교적 열정으로 나타나게 되었다는 것이다.[21] 그러기에 예수 부활의 경험과 종말의 약속은 처음 교회를 출현시켰으며, 그 존재 목적과 양식은 선교에 있던 것이다. 여기서 퀴에코우스키도 처음 교회의 종말론적 성격을 강력히 주장한다.

앞서 논의한 바 있는 로핑크(G. Lohfink)는 처음 교회의 태동은 하나님의 통치(reign of God)의 시작과 함께 '하나님 백성의 종말론적 모임'(the eschatological gathering of God's people)이라는 약속에 의하여 해석될 수 있다고 주장한다.[22] 하나님 백성의 회집은 모든 민족을 위한 우주적 구원의 징표였기 때문이다. 제자공동체가 교회 태동에 중요한 외적 요인이기는 했으나, 제자공동체는 오고 있는 하나님 나라의 종말론적 회집이라는 의미에서 그 존재 이유와 존재의 의미가 정의될 수 있다.

2. 처음 교회의 다양성

처음 교회의 태동은 하나님의 통치와 오고 있는 종말의 때를 증언하는

---

21 *Ibid.*, 72-73.
22 Gerhard Lohfink, *Jesus and Community*, 71.

종말론적 사건이고 또 모임으로 나타났지만, 역사의 변동과 함께 회집은 다양한 형태로 모습을 달리하기에 이르렀다. 그래서 신약성서는 한 가지의 '향존적 교회론'(ecclesiologia perrennis)을 제시하지 않고 있다.[23] 오히려 여러 모양의 형태들을 소개하고 있기에, 교회론의 형태에 관한 한 신약성서는 다양성을 지닌다. 한편으로는 마태복음의 기록 대상인 유대 기독교적(디아스포라적) 교회와 다른 한편으로는 바울이 세운 이방 교회들이 모두 포함되고 있다.[24]

1) 예루살렘 교회: 아람어(aramaic)가 통용되는 유대인 공동체

교회의 역사적 출현에 관한 연대순의 문제로 학자들 사이에는 논란이 계속되지만, 대다수 학자는 예루살렘 교회를 최초의 역사적 교회로 보는 견해에 일치하고 있다. 제자들은 대다수가 갈릴리 사람들이었고, 예수의 사역도 갈릴리 지방에서 행해졌기에 갈릴리가 최초의 중심지이기는 했으나, 신약성서에서는 예루살렘 교회를 최초의 교회로 증언하고 있다.

슈나켄베르크는 예루살렘 교회가 처음 형태의 교회라는 해석에는 12사도(가룟 유다 대신 마디아가 첨가된)의 계속된 사역이라는 연속성과 성전에 모여 예배드렸다는 증언이 이를 뒷받침하고 있다고 본다.[25] 로핑크도 갈릴리가 아닌 예루살렘에 제자들이 모이고 거기서 기독교 운동이 퍼져나간 사실로 미루어 예루살렘 교회야말로 최초의 공동체였다고 보는 데는 동의한다.[26] 그러나 두 사람은 예루살렘 교회의 신학적 성격에 관해서는 큰 차이를 보인다. 슈나켄베르크는 사도의 연속성을 강조하는 반면 로핑크는 종말론적 의미를 부여하고 있다. 제자들이 예루살렘에 모인 것은 하

---

23 Ernst Käsemann, "Unity and Diversity in the New Testament Ecclesiology", *Novum Testamentum* 6(1963), 290.
24 Raymond E. Brown, "Unity and Diversity in the New Testament Ecclesiology", *Novum Testamentum* 6(1963), 302.
25 Rudolf Schnackenburg, *The Church in the New Testament*, 17-18.
26 Gerhard Lohfink, *Jesus and Community*, 75.

나님의 통치가 예루살렘에서 결정적으로 드러날 것을 기다리기 위함이었
다는 것이다.[27] 바로 이 종말론적 의미 때문에 제자들은 회개를 촉구했다.

예루살렘 교회가 에클레시아(ecclesia)로 호칭된 것은 고대 그리스 문화
적 의미인 '정치적 모임'이라는 의미도 있지만, 동시에 gahal이 ekklesia
로 번역된 70인 역의 의미는 야훼 앞에 모인 '언약의 백성'이라는 의미를
함유한다고 로핑크는 풀이한다.[28] 그래서 에클레시아(ecclesia)라는 의미
는 고대 그리스 문화적인 의미보다는 하나님의 선택된 백성이라는 의미로
풀이되어야 한다는 것이다. 예루살렘 교회에는 사도들의 중추적 사역 외
에 세례(로핑크)가 있었으며, 예배와 성만찬 그리고 물건을 공유하는 교제
(슈나켄베르크)가 있었다는 데 그 특징이 있다.

그러나 예루살렘 교회의 신학적 성격에 관한 슈나켄베르크의 '사도성'
과 '의전'(liturgy)의 강조와 로핑크의 '종말론적' 해석은 당시 예루살렘 교회
가 품고 있었던 내면의 문제를 외면한 약점들을 드러내고 있다. 예루살렘
교회는 그리 단순한 공동체가 아니기 때문이다. 오히려 데이비스(J. G.
Davies)는 슈나켄베르크와 로핑크가 외면한 예루살렘 교회의 내면의 문제
를 사회학적 차원으로 풀이하고 나섰다.

데이비스도 처음 그리스도인들이 정통 유대인들이었다는 성격 규정에
서 출발하고 있다.[29] 그들은 계속 회당과 성전에 참여하면서 율법을 지키
는 사람들이었다. 그리스도인이었으면서도 초기에는 성전 의식에 따라 제
사하기도 했으며(행 21:26), 율법을 철저히 지키기도 했다는 것이다.[30]

그러나 예루살렘 교회에 그리스 지역 회심자와 고대 그리스어(헬라어)
를 말하는 유대인들이 들어오면서 유대인 그리스도인들로부터 공정한 대
접을 받지 못한 데서 문제가 생겨나기 시작했다고 데이비스는 해석한다.
특히 과부들은 교회로부터 음식의 나눔조차 거부되었다. 물론 사도들은 교

---

27 *Ibid.*
28 *Ibid.*
29 J. G. Daivies, *The Early Christian Church*, 41.
30 Ferdinand Hann, *The Worship of the Early Church*, 42.

회 안의 갈등을 해결하기 위해 일곱 집사를 임명했지만, 정통 유대인과 고대 그리스어(헬라어)를 말하는 기독교인 사이의 신앙적 갈등은 스데반의 순교를 계기로 더욱 악화되었다.[31] 예루살렘 교회가 기독교 운동의 중심지로 부각되고, 사도들의 사역이 정통성을 유지하고 유대주의와의 연속성을 유지하는 동안 이방의 기독교인들을 수용하기에는 여러모로 부족했고, 배타성으로 인한 갈등이 내면화되었다. 이것이 처음 교회가 드러낸 지상교회의 실상이었다.

2) 고대 그리스(헬라)주의 유대인 기독교 공동체

일곱 집사의 임명은 과부를 돌보는 일과 구제 사업을 할 사역이었지만, 일곱 집사는 사도 체제를 도전하는 것으로 확대되어 갔다. 그리고 고대 그리스어를 하는 유대인들(Hellenists)은 예루살렘 성전이 기독교 신앙을 위하여 반드시 필요한 장소가 아님을 공공연히 선언하고 나섰기 때문이었다.[32]

여기에는 스데반, 빌립이 속하며 그중에서도 스데반은 유대의식(Jewish cultus)을 직접 공격함으로 위기 상황을 만들기도 했다. 특히 스데반의 반성전주의적 설교는 유대인 기독교인들(아람어로 말하는 그리스도인들)의 격한 분노를 일으켰다. 그는 광야교회와 성전(temple)을 대조하면서, 성전은 하나님의 뜻이 아닌 다윗과 솔로몬의 뜻에 따라 지어진 것이라고 설교하였다. 이동식인 광야교회에 반해 성전은 고정된 건물이었으며, 하나님은 고정된 한 공간 안에만 머무르지 않는다는 설교를 하였다.[33]

스데반의 설교는 예루살렘 유대인들의 율법주의적 신앙과 성전 중심사상을 거부하는 일대 도전이었다. 그리고 스데반은 교회란 우주적이고도 종말론적 공동체임을 대변하고 있었다. 그리고 예수의 처형은 무지에서

---

31 J. G. Daivies, *The Early Christian Church*, 41.
32 *Ibid*.
33 James Dunn, *Unity and Diversity in the New Testament*, 김득중, 김광후 역, 『신약성서의 통일성과 다양성』, 271-272.

온 것이라 하였다. 스데반은 유대 지도자들이 예수를 죽인 살인자라고 몰아쳤고, 그 결과 그는 돌에 맞아 순교하게 되었고 고대 그리스어(헬라어)를 하는 유대인들(Hellenists)은 예루살렘으로부터 추방되었다.[34]

이에 Hellenist들은 사마리아, 키프로스(Cyprus), 서방 시리아 그리고 안티오크까지 이르게 되었고, 그곳에서 복음을 전하는 선교적 활동을 전개하기 시작하였다. 이것이 최초의 선교 활동이었다.[35] 특히 정통 유대인들에 의해 오랜 세월 이단시되고 소외되어왔던 사마리아 사람들에게 성전적 풍토가 자리잡고 있었기에 Hellenist들의 선교 활동은 더욱 효과를 거둘 수 있었다. 그 후, 빌립의 선교 활동을 인정한 베드로와 요한의 포용과 가이사랴의 고넬료에게 세례를 준 계기 등이 베드로와 Hellenist들을 가깝게 만든 요인이 되었다. 이후 베드로의 지도력을 계승한 야고보(예수의 동생)는 예루살렘 유대인 공동체를 재편하기에 이르렀다.

그러나 유대인 공동체와 고대 그리스어(헬라어)를 말하는 신앙 공동체 사이에는 내면적인 갈등이 계속되었다. 신앙의 형식 그 뒤에 숨어있는 교회론에 그 원인이 있었다고 보여진다. 기독교인이 된 이후에도 계속 할례와 율법의 복종을 강요하는 유대 공동체의 배타주의적 교회론에 반하여, Hellenist들은 예수의 하나님 나라는 유대인뿐만 아니라 모든 이방인까지 품었다는 신앙 때문에 유대인과 이방인 모두에게 복음을 전파하였다. 여기서 Hellenist들은 유대인과 이방인 모두를 포괄하는 우주적 교회론을 제시한 것이다. 결국, 고대 그리스어(헬라어)를 하는 유대인 공동체는 예루살렘 유대인 공동체와 이방 기독교 사이를 이어 놓는 교량 역할을 하였으며, 이는 기독교 세계화의 첫 단계였다. 바울의 선교는 바로 이러한 역사적 맥락에서 시작되었다.

---

34 J. G. Daivies, *The Early Christian Church*, 41.
35 Ferdinand Hann, *The Worship of the Early Church*, 53.

3) 이방 기독교 공동체

팔레스타인에서 일어난 작은 기독교 운동이 '어떻게 100년 사이에 전 로마 제국으로 퍼져나갔으며 로마 황제의 예리한 관심사가 되었는가?'라는 물음은 역사적 질문으로 남는다. 다만 고대 역사가인 에우세비오 (Eusebius)가 남긴 기록에서 초대 교회의 흐름을 추측할 수 있을 뿐이다.[36] "도마는 인도로, 마가는 알렉산드리아로, 베드로는 로마로, 요한은 에베소에 살았다"는 기록은 소중한 역사적 자료이기는 하나, 어떻게 교회가 유대 발생지로부터 이방 모두를 포괄하는 이방 중심적 교회로 발전했는가는 질문에 대해 확실한 대답을 주지 못한다.[37] 그러나 이방 기독교가 초대 교회 형성에 중요한 역할을 담당하였다는 사실은 역사적 현실로 남는다.

이방 기독교에 관한 정보는 사도행전에 나타나지만 기독교가 어떻게 지리적으로나, 문화적으로 예루살렘을 넘어서서 세계로 확산했나에 관한 정보는 바울의 서신에 전적으로 의존될 수밖에 없다.[38] 여기서 사도행전은 제2차 자료에 불과하고 바울의 서신을 원자료로 해야 하는 한계에 이른다. 특히 바울이 기록한 로마서, 고린도전후서, 갈라디아서, 빌립보서, 데살로니가전서 그리고 빌레몬서에 의존될 수밖에 없다.[39] 그러나 이 모든 서신 속에 흐르는 바울의 중심 사상은 '교회는 참 이스라엘'이라는 데 있었다.[40] 자기들만이 하나님의 선택을 받은 선민으로 이해했던 유대인들에게 '새 이스라엘'(new Israel) 또는 '의로운 남은 자'(righteous remmant) 사상은 충격이고 또 도전이었다. 바울은 기독교 공동체를 구성하는 유대인, 이방인 모두를 참 아브라함의 약속의 후예로서 이해하였다.[41]

종말론적 사건으로서 처음 교회가 태동했으나, 이 처음 교회는 지리적

---

36 Howard C. Kee, *Understanding the New Testament*, 210.
37 *Ibid*.
38 *Ibid*.
39 *Ibid*., 211. 바울의 교회론은 별도로 논의됨.
40 J. G. Daivies, *The Early Christian Church*, 43.
41 *Ibid*.

· 종교적 · 문화적 다양성과 부딪히면서 크게 '예루살렘 유대인 공동체', '고대 그리스어(헬라어)를 하는 유대인 공동체' 그리고 '이방 기독교 공동체'라는 세 가지의 역사적 유형의 교회로 변형되었다.

3. 처음 교회의 구조(직제와 법)

종말론적 사건으로서 교회와 역사적 실존으로서 교회 사이에는 쉽게 풀 수 없는 갈등과 긴장이 있었다. 이것은 처음 교회의 태동에서부터 역사적 발전 단계를 거쳐 오늘의 교회론에서까지 계속 제기되는 신학적 문제이다.

종말론성과 역사성을 문제 삼기 시작한 것은 좀(Rudolf Sohm)과 하르나크(Adolf Harnack) 사이의 논쟁에서부터였다.[42]

종말론적 입장의 좀은 교회의 제도와 교권은 교회의 본질에 위배된다는 반제도주의에서 출발한다. 교회의 본질은 성령의 통치에 의해서만 결정되기 때문이라는 것이다. 교회의 제도와 법칙이 필요하다면 성령의 직접적 창조에 의해서만 가능하며 교회의 지도자는 전적으로 성령에 감화된 카리스마적 인물이어야 한다는 것이 좀은 주장한다.[43]

여기서 좀은 성령의 역사에 전적으로 의존함으로 교회의 제도, 사역, 법칙을 거부하는 반제도주의에 서있다. 그러나 좀의 반제도주의에 정면으로 도전하고 나선 이는 하르나크였다. 하르나크에 따르면 '제도', '법칙'(legal ordinance)은 처음부터 교회 안에 내재해 왔으며 이는 결코 교회의 본질에 배치되거나 상반되지 않는다고 주장한다.[44] 여기서 하르나크는 교회의 역사적 현상에, 좀은 교회의 영적 현상에 초점을 둠으로써 하르나크는 종

---

42 Rudolf Bultmann, *Theology of the New Testament*, vol. Ⅱ, 95.

Hans Conzelmann, *An Outline of the Theology of the New Testament*, 41.
43 Hans Conzelmann, *An Outline of the Theology of the New Testament*, 41.
44 *Ibid.*, 41-42. Rudolf Bultmann, *Theology of the New Testament*, vol. Ⅱ, 96.

말론적 차원을 배제하였고 좀은 교회의 역사성을 외면하는 실패를 가져오게 했다고 불트만과 콘첼만은 비판한다.[45]

좀과 하르나크의 극단적 해석을 넘어서서 제3의 해석을 시도하는 학자는 홀(Karl Holl)과 불트만(Rodolf Bultmann)이다. 홀은 처음 교회의 두 차원을 구분함으로써 논쟁을 새로운 각도에서 풀어간다. 예루살렘(야고보) 교회는 율법적이었던 데 반하여, 바울의 교회는 카리스마적이었다는 것이다. 그러나 중요한 것은 "신앙 자체 안에는 전통의 원리가 있으며 이는 법률적 제도적 요인이 된다"고 주장함으로 신앙과 법령 혹은 카리스마와 제도 사이에는 단절이 아니라 내적 관계가 상존하고 있음을 강조하였다.[46]

좀에 이어 불트만은 "종말론적 회중(보이지 않는)은 반드시 역사적 공동체로 나타나야 하며, 이 역사적 공동체는 역사적 법칙으로부터 도피할 수는 없다"고 해석함으로 제3의 해석을 제시한다.[47] 개체 교회들의 규범과 법칙들은 성령에 의한 종말론적 공동체로서 자기 이해에서부터 온 것이었다고 그는 풀이한다. 성령의 충만한 역사는 전통과 법칙들을 만들어 간다는 홀의 해석에 동조하면서도, 불트만은 종말론적 의식이 강력한 역사의식으로 이어져 있다고 강조한다.

이상의 신학적 해석의 틀은 처음 교회의 구조를 이해하는 중요한 범례(paradigm)가 될 것이다. 특히 종말론적 하나님의 백성이 역사적 공동체 속에 구현되었다는 창조적 긴장 관계는 더욱 중요한 해석의 실마리가 된다. 이 관계는 12제자의 역할, 사도성, 제도와 사역의 시작 그리고 예배와 성례전을 이해하는 데 중요한 전제가 되기 때문이다.[48]

교회의 종말론적 차원과 역사적 실존 사이의 긴장 관계는 처음 교회의 직제(order)와 법의 구조를 이해하고 해석하는 핵심으로 작용한다. 처음 교회의 직제와 법에 대한 구조 해석은 두 가지가 있다. 슈나켄베르크에 의

---

45 Conzelmann, 42. Bultmann, 96.
46 Hans Conzelmann, *An Outline of the Theology of the New Testament*, 42.
47 Rudolf Bultmann, *Theology of the New Testament*, vol. II, 96.
48 *Op. Cit*.

해 대변되는 학파에서는 제도주의적 해석이, 불트만에 의해 대변되는 학파에서는 종말론적 해석이 그 흐름을 이루어가고 있다.

슈나켄베르크에 따르면 교회의 내적 구조는 영광스런 주님과 성령의 역사에 의해 새 질서 혹은 새 직제(new order)가 거룩하게 설정된다고 한다.[49] 처음부터 교회는 하나님이 세운 '직제'(order)라는 것이다. 이는 본질상 '신적인 교회의 법'(divine ecclesiastical law)이었다는 것이다.[50] 바로 이 직제(order)의 신적 차원은 쿨만과 슈바이처에 의하여 재긍정되었다.

직제란 매번 성령에 의하여 창조되는 것이 아니며, 하나님이 한 번에 결정한 기본적 법칙 위에 설정된 거룩한 질서라는 것이다.[51] 처음 교회는 하나님으로부터 오는 직접적 교훈을 기다리는 하나님의 백성이 아니라, 사도(apostle)들이 세워진 가운데 그리스도의 양 떼들을 통치하고 지도하는 곳인 것이다.[52]

여기서 사도란 다양한 사역(ministries) 중의 하나가 아니라, 하나님이 세운 질서 위에 서 있는 권위를 위임받은 자이다. 사도성을 대변해주는 자는 베드로이며, 그에 의해 대표되는 '사도적 직제'(apostolic order)는 그리스도의 지상적 통치를 대행하는 것으로 이해하였다.[53]

슈나켄베르크는 그리스도의 구속적 사건과 성령의 역사에서 출발하지만, 그것은 하나님의 백성과 직접 연결되는 것이 아니었다. 오히려 하나님이 선별하고 세운 질서 위에 직제가 주어졌으며, 이 직제의 대변을 사도라고 보았다. 물론 사역에는 다양성이 있고 역사적 교회 내에는 표현의 다양성과 자유가 주어져 있지만 그것은 '직제'와 '사도성'이라는 신적 질서 안에서만 가능한 것으로 보았다. 이것은 유기적 해석과 제도주의적 교회론을 주장하는 로마가톨릭교회의 해석이기도 하다.

그러나 이러한 유기적·제도주의적 직제 해석에 대해 정면으로 도전하

---

49 Rodolf Schnackenburg, *The Church in the New Testament*, 24.
50 *Ibid.*, 27.
51 *Ibid.*, 34-35.
52 *Ibid.*
53 *Ibid.*, 24-27.

고 나선 학자는 불트만이다. 불트만의 대전제는 슈나켄베르크의 전제와 크게 다른 것은 없었다. 불트만도 종말론적 회중과 법적 규칙 사이에 내재하고 있는 갈등을 전제한다. 그리고 이 갈등을 두고 표출된 양극(좀의 영적 해석과 하르나크의 제도적 해석)을 포착하면서 자신의 해석을 펼치고 있다.

법과 규칙 없이 인간사회가 역사 속에서 연속성을 가질 수 없는 것처럼, 처음 교회는 법과 규칙을 통해 회중이 구성되는 과정을 거쳤다는 역사적 필연을 불트만은 전제하고 있다.[54] 그는 종말론적 회중이란 본래 보이지 않는 차원에서 역사적 사회 속에 보이는 차원으로 구현되는데, 이 과정에서 역사적 법칙들로부터 피할 수는 없다고 해석한다.[55] 교회의 종말론적 차원과 교회의 역사성은 필연적 상관관계에 놓여 있다는 해석이다.

그러나 불트만이 슈나켄베르크의 유기적 · 제도주의적 교회론으로부터 구별되는 결정적 단서는 교회의 직제가 먼저인가? 아니면 종말론적 공동체의 자기 이해가 먼저인가에 있다. 슈나켄베르크는 그리스도의 구속과 성령의 역사를 하나님이 세운 직제(order)와 그 직제 위에 세운 사도성에 둠으로써 직제를 사실상 하나님과 교회 사이의 매개로 해석하였다. 그러나 불트만은 교회의 초기 규칙들은 직제(order)에 의하여 결정된 것이 아니라, "성령에 의해 통치되는 종말론적 공동체인 회중의 자기 이해에 의하여 결정되었다"라고 해석하고 있다.[56] 직제에 근거를 둔 사도의 권위를 교회 치리의 중심으로 삼는 것이 아니라는 것이다. 오히려 회중의 종말론적 자기 인식과 이해로부터 교회 사역과 교회의 법이 생겨나고 또 그 형태를 가지게 되었다는 것이다. 불트만과 슈나켄베르크 사이의 논쟁은 처음 교회의 구조를 이해하는 중요한 해석의 실마리가 된다.

불트만이 이해한 처음 교회의 '교회직'(ecclesiastical office)에서, 그는 초기 팔레스타인 회중이나 초기 고대 그리스주의적 기독교에는 사실상 법칙이나 직이 없었다고 본다.[57] 이는 종말의 때 앞에 서 있는 종말론적 의식

---

54 Rudolf Bultmann, *Theology of the New Testament*, vol. Ⅱ, 95.
55 *Ibid.*, 96.
56 *Ibid.*, 97.

때문이었다는 것이다. 다만 이때에는 세례와 성만찬만이 있었으며, 이는 기독교를 유대교와 이방 종교로부터 구분하는 성례전이었다는 것이다. 그리고 여기에는 제사장적 계급(priestly class)은 없었으며, 팔레스타인 공동체의 베드로와 요한과 야고보는 제사장적 지위(priestly quality)만을 소유했었다 해석한다.[58] 거기에는 '왕 같은 제사장'과 '하나님의 소유가 된 백성'으로서 회중(벧전 2:9)만이 있었다는 것이다.

그러나 고대 그리스(헬라)주의 기독교에 이르러 '사도'(말씀 선포를 위임받은 이동전도자), '예언자', '교사' 등의(고전 12장) 다양한 부르심이 생겼으며 그것들은 '직'이었다는 것이 불트만의 해석이다.[59]

'elders'라고 불리운 장로직은 유대주의 영향 아래 있었던 팔레스타인 공동체의 직능이었으며, 야고보가 이 장로회의 회장을 맡고 있었다. 'presbyterate'라는 장로직은 고대 그리스주의(헬라주의) 기독교 공동체에서 등장하였으며 이는 주로 '회당'의 모형에서 온 것이었다. 이방 기독교 안에 등장한 'episkopos'(시민관료)는 초기 자원적 개인을 지칭했으나, 점차 episkopos는 장로회의 회장으로서 개칭되었다. 이후 사도, 예언자, 교사로서 사역은 카리스마적 사역이 되었으며, 장로와 감독은 제도적 사역으로 변모하였다. 불트만에게서 중요한 것은 이러한 역사적 변모 속에서도 모든 사역은 교회를 구성하는 계급이 아니라 회중을 지도하고, 세우는 지도자를 의미했을 뿐이었다는 사실이다.[60]

4. 처음 교회의 예배

앞서 논의한 바에 의하면 처음 교회는 예루살렘 공동체, 고대 그리스주

---

57 *Ibid.*, 100.
58 *Ibid.*, 100-101.
59 *Ibid.*, 101.
60 *Ibid.*, 102-103.

의(헬라주의) 유대 공동체 그리고 이방인 기독교 공동체로 변모되면서 그 형태와 구조가 다양하게 표출되었다. 이같은 공동체의 다양성은 필연적으로 예배의 성격마저 다양하게 표현하는 원인이 되기도 하였다. 그러기에 초대교회의 예배를 하나의 통일된 구조나 틀로 해석할 수 없다는 것이 학자들 사이의 공통된 견해인 듯하다.[61]

그러나 처음 교회 예배의 다양성이 곧 예배의 존재론적 사건의 다양성을 의미하는 것은 아니다. 다양한 예배 경험과 표현 양식 뒤에는 근원적인 예배 신학이 깔려 있었으며, 한(Ferdinand Hann)은 이를 예수 그리스도의 예배관에서 찾아야 한다고 주장한다.[62]

특히 마가복음 12:29-30에 나오는 "이스라엘아 들으라…"라는 셰마(Shema)를 인용한 예수의 예배관은 구약에 나타난 창조와 구원의 주로서 하나님의 계시성을 강력히 수용하는 것이지만, 예수의 예배관에서 가장 핵심적 사상은 '역사 속에 이미 개입하고 있는 하나님의 종말론적 통치'를 선포하는 데 있었다.[63]

하나님 나라의 선포를 예수의 사역을 중심으로 이해하는 것은 과거의 유대주의 성전제사와 심지어 토라를 중심으로 회당 예배까지를 폐지한다는 의미로 해석한다.[64] 성전 파괴의 예고, 성전을 청결하게 한 행적 등은 오고 있는 하나님 나라에 의하여 이루어질 새 시대의 등장을 예고한 것이라는 종말론적 사건에서 이해된다. 여기서 우리는 연속성과 비연속성의 역설을 보게 된다. 하늘과 땅을 창조한 하나님을 고백하고, 예언자들을 들어 예시한 전 세계를 향한 하나님의 구원을 선포하는 데서 처음 교회와 유대주의와의 연속성은 지속한다.[65]

그러나 처음 그리스도인들의 궁극적인 관심은 예수 그리스도에게서

---

61 Robert Webber, *Worship Old and New*(Michigan: Zondervan Publishing House, 1982), 42-43.
62 Ferdinand Hann, *The Worship of the Early Church*, 12.
63 *Ibid.*, 13.
64 *Ibid.*, 31.
65 *Ibid.*, 32.

도래한 하나님의 종말론적 통치와 그 약속에 있었기에 처음 교회의 예배는 유대주의로부터 단절되는 비연속성의 의미가 있다.[66]

한에 따르면, 바로 이 종말론적 사건을 경험한 처음 교회는 크게 세 가지 사실을 그들의 예배의 중심으로 삼았다. 그 첫째는 예수 그리스도가 친히 전한 말씀과 행한 사역이었다. 그의 말씀은 하나님 나라의 선언이었으며, 그것은 제자들의 전도와 사역으로 이어지는 위임의 말씀이기도 했다. 두 번째는 예수의 죽음, 부활 그리고 현존이었다. 하나님 나라의 선언은 오직 예수의 십자가와 부활의 관점에서만 가능했기 때문이다. 세 번째는 바로 이 하나님의 종말론적 활동은 성령의 임재와 활동을 통하여 비로소 경험될 수 있었다.[67]

예수 그리스도 안에서 실현되는 하나님의 구원을 처음으로 교회가 경험하면서, 그들은 이를 찬양(praise)과 감사(thanksgiving) 그리고 중재 기도(intercession)를 통하여 신앙적 응답으로 표현하였다.[68]

한의 연구가 주는 공헌은 처음 교회의 예배와 관계된 '용서'에 대한 새로운 해석이다. 신약에 나오는 예배라는 용어는 다양하게 사용되어 왔다. 'Latreia', 'Latreuein'(serve), 'Leitourgia'(service), 'Thréskeia'(종교 예배), 'Thyia'와 'Prosphora'(offering), 'Proserchesthai'(approach) 등은 예배를 의미하는 신약성서의 용어들이다.[69] 그러나 한에 따르면 이 용어들은 처음 교회의 그리스도 중심의 예배를 서술하는 용어들이 아니었다. Latreia는 유대주의 예배를 지칭하고 있으며, Latreuein은 많이 사용되기는 했으나 이는 대부분 반제사적 의미로 사용되고, Leitourgia는 예배를 위한 용어로 사용된 적이 없으며, Thréskeia는 모든 종교와 심지어 이방 종교의 예배까지 위한 서술이며, Thyia와 Prosphora는 신약 이후의 자료에서 나오는 '은유적 의미'(metaphorical meaning)이며, Proserchesthai

---

66 *Ibid.*, 33.
67 *Ibid.*, 33-34.
68 *Ibid.*, 35.
69 *Ibid.*, 36-38.

114 | 제II부 _ 성서적 교회론

는 후대의 기록일 뿐이기 때문에, 이상의 용어들은 처음 교회의 예배를 올바로 설명하지 못하고 있다는 것이다.[70]

이같은 해석은 과거 예배학에서 모든 용어를 상이한 표현의 동의어로 설명해 온 잘못을 근본에서 수정하는 것이기도 하다.

한에게 처음 교회 예배를 표현하는 유일한 용어는 'Synercthersthai' 혹은 'Synergesthai'인데, 이는 '함께 모이다.'(come together)라는 의미이다. 믿는 자들의 모임에서는 '하나님을 칭송하고'(praise), '그의 전능한 일을 선포하며'(proclamation), '기도드리고'(prayers), '주의 만찬'(Lord's supper)이 행해진다는 뜻이다.[71] 예배라는 제의적 행위나 의미보다, 처음 교회의 예배는 '함께 모이는' 공동체의 공동적 행위에서 그 의미를 찾는다는 뜻이다. 함께 모이는 공동체는 그 자체가 예배공동체이며 예배를 통하여 경험하는 하나님의 종말론적 현존은 제자들을 도피시키거나 은폐시키는 것이 아니라 하나님이 창조하고 경륜하는 세계로 내보내는 '열린 공동체'로서 이해한다.[72]

그러기에 처음 교회의 예배는 그 다양성에도, 예배의 근원은 그리스도인들의 삶 한복판에서 경험하는 하나님 나라의 임재, 찬양, 기도 그리고 주의 만찬이었으며, 이는 어느 특정한 장소와 형식에 묶이지 않았다.[73]

웨버(Robert E. Webber)의 연구에 따르면 신약성서가 기록되기 이전, 부활 이후의 처음 교회가 실시한 예배에는 '찬송'이 사용되었다는 사실에 많은 학자는 동의하고 있다.[74]

예를 들어 누가복음 1:46-55의 'Magnificat', 누가복음 1:68-79의 'Benedictus', 누가복음 2:14을 근거로 하는 'Gloria in Excelsia' 그리고 누가복음 2:29-32의 'Nune Dimittis' 찬송은 복음서가 쓰이기 전에 이미 처음 교회에서 사용되었던 것으로 알려지고 있다.[75]

---

70 *Ibid.*
71 *Ibid.* 36.
72 *Ibid.* 39.
73 *Ibid.*
74 Robert Webber, *Worship Old and New*, 36.

1) 아람어(Aramaic)를 하는 예루살렘 교회 예배

처음 교회는 예루살렘 교회와 고대 그리스주의(헬라주의) 공동체 그리고 이방 기독교로 발전하면서 예배의 성격을 달리하였다. 아람어를 하는 예루살렘 유대인 기독교는 다음의 두 가지 장소와 깊은 연관을 가졌던 것이 특징이었다. 그 하나는 '성전'(temple)이었고 다른 하나는 '가정집'(house 혹은 horses)이었다.[76] 성전과의 연관성은 예루살렘 교회와 유대주의와의 연속성을 의미하는 것이고, 가정집과의 연관성은 비연속성을 의미한다.

먼저, 예루살렘 교회의 예배는 성전예배와 깊은 연속성을 가진다. 사도행전 3장에서 기도 시간에 베드로와 요한이 성전에 올라갔다는 기록은 성전 규례를 따랐다는 것을 의미하기도 하며, 그곳은 복음이 선포되는 장소로 사용했다는(행 3:11-25, 4:12-13, 19-26, 42) 의미도 된다.

그러나 비록 성전에서 기도 시간에 제사장이 제사를 드렸다 할지라도 처음 그리스도인들에게서 성전은 제사로서 의미가 상실되었고, '기도하는 집'으로서 의미를 가지게 되었다.[77]

문제는 사도행전 21:20-21에 율법의 준수와 율법의 법대로 사는 몇만 명 되는 유대인들과 바울이 성결 예식을 거친 후 성전에 들어갔다는 사실에서, 예루살렘 교회는 유대주의 형식과 밀접히 관계되어 있었다는 데 있다. 기독교와 유대주의의 차이를 잘 알고 있었던 아람어를 하는 기독교인들은 예루살렘 유대인들이 유대주의를 비판한 데서(행 1-5), 처음 교회가 성전제사 중심에서 기도하는 집으로 비성례전화 혹은 비성전화했다고 볼 수 있다.

다른 한편, 예루살렘 교회의 예배는 가정집과 깊이 관련되어 있으며 이는 유대주의와의 단절을 증명하는 결정적 단서가 된다.[78] 예루살렘 교

---

75 *Ibid.*

76 *Ibid.* 37. Maurice Goguel, *The Primitive Church*, 262.

77 Ferdinand Hann, *The Worship of the Early Church*, 43.

78 Robert Webber, *Worship Old and New*, 37.

회의 처음 핵을 이루었던 갈릴리 사람들이 거처했던 '다락방'(행 1:13)과 '마가라고 하는 요한의 어머니 마리아의 집'(행 12:12)이라는 성서의 기록은 처음 그리스도인들이 성전과 함께 가정을 초기 공동체의 '함께 모임'(syn-erchesthai)의 장소로 선택하였음을 의미한다. 가정교회에서는 "사도들의 가르침을 받고 서로 사귀며 함께 떡을 떼고 기도하는 일에만 힘썼던 것"으로 사도행전은 증언한다(행 2:42). 가정교회에서의 그리스도 중심의 예배는 처음 교회를 유대주의로부터 분리하는 결정적 사건이 되었다.

예루살렘 교회가 성전에서는 기도와 복음 선포로, 가정에서는 말씀과 교제와 떡을 떼고 또 기도하는 형식으로 예배를 실천했지만 그 구체적 진행과 순서에 관해서는 증언과 자료의 부족으로 인해 그 어떤 추정에 이르기에는 부족하다. 다만 처음 교회의 예배와 신학적 성격에 관한 해석은 한(Hann)에 의하여 제시되고 있을 따름이다.

한에 따르면 처음 교회의 가장 중요한 특색은 '예수의 이름'으로 모였다는 사실에 있으며 특히 "두세 사람이 내 이름으로 모이는 곳에 내가 그들과 함께 있기 때문이다"(마 18:20)라는 예수의 약속이 실천됨으로써 최소한 10명 이상의 출석을 의무화해 온 유대주의 예배와 성전에서의 제사 예배가 배격되었다는 것에 있다.[79] 여기서, 물로 세례를 주었던 요한의 세례는 '예수의 이름으로' 주는 성령의 세례로 바뀌었으며, 처음 그리스도인들이 경험한 Agalliasis(기뻐 날뜀)와 Maranatha 기도는 주의 만찬이 완성과 오심의 종말론적 대망과 기쁨 안에서 실천되었다는 사실을 의미해 준다.[80]

처음 교회의 예배 순서를 설정하기는 불가능하지만, 예루살렘 교회의 예배를 구성했던 요소들을 추정할 수 있을 것이다. 그 첫째는 하나님을 아버지라고 부르는 기도이며, 이는 주기도문으로부터 유래되었을 가능성이 크다. 자유로운 기도가 드려졌지만 기도의 틀이 설정되었을 가능성도 크며, 이때 Amen, Allēlouia, Hōsanna라는 기도 용어들이 처음 교회 기도

---

79 Ferdinand Hann, *The Worship of the Early Church*, 46.
80 *Ibid.*, 47.

에서 사용되었다고 본다. 신앙 고백의 틀과 찬송가가 이때 생겼을 것이고, 구약성경과 새로운 성경해석이 예배에 도입되었다고 본다. 더 결정적인 것은 구원의 선포이며, 이는 예수의 말씀과 예수에 관한 말씀으로 구성되었다. 그러나 가장 어려운 문제는 '가르치는 일'(instruction)이 언제 설교와 쌍벽을 이루었다는 문제이다. 주일을 예배일로 선정한 것은 최초의 교회 때로부터였다고 알려진다. 이상은 우리가 추정할 수 있는 처음 교회의 예배의 윤곽일 뿐이다.[81]

그러기에 한이 추정하는 예루살렘 교회의 예배는 대략 다음과 같은 요소들로 구성되었을 것이라고 본다. 아버지라고 부르는 기도 → 기도(아멘) → 신앙 고백 → 찬송 → 성경과 해석 → 말씀 선포 → 교육 등이다.

2) 고대 그리스주의(헬라주의) 기독교 예배

전술한 대로 고대 그리스주의(헬라주의) 기독교 공동체는 예루살렘 교회에 참여했다가 아람어를 하는 유대인 기독교인들로부터 차별 대우를 받는 과부들을 돌보기 위해 사도들로부터 임명된 '일곱 사람'(스데반 외)이 사마리아, 키프로스(Cyprus), 안티오크 지방에서 선교 활동을 시작하면서부터 생겨난 기독교 공동체들을 의미한다. 고대 그리스주의(헬라주의) 기독교 교회는 지역적이 아닌 언어적 차이에서 예루살렘 교회로부터 구분되었으며 동시에 예루살렘 교회와 이방 기독교 사이를 연결하는 역할을 담당하기도 하였다.[82]

예루살렘 교회 예배는 비록 유대주의의 율법과 규례를 넘어섰다고는 하나 여전히 성전과 회당의 깊은 영향 안에서 말씀 중심적이고 신앙 고백적 성격을 띠고 있었지만 고대 그리스주의(헬라주의) 기독교 공동체는 반유대주의적·반제의주의적 성격의 예배 형태로 나타났다.[83]

---

81 *Ibid.*, 47-49.
82 *Ibid.*, 53.
83 Robert E. Webber, *Worship Old and New*, 38.

고대 그리스주의(헬라주의) 기독교가 예루살렘 교회와 어느 정도 다른 가 하는 문제에서, 학자들 사이에는 각기 다른 해석들이 제시되고 있다. 한(Hann)은 두 공동체 사이의 차이를 인정함과 동시에, 고대 그리스주의 기독교 예배는 예루살렘 교회의 예배 전통을 이어받았다는 연속성을 주장 하고 있다. 한에 따르면 고대 그리스주의(헬라주의) 기독교 예배에서도 '기 도', '고백' 같은 형식은 아람어 사용을 계속 허용했었을 것으로 추정된 다.[84] 다만 구약성경 사용에 있어서 고대 그리스주의(헬라주의) 기독교에 서는 히브리어가 아닌 고대 그리스어(헬라주의)로 번역된 성경이 사용되었 다. 또한 '율법'에 대한 이 공동체의 입장은 예수의 비판적 태도를 따라 부 정적이었다고 한은 해석한다.[85] 토라의 율법적 규제는 그 의미를 상실했 다고 믿은 고대 그리스주의(헬라주의) 기독교는 예루살렘 교회와의 타협안 으로 '사도적 칙령'(apostolic decree)을 제시하였다. 이는 베드로와 바울 사 이의 논쟁 이후 안티오크와 예루살렘 교회 사이의 타협으로 나온 것에 그 근거를 두고 있다(갈 2:11)[86]

한의 맥을 같이하는 웨버(Robert Webber)는 한 단계를 심화하여 고대 그리스주의(헬라주의) 기독교의 예배야말로 유대주의 예배의 폐기뿐만 아 니라 그리스도 사건에 의하여 완성되었다는 해석을 첨가한다.[87] 특히 성 전 문화와 성전제사를 비판한 스데반의 신앙적 해석과 예수 그리스도 자 신이 곧 성전이고 또 유월절 양이었다는 바울의 신학적 해석(고전 5:7; 롬 3:25 등)은 고대 그리스주의(헬라주의) 기독교 예배의 중심을 이루었다고 한다. 이처럼 한과 웨버는 두 공동체 사이의 차별성을 부각시킴으로써 고 대 그리스주의(헬라주의) 기독교 예배의 특징을 드러내려 하였다.

---

84 *Op. Cit.*
85 *Ibid.*, 58.
86 *Ibid.*, 59.
87 Robert E. Webber, *Worship Old and New*, 38.

3) 이방 기독교 예배

이방 기독교 예배를 그 공동체 신앙과 내면적 구조로부터 해석하는 이는 고구엘(Maurice Goguel)이다. 그에 따르면 이방 기독교 예배는 고린도전서 12-14장에 나오는 다양한 '영적 은사'(spiritual gifts)에서 그 형태와 구성의 근거를 찾는다.[88] 성령의 은사를 받은 기독교인들의 모임의 특징은 예배 순서나 예배 요소들로 규격화하지 않고 누구나 참여하는 열린 공동체라는 데 있었다.

고린도전서를 근거로 추정할 수 있는 이방 기독교의 예배 형식은 다음과 같다. 그 첫째는 시편 낭독과 찬양(빌 2:2-11)이고 두 번째는 디다케(didache)이다. 디다케에는 구약 낭독(고대 그리스어로 번역된)과 기독교 교리를 가르치는 공식적인 가르침이 포함되었을 것으로 추정하고 있다.[89] 세 번째는 계시와 예언 활동이고, 네 번째는 방언, 다섯 번째는 방언의 해석 그리고 끝으로 축도로 끝나는 형식으로 이어졌다. 그 사이에는 성도들의 축복, 찬송 등이 있었던 것으로 해석된다. 그러나 이것은 예배의 순서가 아니라 예배의 요소들이었음을 고구엘은 분명히 하고 있다.[90]

고구엘의 흥미있는 해석은 고린도전서 11장을 근거로 해석한 두 가지의 성만찬 예배이다. 그 하나는 낮에 행해진 성만찬 예배였으며 여기에는 철저하게 세례를 받은 신자만이 참여할 수 있다는 배타성이 있었다. 영적 은사를 중심으로 하는 모임은 비세례자도 참여하는 열린 공동체였으나, 이 성만찬 예배 모임은 세례신자만이 참여한 닫힌 공동체였던 점으로 미루어 일반 예배와 성만찬 예배는 연계된 하나의 예배가 아니라 전혀 다른 별개의 예배였을 것으로 보는 것이 고구엘의 해석이다.[91] 물론 이것은 추측에 불과하다. 세례자만이 참여하는 성만찬 예배는 낮에 이루어졌는데,

---

88 Maurice Goguel, *The Primitive Church*, 263.
89 *Ibid*., 267, 269.
90 *Ibid*., 267.
91 *Ibid*., 269.

저녁에는 노예들과 일꾼들만이 참여하는 성찬식이 따로 열렸을 가능성이 높다. 이 예배에는 특히 공동체를 세우는 일(edfication)과 가르치는 일(in-struction)이 포함되었을 것이라고 고구엘은 해석한다.[92] 노예와 일꾼들이 낮에 시간을 낼 수 없었기 때문에 두 가지의 성만찬 예배가 불가피했지만, 그보다도 두 성만찬 예배로 갈라진 내적 이유는 고린도교회가 다양한 은사를 받은 사람들 사이에 있는 갈등과 부자와 가난한 사람들 사이의 차별의식을 극복하지 못한 실패에서 온 것이라고 보여진다.[93]

그러나 한(Hann)과 웨버(Webber)는 다른 차원에서 이방 기독교 예배를 해석한다. 한에 따르면 고린도전서를 이방 기독교가 지니고 있던 문제들을 포괄하면서 그 문제들에 대해 해답을 주려는 바울의 시도에서 보아야 한다.[94] 이방 기독교회가 지녔던 근본적인 문제는 지나친 무절제적 '무아경적'(ecstatic) 현상에 있었다. 웨버는 이를 자유에 대한 열망에서 온 것으로 보았다. 특히 이 현상은 교회 예배를 방해하고 또 무질서로 몰아갔다.[95] 성령의 은사와 방언이 오히려 교회의 질서를 위협하는 지경에 이르렀으며, 이런 현상은 이방 기독교 전반에 걸쳐 만연되었다.

한과 웨버에 따르면 바울은 이방 기독교인들의 이 같은 무절제한 신앙 현상을 경고하고 또 교훈하기 위하여 고린도전서를 쓰게 되었다. 따라서 고린도전서는 바울의 '예배서'라 할 만큼 예배와 관한 서술과 교훈으로 구성되어 있다. 이방 기독교인들의 '자유의 남용'에 대하여 교훈을 주기 위해 쓰여진 고린도전서를 통해 바울의 예배 신학은 다음과 두 가지 차원에서 요약될 수 있다.

그 첫째로, 바울은 '질서'의 필요성을 강조하고 있다.[96] 바울은 방언을 부정하거나 비판하지 않았지만, 방언은 예배의 적절한 위치에서 허용되어야 하며, 특히 방언은 번역이 동반되어야 한다는 것을 강조했다. 그것은

---

92 *Ibid.*
93 *Ibid.*
94 Ferdinand Hann, *The Worship of the Early Church*, 65.
95 Robert E. Webber, *Worship Old and New*, 40.
96 *Ibid.*

주의 만찬에 참여하는 일에 무질서나 술에 취함으로 임해서는 안 된다는 경고와 교훈을 주기 위한 것이었다.[97] 은사의 다양성 못지 않게 은사의 통일성도 중요하며, 그것은 그리스도의 몸과 그 자체의 관계를 비유로 설명한 것에서 드러나 있다. 결국, 바울은 이방 기독교인들 속에서 하나님의 사랑(고전 1장)을 근거로 한 신앙 공동체를 세우려는 데 그 목적이 있었다고 한은 해석한다.[98]

두 번째로, 바울은 이러한 배경으로 예배가 무엇이며 어떻게 예배를 드려야 하는가에 대한 교훈을 서술하였다. 예배에 대한 바울의 교훈은 예배 순서나 예배 의식을 나열하는 것이 아니라, 예배의 요소들을 들어 그 의미를 해석하는 것이었다. 특별히 고린도전서 14장을 근거로 바울의 예배신학이 형성될 수 있다는 것은 한의 해석이다. 예배의 처음은 고린도전서 14:6에 나오는 '계시'(apokalypsis), '지식'(gnōsis), '예언'(prophēteia), '가르침'(didache)이라는 차원이 포괄된다.[99] 다음 요소는 14:26에 나오는 '찬양'(psalmos), '교훈'(didachē), '계시'(apokalypsis), '방언'(glossa), '번역 – 해석'(hermēneia)이다. 이어서 예배에 참여하는 회중의 역할에 관하여, 바울은 14:13 이하에서 '기도'(enlogein), '아멘'(amēn) 그리고 '감사기도'(eucharistein)로 이어져야 할 것을 촉구하고 있다. 끝으로 바울의 예배 신학은 은사의 다양성을 포함하고 있다. 고린도전서 14:7-11에 근거하는 은사들은 '지혜의 말씀'(logos sophias), '지식의 말씀'(logos gnōseos), '영들을 구별하는 능력'(diakrisis pneumaton) 등이며, 이 은사들은 교회와 공동 이익을 위한 은혜의 선물로 받아들여져야 함을 바울은 강조하고 있다.[100]

한은 이방 기독교인들을 향한 바울의 의도를 다음과 같이 요약한다.

"이방 기독교는 고대 그리스주의(헬라주의) 유대 기독교 예배로부터 중요한

---

97 *Ibid*.
98 Ferdinand Hann, *The Worship of the Early Church*, 67-68.
99 *Ibid*., 12.
100 *Ibid*.

요소를 받아들였다. 이 때 성령의 역사가 중요한 역할을 하였다. 그러나… 우상 숭배… '무아경'… '자유의 남용'에 대하여… 바울은 모든 영들은 시험되어야 할 것과 모든 것은 선교적 사명과 교회를 세우는 일이라는 규준에 따라 판단되어야 할 것을 촉구하였다."[101]

4) 처음 교회의 말씀 선포와 성례전

처음 교회의 예배는 어떤 형식이나 규범에 매이지 않은 채 예수 그리스도를 통한 하나님과의 관계를 공동체의 성격(팔레스타인 공동체는 유대주의 전통을 존중하고, 고대 그리스주의 기독교는 그리스도 중심적이고, 이방 기독교는 은사 중심이었음)에 따라 다양하게 표현하였다. 문제는 말씀 선포로서 설교와 성례전으로서 "세례와 성만찬이 처음부터 예배의 한 부분이었던가? 혹은 별개의 신앙 행위였다가 후대에 하나로 통합되었는가?"라는 질문과 관련되어 있다. 불행하게도 신약 신학자들 그 누구도 이 질문에 관한 명확한 대답을 주지 않고 있다. 자료의 빈곤이 그 이유이다. 다만 앞서 논의한 고 구엘의 해석에 의하면, 세례와 성만찬은 일반 예배(비세례자도 참여하는)로부터 철저히 구분될 것으로 보아, 설교와 성례전은 예배와 별개의 의식으로 진행되었을 가능성이 큰 것으로 본다.

(1) 말씀 선포로서 설교

처음 교회의 설교의 기원은 기나긴 이스라엘 역사와 구약성서에서부터 온 것이라고 브라이올리오스(Yngve Briolioth)와 홀랜드(Dewitte T. Holland)는 강력히 주장한다. 특히 홀랜드에 따르면, 구약의 설교 그 처음은 에녹-노아-모세-아론으로 이어지면서 생겨난 예언자적 설교(prophetic preaching)와 예전적 설교(liturgical preaching)가 구약 설교의 원형을 이룬

---

101 *Ibid.* 78.

다.[102] 그다음 단계는 사무엘에서 시작하여 예레미야로 이어지는 예언자들의 설교였으며, 주로 그것은 경고와 회개를 촉구하는 것이었다고 본다. 구약의 세 번째 단계는 포로기 예언자들의 설교였으며(에스겔, 다니엘), 그들은 남은 자를 지키는 일과 그들 속에 소망을 약속하는 설교를 실천했다.[103] 그러나 구약의 설교는 주전 100년경에 이르러 '성경주해'라는 차원으로 제도화되었으며, 이는 특히 팔레스타인과 디아스포라(diaspora) 유대인 회당 속에 두드러지게 나타났다.

그러나 처음 교회의 설교에 관한 한, 그 역사적 기원은 구약 설교의 간접적 영향보다는 오히려 예수의 설교에서 직접 온 것이라는 주장에 모든 학자들이 이의 없이 동의한다. 특별히 나사렛 회당에서 행한 예수의 설교(눅 4:16-24)는 구약의 설교와 사도의 설교(처음 교회)를 이어 놓는 원초적 연계였다고 홀랜드는 해석한다.[104] "가난한 자에게 기쁜 소식을 전하고…", "포로된 자들에게 해방을 선포하고", "눈먼 자들에게 눈 뜨임을 선포하며…", "눌린 자들을 놓아주고…", "주의 은혜의 해를 선포하게 하심이라"는 이사야의 말을 인용한 예수 설교의 궁극적 메시지는 하나님 나라—하나님 통치의 도래에 대한 선포였다.[105] 여기서 예수의 설교는 구약의 완성이라는 의미와 사도적 설교의 시작이라는 의미를 가진다.

이러한 일반적 배경으로부터 한 걸음 더 나아가 처음 교회의 설교를 좀더 심도 있게 접근한 이는 헌터(A. M. Hunter)였다. 많은 학자는 처음 교회 설교의 기원은 구약 설교를 배경으로 하여 예수의 설교에서 찾는 일반론을 전개한 데 반하여, 헌터는 예수의 죽음(서기 30년경)과 바울의 처음 서신(서기 50년경) 사이라는 '여명 기간' 동안, 예수의 죽음과 부활을 통해 복음을 경험한 많은 목격자들이 아람어에서 고대 그리스 말로 전한 구전(oral transmission)과 시리아와 전 지중해로 확산되면서 전한 구전 위에 해

---

102 Dewitte T. Holland, *The Preaching Tradition*(Nashville: Abingdon Press, 1980), 13.
103 *Ibid.*, 14.
104 *Ibid.*, 173.
105 *Ibid.*, 예수의 중심 메시지가 하나님 나라의 도래에 있었다는 해석에는 신약학자들
   (Rudolph Schnackenburg, Rudolf Bultmann, Joachim Jeremias 등) 모두가 동의한다.

석의 초점을 두어야 할 것을 촉구하고 있다.[106]

사도행전 전반부와 바울의 서신들은 처음 교회의 설교를 입증하는 자료들이다. 공관복음서에서의 설교의 주제는 하나님 나라였으나, 사도행전과 사도들의 설교(아람어를 말하는 예루살렘 교회)는 그 하나님 나라가 그리스도에게서 이미 성취되었음에 강조점을 두고 있다. 12제자들의 설교에 관한 자료는 부족하지만, 사도행전 전반부 베드로의 설교는 특히 성령강림을 계기로 하나님 나라가 이미 역사 안에 돌입했다는 새로운 차원을 드러내고 있는 것이 특징이다.[107] 여기서 헌터는 또 다른 해석을 시도한다. 만일 누가가 사도행전을 50년 뒤에 썼다면, 이 베드로의 설교는 초기 신앙 공동체 안에서 선포된 설교를 대변하여 요약되었을 거라는 것이 학자들 간의 공통된 해석이라는 것이다.[108] 그렇다면 팔레스타인 공동체인 예루살렘 교회에서의 설교는 사도행전이 기록되기 이전부터 이미 행해져 왔으며 베드로의 설교는 바로 이 사도들의 설교를 집약하는 형태였다고 보아야 할 것이다. 중요한 것은 처음 교회에서 설교는 예배 못지않게 중요한 자리를 차지하고 있었다는 사실이다.

사도행전에 이어, 처음 교회 설교의 두 번째 자료는 바울의 설교와 그의 서신이다. 바울의 설교에 관한 증언은 에베소 교회 장로들, 예루살렘 유대인들 그리고 헤롯 아그립바에게 행한 그의 설교와 서신들에 의하여 이루어지고 있다.[109] 그러기에 처음 교회의 설교는 예루살렘 교회에서의 사도적 설교와 고대 그리스주의 기독교와 이방 기독교를 포괄한 바울의 선교적 설교로서 양분된다.

베드로의 설교가 예수 그리스도 안에서 이미 하나님 나라가 개입되었다는 선포에 있었다면, 바울의 설교는 예수 그리스도를 통해 구약이 성취되고 구원이 완성되었다는 구속론적 성격을 띠었다. 특히 예수의 세례, 사

---

106 A. M. Hunter, *Introducing New Testament Theology* (London: SCM Press Ltd., 1982), 63.
107 *Ibid.*, 64. Dewitte T. Holland, *The Preaching Tradition*, 18도 참조 바람.
108 *Op. Cit.*
109 Dewitte T. Holland, *The Preaching Tradition*, 19.

역, 기적, 십자가, 부활과 성령의 임재 등을 강조하는 구원론적 사건에 더 치중되었다. 그것은 이방 나라에서 하나님 나라를 이야기한다는 것이 바울에게는 적지 않은 오해를 불러일으킬 위험이 있었기 때문이었다고 헌터는 풀이한다.110 베드로의 설교가 예루살렘을 중심한 유대인 공동체 속에 하나님 나라의 도래를 선포한 것이었다면 바울의 설교는 고대 그리스주의 기독교인과 이방 기독교인에게 예수 그리스도 구속의 사건을 선포한 것이었다.

(2) 성례전으로서 세례

처음 교회에서는 말씀 선포라는 선교적 기능과 함께 성례전(sacrament)이라는 예전적 기능이 중요시되었다. 성례전은 '세례'와 '성만찬'을 포괄한다.

처음 교회가 실행한 세례의 기원은 언제이고 또 그 신학적 의미는 무엇인가? 데이비스(J. G. Davies)는 처음 교회의 세례는 앞서 실시되어 온 종교적 행위의 영향을 받아 형성된 것으로 해석한다. 예를 들어 '유대인들의 전례', '쿰란 공동체에서의 예전적 목욕(ritual baths)', '개종자(proselyte) 세례', '세례 요한의 세례', '예수 자신의 수세'111 등은 처음 교회의 세례 예식에 직접적으로 영향을 끼쳤다고 본다.

이와 관련하여, 고구엘(Maurice Gogeul)은 기독교 세례 이전에 선행적 예전들이 어느 정도 선재해 왔음을 인정하고 있다. 선행적 예전의 예로서, 레위식의 세정식(Levitical allution)은 오랜 유대 전통의 의식이었으며, 여기에는 부정(impurities)을 정결하게 한다는 '순결'(purification)과 거룩 앞에서의 '헌신'(consecreation)이라는 양면성이 있었다.112 또 다른 예전은 에세네파(Essenes)의 세례에서 찾을 수 있다. 에세네파 세례는 세정식을 매일 실시했고 하루에도 여러 번 행했다는 점에서, 세례를 단 한 번만 실시하는 기독교 세례와 구별되었다. 그러나 에세네 세례가 제사를 성례전으로 바

---

110 A. M. Hunter, *Introducing New Testament Theology*, 64.
111 J. G. Davies, *The Early Christian Church*, 40.
112 Maurice Goguel, *The Primitive Church*, 284-285.

꾸고, 씻는 일 혹은 세례를 성례전으로 삼았다는 차원에서는 기독교가 에세네의 영향을 받았을 것이라고 본다.[113] 기독교 세례 이전의 또 다른 예전으로서 유대의 개종 세례가 있었다. 그리고 더 직접적 관계하게 된 요한의 세례가 있었다.[114] 세례 요한이 베푼 세례는 기독교 세례의 예시(pre-figuration)가 된 것이 사실이다. 그러나 많은 학자는 세례 요한의 세례를 그 형태에서 유대주의 세정식을 크게 벗어난 것은 아니었으며, 쿰란 공동체의 종말 사상으로부터 많은 영향을 받은 것으로 보고 있다.[115] 그러나 요한의 세례는 단 한 번에 드리는 것이었기에 매일 행하는 에세네파 세례와 구분되었으며 동시에 유대의 개종 세례처럼 사람들이 요단강에 전신을 물에 담그는 침례(immersion)를 요구하여 정결을 강조하지 않았다는 점에서 유대의 개종 세례와 구분되었다.[116] 더욱이 요한의 세례는 유대의 정결 예식과 형식을 같이 하면서도, 유대교와는 달리, 오고 있는 하나님 나라, 불로 세례를 주려고 오시는 이, 합당한 회개와 죄의 용서받음을 강조한 점에서 구분되었다.[117]

그렇다면 처음 교회의 세례는 어디에서 온 것이라는 그 기원에 대한 물음이 제기된다. 더욱이 예수가 요한에게서 세례를 받았다는 역사적 사실 앞에서 초대 교회는 "당황하고 곤혹스러웠을 것이다."[118] 왜냐하면 예수가 어떻게 죄의 회개와 용서의 의식으로서 세례를 받을 수 있었느냐는 질문 때문이었다. 이 질문에 대하여, 공관복음서에서는 예수의 수세 사건 보도보다는 "하늘이 갈라지고 하늘의 음성이 있었다"라는 것이 강조되면서 예수의 메시아 되심과 하나님의 확증이 나타난다. 다소 다른 서술로 설명하는 사복음서 기자들의 의도 뒤에는 분명히 예수의 그리스도 되심에 대한 기독론적 강조가 있었다는 것이다.[119]

---

113 *Ibid.*, 286.
114 *Ibid.*, 287-291.
115 D. N. Freedmann, ed., *The Anchor Bilde Dictionary*(New York: 1992), 584.
116 *Op. cit.*, 291.
117 *Ibid.*, 292.
118 D. N. Freedmann, ed., *The Anchor Bilde Dictionary*, 585.

"우리는 지금까지 마가와 누가의 편집에서 그들이 예수의 세례를 교회의 세례
와 연결시키지 않고 기독론적인 한 기능으로 제시하는 것을 살펴봤다… 마가
와 누가는 세례가 성령을 받는 것과 연계된다고 믿었고…"[120]

그렇다면 처음 교회의 세례는 어디에서부터 온 것인가? 예수의 수세가
교회 세례의 시작이 아니라면, 처음 교회의 세례는 무엇으로 설명되는가?
박익수 교수는 학문적 토론을 다음과 같이 정리한다.

"만일 교회 초기부터 세례가 베풀어졌다면, 그 기원은 어디일까? 요한복음
3:22과 3:26은 예수가 세례주는 일에 관여했음을 시사하나, 4:2에서는 세례를
준 사람들이 그의 제자들이었다고 정정한다…"[121]

공관복음서보다 더 정확한 역사적 정보를 제공하는 요한복음서에 따
르면 예수는 세례를 준 일이 없었고, 오히려 하나님 나라 복음을 선포하고
회개와 믿음을 촉구하는 사역에 그의 사명이 있었던 것으로 증언된다. 여
기서 예수는 하나님의 나라와 세례 사이의 연결을 시도하지 않았던 것으
로 보여진다.[122]
더 많은 학자의 공통된 해석에 의하면, 요한의 세례가 교회 세례의 기
원이 된다.[123] 요한의 세례가 종말론적 대망과 연계되었던 것처럼, 처음
교회의 세례 예식도 종말론적 기대와 회개, 죄 사함과 연계되어 실시되었
다는 것이다(행 2:38-40, 요 3:5). 특히 1세기 말경 예루살렘 교회에서의 세례
는 죄 사함과 종말론적 대망과의 연계에서 시행되었으며,[124] 공식어는 "주
예수의 이름으로"였다.[125] 세례에서는 물에 담그는 침례와 물을 뿌리는 방

---

119 *Ibid.*
120 *Ibid.*
121 박익수,『성서에 나타난 세례와 성만찬』(서울: 도서출판 교회목회, 1994), 25.
122 위의 책.
123 D. N. Freedmann, ed., *The Anchor Bilde Dictionary*, 585.
124 Maurice Goguel, *The Primitive Church*, 318.

법 모두가 사용되었다. 물이 없는 경우에는 물을 뿌리는 형식을 취한 것으로 알려졌다.126

고구엘은 처음 교회 세례의 역사를 세 단계로 나누어 다음과 같이 설명한다. 그 첫 단계는 예루살렘 공동체의 세례로서, 이는 종말론적이고도 사회적 성격을 가졌다. 메시아로서 재림할 예수를 신앙하는 공동체의 일원으로 입회시키는 그래서 공동체의 신앙생활로 이끌어들이는 의식이었다는 것이다. 이때 "주님 혹은 그리스도의 이름으로"가 사용되는데, 이것은 종말론적 대망의 의미로 사용한 것이다.

두 번째 단계는 바울의 세례로서, 그의 세례는 신비적이고도 성례전적이었다고 고구엘은 해석한다. 그리스도인들은 세례를 통하여 죄에 대해 죽었고 또 부활을 소망한다는 것이다. 십자가에서 죽었고 부활에서 다시 사는, 그래서 세례는 그리스도와 신자 사이가 하나 되는 교제(communion)를 창출한다는 것이다. 여기서 그리스도는 세례를 통하여 사람에게 죄사함과 용서와 새 피조물이 되는 구원을 베푼다는 것이다. 바울의 세례는 예루살렘 교회처럼 종말론적 소망이 있기는 하나, 그보다 더 신비적이고도 성례전적인 의미를 중시한 것으로 보여진다. 이때도 "주님 혹은 그리스도의 이름으로…" 세례를 주었지만 바울의 세례는 그리스도와 수세자 사이의 신비적 관계를 의미하는 것이었다.

세 번째 단계는 종말론적 대망이 지나고 교회가 서서히 교권화되면서(ecclesiastical), 세례는 그리스도 구원의 혜택(benefits)을 나누어 주는 것이 되었다. 이때로부터 세례는 처음 교회가 가졌던 종말론적 대망도(예루살렘 교회) 신비적 관계도(바울) 사라지면서 교회에 입회하는 하나의 의식으로 축소되기 시작하였다. 이때 "아버지와 아들과 성령의 이름으로…" 세례를

---

125 박익수, 『성서에 나타난 세례와 성만찬』, 27
126 위의 책, 25. Davies에 따르면 sprinkle 방법은 쿰란 전통에서, 침례는 유대 개종 세례에서 온 것이다. J. G. Davies, *The Early Christian Church*, 59. 특히 Hans Conzelmann은 *An Outline of the Theology of the New Testament*, 48에서 세례 예식은 침례(immersion)를 원칙으로 했으나, 물이 없는 경우도 물을 뿌리는 sprinkle도 허용되었다고 한다.

주었지만, 이 세례는 그리스도와 수세자의 인격적 관계라기보다 교회의 전통에 따라 반복되는 신앙고백에 불과했던 것이다.[127]

(3) 성례전으로서 성만찬

처음 교회가 수행한 세례의식은 그 역사적 변형을 거치면서도 그것은 끊임없이 그리스도와 새로운 관계를 맺는 행위(고전 1:13, 6:11)로서 또한 그리스도와 함께 죽고 사는 행위(롬 6:2-6)로서 실시되었다. 세례와 관련된 설교의 내용은 회개와 믿음의 촉구였으며, 더욱이 예수를 고백하게 하는 신앙의 결단이 그 내용이었다.[128] 아울러 처음 교회는 주의 만찬이라는 성만찬 예식을 통하여 떡을 떼고, 잔도 나누었다. 이는 십자가에서 죽고 다시 부활한 그리스도의 몸과 피에 동참함으로 그리스도와 교제를 이루는, 나아가 성도들 사이의 교제를 이루는 거룩한 예식이었다.[129]

처음 교회의 세례론에 관한 다양한 학문적 접근 못지않게 처음 교회의 성만찬에 관한 해석도 다양한 양태로 나타나고 있다. 성만찬에 관한 한 가장 핵심적 문제는 신약성서에 나타난 두 가지 다른 기사에서 연유되고 있다.

그 하나는 사도행전 2:42, 2:46, 20:7; 누가복음 24:35에 서술된 "함께 떡을 떼고"(breaking of the bread)이다. 이는 예루살렘 기독교인들이 나누었던 공동식사로서, 그 근원은 예수가 그의 제자들과 수시로 나눈 공동식사에 있었던 것으로 이해되고 있다.

또 다른 하나는 고린도전서 11:20에 나오는 주의 만찬(Lord's Supper)이라는 바울의 서술이며, 이는 예수의 최후의 만찬(Last Supper)과 연관된 예수의 죽음을 되새기는 행위로서 이해되고 있다.[130]

그러나 여기서 첨예하게 부각한 신학적 문제는 '떡을 떼는 일'이라는

---

127 Maurice Goguel, *The Primitive Church*, 319-321.
128 박익수, 『성서에 나타난 세례와 성만찬』(서울: 도서출판 교회목회, 1994), 93.
129 위의 책.
130 J. G. Davies, *The Early Christian Church*, 60.

공동식사와 '주의 만찬'이라는 성만찬 사이의 관계 여부에서 출발하고 있다. '떡을 떼는 행위와 성만찬 사이에 역사적 관련성이 있었는가? 혹은 둘을 별개의 행위였는가?'라는 질문이 제기된다.

바로 이 물음을 두고 크게 세 범주로 구분되는 신학적 해석과 만나게 된다. 그 첫째 범주는 리츠만(Lietzmann)에 의하여 대변되는 신학적 해석이다. 리츠만은 예수가 그의 제자들과 가졌던 보통 식사의 연장으로서 공동식사(사도행전)는 예수의 최후 만찬과 관계없는 것이었으며 바울이 설파한 주의 만찬은 예수의 최후 만찬에서 온 것이지만, 그 근거는 역사적 전승이 아니라 주님으로부터 받은 계시에 근거해 있다고 해석한다. 이로써 리츠만은 처음 교회는 '떡을 떼는 일'과 '주의 만찬'이라는 두 개의 성례전을 따로 실시했다고 주장한다.131 그러나 리츠만의 이러한 해석은 많은 학자, 특히 고구엘(Goguel), 콘첼만(Conzelmann) 그리고 헌터(Hunter)에 의하여 거부되고 있다.

두 번째 범주는 고구엘에 의하여 대변되는 연속성의 해석이다. 그는 기독교 예배에 있어서 중심이었던 성찬식은 예수의 마지막 만찬과 깊이 연관되어 있다고 전제한다.132 예수의 최후 만찬이 점차 부활적 식사로서, 성만찬이 새 언약의 유월절로서 발전되어 나간 역사적 발전은 예수의 만찬과 교회의 성만찬 사이를 연계시키는 근거라고 해석한다.133 고구엘의 신학적 논조에 대해 비판적 입장을 가진 이는 리처드슨(Alan Richardson)이다. 예수가 행한 제자들과의 마지막 식사(Last Supper)가 예수께서 성만찬을 제정한 것인지 확실하지 않다는 것이 그의 신학적 논조이다. 초대 교회의 성만찬은 예수의 말씀과 사역의 목격자를 통해서가 아닌, '사도적 전통'(apostolic tradition)을 따라 제정된 것이고, 더욱이 사도 바울만이 주의 만찬론을 서술하고 있기에 예수의 만찬과 초대 교회 성만찬 사이를 직접

---

131 A. M. Hunter, *Introducing New Testament Theology*, 81; Hans Conzelmann, *An Outline of the Theology of the New Testament*, 50.

132 Maurice Goguel, *The Primitive Church*, 325-326.

133 *Ibid.*, 327-328.

연계할 수는 없는 것이다.134

　세 번째 범주의 해석은 콘첼만과 헌터 그리고 데이비스에 의하여 대변되고 있다. 이들을 떡을 떼는 일과 주의 만찬 사이의 분리나 연속성을 주장하기보다는, 그 뒤에 깔린 구속론적 의미에서 이 둘 사이의 관계를 설정하려 한다. 콘첼만에 따르면 예루살렘 교회는 부활한 그리스도를 기억하는 감격으로 떡을 떼었다고 본다면, 바울의 주의 만찬은 예수의 죽음과 관련되는 행위로서 이해해야 한다는 것이다.135 결국, 떡을 떼는 일과 주의 만찬은 부활과 십자가라는 구속사적 사건과의 연관에서 보아야 한다는 것이 콘첼만의 초점이기도 하다.

　콘첼만의 사상과 맥을 같이 하는 헌터는 떡을 떼는 공동 식사나 바울의 주의 만찬은 예수의 십자가와 부활을 경험한 처음 교회의 기도에서 보아야 한다고 한다. 그 기도는 처음 기독교인들의 마라나타(Maranatha) 기도로서, 이는 재림(Parousia)을 위한 기도와 함께 성찬에 임재하는 부활의 주를 축원(invoking)하는 기도였다. 여기서 헌터는 '떡을 떼는 일'과 '주의 만찬'을 주님의 임재와 재림의 소망이라는 구원론적 사건과 경험에서 해석하는 특징을 보여준다.136

　데이비스는 성만찬 논쟁을 종말론적 차원에서 해결하려는 또 다른 학자이다. 떡을 떼는 일과 주의 만찬은 종말론적 기조(eschatological keynote)에서 같은 의미가 있다는 것이다. 떡을 떼는 일과 주의 만찬은 예수의 죽음과 부활이라는 역사적 사건을 회상하는 일이며, 모임 가운데 임재하는 주의 현존과 만남이었으며, 최후에 다시 올 것이라는 종말론적 소망 안에서 처음 그리스도인들은 궁극적으로 그리스도의 현존과 통치를 경험했기 때문이라는 것이다. 바로 이 역사적-종말론적 차원이야말로 떡을 떼는 일과 주의 만찬을 다른 종교의 의식, 특히 쿰란 의식으로부터 구별하는 이유가 되었다고 데이비스는 해석한다.137 데이비스는 여기서 예루살렘 교회는

---

134 Alan Richardson, *An Introduction to the Theology of the New Testament*, 364-365.
135 Hans Conzelmann, *An Outline of the Theology of the New Testament*, 54.
136 A. M. Hunter, *Introducing New Testament Theology*, 80-81.

종말론적 공동체로, 바울의 교회는 신비적 공동체로 양분하는 시도를 넘어 그 기조를 그리스도의 십자가와 부활에 나타난 역사-종말론적 사건에 두는 것은 매우 의미 있는 접근이라고 볼 수 있다. 결국, 처음 교회가 '떡을 떼는 공동식사'나 '주의 만찬'에 참여하는 궁극적 의미는 그 형식에 있는 것이 아니라, 십자가와 부활에서 약속된 예수의 고난과 임재와 재림을 경험하는 기도 안에서 이해했다는 점이 설득력 있는 것으로 보인다.

그렇다면 처음 교회가 실행한 성만찬의 종말론적 의미는 구체적으로 예전에 어떻게 연결되었는가? 신학적 입장을 달리하는 학자들 사이에 다소의 상이한 해석은 존재하나, 다음과 같은 윤곽을 그려낼 수 있을 것이다.

무엇보다 먼저, 성만찬 예식에는 세례받은 자들만이 참여할 수 있다는 기록은(이그나티우스Ignatius, 저스틴Justin에게서 찾을 수 있다)[138] 그리스도인들의 내적 교제에 대한 강조뿐만 아니라 당시 로마 제국의 박해를 염두에 두었다는 의미를 갖는다. 회당 전통이 강한 곳에서는 교회들이 말씀 중심의 예배를 오전에, 성만찬 예식을 저녁에 실시했다는 사실이 고대 문헌 여러 곳에서 지켜 온 것으로 나타난다. 주후 100년경 초대교회는 '말씀'과 '성만찬'을 양분화된 예식으로 지켜 온 것으로 나타난다. 그러나 저스틴 때에 이르러 '말씀 예배'와 '성만찬'은 하나의 예배로 통합된 것으로 전해진다.[139]

처음 교회가 하나의 통일된 성만찬 예식 순서를 구성한 흔적은 없는 것으로 알려지고 있다. 다만 분산된 자료들을 통해 성만찬 예식의 윤곽을 다음과 같이 추정할 뿐이다. 데이비스에 따르면 성만찬 예식과 연관되어 실시된 예배 순서는 '식사를 나누고', '설교(homily)가 선포되고', '지도급 신자들의 편지를 낭독하고', '구제를 위한 헌금', '평화의 입맞춤', '구약성경 봉독' 순으로 진행되었다고 본다.[140] 그리고 성만찬 예식으로 이어졌다. 성만찬 예식과 관련된 예배는 '죄의 고백을 위한 기도'(불트만) 혹은 '감

---

137 J. G. Davies, *The Early Christian Church*, 60-63.
138 Rudolf Bultmann, *Theology of New Testament*, vol. I, 145.
139 Hans Conzelmann, *An Outline of the Theology of the New Testament*, 51.
140 J. G. Davies, *The Early Christian Church*, 61-62.

사의 기도'(콘첼만)로 시작되었다. 그리고 고린도전서 11:23-25을 중심으로 성만찬 예식은 세 가지 단계로 이어졌다. 그 처음으로 "이것은"은 떡과 잔을 예수의 몸과 피로 봉헌하는 행위였고, 다음으로 "새 언약이니"란 새 언약의 제물로서 예수의 죽음을 의미하는 것이었으며, 마지막으로 "너희를 위하는"은 죄의 용서를 위한 속죄적 희생으로서 예수의 죽음을 선언하는 것이었다.[141]

이렇듯 처음 교회는 예배와 설교, 세례 그리고 성만찬 예식을 통하여 그리스도와 연합하는 신앙과 장차 임할 하나님 나라를 대망하는 공동체로 성장하여 갔다. 아울러 처음 교회는 하나님 나라의 대망이라는 궁극적인 소망 안에서 지상에서의 소유를 함께 나누는 형제애의 공동체로서 코이노니아와 복음을 땅끝까지 전파하는 전도와 설교를 지상명령으로 수용하기도 하였다. 특히 사도행전 2:44의 "모든 물건을 공동으로 소유하고", 2:42의 "서로 사귀며"는 철저한 공동생활의 표현이었다. 처음 교회가 전 세계로 확산되면서, 성전이나 회당이 아닌 '믿는 자들의 가정'(가정교회)에서 신앙적 공동생활이 극대화되었다. 초기 가정교회는 여행하는 선교사들과 나 그네 그리스도인들이 형제애를 나누는 구체적 장소이기도 했다.[142] 가정교회 그 자체가 누구나를 위해 개방된 가족 형태를 지녔기 때문에 그것은 민족과 인종 그리고 계급을 넘어선 새로운 공동체의 출현이기도 했다. '형제'와 '자매'라는 용어는 유대인이나 쿰란 공동체에서 사용된 다소 배타적이고 선민 의식적인 것과는 달리 가정교회의 형제됨과 자매됨은 '성령의 종말론적 임재' 안에서 모든 사람이 하나님의 자녀됨을 의미했다.[143] 사해 공동체(Dead Sea Community)에서의 물건의 통용은 의무적이고 강제적이었으나, 예루살렘 공동체와 다른 기독교 공동체가 실천한 물건의 공동 소유는 자발적이고 또 사랑에 근거한 것이었다.[144] 전자가 공산주의(commu-

141 Rudolf Bultmann, *Theology of New Testament*, vol. I, 146.
142 Gerhard Lohfink, *Jesus and Community*, 107.
143 *Ibid.*, 108.
144 Everett F. Harrison, *The Apostolic Church*(Grand Rapids, Michigan: William B. Eerdmans Pub. Co., 1985), 180-181.

nism)의 성격을 지녔다면 후자는 공동체주의(communalism)의 특징을 지녔다고 볼 수 있다.

하나님 나라의 도래를 대망하는 소망 안에서 처음 그리스도인들은 지상의 삶과 소유를 상대화하였으며, 사랑의 실천이라는 차원에서 금식과 성적 금욕 그리고 소유를 함께 나누어 쓰는 코이노니아(영적 교제)를 철저히 실천하였다. 이는 율법적이거나 금욕적 차원에서가 아니라 공동체 안에서의 사랑의 실천이라는 차원이었다.[145] 이를 로핑크는 '함께함의 프락시스'(praxis of togetherness)라고 불렀으며, 이 공동체를 '형제애의 공동체'라 하였다.[146]

그러기에 처음 교회는 예배와 성례전의 공동체였으며, 동시에 하나님 나라의 소망 안에서 지상에 이룩한 사랑의 실천 공동체였다. 율법이나 선민의식에 사로잡힌 금욕이 아니라, 그리스도 안에서의 구원을 감격하는 사랑의 금욕과 사랑의 나눔공동체였다. 여기에 코이노니아라는 교제의 진정한 의미가 깃든다. 바로 이 처음 교회가 예루살렘 교회의 보수주의적 틀을 넘었으며 특히 고대 그리스인(헬라인) 기독교인들은 유다와 사마리아와 땅끝까지 퍼져 예수 그리스도의 복음을 전파하는 전도에 헌신하였다. 다마스쿠스 도상에서 바울의 회심은 유다와 이방 세계를 다리 놓은 복음의 가교가 되었으며, 고넬료와 베드로의 만남은 처음 교회를 세계화하는 계기가 되었다. 여기에는 선교를 위한 예수의 위임(마 28:18-20)과 처음 교회 기독교인들, 특히 마케도니아 기독교인과 이방 기독교인들의 헌신이 크게 뒷받침되었다.

---

145 Hans Conzelmann, *An Outline of the Theology of the New Testament*, 90.
146 Gerhard Lohfink, *Jesus and Community*, 100.

6장
바울의 교회론

교회에 관한 바울 사상은 1차로는 바울의 서신에 근거하고 있으며, 바울의 전도 여행에 관한 정보는 사도행전에 의존되고 있다. 서신과 사도행전 사이의 불일치성에도, 한 가지 바울 자신은 회당을 통해 일차적으로 유대인들을 신앙적으로 훈육하려고 했으나, 유대인들이 거부함으로 바울은 이방인들 속으로 들어갔다는 사실이다.[1] 결국 그의 이방 전도는 그의 교회론 형성에 깊은 영향을 끼쳤다.

바울이 세계 전도를 수행하는 동안, 그리스-로마 세계(Greco-Roman World)는 점차 민족주의와 가족 중심 사회로부터 세계 질서와 우주적 연방(universal commonwealth)이라는 세계주의로 서서히 변화되고 있었다. 도시국가의 상징인 폴리테이아(politeioa)와 가족 구조인 오이코노미아(oikono-mia)를 넘어서서(고대 그리스와 로마, 유대를 넘어서서) 그리스-로마 세계는 하나의 국제 질서(cosmopolitan order)를 희구하고 또 추가하고 있었기 때문이다.[2] 이는 기독교의 세계화를 촉진시킨 시대적 요인이기도 했다.

이 시기에 유대인들 사이에는 예루살렘을 중심으로 오랜 세월 동안 아성을 쌓아 온 제사장적 계급제도에 대해 점차 좌절과 실망을 느끼기 시작하면서 많은 유대인은 회당을 통하여 전통적 신앙과 종교적 유산을 이어

---

1 Hans Conzelmann, *History of primitive christianinty*, 91-95.
2 Robert Banks, *Paul's Idea of Community*(Grand Rapids, Michigan: Eerdmans, 1980), 15-16.

갔지만, 극단적인 사람들은 사해에 자리 잡았던 쿰란(Qumran) 공동체에 들어가거나 전국에 흩어져 있는 에세네(Essene) 공동체에 들어가 세계를 포기하고 금욕적인 종교 생활을 영위하는 상황으로 변하고 있었다.[3]

어려서부터 바리새적 전통에서 훈련을 받고 또 회당 속에서 자란 바울은 다마스쿠스 도상에서의 회심 이후에도 여러 도시에 흩어져 있는 회당들(행 17:2, 13:5, 16:13, 17:1, 18:19 등)과의 접촉을 통하여 전도의 기회로 삼았다. 바로 이 회당의 존재는 바울의 전도뿐만 아니라 그의 교회론 형성에도 크게 영향을 끼친 것으로 보인다.

1. 바울의 교회상(像, Images)

바울에게서 중요한 것은 교회가 무엇인가라는 신학적 질문보다는 교회를 서술하는 여러 가지의 '관계론적 상'(relational images)을 통하여 교회의 정체를 규명하는 것이었다.[4] 그것들을 들어 교회를 신학적으로 정의하려 한 최초의 신학자였다. 바울 당시 고대 그리스와 로마 전역에 파고든 스토아철학(Stoicism), 마케도니아 민족 종교 그리고 각종 이방 종교의 도전 앞에서 바울은 예수 그리스도의 복음과 신앙 공동체인 교회의 존재 이유를 변호해야 하는 신학적 책임 앞에 서 있었다.[5] 바울은 이 교회론의 신학화를 위해 다양한 상(像)을 제시하였다.

바울의 교회상 그 처음은 '하나님의 백성'(Laos Tou Theou) 사상이다. 이는 베드로전서 2:9에 나타난 '택하신 족속', '왕 같은 제사장들', '거룩한 나라', '그의 소유된 백성'으로서 교회관에 관한 베드로의 선택 사상과 그 맥을 같이한다. 신약성서 전체에 흐르는 '새 이스라엘'(갈 6:15-16), '12지파'(고전 10:1-10; 롬 15:8-10), '아브라함의 자손들'(갈 3:29; 롬 4:16), '남은 자'(롬

---

3 *Ibid.*, 17-18.
4 Helen Doohan, *Paul's Vision of Church*(Wilmington: Michael Glazier, 1989), 165.
5 *Op. cit.*, 19-20.

9:27, 11:5-7) 사상은 모두 하나님의 백성으로서 교회를 지칭하고 있으며 이는 '하나님의 선택'에 그 근거를 두고 있다. 하나님의 백성이란 피로 맺은 언약에 의해 선택된 백성이며 하나님의 율법에 충실한 백성을 지칭하는 것으로 이해되었다.[6]

두한(Halen Doohan)은 그의『교회에 관한 바울의 비전』(Paul's Vision of Church)에서 일차적으로 바울은 하나님의 백성 사상은 아브라함과 맺은 언약과 하나님의 선택에 근거를 둔 이스라엘의 자기 이해였다는 데 동의한다.[7] 그러나 두한은 예루살렘 공동체와 바울 사이의 결정적인 신학적 특성을 다음과 같이 설명한다. 예루살렘 공동체는 자신들만을 하나님의 백성으로 지칭한다. 바울은 하나님의 백성 개념을 부름 받은 모든 사람, 전 교회에 연결시켰다는 것이다.[8] 물론 바울도 이스라엘에 뿌리를 두고 있는 전통적 사상을 수용하지만(고후 6:16; 롬 9:25-26, 10:21), 하나님의 백성은 이스라엘과 교회 모두를 포괄하고 있음을 분명히 한다(연속성). 그러나 동시에 바울은 신약에 나타난 하나님의 백성은 '그리스도 안에 있는 신앙에 의하여 일어난 하나의 새로운 사건'으로서 이해한다. 여기서 하나님 백성으로서 교회는 이스라엘과의 비연속성 안에 있다고 두한은 풀이한다.[9]

하나님 백성으로서 교회는 이스라엘의 언약과 선민사상에 그 뿌리를 두면서도, 예수 그리스도로부터 부름을 받은 새로운 차원의 백성임을 분명히 한다(갈 3; 롬 1:16-17, 3:21-26). 두한에 따르면 이스라엘은 자신들이 주체가 되고 난 이후에 이방 세계에 대해 개방적 자세를 취했는데 반해(롬 15:10-11), 바울은 아브라함의 후예란 처음부터 유대인이나 이방인 모두를 포함한 것으로 해석했다. 하나님의 선택은 출생에 의한 이스라엘만이 아니었다(롬 9:8). 무할례자까지도 하나님은 백성 안에 포함되는 것이었다. 그러기에 하나님의 백성은 지역적이거나, 민족적·종교적인 것이 아니라,

---

6 Eric G. Jay, *The Church*(Atlanta: John Knox Press, 1980), 12.
7 Halen Doohan, *Paul's Vision of Church*, 145.
8 *Ibid.*, 147.
9 *Ibid.*

'우주적이고도 세계적'이라는 의미이다. 여기서 교회의 선교는 교회 세계에 무엇을 주는 것이 아니라 '모든 사람을 자기 이해'로 일깨우는 행위로 이해한다(self-understanding of being open to all people)[10].

두한이 이해한 바울 사상은 두 가지로 요약된다. 그 하나는 하나님의 백성으로의 교회는 그리스도 안에서 부름받은 우주적·세계적 공동체이다. 다른 하나는 그 교회는 모든 사람을 자기 이해로 인도하는 것이 선교라는 사실이다. 그러기에 하나님의 백성은 개교회를 포함하는 우주적 교회를 지칭하며, 따라서 교회의 연합과 공동체를 세우는 일과 사랑의 분위기를 만들어 가는 사람을 의미한다.[11] 바로 이러한 두한의 해석은 바울이 사용한 교회상(像)을 객관적이고도 서술식으로 설명한 미니어(Paul Minear)의 해석보다 훨씬 더 깊은 차원의 바울 사상을 드러내 주는 것으로 평가된다.

바울이 사용한 교회상 그 두 번째는 '새로운 피조물'(the New Creation)이었다. 미니어는 새로운 피조물에 관한 바울의 사상은 고린도후서 5:17의 "누구든지 그리스도 안에 있으면 그는 새로운 피조물입니다. 보시오, 옛것은 지나가고 새것이 되었습니다"에 근거하고 있다고 본다. 바로 이 '새 피조물' 사상은 새 하늘과 새 땅을 창조하는 하나님 나라의 도래와 연계되어 있다고 보며, 이는 예수의 사역에서 실현되기 시작한 것으로 해석한다.[12]

그러나 두한은 미니어의 일반적 서술과 같이하면서도, 한 걸음 더 깊은 신학적 관점에서 바울의 피조물 사상을 풀어가고 있다. 새로운 피조물은 예수 그리스도 안에서 개인적·공동적·우주적 변혁이 성취됨으로 시작된 새 시대(new age)[13]에 대한 소망에 근거하고 있다. 막연한 하나님 나라의 도래가 아니라 그리스도 사건에서 시작된 역사의 변혁, 특히 그리스도가 죽음의 세력을 꺾고 부활의 새 생명을 불어넣은 화해, 즉 처음 아담이 대치됨으로써 이룩된 화해야말로 '새로운 피조물'의 근거가 된다고 두한은 해

---

10 *Ibid.*
11 *Ibid.* 148-149.
12 Paul Minear, *Images of the Church in New Testament*(Philadelphia: Westminster Press, 1980), 111-119.
13 Helen Doohan, *Paul's Vision of Church*, 10.

6장 _ 바울의 교회론 | 139

석한다.[14]

새로운 피조물로서 교회는 교회 공동체 안에서의 메시아적 삶의 질과 모습을 의미하는 동시에, 세계를 보는 새로운 시각의 선교적 차원도 포함한다. 교회는 오고 있는 하나님 나라와 그 변혁을 세계 안에서 대행하는 사명을 위임받았기 때문이다.[15] 여기서 새로운 피조물로서 교회 구성원들은 그리스도 안에서의 화해와 오고 있는 하나님 나라의 변혁을 교회 안에서 먼저 행하여야 한다(메시아적 삶의 스타일). 동시에 그들은 세계가 하나님 나라가 실현되는 변혁의 터전임을 증언하고 대행해야만 한다. 이것이 '새 피조물로서 교회' 이해다.

바울이 사용한 세 번째 교회상은 '그리스도의 몸'(the Body of Christ)이다. 이는 가장 중요한 교회상이면서도 가장 큰 논란의 대상이기도 하다. 로마가톨릭교회의 이해와 개신교회의 이해 사이에 심각한 차이가 상존해 왔기 때문이다.

처음 교회를 논하는 모든 학자는 교회론을 그리스도의 몸의 개념에서 해석하는 것을 가장 자연스럽고도 당연한 것으로 여겨왔다. 미니어(Paul Minear)나 제이(Eric Jay)도 그리스도의 몸 개념에 역점을 두고 있다. 그러나 그리스도의 몸 개념을 성례적 유기주의(eucharistic organism)에서 보는가 혹은 공동체적 관계(community relation)에서 보는가라는 신학적 관점에 따라 교회론은 전혀 다른 두 개의 사상으로 나타나고 있다.

그리스도의 몸을 성례적 유기주의에서 보는 대표적 학자는 앞서 여러 번 언급된 바 있는 고구엘(Maurice Goguel)이다. 고구엘에 따르면 바울이 쓴 고린도전서 12장은 신자들이 그리스도의 몸을 형성한다는 근거이며, 그들이 그리스도의 몸의 성례전인 성만찬의 떡을 먹음으로 그리스도의 몸 안에 통합(integrate)된다는 것이다.[16] 그리스도의 몸이라는 은유는 그리스도와 사람 사이, 남자와 여자 사이의 유기적 통일(organic unity)을 의미한다.

---

14 *Ibid.*, 152.
15 *Ibid.*, 153.
16 Maurice Goguel, *The Primitive Church*, 55.

뱅크스(Robert Banks)는 고린도전서 후반부에 나타난 바울의 용어 사용에 있어서 '그리스도의 몸'으로서 교회는 '주의 만찬'과 관련되어 있다는 해석을 제시함으로 고구엘과 동의하고 있는 듯하다. 특히 고린도전서 10:17의 "떡이 하나이므로 우리가 여럿일지라도 한 몸입니다. 그것은 우리가 다 한 떡덩이에 함께 참여하였기 때문입니다."를 근거로 성례전적 통일성을 암시하고 있는 것은 사실이다.[17] 그러나 뱅크스는 그리스도의 몸으로서 교회는 성례전적 유기주의가 아니라 "그리스도인들이 모인 곳에서는 그리스도의 몸이 형성된다. 왜냐하면 그리스도는 진실로 그리고 전적으로 성령 안에서 현존하기 때문이다"라고 말함으로 그리스도의 몸을 '관계론적 통일성'에서 해석하고 있다.[18]

뱅크스의 사상에 동조하고 있는 이는 두한이다. 두한의 바울의 '몸' 사상은 그리스도와 교회 사이의 특별한 관계와 정체성을 표현하는 용어라고 이해한다. 고대 그리스주의(헬라주의) 사상의 'Sarx'가 아닌 'Soma'로서 '몸'에 대한 은유는 성령에 의하여 세례와 성만찬을 통하여 그리스도의 몸에 동참하는 신자들과 공동체를 의미한다고 보았다.[19]

그러기에 고구엘의 이론은 전통적 신학 방법인 '존재론적 유비'(ana-logia entis)에 해당한다면 뱅크스는 두한의 논지는 '관계론적 유비' 혹은 '신앙적 유비'(analogia fides)에 속한다고 말할 수 있다. 두한은 다음과 같이 경고하고 있다. 서기 1세기 기독교인들은 몸의 상징을 감독(대주교) 중심 구조(patriarchal structure)로 변형하기 시작한 데서 위험성이 계속 상존해 오고 있다는 것이다.[20] 이는 불행하게도 중세 로마가톨릭교회의 교회론에까지 깊은 영향을 끼친 역사적 잘못을 반복하였다.

그리스도의 몸 개념을 신앙적 유비 혹은 관계론적 유비에서 해석하는 뱅크스와 두한에게서 비로소 사역의 다양성은 그리스도의 몸에 참여하는 모

---

17 Robert Banks, *Paul's Idea of Community*, 63.
18 *Ibid.*
19 Halen Doohan, *Paul's Vision of Church*, 156.
20 *Ibid.*, 160.

든 신자의 은사의 다양성과 연결된다. 그리스도와의 연합(성령과 신앙) 안에서 신자의 은사들은 그리스도의 몸을 이루어 가는 다양성으로 이해되었다.

바울의 교회상 네 번째는 '교제'(fellowship)였다. 코이노니아(Koinonia)라는 명사는 '나눔과 교제'를 의미하며, 코이노노스(Koinonos)는 '나누는 사람과 파트너'를 의미하고, 코이노스(Koinos)라는 형용사는 '함께 나눔'을 의미하며, 코이노네오(Koinoneo)라는 동사는 '함께 나누어 주다'를 의미한다.[21] 바울에게서, 교제로서 교회란 그리스도 안에서의 하나님의 은총과 약속(엡 3:6)을 함께 나누는 신자들을 의미했다. 물론 예루살렘 교회에서 실천한 물건의 공유(행 2:44, 4:32)에서 그 모형을 가져온 것이기는 하나, 그것은 바울이 세운 모든 교회 안에서 함께 나눈 형제애와 용서를 통해 계속 이어져 갔다. 그러므로 교제란 성령 안에서의 성도들 사이의 사랑의 나눔을 의미한다.

그러나 이와 같은 교제의 일반론을 말한 제이와는 다른 차원에서 뱅크스는 바울의 교회상 중에 중요한 위치에 있었던 교제의 의미를 해석하고 있다. 뱅크스에게서 바울의 교제는 첫째로 '공동식사'(common meal)에서 조망된다.[22] 뱅크스는 여기서 고린도전서 11장에 나오는 'Deipnon'(저녁식사)이라는 말의 의미를 들어, 이는 식사 중의 한 부분이 아니라 온 집안 식구들과 초대된 손님까지 함께 나누는 공동식사였다는 사실을 강조한다. 여기에는 교회 지도자나 제사장적 의식이 있었던 것도 아니다. 그 집의 가장과 식구들, 특별히 어린이들까지도 함께하는 공동식사였다. 이것은 성례전이 아니었지만, 예수 그리스도 십자가의 선포와 그의 부르심에 대한 초청 행위였으며, 나아가 장차 그리스도와 함께 나눌 하나님 나라에서의 식사와 교제를 대망하는 행위이기도 했다. 각 가정에서 실시한 이 공동식사는 '함께 함'(social)과 '종말론적'(eschatological) 대망이라는 양 차원의 경험이 '교제'라는 의미로 구체화된 행위였다.[23]

---

21 Eric Jay, *The Church*, 23.
22 Robert Banks, *Paul's Idea of Community*, 83.
23 *Ibid.*, 83-85.

뱅크스가 이해한 또 다른 바울의 교제는 '입맞춤'(exchange of kisses)이었다. 로마교회, 고린도교회, 데살로니가교회에 보내는 글 가운데 나오는 '거룩한 입맞춤'(Holy Kiss)은 회당이나 쿰란 정통에서가 아닌 동방 사회의 습관에서 영향을 받은 것인지 분명하지 않다.24 기독교적인 입맞춤은 개인적 행위가 아니라 '서로서로'가 나누는 공동적 인사였으며, 더욱이 그리스도의 평화를 기원하는 입맞춤이었다는 점에서 이방 종교와 근본적으로 구별되었다.25 거룩한 입맞춤은 그 후 기독교 예배의 의전화 과정에 '교제'의 순서로서 수용되었다.

뱅크스가 이해한 바울의 교제 개념에서는 '소유를 함께 나누는' 행위가 중요한 자리를 차지하고 있었다. 소유를 함께 나눈다는 교제는 쿰란 공동체가 실시한 철저한 규칙과 강요에 의한 것과는 다른 것이었다. 복음 안에서의 그리스도와의 하나됨은 물질의 강요를 의미하지는 않았다. 바울이 권장한 나눔은 사랑과 관용에서 오는 것이었다(고후 8:9-10). 이것은 공동체주의(communalism)였다고 볼 수 있다. 사유재산의 포기나, 공동소유가 아니라 신앙과 사랑 안에서 나누는 자발적 분담이었다.26

그러기에 교제로서 교회란 가정에서의 '공동식사', '신자 사이의 거룩한 입맞춤', '사랑과 관용에서 오는 물건의 나눔' 등 구체적인 행동들을 통해서 구체적 경험으로 나타났다.

바울이 설정한 교회상 그 다섯 번째는 '에클레시아'(Ecclesia)였다. 이 교회를 에클레시아로 부르기 훨씬 이전 에클레시아는 몇 세기 동안 아덴(Athen)에서 사용되어 왔다. 에클레시아는 시민의 전체 모임을 의미하기도 하였고, 선출된 정치 지도자들의 정치를 위한 모임이기도 했으며, 법률제정에 관한(주전 150년) 공청회를 의미하기도 했다.27 주전 150년경에는 마케도니아와 그리스의 모든 도시는 에클레시아라고 불렀던 것으로 알려

---

24 *Ibid*. 88.
25 *Ibid*.
26 *Ibid*. 89-90.
27 Eric G. Jay, *The Church*, 5.

지고 있다.

에클레시아란 고대 그리스어 'Kaleo'에서 왔으며, 이는 선출된 사람들의 모임이란 뜻을 지닌다. 서기 50년, 바울은 예수 그리스도를 주로 받아들인 사람들의 공동체를 회당(synagogue)이라 하지 않고 에클레시아라는 말을 사용하였는데, 여기에는 중요한 이유가 깔려 있었다. 가장 큰 이유는 회당 유대인들이 점차 기독교인들은 배척하고 있었다는 사실을 배경으로 한다. 또 다른 이유는 에클레시아란 용어가 고대 그리스 세계에서 통용되는 용어였기에 유대인이 아닌 이방인들을 기독교 신앙으로 인도하기에 유리했다는 것이다. 히브리 성경에 나오는 '쾌할'(Qahal)은 '부르심'의 의미하고 있었다. 그런데 쾌할은 유대인들이 자신들의 공식 모임을 지칭한 용어였기 때문에, 바울은 쾌할 대신 에클레시아를 사용한 것으로 알려졌다.[28]

한 마디로 에클레시아로서 교회는 기독교인들의 자원적 모임을 의미했으며, 그 목적은 예배와 봉사였다. 그리고 에클레시아는 믿는 이들의 개체 공동체를 의미했으나, 그것은 개교회 중심주의가 아니라 모든 다른 에클레시아와 연합하는 우주적 에클레시아의 대변이라는 의미를 지니고 있었다.[29]

이상은 다양한 교회상(像)들은 바울의 교회론의 다양성만을 대변하는 것인가? 두한은 다양한 모델들(하나님의 백성, 새로운 피조물, 그리스도의 몸, 교제, 에클레시아) 이면에는 교회의 목적과 선교적 사명이 깔려 있다고 해석한다. 그리스도 안에서의 신앙적 삶의 차원, 신앙의 공동체성, 부활한 주가 성령 안에서 임재한 것 그리고 삶의 끊임없는 변혁과 세계 변혁을 향한 신앙인들의 책임이 그 이면에 포함되어 있다고 두한은 요약한다.[30]

바울의 교회론을 예루살렘 교회의 교회론과 비교하여 설명하면서 그 특징을 고구엘(M. Goguel)은 다음과 같이 서술하고 있다. 먼저 예루살렘 교회와 바울의 교회론 사이의 공통점 몇 가지를 들 수 있다. 둘 다 교회는

---

28 *Ibid.*, 6-7.
29 Helen Doohan, *Paul's Vision of Church*, 141.
30 *Ibid.*, 166-168.

예수 그리스도의 영화(glorification)에 대한 신앙에 근거하고 있음을 긍정하며, 교회는 미래를 향해 있다고 믿는다. 그리스도의 주권을 증거하는 교회라는 것을 믿는다는 것이다.

그러나 고구엘에 따르면, 둘 사이의 차이는 하나님 나라와 교회의 관계에서부터 시작된다. 예루살렘 교회는 주의 영화와 재림 사이에 하나님 나라가 임할 때, 교회 안에 있던 사람들만이 하나님 나라에 들어갈 수 있다고 믿었다는 것이다. 이것은 예수와 그의 제자 사이에 가졌던 관계의 연장이었다. 교회는 바로 이 제자들의 연장이며, 사도의 계승을 받은 사람들의 권위가 여기서 인정받게 된다. 그리하여 하나님 나라가 임할 때 교회는 없어지고 마는 잠정적 사회일 뿐이라고 예루살렘 교회는 이해한다. 그러나 바울에게 있어서 교회는 없어지고 말 잠정적 사회가 아니라 그 자체가 종말론적 공동체이며, 하나님 나라가 임할 때 교회는 하나님 나라 그 자체가 되어 완전한 그리스도의 몸을 이룰 것이라고 믿는다는 것이다. 바울에게서 그리스도인들은 단순히 구원을 소망하는 사람들이 아니라, 아직은 완성되지 않았으나, 이미 이 땅에서 구원을 살아가는 사람들이라는 것이다.

예루살렘 교회에서의 그리스도와 교회의 관계는 '장차 오실 대망의 관계'이지만, 바울에게서 그리스도는 '이미 현존하고 또 활동'하는 분으로서 이해된다. 바울은 예루살렘 교회를 모교회로 인정하면서도, 예루살렘 교회가 다른 교회를 간섭할 수는 없다고 보았다. 다만 도덕적 우위(moral primacy)와 명예의 우위(a primacy of honour)는 인정하나, 예루살렘 교회만이 누리는 특권은 인정하지 않았다.[31]

---

31 Maurice Goguel, *The Primitive Church*, 62-63. 고구엘의 논거에 대해 콘첼만은 바울의 신학과 교회론을 종말론적 시각에서 부각시키려 하나 큰 설득력은 없는 것으로 보인다.

2. 바울이 이해한 교회 구조

앞서 논의한 예루살렘 교회와 바울의 교회론 사이의 공통점과 차이점에 관한 고구엘의 분석과 해석은 대단히 흥미롭고도 예리한 것이었다. 예루살렘 교회는 장차 임할 하나님 나라를 소망하면서 교회를 잠정적이기는 하나, 하나님 나라가 임할 때까지 예수가 위임한 사도성을 계승하는 질서로 이해하는 한편, 바울의 교회론에서는 하나님 나라의 현재성과 교회의 현재성을 강조하는 것으로 이해되었다.

그러나 바울의 교회론이 종말론적 사상을 외면한 것은 아니라고 수정하고 나선 이는 콘첼만(Hans Conzelmann)이었다. 에클레시아(ecclesia)로서 교회는 개체적 공동체이며 동시에 그것은 전체 교회를 의미했다. 성령 안에서 새로운 피조물과의 새 삶이 이루어지는 그곳은 세계 안에 현존하는 교회였다. 이 점에서 바울의 교회는 쿰란처럼 세계를 피한 공동체가 아니라 세계 안에 머무는 교회였다.[32] 여기까지는 콘첼만 자신도 고구엘의 이해와 일치한다.

그러나 콘첼만은 하나님 나라와 교회를 일치시키려는 고구엘의 시도에 대해 반론을 제기한다. 콘첼만은 예수의 부활과 재림(parousia) 사이를 '중간기'(intermediate period)라 보았으며, 이 기간은 교회가 '주의 죽음'을 선포하는 기간이며, 동시에 종말의 약속 안에 있는 이 세계는 '지나가는 것'(transitory)임을 교회가 일깨워 줌으로써 세계를 종말론적으로 긍정하는 선교적 사명의 기간이라고 이해한다.[33] 바로 이 종말론적·역사적 교회는 예배와 선교를 위해서 존재한다.[34] 이러한 신학적 전쟁에서 바울의 교회 구조, 특별히 예배와 성례전 그리고 설교를 보는 것은 의미 있는 일일 것이다.

바울이 이해한 교회의 중심적 구조는 역시 예배에 있었다. 종말론적 신학의 관점에서 초대 교회와 바울의 예배를 해석하는 쿨만(Oscar Cullmann)

---

32 Hans Conzelmann, *An Outline of the Theology of the New Testament*, 255-256.
33 *Ibid.*, 257.
34 *Ibid.*, 256.

은 바울의 예배관이 고린도전서 14:26에서 온 것으로 본다. "… 여러분이 함께 모여 예배할 때에 찬미하는 사람도 있고, 가르치는 사람도 있고, 하나님의 계시를 말하는 사람도 있고, 방언하는 사람도 있고, 그것을 통역하는 사람도 있을 것입니다만 모든 것을 교회에 덕이 되도록 해야 합니다."[35] 가르치는 일(teaching-sermon), 찬미하는 일(psalms & hymns), 계시(revelation), 방언 그리고 통역하는 일을 근거로 쿨만은 예배 구조를 다음과 같이 해석하고 있다.

그 처음은 '떡을 떼는 일'(breaking of bread)이었고 다음은 '성경 봉독'(reading)이었다. 그리고 예배는 '선포'(proclamation)로 이어졌다. 선포는 설교와 가르치는 일을 포함했다. '고백'(confession)과 '기도'(prayer)가 이어지고 '송영'(doxology)이 뒤따랐다. 이때의 송영은 주기도문을 중심한 영광의 찬가였다. 그리고 '축복기도'(benediction)가 이어졌으며, 이는 갈라디아서 6:18, 빌립보서 4:23 그리고 고린도전서 16:23에 나오는 축복기도였다. 그리고 '찬송'(hymns)은 유대교의 전통에서 온 시편의 노래였을 것이다. '예언'이 뒤따랐으며, '방언'과 '방언을 통역'하는 일로 예배는 이어졌다. 방언은 성령의 자유로운 활동이었으며, 기도의 표현으로 나타났다.[36]

쿨만에 있어서, 콘첼만에 있어서 예배의 중심적 목적은 '교회를 그리스도의 몸으로 세우는 일'(building up 혹은 edification)에 있었던 것으로 해석한다. 예배의 목적은 물론 하나님께 영광을 돌리고 그리스도의 구원을 감격하고 찬양하는 데 있었지만, 예배는 공동적 행위로서 '그리스도의 몸'을 세우는 공동체화에 있었다는 데 해석의 초점을 모으고 있다.[37] 그리스도의 몸을 세우는 데는 그리스도인들 모두가 그들의 몸과 마음을 살아 있는 제사로 하나님 앞에 바치는(parastesia) 헌신을 통해서 가능해지는 것이라고 바울은 믿었다.[38]

35 Oscar Cullmann, *Early Christian Worship*(Naperville, Illinois: Alec R, Allenson, Inc., 1953), 20.
36 *Ibid.*, 34.
37 *Ibid.*, 33. 그리고 Hans Conzelmann, *An Outline of the Theology of the New Testament*, 258.
38 Robert Banks, *Paul's Idea of Community*, 92.

그러기에 바울에게서 예배는 합리적이고 또 자발적인 복종과 헌신의 행위로서 이해되었으며, 이는 무아경이나 무질서를 일삼는 당시 유대주의 적—고대 그리스주의적 종파의식과는 근본에서 구별되는 것이었다. 쿨만의 해석이 오랜 세월 동안 전통적으로 수용함에 반하여 다른 해석을 들고 나온 이는 퀴에코우스키(F. J. Cwiekowski)이다. 그는 바울 공동체 안에서의 예배는 서기 50년경 당시 성전도, 종교적 지도자도, 제사장도 없는 상황에서 '가정교회'(house church)라는 자리 안에서 이해되어야 한다고 전제한다.[39] 그리고 고린도전서 16:2를 근거로 당시 예배는 매주 한 번씩 함께 모인 것으로 보인다. 쿨만과 퀴에코우스키가 이해한 고린도교회의 예배구조는 다음과 같다.[40]

예배 구조 중에서 '기도'와 '설교' 그리고 '성례전'은 중심적 역할을 담당하고 있었으며,[41] 그중에서도 설교는 바울에게서 성례전 못지 않게 중요시되었다. 바울의 설교론은 특히 십자가의 말씀에 근거를 두고 있었으며, 그것은 당시의 신비주의를 견제하기 위한 것이었다. 다시 말해서 설교는 구원사적 사건이며, 회개와 회심을 위한 것이었다. 더욱이 사도에 의하여 선포된 설교는 그 어떤 계급적 사역이나 성직자와 평신도의 구분에서 비

---

39 Frederick J. Cwiekowski, *The Beginning of the Church*, 126.

40 쿨만처럼 퀴에코우스키도 고린도전서 14장을 근거로 예배 구조를 설명하고 있다. 그러나 순서의 배열에는 다소 차이가 있음을 엿볼 수 있다. *Ibid.*, 126-127.

쿨 만	퀴에코우스키
떡을 떼는 일	찬 송
성 경 봉 독	가 르 침
선 포	계 시
고 백	방 언
기 도	방 언 통 역
송 영	성 경 봉 독
축 도	설 교
찬 송	훈계(exhortation)
예 언	기 도
방 언	송 영
방 언 통 역	거룩한 입맞춤

41 Oscar Cullmann, *Early Christian Worship*, 20.

롯된 것이 아니라, 성령을 받은 은사에 따라 수행한 사역이었다.[42]

바울 공동체에서 교회 구조의 또 다른 차원은 세례와 성만찬을 포함하는 성례전이었다. 바울에게서도 세례는 입회식(ritual of initiation)의 성격을 가지고 있었으며 초기에는 침례(water bath)의 형식을 띠었고, 후기에는 예수의 이름으로 물을 바르는(anointing) 의식으로 변화된 것으로 보인다.[43] 그러나 세례는 입회식의 의미를 넘어서서 성령의 임재 안에서 그리스도의 죽음과 부활에 동참하는, 옛것은 지나고 새것으로 태어나는(롬 6:6) 신학적 의미를 가진다고 바울은 이해했다.[44]

바울에게서 성만찬(eucharist)은 처음부터 심각한 신앙적 문제로 등장하였다. 그것은 당시 고린도교회의 열광주의와 성례전주의에 대하여 성만찬의 올바른 신학적 이해를 수립하는 일이었다. 예루살렘 교회는 부활한 예수를 기억하는 감격으로 떡을 떼었다면, 바울의 '주의 만찬'은 예수의 죽음과 연관된 것이었다.[45] 이러한 전 이해에 퀴에코우스키는 성만찬 예식이 가졌던 '공동체성'을 첨부하고 있다. 성만찬은 예수의 십자가와 부활에 참여하는 성례이지만, 동시에 바울의 성만찬은 당시 고린도교회의 우상(고전 10:14-22)과 '당파와 분열'(고전 11:17-34)에 대하여 '하나됨'을 강조하기 위한 것으로 이해된다.[46] 성만찬 예식은 식사의 시작과 함께 '떡을 떼고 나누어 주었으며', '감사의 기도'가 이어졌고 '이것은 내 몸이니…' 그리고 식사 후에 '이 잔은 내 언약의 피니…'로 이어졌다.[47] 바울에게서 성만찬은 세례의 입회식 이후 모든 신자가 신앙과 사랑의 공동체로 변화되는데 그 목적이 있었다. 결국, 성만찬은 세례에 이어 한 개개인을 그리스도와 연합하고, 서로서로 하나로 묶어 공동체로 변화시켜가는 예식이었다는 것이다.[48]

---

42 John Knox, "The Ministry in the Primitive Church", *The ministry in Historical Perspectives,* ed. by H. Richard Niebuhr& Daniel D. Williams(New York: Harper& Brothers, 1956), 11.
43 Frederick J. Cwiekowski, *The Beginning of the Church*, 127-128.
44 *Ibid.*, 128.
45 Hans Conzelmann, *An Outline of the Theology of the New Testament*, 54.
46 Frederick J. Cwiekowski, *The Beginning of the Church*, 128.
47 *Ibid.*

바울 공동체에서 교회 구조 세 번째는 예배와 성례전에 이어 은사와 사역에 관한 것이었다. 은사와 사역에 관한 고전적 논의는 좀(Rudolph Sohn), 하르나크(A. Harnack) 그리고 홀(K. Holl) 사이에서 이루어졌다. 좀은 처음 교회에는 카리스마적 권위(charismatic authority)만 존재하고 목회적 권위나 교회법은 존재하지 않았다고 주장한다. 좀에 반대하여 하르나크는 처음부터 교회에는 법적 조직이 존재해 왔다고 주장한다. 홀은 둘 사이의 종합을 시도한다. 처음 교회(예루살렘 교회)에는 법적 틀이 있었고 바울 공동체에는 카리스마(은사들)가 있었다는 것이다.[49] 불트만(R. Bultmann)은 어느 정도 홀의 이러한 입장을 지지하고 있다. 홀의 해석에서, 바울 공동체의 사역은 법적(legal)인 것보다 은사(charismata)라는 개념과 밀접히 연관된다. 바울 서신에 나오는 사역의 다양성은 예언자, 교사, 방언을 말하는 사람, 병 고치는 사람, 방언을 통역하는 사람(고전 12:4-11), 성도들, 감독들 그리고 집사들(빌 1:1) 등으로 나타났으며, 이는 바울 공동체에 나타난 사역의 명칭들이었다. 바울 공동체에는 장로가 없었던 것으로 알려진다.[50]

넓은 의미에서, 성령에 의하여 주어진 사역은 '카리스마적' 사역(은사적 사역, charismatic ministry)과 '제도적' 사역(institutional ministry)으로 구분되기도 한다. 카리스마적 사역에는 사도, 예언자, 교사, 병 고치는 자, 방언이 속하고, 제도적 사역에는 감독과 집사들이 속한다. 그러나 존 녹스(John Knox)에 따르면 바울에게서 이러한 구분은 잘못된 해석이라고 본다. 모든 사역은 카리스마적이고, 동시에 그것이 교회의 성장과 질서의 기능을 돕는 것이라면 그 사역은 제도적이기 때문이라는 것이다.[51] 더욱이 이 사역들 사이에는 '두 계급'이 아니라 '기능'과 '은사'의 차이만이 있는 것으로 바울은 이해했다.[52] 바로 이 같은 바울의 이해는 1세기 초엽부터 교회 안에

---

48 *Ibid*. 129.
49 Hans Conzelmann, *An Outline of the Theology of the New Testament*, 268.
50 Hans Conzelmann, *History of Primitive Christianity*, 106.
51 John Knox, "The Ministry in the Primitive Church", *The ministry in Historical Perspectives*, 10.
52 *Ibid*.

형성되기 시작한 단일 감독제(mon episcopacy)라는 제도화된 사역과 근본적으로 구분된다.[53]

　바울 공동체에 나타났던 다양한 사역을 뱅크스(Robert Banks)는 크게 네 가지 범주로 나누어 설명하고 있으며, 이는 매우 중요한 분석으로 보인다. 그 처음은 신앙 공동체의 성장과 이해를 위한 '인지적 차원'의 사역이다. 예언, 교사, 훈계, 영 분별함, 통역 등은 여기에 속한다. 다음은 공동체의 조화와 심리적 평안을 위한 '심리적 차원'의 사역이다. 여기에는 목회적 돌봄이 속한다. 세 번째는 공동체의 '신체적 복리'(physical welfare)를 위한 사역이며, 여기에는 물질적인 도움과 병 고치는 사역이 속한다. 네 번째는 공동체의 '무의식'의 삶을 위한 사역이며, 여기에는 방언, 기도, 찬양, 통역 등이 속한다.[54]

　바울이 이해한 사역들과 모든 은사는 근본적으로 두 가지 목적을 이루기 위한 것이었다. 그 하나는 감독(episkopoi)이라는 본래적 관리인(guardian)과 집사(diakonoi)라는 종은 모든 성도(sanctorum)를 섬기기 위한 것이라는 사실이다.[55] 모든 은사 사역은 하나님의 백성을 섬기기 위한 것이라는 것이 바울의 이해이다. 또 다른 목적은 은사들은 자신의 즐거움을 위한 것이 아니라 '공동체를 세우는 일'(edification of the community, 고전 12:7, 엡 4:12)을 위한 것이라는 데 있다.[56] 바울에게서 성령 안에서의 각양의 은사들은 계급이 아니라 은사의 기능적 차이만을 나타낼 뿐이며 각기 다른 은사들은 궁극적으로 그리스도를 믿는 성도들을 섬기는 일과 성도들이 이루는 공동체를 세우도록 돕는 것이었다.

---

53 Ibid. 23.
54 Robert Banks, Paul's Idea of Community, 102-103.
55 Ibid. 146.
56 Ibid. 93. Hans Conzelmann, An Outline of the Theology of the New Testament, 259.

제III부

역사적 교회론

서기 60년에서 70년 사이의 기간은 처음 교회, 특히 예루살렘 교회가 겪어야 했던 역사적 전환기였다. 서기 62년의 야고보의 죽음, 서기 64년에서 67년 사이로 추정되는 기간에 로마에서 순교한 것으로 전해지는 베드로와 바울의 죽음[1]은 비록 장로들(행 11:30)의 등장에 의하여 지도력의 공백이 다소 메워졌다 하더라도 예루살렘 교회의 영향력과 초사도(super apostles)로서 위치와 권위를 약화시키기 시작하였다.[2] 그리고 베드로와 바울의 죽음[3]은 권위와 영향력의 구심점을 예루살렘 공동체로부터 로마교회로 전환하는 계기가 되기도 하였다.

　　서기 66년에서 70년 사이에 예루살렘과 갈릴리 지역에서 일어난 유대전쟁(Jewish War) 혹은 로마에 대한 저항은 네로의 군대와 장군 베스파시아누스(Vespasian)의 보복적 재침략을 불러일으켰다. 서기 70년을 기점으로 예루살렘 성전은 파괴되고 예루살렘 기독교인들은 이집트와 베리아 지방으로 숨었으며 더욱이 서기 73년 마사다(Masada)가 로마의 손에 들어가면서 예루살렘 공동체의 역사는 끝나게 되었다.

---

1 Frederick J. Cwiekowski, *The Beginning of the Church*, 130.
2 Hans Conzelmann, *History of Primitive Christianity*, 109-110.
3 베드로는 네로의 원형 야외 대경기장(바티칸 언덕 남쪽)에서 십자가에 처형되어 오늘의 성
　베드로 바실리카(Basilica) 성전 근처에 안장되어 있다고 전해지며 바울은 오스티안 웨이
　(Ostian Way)에서 참수당한 것으로 전해진다. *Op. Cit*, 132.

전쟁 이후에도 예루살렘 안에는 기독교 공동체가 잔존해 있었으며 흩어졌던 신자들이 다시 예루살렘으로 돌아가는 경우도 있었으나, 그 교회가 한때 누렸던 기독교의 중심으로서 의미와 모교회로서 의미는 상실되었다. 이와는 반대로 이방 교회는 날로 확산일로에 있었다.[4]

처음 교회가 경험한 또 다른 전환은 예수의 재림이 지연됨에 따라 교회와 교회 생활을 재수정해야 하는 것이었다. 이는 교회 확산이라는 차원과 동시에 교회의 제도화를 불가피하게 만든 요인이 되기도 했다. 사실상 교회 역사는 교회의 확산과 교회의 제도화에서 시작되었다. 그것은 교부 시대, 중세 시대, 종교개혁 시대, 계몽주의 시대를 거쳐 20세기 교회로까지 이어져 온 보이는 교회의 역사이다.

역사 속에 나타난 교회와 교회론을 시대별로 구분하여 그 신학적 의미를 추구한 연구는 제이(Eric G. Jay)의『교회론: 20세기를 통하여 변화되는 이미지』[5]와 이형기 박사의『역사 속의 교회』[6] 속에 잘 구현되고 있다. 제이와 이형기 박사의 연구는 역사 속의 교회를 연구하는 데 소중한 자료로서 계속 언급될 것이다. 시대적 구분에 관하여 뉴랜즈(George M. Newlands)[7]는 제이와 이형기의 구분법과 구조와 맥을 같이하면서, 시대적 배경과 사상을 보다 간결하고 분명히 요약하였다. 뉴랜즈의 연구를 서론적 시대구분의 틀로 사용하는 것은 의미 있는 듯하다. 뉴랜즈에 따르면 교회 역사의 텍스트(text)는 크게 5단계를 거쳐서 오늘에 이르렀다고 한다.

그 처음 단계를 '교부들의 증언'(patristic witness)[8]이라고 불렀다. 여기에는 이그나티우스(Ignatius), 이레니우스(Irenaeus), 히폴리토스(Hippolytus), 오리게네스(Origen) 그리고 키프리아누스(Cyprian)이 속한다고 범주화한다. 두 번째 단계를 '아우구스티누스에서 아퀴나스'(Augustine to Aquinas)까

---

4 *Ibid.*, 135. Hans Conzelmann, *History of Primitive Christianity*, 111-112.
5 Eric G. Jay, *The Church: Its Changing Image Through Twenty Centuries*.
6 이형기,『역사 속의 교회』(서울: 한국교회 교육목회협의회, 1993). 필자는 제이와 이형기 박사의 연구에 많이 의존함.
7 George M. Newlands, *The Church of God*(Marshall Morgan & Scott, 1984), 24.
8 *Ibid.*, 25.

지를 포함하는 중세의 교회관이다. 아우구스티누스의 하나님 도성 사상과 불가시적 교회(invisible church)와 가시적 교회(visible church) 사상은 중세에 이르러 Unam Sanctam(1302)이라는 교황 칙령으로 이어지면서 보이는 교회의 강조가 심화되어 갔다.9 세 번째 단계는 '종교개혁'(Reformation) 시대이며 여기에는 루터(Luther), 칼뱅(Calvin), 츠빙글리(Zwingli) 그리고 경건주의 사상까지 포함된다고 보았다. 그리고 네 번째 단계는 '계몽시대'(Enlightenment)이며 여기에는 슐라이어마허(Schleiermacher), 로테(Rothe), 리츨(Ritschl), 심지어는 바르트(Karl Barth)까지 속한다고 보았다. 다섯 번째 단계를 20세기 교회로 구분하면서, 여기에는 반개혁 운동의 상징인 트리엔트 공의회(Council of Trent)로부터 제2 바티칸 공의회까지를 포괄하는 가톨릭교회의 변화와 WCC의 교회론까지 포함시키고 있다.10

---

9 *Ibid.*, 27-28.
10 *Ibid.*, 29-31.

7장
교부 시대의 교회론

교부 시대(patristic period)는 서기 1세기 말(Clement of Rome)에서부터 5세기 초엽(아우구스티누스와 제롬) 사이를 계수하는 것이 교회사가들의 일반적 견해이다. 특별히 제이(Eric Jay), 데이비스(J. G. Davies), 뉴랜즈(George Newland), 이형기 교수 등은 교부 시대를 이렇게 구분하는 학문적 시도에 공감하고 있다.

그중에서도 데이비스는 교부 시대를 다시 4기로 구분하여 그 시대마다 사상적 배경과 교부들의 신학적 변증 사이의 관계를 모색하고 있으며, 이는 교부 시대 연구에 중요한 배경 연구로 알려졌다. 데이비스가 구분하는 교부 시대의 제1기는 '사도적 교부와 서기 2세기'를 포함하고 있다.[1]

교부 시대 제1기인 서기 1세기 말과 2세기 사이에 편만했던 시대사상적 배경은 다원적이고도 복잡한 것이었다. 그리스와 로마의 신들, 플라톤주의의 영향으로 생겨난 스토아철학(Stoicism), 열등적 신과 우월적 신으로 분류하면서 기독교의 새 종파로 등장한 마르시온주의(Marcionism) 그리고 기독교 신앙과 교회 속에 강력한 세력으로 침투한 영지주의(Gnosticism)는

---

1 J. G. Davies, *The Early Christian Church*, 68. 데이비스가 구분한 제2기는 주로 3세기를 계수하며 여기에는 테르툴리아누스(Tertullian), 키프리아누스(Cyprian), 클레멘스(Clement) 그리고 오리게네스(Origen)이 포함된다. 제3기는 4세기 콘스탄티누스 황제의 회심과 거기에서 연유된 기독교의 국교화와 다원적 사상의 등장을 특징으로 한다. 제4기는 Pax Romana의 쇠퇴와 북방 야만족의 등장이라는 틈 새롭게 부각한 교회 시대를 뜻한다. 68-218.

기독교 신앙과 교회에 도전하고 나선 이교 사상들이었다.[2] 그뿐 아니라 강화된 Pax Romana(로마의 지배에 의한 평화)는 네르바(Nerva, A.D. 8-96), 트리안(Trajan, 98-117), 하드리안(Hadrian, 117-138) 그리고 피우스(Pius, 138-161)에 의하여 그리스도 교회에 대해 처참한 박해를 가해왔다. 바로 이 기간에 시머나의 폴리카프(Polycarp)이 순교당하기도 하였다(155-156).[3] 초기 교부 시대는 이렇듯 이단 사상의 도전과 로마 제국의 박해 앞에서 자기 정체성 수립과 자기변호라는 과제를 안게 되었다.

데이비스의 연구에 따르면 바로 이 교부 시대의 기록된 자료와 문헌들은 신약시대 교회 이후의 기독교를 이해하는 중요한 근거가 된다. Clement I(고린도교회에 보낸 편지), Clement II(설교), 안티오크의 이그나티우스의 서신들(트라얀 때), 바나바 서신 그리고 디다케(Didache), 회개를 위해 쓴 헤르메스의 목동(Shepherd of Hermas) 그리고 저스틴(Justin)의 제1 · 제2 변증론 그리고 저자 미상의 여러 외경(예: 도마복음 등)은 바로 1세기 말에서 2세기에 걸쳐 기록된 문헌들이었다.[4] 이러한 배경에서 교부 시대 1기에 나타난 중요한 교부들의 교회론을 해석하는 것은 의미 있는 일이 될 것이다.

1. 디다케(Didache)

그 처음은 디다케(Didache)에 나타난 교회론이다. 서기 110년에서 130년 사이에 쓰여진 것으로 추정되는 디다케는 일명 "12사도의 교훈"(teaching of the twelve apostles)으로도 알려져 있다. 이는 교회 생활과 규칙의 근거를 제공하는 신앙지침서이기도 했다.[5] 그러나 디다케는 교리서가 아니기에 디다케를 교리적으로 접근하는 것은 위험한 일이라고 제베르크(R.

---

2 J. G. Davies, *The Early Christian Church*, 68-75.
3 *Ibid.*, 75-78.
4 *Ibid.*, 80-83.
5 J. C. Durell, *The Historic Church*(Cambridge University Press, Kraus Reprint Co., 1969), 68.

Seeberg)는 경고한다.6 클레멘스(Clement)와 이그나티우스(Ignatius)의 서신들과 함께 고대 문헌으로 전해지는 디다케가 당시 제시한 교회론은 두 가지 개념에서 이해된 것이었다고 두렐(J. C. Durell)은 해석한다.

두렐에 따르면 디다케가 제시하는 교회는 첫째, 세례와 성만찬에 참여함으로 성도의 공동체(the company of the faithful)에 입회한 사람들의 모임이다. 교회란 성도의 교제라는 공동체성을 강력히 암시하는 것이다. 둘째로, 교회는 세례받은 자들을 하나님과의 특별한 관계로 인도하는 특수한 영역(sphere)이라는 이해이다.7 이것은 관계의 개념을 암시한다.

그러나 두렐의 공동체적·관계론적 해석은 '종말론적' 해석에 의하여 재해석되어야 한다는 것이 제베르크의 해석이다. 디다케의 교회론은 '오고 있는 하나님 나라'를 향해 모이는 공동체로 이해되었기 때문이다.8 디다케의 교회는 하나님 나라를 향한 신자들의 모임이고, 그 바탕 위에 세워진 관계의 공동체라는 것으로 집약된다. 그리고 성만찬은 영적 양식과 영생을 먹고 마시는 종말론적 행위로서 이해되었다.

이렇듯 하나님 나라에 참여하는 교회가 세계 속에 현존할 때는 '형제됨'(brotherhood)의 실천이었다. 예루살렘 교회의 공동체주의 이후 후속 교회들은 형제됨의 나눔, 즉 형제를 돌보는 일이었다. 그러나 디다케는 처음 교회와는 달리 사유재산을 인정함으로 처음 교회의 정신만을 계승하였다. 사유재산을 인정하되 소유주로서가 아니라 청지기(steward)로서 책임을 강조하였다9는 것이 특징이었다.

디다케가 강조하는 교회의 사역은 두 가지였다. 하나의 사역은 카리스마적 사역(charismatic ministry)이었다. 카리스마적 사역에는 영의 은사를

---

6 Reinhold Seeberg, *The Historic of Doctrines*, tr. by Charles Hay(Grand Rapids, Michigan: Baker Book House, 1961), 73.
7 J. C. Durell, *The Historic Church*, 69.
8 Reinhold Seeberg, *The Historic of Doctrines*, 74. John Lawson, *A Theological and Historical Introduction to the Apostiolic Fathers*(New York: MacMillan Co., 1961), 63-100을 참조 바람.
9 J. C. Durell, *The Historic Church*, 72.

받아 하나님 말씀을 전하는 예언자, 하나님의 대사로서 여행하는 전도자였던 사도 그리고 가르치는 교사가 포함되어 있었으며 이 은사의 사역은 감독과 집사의 사역보다 더 우위적인 사역으로 이해하였다.[10] 이같은 디다케의 교회론적 이해는 이미 서기 1세기 말경에 드러난 단일 감독제[11]와는 큰 대조를 보여주는 것이었다. 더욱이 서기 4세기와 5세기에 걸쳐 생겨난 완전한 감독 중심제[12]에 대하여 디다케는 비판적 시각을 제시하였다는 역사적 교훈이 남는다.

디다케에 나타난 교회 사역의 두 번째는 '감독'과 '집사'의 사역이었다. 이는 범 교회적 사역이 아니라 당시 흩어져 있던 개체 교회(local church)의 사역으로서 제한된 것이 특징이었다. 예언의 사역보다 낮은 사역이었던 감독과 집사이지만, 개체 교회에서는 예언자와 같이 거룩한 봉사에 참여하였다. 감독과 집사는 예언을 대치하는 것이 아니라 제사장과 교사를 대치하는 사역으로 이해되었으며 직(office)이 아니라 감독하고 돌보는(over-sight) 기능으로서 이해되었다.[13] 이때 개체 교회는 감독과 집사들을 선출하는 권한을 갖고 있었다는 것이 특징이었다.

2. 로마의 클레멘스(Clement of Rome)

디다케와 동시대적인 아니 어쩌면 디다케보다 먼저 쓰여진 편지일지 모른다는 클레멘스(Clement)의 편지는 교회론과 교회의 사역에 관해 법률적 근거를 마련해 준 최초의 로마 문서로서 그 역사적 의미가 큰 것으로 전해지고 있다.[14] 특별히 고린도교회에 보내는 편지에서 클레멘스는 정당하게 선출된 장로가 축출되자 다시 질서를 회복하도록 권유하는 권고 속

---

10 *Ibid.*, 82-88.
11 H. Richard Niebuhr & Daniel D. Williams, *The ministry in Historical Perspectives*, 23.
12 *Ibid.*, 61.
13 J. C. Durell, *The Historic Church*, 89-90.
14 Maurice Goguel, *The Primitive Church*, 78.

에 구약을 인용하면서 '질서'와 '형제애'를 강조한 것으로 알려졌다.[15]

클레멘스의 신학은 크게 '하나님 중심'이었고 '구속적'(그리스도 이해)이었으며 그의 교회론은 '하나님의 소유된 하나님의 백성'[16]으로 이해되었지만, 그의 교회론적 해석은 하나님 사도 계승과 직제에 집착되어 있었다. 그러기에 사도 계승(apostolic succession)에 중점을 둔 클레멘스의 교회론은 디다케의 교회론과는 큰 차이를 보였다. 예루살렘 교회의 종말론적 이해가 점차 약화되기 시작하였으며, 바울 교회의 관계론적 공동체의 교회론도 클레멘스에 와서 사도 계승이라는 교회적 해석에 의하여 퇴색하였다.

클레멘스는 사도 계승이라는 용어를 최초로 사용한 교부로 알려져 있다.[17] 그러나 클레멘스가 제시한 사도 계승에 관한 해석은 다양하고도 갈등적 양상을 띠고 있다.

그 하나는 고구엘(Maurice Goguel)에 의해 해석되고 있다. 클레멘스에게서 사도란 누구인가? 그에 의하면 그리스도가 하나님으로부터 보내심을 받은 것 같이, 사도는 그리스도에 의해 보내심을 받았다고 한다.[18] 그리스도에 의해 보내심을 받은 사도는 복음을 설교하기 위한 것뿐만 아니라 감독과 집사들을 세우는 일을 위해 보냄을 받았다고 한다.[19] 그러나 중요한 것은 사도가 감독과 집사를 제정하였다고 해서 반드시 감독이 사도의 계승자를 의미한 것은 아니었다는 것이다. 감독은 사도 계승이 아니라 사도 계승을 준비하는 길잡이 역할을 했을 뿐이라고 본다.[20] 그러기에 클레멘스는 사도 우위성과 선재성을 주장하면서 사도 계승으로서 감독의 합법성에 대해서는 부정적 입장을 가지고 있었던 것으로 해석한다.

그러나 클레멘스에 대한 고구엘의 해석과는 반대에 선 이는 제이(Eric Jay)이다. 교회의 목회자들은 사도들로부터 계승되어 임명된 사람[21]들이

---

15 Eric G. Jay, *The Church*, 31.
16 Reinhold Seeburg, *History of Doctrines*, 56-57.
17 Eric G. Jay, *The Church*, 31-32.
18 Maurice Goguel, *The Primitive Church*, 80.
19 *Ibid.*
20 *Ibid.*

며 이들을 축출하는 것은 교회 질서에 위배되는 것임을 분명히 했다는 것이다. 여기서 교회의 목회자들은 감독(episkopos)과 장로(presbyteros)를 지칭했으며, 클레멘스는 이들을 동의어로 사용하였다는 것이다(사도행전, 목회서신). 클레멘스의 사도 계승은 사도들이 장로와 감독을 임명하고, 다시 감독과 장로들이 사람들을 다른 직(office)으로 임명하는 것을 의미했다고 본다.[22] 그러나 제이에 의하면 클레멘스 자신이 로마의 감독이었음을 주장한 일은 없었다. 80년 뒤 이레니우스(Irenaeus)의 명단에 클레멘스가 베드로와 바울 다음으로 세 번째의 로마 감독으로 기록되어 있을 뿐이다.

클레멘스의 교회론 이해에 있어서 두 번째 관점은 비록 절대적 구분은 아니라 하더라도 최초로 제사장과 평신도를 구분하는 계급적 이해였다. 대제사장, 제사장들, 레위 지파, 백성의 구약적인 구도를 근거로 하여 클레멘스는 감독, 장로들과 평신도 사이를 구분하려 하였다. 그러나 클레멘스의 이러한 구분은 각기 다른 질서(ordinances)에 속하는 것으로 이해하였다.[23] 장로와 감독에게 사도적 계승의 사역이 주어졌다면 평신도에게는 평신도가 수행해야 할 사역이 주어져 있었다는 것이다. 평신도 사역은 예배와 선교에 적극 참여하는 사역이었으며, 이는 성서가 증언하는 평신도의 제사장직이었으며, 하나님 백성의 사역이었다. 이것은 제이가 해석한 클레멘스의 장로 · 감독과 평신도 사역이다.[24]

클레멘스가 사도 계승과 사도의 우위성을 언급하면서 감독의 사도 계승을 부인한 사실과 장로 · 감독과 평신도의 구분을 말하면서 각기 부여받은 질서와 사역이 따로 있다는 주장은 결국 클레멘스는 계급의 구분이 아니라 사역의 구분을 말한 것으로 해석된다. 그러나 클레멘스의 교회론은 역사적 필연처럼 등장한 단일 감독제(monepiscopacy)의 길잡이였고 교회의 제도화로 나아가게 한 초석이 되었다.

---

21 Eric G. Jay, *The Church*, 31.
22 *Ibid*. 33.
23 *Ibid*. 33-34.
24 *Ibid*. 34-35.

3. 안티오크의 이그나티우스(Ignatius of Antioch)

서기 115년경 로마 군인들에 의해 체포되어 로마로 끌려가던 안티오크의 감독 이그나티우스(Ignatius)는 도상에서 7개의 편지를 썼다. "To the Ephesians"(에베소 서신), "To the Magnesians"(마그네시아 서신), "To the Trallians"(트라리안 서신), "To the Romans"(로마 서신), "To the Philadelphians"(필라델피아 서신) 그리고 "To the Smyrnaeans"(스미르나 서신) 등의 편지[25]는 그의 편지가 직접적인 교회론적 논술이라기보다는 당시 여러 교회 속에 파고드는 이단설과 교회 분열에 대항하여 제시한 그의 기독론적 · 교회론적 · 성례전적 충고의 성격을 나타내는 것이었다고 보여진다.

제이는 다음과 같이 설명한다.

> "이그나티우스는 신약성서의 교회상을 교회의 보편성(catholicity)과 동일시
> 하였으며 이는 바울의 이해와 함께 하는 것이었다. 하지만 그의 주된 관심은 로
> 마의 클레멘스처럼 교회의 일치(church's unity)와 질서(order)에 있었다. 이
> 러한 이유에서 필라델피아 교회의 분열(Phil. III, VII)과 기타 지역에서의 분
> 열의 위협 등에 관심을 쏟는다(Eph. VII, Magn. VIII, Trall. VII)".[26]

이그나티우스는 최초로 '보편적 교회'(catholic church)[27] 라는 용어를 사용한 것으로 알려졌다. 물론 이 보편적 교회란 교회의 분열을 의식한 데서 나온 용어일 것이다. 그러나 보편적 교회란 "그리스도가 계신 곳에는 보편적 교회가 있으며"(Smyrn. 8. 2.)라는 서술에서처럼 그리스도의 임재가

---

25 Henry Bettenson, ed. & tr. *The Early Christian Fathers: A Selection from the Writings of the Fathers from St. Clement of Rome to St. Athanasius*(Oxford University Press, 1956), 40-49. 한 편지의 이름은 빠져 있음.
26 Eric Jay, *The Church*, 35.
27 Reinhold Seeberg, *The History of Doctrines*, 66.

있는 곳에만 존재하는 것으로 이해하였다.[28] 물론 그리스도가 중심이 되는 보편적 교회는 "사도들을 그 교회의 장로들로 삼는다"고 한다(Phil. 5. 1.). 이 보편적 교회는 개체적 회중(single congregation)과는 대조적으로 존재한다.

그러나 "감독이 있는 곳에 신자들을 있게 하라."(Symrn. 8. 2.)에서 이그나티우스는 개교회의 감독에게 순종해야 할 것을 가르쳤다.[29] 제베르크는 이그나티우스가 감독의 권위를 강조한 이유 두 가지를 언급하고 있다. 하나는 권위의 도덕적 원칙을 지키기 위한 것이고(Trail. 3. 1., Eph. 2. 2., Phil. 4:7 등), 다른 하나는 당시 소아시아에 퍼지고 있던 영지주의에 대하여 권위의 정착이 필요했기 때문이라는 것이다.[30] 그리스도의 임재는 우주적 · 보편적 교회를 가능하게 하였고 사도들은 이 보편적 교회의 장로들이었다. 감독의 현존(그리스도의 모형을 따라)은 개체 교회를 가능하게 하였고 사도의 모형을 따라 그곳에는 장로들이 있었다.[31]

바로 이러한 전제에 이그나티우스는 교회의 3중직이라는 계층 질서를 최초로 제시하였다.[32] 3중직은 감독(bishop)과 장로(presbyters)와 집사(deacons)의 직제를 의미했다. 여기서 감독은 개체 교회의 의회를 사회하는 일, 세례와 성만찬을 집례하는 일, 사랑의 애찬을 나누는 일 그리고 교회 통일의 중심적 역할을 담당하는 일을 하였다.[33] 장로들은 단수가 아니라 복수로서 장로단을 이루었으며, 한 감독 밑에 12명의 장로가 하나의 의회(council)를 이루었다. 그리고 감독과 함께 의회를 통해 장로들은 교회의 정책과 훈련 그리고 기능을 의논하고 결정하며 수행하였다.[34] 집사들의 기능에 대하여 이그나티우스는 많은 설명을 하고 있지는 않지만, 초대 교회 다른 문헌들에 따르면 집사들은 감독의 지도 아래 교회 회중의 구제

---

28 *Ibid.*
29 *Ibid.* 67.
30 *Ibid.*
31 *Ibid.*
32 이형기, 『역사 속의 교회』, 13.
33 Eric Jay, *The Church*, 35-36.
34 *Ibid.* 36.

사업을 관장했던 것으로 나타난다. 특히, 과부, 고아, 병든 자, 가난한 자들에게 물질적 봉사를 하는 일과 모든 사람에게 영적인 봉사를 제공하는 일을 담당하였다. 여기서 이그나티우스가 제시하는 3중직은 교회의 중요한 직제로서 이해된다. 3중직은 '아버지', '예수 그리스도' 그리고 '사도들' 사이의 관계를 따라 설정되었다고 보기 때문이다. "감독은 아버지를 따라", "장로들은 사도들에 따라", "집사들은 예수 그리스도를 따라" 3중직이 제정되었다는 것이다(Marn. VI, Tral. III).[35]

그러나 이그나티우스는 감독의 사도 계승을 관해서는 침묵하고 있다. 감독과 장로들이 어떻게 선출되는지 대해서도 언급하지 않는다. 그러면서도 "세계의 모든 감독은 예수 그리스도의 뜻에 따라 임명되었다."(Eph. III)라고 말함으로 이그나티우스는 일관성을 보이지 않고 있다.[36] 여기서 이그나티우스는 단일 감독제의 창시자로, 권력 지향적 신경증 환자로 보는 스트리터(B. H. Streeter)의 해석에 대하여, 제이는 그 당시 단일 감독제는 이미 역사적 현실로 전개되고 있었으며, 더욱이 이그나티우스가 순교의 길목에서 쓴 글들을 신경증 환자의 서신으로 보기에는 어렵다는 반론을 펼치고 있다.[37]

4. 이레니우스(Irenaeus), 테르툴리아누스(Tertullian), 클레멘스 (Clement of Alexandria), 오리게네스(Origen) 그리고 키프리아누스 (Cyprian)

이레니우스(Irenaeus)는 서기 130년 소아시아에서 출생하여, 스미르나에서 자랐으며 177년 갈리아(Gaul), 리옹(Lyons)의 감독이 되었다. 그는 마르쿠스 아우렐리우스 황제의 박해로 순교한 포티우스(Pothius) 감독의 뒤

---

35 *Ibid*. 37.
36 *Ibid*.
37 *Ibid*. 37-38.

를 이어 감독이 되었다.

이레니우스의 주저 *Adversus Haereses*, 즉 *The Refutation of False Knowledge*(이단 지식을 논박함)이다. 이 글은 당시 이원론적 세계관을 중심으로 영육을 양분하면서 육으로부터의 해방을 구원으로 설파한 영지주의(Gnosticism)를 반론하기 위한 것이었다.[38] 이 반론 과정에서 부분적으로 그의 교회론은 윤곽을 지었다.

'새 이스라엘', '그리스도의 영광된 몸', '신비적 은총의 힘'으로서 이해된 교회는 사도들의 전통과 성경을 수호하는 감독들의 계승에 의하여 가능하다고 보았다. 교회는 진리의 수호자이며 사도들의 전통(paradosis) 즉 신약성경과 신앙 규범(regula fidei)을 그 생명으로 삼는다고 해석한다. 영지주의의 잘못된 전통인 비밀 전승(secret tradition)에 대하여 이레니우스는 사도의 전통으로 맞서려 하였다. 사도 전통은 구약으로부터 신약 그리고 교회 전통으로 이어지는 구원에 그 근거를 둔다고 보았다.[39] 여기서 사도적 전통이란 베드로와 바울에 의하여 시작된 로마교회의 전승을 의미했고 또 그것은 감독의 계승에 의하여 확증되는 역사적 연계를 의미하였다. 교회는 동시에 성령의 임재와 역사(役事)에 의하여 비로소 교회가 되고 있음도 강조되었다. 감독의 계승을 주장하면서, 동시에 성령 안에서 그리스도와의 연합이 이루어짐을 강조함으로 교회의 역사성과 교회의 영성을 중요시하였다.[40]

바로 이러한 이유에서 이레니우스는 오늘의 로마 가톨릭 성당이나 동방 정교회가 주장하는 감독의 사도적 계승을 주장하지 않았다고 이형기 교수는 해석한다. 감독 계승이 '안수하는 감독'을 통해 이루어지는 것이 아니라 진리를 수호하는 직 Kathedra(가르치는 직)을 통해서 이루어진다는 이레니우스의 논거에 근거하기 때문이다. 그러기에 이레니우스에게 감독의 계승은 진리 수호의 직으로서 계승이다. 여기서 진리란 성경 말씀과 '사

---

38 *Ibid*.
39 이형기, 『역사 속의 교회』, 25.
40 J. N. D. Kelly, *Early Christian Doctrines*(NY: Harper & Brothers, 1959).

도들, 예언자들, 교사들, 감독과 장로와 집사들 그리고 다른 은사를 받은 사람들로 구성된 교제'로서 처음 교회를 의미한다.[41]

2세기와 3세기에 걸쳐 교부 시대를 장식한 또 다른 교부는 테르툴리아누스(Tertullian)였다. 그는 당시 이집트 속에 침투한 플라톤주의(Platonism)의 영향을 받은 클레멘스와 오리게네스와 함께 동시대적 사상 훈련을 받았으며 특히 변호사로서 훈련을 거쳐 라틴의 제1 신학자로 부각되었다.

테르툴리아누스의 주저인 *Apologeticus*(변증)에서 그는 몸이라는 상징을 통하여 교회의 유기적 성격을 강조하고 있다. 그리고 그리스도의 신부라는 상징을 통하여 교회를 '믿는 이들의 어머니'로 표현하고 있다.[42] 테르툴리아누스도 사도적 전승과 계승을 말하고 있으나, 이레니우스와 마찬가지로 교리의 전통과 그 계승을 의미했으며, 안수에 의한 교권적 계승을 의미하진 않았던 것으로 해석된다.[43] 여기서 교리의 전통이란 신앙의 계율(canon of faith) 혹은 기록된 전통을 의미한다. 이는 성경을 올바로 해석하는 규범으로 이해하게 되었다. 특히 이 신앙의 규율은 당시 이단 사상이었던 영지주의와 마르키온주의를 경고하고 또 시정하는 신앙적 규범이었다.[44] 이런 의미에서 테르툴리아누스의 교회론은 본질상 이레니우스의 사상과 크게 다를 것이 없었다.

그러나 문제는 2세기 후반 프리지아(Phrygia) 지방에서 생겨난 몬타누스주의(Montanism) 운동에 테르툴리아누스 자신이 깊은 인상을 받고 이를 "새 예언 운동"이라고 부르고 그 후 교회를 '영적 사회'로 부르기 시작하면서부터 발생된다.[45] 여기서 모벌리(R. C. Moberly)는 『사역적인 제사직』(*Ministerial priesthood*)[46]에서 테르툴리아누스의 교회론은 양면성을 가지

---

41 Eric Jay, *The Church*, 46, 49.

42 *Ibid.*, 50.

43 *Ibid.*, 51-52.

44 *Ibid.*

45 Montanism은 Montanus와 두 여인이 성령의 직접적 말씀의 통로를 주장하고 나선 데서 시작되었는데, 이를 성경보다 높은 권위로 해석한 데서 문제가 발생했다. 여기서 특히 세례 이후의 죄는 용서받지 못한다는 것과 결혼을 반대하는 금욕주의가 주장되었다. 바로 이 신비적 경험이 테르툴리아누스에게 깊은 인상을 남겼다.

고 있었다고 해석한다. 긍정적인 면에서 테르툴리아누스는 교회의 성령의 능력 안에서 그리스도를 통하여 성부 하나님이 창조한 영적 현존의 몸으로서 이해했다고 해석한다. 교회를 영적 사회(society of the Spirit)로서 이해하는 차원이다.[47] 그러나 모벌리가 해석하는 또 다른 차원의 부정적인 면이다. 영적 사회로서 교회에는 감독, 장로, 집사의 사역과 교권적 구조가 의미 없게 되었을 뿐만 아니라, 설 자리도 없게 되었다는 것이다. 이는 모벌리가 해석하는 테르툴리아누스의 교회론 이해이다.

이에 대하여 켈리(J. N. D. Kelly)와 특히 제이(Eric Jay)는 모벌리가 테르툴리아누스를 잘못 해석하고 있음을 지적하고 있다. 켈리에 따르면 테르툴리아누스이 몬타누스주의 운동에 참여한 이후 가시적이고, 교권적인 교회론으로부터 카리스마적·영적 교회론으로 급격한 전환을 가져온 것이 사실이지만, 그 영적 교회는 감독들의 계승에 의하여 확인되고 보장된 가르침과 함께 사도적 계시를 보존하는 유일한 집으로서 교회를 의미했다는 것이다.[48] 이어 제이는 모벌리의 잘못된 해석은 영적인 것의 긍정을 몸의 부정으로 끌고 간 것에 있다고 비판한다.[49] 테르툴리아누스가 교회를 영적 사회로 정의함으로 몸의 교회를 부정한 것이 아니었다. 테르툴리아누스가 당시의 교회를 비판한 것은 사역의 질서와 계승이 아니라, 감독들의 게으름 혹은 방종(laxity)과 형식주의(officialism)에 있었다. 테르툴리아누스는 교회의 사제직을 강조했고 평신도로부터 구별되는 성직자는 세례와 성만찬을 집행할 권리를 갖고 있다는 점을 강조함으로 교회의 유기적 차원을 잃지 않았다고 제이는 풀이한다.[50] 켈리와 제이의 해석에 따르면 테르툴리아누스는 교회의 영적 차원과 사도적 전통이라는 양면성을 동시에 강조한 교부 신학자였다.

---

46 *Ibid.*, 55. 재인용.
47 R. C. Moberly, *Ministerial Priesthood*(New York, 1916), 48.
   Eric Jay, *The Church*, 55. 재인용.
48 J. N. D. Kelly, *Early Christian Doctrines*, 200.
49 Eric Jay, *The Church*, 55.
50 *Ibid*.

테르툴리아누스와 동시대 신학자이자 플라톤주의 철학을 기독교와 접목시킨 사람은 알렉산드리아의 클레멘스(150-215)였다. 클레멘스는 성경과 고대 그리스 사상에 박식했으며 알렉산드리아에 위치한 교리 학교에서 교수한 바 있다.

클레멘스는 그의 3저서, 즉 *Protrepkitos*라는 고대 그리스인을 위한 설교, *Paidagogus*라는 개인 교수론 그리고 *Stromaties*라는 장문을 통해 그의 사상을 집약시켜 놓았다.[51] 그의 중심 사상은 하나님의 말씀으로서 로고스(Logos)에 있었는데, 이 로고스는 고대 이스라엘 속에 빛을 비추었고 아울러 고대 그리스 철학가들 속에도 빛을 비추었으며 이제 예수 그리스도에게서 모든 사람을 구원하는 하나님의 지식으로서 새롭게 다가왔다고 해석하였다.[52] 여기서 이미 일반 계시와 특수 계시에 관한 신학적 논지가 클레멘스에게서 암시된다.

클레멘스는 교회를 '지상의 교회'(the church on earth)와 '천상의 교회'(the church on high)로 구분하였다. 이는 플라톤의 이데아(idea)와 형상(form) 개념에서 온 것이었으며, 지상의 것은 영원 안에 그 완전한 실재와 틀을 가진다는 해석에서 온 것이었다. 지상의 교회는 천상의 교회, 참교회의 형상(image)이었다.[53] 그리고 클레멘스는 교회를 순수한 동정녀와 사랑스런 어머니로 비유하면서, 이 어머니는 예수 그리스도의 말씀인 '우유'로 그의 자녀를 양육하는 것과 같다고 비유하기도 했다. 예수 그리스도는 몸과 피를 자녀들을 위해 주었으며 몸은 영으로, 피는 말씀으로 해석하였다.[54]

여기서 테르툴리아누스는 영적 교회의 구성원이 되는 징표를 '도덕적 정직성'(moral recititude)에 두었는데 반하여, 클레멘스는 그 징표를 진리의 지적 이해(intellectual apprehension)에 두었다.

테르툴리아누스는 세상적인 기독교인의 구원을 의심했지만, 클레멘

---

51 *Ibid.* 59.
52 *Ibid.*
53 *Ibid.* 59-60.
54 *Ibid.* 59. 그리고 J. N. D. Kelly, *Early Christian Doctrines*, 201을 참조 바람.

스는 모든 인류의 종국적인 구원을 믿는다.[55] 메이슨(Arthur James Mason)은 일찍이 클레멘스의 교회론을 이원적으로 해석하는 것을 부정하면서, '천상의 교회와 지상의 교회'는 사실상 다른 것이 아니라 한 교회의 두 부분에 불과한 것이라고 설명함으로 클레멘스를 옹호하려 하였다.[56] 그러나 클레멘스의 이원론적 사상은 후대에 아우구스티누스와 마르틴 루터의 교회론 형성에 영향을 끼친 것으로 보인다.

클레멘스의 후계자는 오리게네스(Origen: 185-255)였다. 특히 알렉산드리아의 교리 학교의 교장직을 계승한 오리게네스는 사상적으로 클레멘스의 영향을 받았다. 오리게네스는 데키우스(Decius) 황제의 박해로 인해 투옥과 고난의 삶을 살다가 죽었다.

오리게네스의 주요 저작인 *De Principiis*(신학적 변증학), *Contra Celsum*(성경 주석) 그리고 *Homilies*(설교)들을 통해 그의 교회론, 사역론 그리고 신학의 책임을 논하고 있다. 오리게네스는 교회를 '참교회'(true church)와 '역사적 교회'(historical church)로 구분하고 있으며, 이는 클레멘스로부터 온 영향이었다.

그러나 오리게네스의 구분은 클레멘스가 구분했던 천상의 교회와 지상의 교회가 암시하는 이원론적 구분은 아니었다. 이레니우스와 테르툴리아누스에 의하여 강조되고 또 전수된 사도 계승과 사도 교훈의 수호자라는 교회론의 영향을 따라, 오리게네스는 훨씬 더 강도 높은 강조를 역사적교회에 두었던 것이 특징이었다. 참교회와 역사적 교회로서 구분은 플라톤주의에 의한 영향이었지만, 역사적 교회는 신자들이 그리스도에 참여함으로써 참교회의 구성원들로 인침을 받는 공동체로 이해되었기에 오리게네스와 클레멘스는 구별된다.[57] 그리고 역사적 교회는 성직자들이 위임받은 사역으로 구성된 조직 공동체로 이해하였다. 성직자의 임명은 회중의

---

55 *Ibid.* 60.
56 Arthur James Mason, "Conceptions of the Church in Early Times", *Essays on the Early History of the Church and the Ministry*(London: MacMillan Co., 1918). 15.
57 Eric Jay, *The Church*, 61, 63.

동의를 얻어야 했고 성직자는 회중으로부터 선택되었으며, 안수는 회중이 자리를 했을 때 행해지는 것으로 오리게네스는 주장했다. 감독은 베드로의 사도직을 위임받은 사람들로서, 그들 위에 그리스도가 그의 교회를 세운다고 이해함으로 오리게네스는 이레니우스의 사상을 이어받은 것으로 보여진다.

그러면서도 온 회중과 온 교회 그리고 모든 세례받은 신자들은 제사장직을 위임받았다는 점을 오리게네스는 강조하였다. 모든 신자는 하나님 앞에서 찬양, 기도, 순결의 희생 제물을 바쳐야 할 의무를 가진다고 보았다.[58] 이는 비록 역사적 교회가 알곡과 쭉정이가 공존하는 미완성의 공동체이기는 하나, 교회는 그리스도인의 회중으로 믿는 이들의 모임이며 동시에 그것은 그리스도의 몸으로서 하나님의 도성으로서 그리고 "오고 있는 하나님 나라의 모방"[59]으로 이해되고 있기에, 역사적 교회는 참교회의 이미지(상)만이 아니라 참교회의 유기적 공동체로서 이해하였다.

서기 3세기, 로마의 박해가 극도에 이르렀던 시기에 나타난 또 다른 교부 신학자는 카르타고의 키프리아누스(Cyprian)였다. 서기 248-258년 사이 키프리아누스가 카르타고의 감독으로 있는 동안, 그는『교회의 통일성』(On the Unity of the Church)을 썼으며 이는 교회의 본질에 대한 본격적 이론의 시작이라 평가받고 있다. 고대 사회는 교회론보다 그리스도의 위격론과 삼위일체론에 집중했기 때문이다.[60] 키프리아누스는 테르툴리아누스를 스승(the master)으로 수용하면서 로마의 법학도가 되었고 따라서 그의 교회론은 실천적이고 율법적이며 논리적이고 윤리적이었다.

키프리아누스의 교회론 형성을 둘러싼 신학적 상황은 데키우스(Decius) 황제의 교회 박해 때 로마 신을 숭배했다가 다시 교회로 들어온 타락한 자들(the lapsed) 특히 그중에서도 타락한 감독으로부터 받은 세례와 성

---

58 *Ibid.*, 62.
59 J. N. D. Kelly, *Early Christian Doctrines*, 203. 켈리는 오리겐의 *De Principiis*, I. 6. 2.를 인용하고 있다.
60 이형기,『역사 속의 교회』, 39.

만찬과 서품 안수례의 효력 문제 등에 대한 처리 문제로 얼룩진 상황이었다. 박해가 끝나자 카르타고의 교회 안에는 타락한 자들을 권징 없이 받아이자는 파와 이들을 출교시키자는 파로 나뉘게 되었다.[61] 이러한 상황에서 키프리아누스는 북아프리카 감독 협의회를 거쳐 결정을 내렸다. 죽음에 직면했거나 진정으로 회개하는 사람들은 받아들이고 변절한 성직자들에게는 더이상 사역을 할 수 없게 하였다.[62]

로마에서도 두 파가 서로 대립하는 발생하였다. 키프리아누스의 입장을 지지하고 나선 코르넬리우스(Cornelius) 감독은 엄격주의자들의 반대에 직면하게 되었다. 노바티아누스(novatian)은 엄격주의를 지향하는 감독들에 의하여 성직 안수례를 받고 로마의 감독이 되었다. 이로써 로마에는 두 감독이 존재하는 상황에 이르렀다. 코르넬리우스 쪽은 노바티아누스의 감독직의 정통성을 문제 삼았고, 노바티아누스 쪽은 코르넬리우스의 도덕성을 문제 삼았다. 카르타고에는 키프리아누스 감독을 중간에 두고서 엄격주의자들과 관용론자들로 나뉘어 감독은 셋이 되었다.[63]

서기 252년 박해가 다시 시작되자 키프리아누스는 치리 하에 있는 모든 변절자(the lapsed)를 교회로 받아들여 다가오는 박해에 대처하도록 하였다. 이에 대해 엄격주의인 노바티아누스파들의 반발은 더 거세졌다. 변절자를 수용한 교회는 거룩의 표상을 잃었기 때문에 교회가 아니라는 논지를 들어 키프리아누스에게 도전하였다.[64] 이에 대하여 키프리아누스는 "알곡과 쭉정이를 구분하는 것은 하나님만이 하시는 일"이라고 반박하였다. 이어서 키프리아누스는 노바티아누스파의 주장을 반박하기 위해 그의 교회론을 펼쳤으며 그것은 코르넬리우스 계통의 감독직의 정통성을 근거로 이루어졌다. 키프리아누스가 내세운 감독의 정통성은 이레니우스와 테르툴리아누스에 의하여 강하게 주장된 사도적 전승과 신앙 규칙(regula fi-

---

61 Eric Jay, *The Church*, 65.
62 *Ibid*.
63 이형기, 『역사 속의 교회』, 39.
64 Eric Jay, *The Church*, 66.

dei)의 연속성과 보편성을 넘어선 현직 감독의 정통성을 의미했다.[65] 이는 현직으로 있던 코르넬리우스 로마 감독이나 카르타고의 막시무스(Maximus) 감독을 이어받은 것이 아니었고, 여러 감독에 의한 감독직 안수례를 거쳐 감독이 된 노바티아누스를 인정할 수 없다는 것을 의미한다. 이것은 '감독직의 정통성'을 뜻한다.[66] 감독의 계승은 안수례를 하는 감독에 의하여 이루어지는 것이 아니라 반드시 현직에 있는 감독의 계승이어야 한다는 것이 키프리아누스의 교회론 이해였다. 이러한 근거에서 키프리아누스는 노바티아누스에 의하여 세례를 받은 사람이 다시 교회로 들어오려고 할 경우 그들의 세례를 무효하고서 세례를 다시 받도록 하였다.[67]

키프리아누스의 교회론은 바로 이러한 '감독직의 정통성'에서 형성되었다. 이는 결국 "교회 밖에는 구원이 없다"(extra ecclesiam nulla salus)는 신학적 선언으로 이어졌다. 그러나 254년 코르넬리우스 감독의 뒤를 이은 스데반(Stephen)은 삼위일체 하나님의 이름으로 물로 시행한 세례가 교회 밖에서 주어진 것이라 해도 타당하다고 선언하여 물의를 일으켰다. 결국, 서기 314년 아를(Arles) 공의회가 스데반의 입장을 공식화함으로 일단락되었다.[68]

이형기 교수는 키프리아누스의 교회론을 다음과 같이 요약한다.

"키프리아누스는 교회들의 다양성 속에서의 일치를 주장한다. 그는 하나님을 아버지로, 교회를 어머니라고 했다. 그에게 가시적 교회밖에 없다. 노아의 방주밖에는 구원이 없다고 하는 키프리아누스의 주장은 하나님의 은총과 자유와 하나님의 주권적 예정론에게 자리를 주지 않는다. 아우구스티누스의 Ecclesia Permixta(양과 이리가 함께 공존하는 교회)는 키프리아누스에게는 들어설 자리가 없다."[69]

---

65 이형기, 『역사 속의 교회』, 39.
66 Eric Jay, *The Church*, 66.
67 *Ibid*, 68.
68 이형기, 『역사 속의 교회』, 41.

이같은 키프리아누스의 교권주의적·성직 중심의 교회론은 그 후 몇 세기에 걸쳐 진행된 서구 기독교, 특히 로마가톨릭교회의 교회론 사상을 지배하는 근간이 되었다.[70]

서기 4세기 초 콘스탄티누스 황제가 기독교를 국교로 선언하기 이전 2-3세기 사이, 교부들의 신학적 교회론은 그 시대마다 정치적, 사상적, 이단적 도전에 대응하기 위한 신학적 작업의 일환이 형성되었음을 일괄하였다. 이레니우스는 교회론의 중심을 '감독의 계승'에 두었으나, 그것은 안수례에 의한 것은 아니었으며, 사도적 전통과 진리의 수호를 위한 '직'을 통해 전해오는 것이라고 보았다. 테르툴리아누스는 이레니우스 감독의 계승 사상을 수용하면서도, 몬타누스주의의 영향을 받은 이후의 교회는 영적 사회임을 강조하였다. 클레멘스(Clement of Alexandria)는 플라톤주의의 틀에서 교회를 '천상의 교회'와 '지상의 교회'로 나누어 이원론적 형태로 해석했으며 오리게네스는 '참교회와 역사적 교회'로 나누어 사도 계승의 의미를 부각시켰다. 키프리아누스는 노바티아누스와의 갈등 속에서 교회를 '감독직의 계승과 교회 일치'라는 변증론적 관점에서 해석함으로 교권화의 첫발을 내딛었다.

5. 성 아우구스티누스(St. Augustine)

아우구스티누스 이전 교부들의 주된 신학적 관심은 삼위일체론과 그리스도론에 집중되어 있었다. 이는 아리우스(Arian) 논쟁, 아폴리나리스(Apollinarian) 논쟁, 마케도니아(Macedonian) 논쟁, 네스토리우스교(Nestorian) 논쟁들 속에서 주 의제로 논의되었으며, 교회론은 하나의 부제처럼 취급되었다. 교회론은 많은 경우, 감독의 계승과 권위 문제에 제한되어 있었다.

---

69 위의 책.
70 Eric Jay, *The Church*, 73,

서기 325년 니케아 공의회(Council of Nicea)를 기점으로 알렉산드리아의 감독은 그 지역 감독들을 관장하고 안티오크의 감독은 그 지역의 감독들을, 로마의 감독은 그 지역 감독들을 관장한다는 사법권이 비준되었다.[71] 381년 콘스탄티노폴리스 공의회는 콘스탄티노플의 감독을 로마 감독 다음으로 인정하였으며 그 후 사법권은 더욱 확대되어 갔다. 결국, 예루살렘 감독, 로마 감독, 안티오크 감독, 콘스탄티노플 감독 그리고 알렉산드리아 감독은 그 지역의 모든 감독과 코스모폴리탄을 봉헌하는 법적 권위까지 가지게 되었다. 이는 키프리아누스가 제일로 중시했던 집단 감독제(collegiate episcopate)로부터 점차 교권주의 구조로 전환하고 있었음을 의미한다. 이러한 교회의 정치적 구조는 로마 제국의 정치를 모형으로 한 것이다.[72]

바로 이러한 교권적·정치적 구도 변화 과정에서 4세기의 기독교는 동방과 서방의 신학적 관심이 서로 다른 방향으로 움직이기 시작하였다. 동방에는 예루살렘 감독 키릴로스(cyril, 315-386)가 350년에 내놓은 교리적 강좌(catechetical lecture)를 통하여 교회의 성격이 신학화되었다. 교회는 가톨릭적이고 전 세계에 편만한 보편적 교회라는 의미였다. 동시에 교회는 신비적 몸(mystical body)으로 정의되었다. 사도 바울의 사상을 근거로 정의된 corpus mysticum은 입교에 의하여 구성원이 된 사람들의 공동체라고 키릴로스는 해석했다. 입교의 절차는 가르침, 악의 포기, 고백, 물세례, 성령의 인침, 성만찬 참여 등이다.[73] 이 사상은 그 후 알렉산드리아의 킬리로스(Cyril of Alexandria)에 의하여 계승되었고, 요한복음 17:21을 근거로 신비적 몸으로서 사상은 확대되었다.

그러나 서방에서는 4세기 초 60여 년 전에 일어났던 노바티안 운동과 유사한 도나투스파(Donatist) 운동이 등장하면서 적지 않은 교회의 혼란을 야기시켰다. 문제의 시작은 서기 303년경, 디오클레티아누스(diocletian) 황제가 또다시 기독교를 박해하기 시작한 데 기인하였다. 이때 성경과 모

---

71 *Ibid.*, 75.
72 *Ibid.*, 76.
73 *Ibid.*, 77.

든 기독교 문서를 박멸하려 하자, 그 당시 감독들과 기독교인들은 죽음을 두려워한 나머지 성경과 기타 문서를 로마 제국에 넘겨주었다. 이들을 배도자(traditores)라 불렀다. 박해가 끝나자 이 배도자들을 가톨릭 교회 안으로 수용하지 말고 분리시키자는 사람들이 생겨나게 되었다. 이런 와중에 서기 311년 케실리아누스(caecilian)이 카르타고의 감독이 되는데, 그를 안수례한 감독 중 한 사람이 배도자(traditor)였기 때문에 크게 문제가 되었다. 엄격파들은 감독의 거룩성을 불신하고 자신들의 감독을 다시 세웠다. 그가 마요리노(Majorinus)였고 서기 313년에는 도나투스(Donatus)가 승계하였다. 도나투스주의 논쟁이란 이 도나투스에서 유래되었다.[74] 이들은 노바티아누스파처럼 보이는 교회의 가시적 거룩성만을 정통성의 표준으로 삼았다. 문제는 서기 314년 콘스탄티누스 황제가 소집한 서방 교회의 아를 공의회가 도나투스트파에 반대하여 배도했던 감독에 의해서 받은 성직 안수례의 타당성과 효력을 인정하고 또 결정하였다는 데서 발생한다. 여기서 교회의 분열은 계속되었으며 북아프리카의 민족주의와 맞물려 더 과격해진 도나투스파는 로마 제국의 지지를 받는 모든 교회에 대하여 반기를 들었다. 이 당시 북아프리카의 카르타고의 도나투스 감독은 파르메니안(Parmenian)이었다. 북아프리카 감독 옵타토(Optatus)는 반(反)도나투스론 7권을 펴내고 도나투스파들을 반교하였다. 바로 이 7권의 반(反)도나투스론은 아우구스티누스의 교회론 형성에 큰 영향을 주었다.[75] 옵타토 감독의 7권은 크게 세 가지 중심적 사상을 담고 있다. 이에 의하면 '교회 성례전의 효율성'은 사제의 자격에서 오는 것이 아니라 하나님으로 오는 것이라 하였고 '교회의 거룩성'은 사제의 도덕적 성격에 근거하는 것이 아니라 하나님이 주는 은총(endowment)에서 오는 것이라 하였다. 그리고 참 교회의 중요한 징표는 '교회의 일치(unity)와 보편성(catholicity)'에 있다고 주장했다.[76] 이 사상들은 아우구스티누스에게 지대한 의미와 영향을 제공하였다.

---

74 이형기, 『역사 속의 교회』, 89.
75 위의 책, 89.
76 Eric Jay, *The Church*, 82-83.

아우구스티누스의 사상, 특히 그의 교회론을 크게는 교회적 · 신학적 논쟁 과정에서 생겨난 이단설의 대결이라는 차원과 좁게는 그의 실존적 · 신앙적 순례 과정에서 겪어야 했던 신앙적 투쟁이라는 차원에 의하여 이루어진 것이었다. 아우구스티누스는 10년 가까이 마니교(Manicheanism)에 심취되었다가 30대 초반에 세례를 받고 회심하였다. 고전 라틴어와 웅변학 교수이기도 했던 아우구스티누스는 서구 사상에 가장 큰 영향을 미친 최대 사상가로 평가받고 있다.77 히포(Hippo)의 감독이 된 아우구스티누스는 그의 생애 가운데 두 이단설과 대결해야 했으며, 이 과정이 그의 신학사상 형성에 중요한 요인으로 작용하였다.

하나는 그가 성직 안수례를 받은 후 겪어야 했던 처음 논쟁으로서 도나투스파의 분리주의 도전에서 야기되었다. 앞서 논의한 도나투스파의 끈질긴 자기들만이 참 교회요 가톨릭교회는 사역과 성례전의 타당성을 잃었다고 주장하면서 계속 교회 분열을 책동하는 것이었다. 도나투스파들은 성례전의 타당성은 성직자의 거룩성에 달려있다고 믿었다.

이에 대하여 아우구스티누스는 변증으로 반격하였다. 도나투스파들은 사랑이 결핍된 나머지 교만에 빠졌으며 이는 죄 중에 가장 나쁜 죄라고 반박했다. 그리고 종말 이전의 완전한 교회를 주장하는 도나투스파들에게 지상의 교회는 '양과 이리가 섞인 몸'(mixed body)으로서 하나님에게는 부분적으로 알려진 사회라고 아우구스티누스는 응수했다. 왜냐하면 참 몸은 하나님의 선택 안에 있기 때문이라는 것이다. 그러나 지상의 교회는 그 약점에도 하나님 나라를 대행한다고 아우구스티누스는 이해하였다. 그리고 그리스도의 이름으로 성례전이 집행되는 한 성례전은 은총의 매개이며 이는 성직자의 거룩성이 아니라 그리스도와 그의 교회에 속한 것이라고 믿었다.78

아우구스티누스는 직면해야 했던 또 다른 도전은 펠라기우스(Pelagius)파와의 논쟁이었다. 5세기 초 당시 로마 상류사회의 도덕적 타락상에 충격

---

77 Marianka Fouset, *The Church in a Changing World*(St. Louis: Concordia Publishing House, 1971), 117.
78 *Ibid.*, 121.

을 받은 영국의 수도사 펠라기우스는 은총에 지나치게 의존한 나머지 도덕적 책임을 외면한 당시 기독교 신앙에 대한 강한 비판을 들고 나왔다. 그리고 도덕적 책임을 강조하였다. 하나님의 율법과 그리스도의 모범을 기독교적 삶 속에 도덕적으로 실현시켜야 한다는 펠라기우스의 도덕주의 앞에 아우구스티누스는 인간 본성의 깊이를 이해하지 못한 낙관주의라고 비판하고 나섰다.79 펠라기우스는 옳고 그름 사이의 깊은 갈등을 경험하는 인간 내면을 포착하지 못한 것이라고 아우구스티누스는 믿었기 때문이다. 펠라기우스의 도전에 대해 아우구스티누스는 바울의 "하나님의 은총으로 말미암아 믿음에 대한 정의"(Justification) 사상으로 대결하였다.80

아우구스티누스의 교회론은 결정적으로 세 번째 도전 앞에서 그 신학적 의미를 찾게 된다. 그것은 영원한 나라인 로마 제국이 야만인의 손에 의해 무너져 가는 역사의 신비 앞에서 왜 하나님은 로마를 버리고 그 운명을 야만인의 손에 맡기는가? 라는 질문과 관련되어 있다. 로마 제국을 대변하는 Civitas Mundi(인간의 도성)는 폭력과 정복 그리고 멸망의 대변이며 결국, 인간의 역사는 인간의 자기 사랑(eros)의 표출이라고 이해하였다. 그러나 하나님이 로마를 사용한 것은 그 백성을 적으로부터 방어하기 위한 것이기에, 로마는 하나님의 경륜에 필요한 도구라고 이해하였다. 그러나 Civitas Dei(하나님의 도성)로서 교회는 영원한 평화를 이 역사 안에서가 아닌 하나님 나라에서 찾는 영원한 도성으로서 이해하였다.81

도나투스파와의 논쟁, 펠라기우스와의 논쟁 그리고 로마 제국의 몰락의 역사적 진행 속에서 아우구스티누스는 그의 신앙적 순례뿐만 아니라 신학 사상, 특히 교회론이 크게 형성되었다. 이러한 배경에서 형성된 아우구스티누스의 교회론의 중요한 사상적 구조는 다음과 같은 아우구스티누스의 글들 속에서 구현되었다.

---

79 *Ibid.*, 123.
80 *Ibid.*, 124.
81 *Ibid.*, 126-127.

"A Psalm Against the Donatists", "On Baptism, against the Donatists"(7 권, 400-401), "Against the Writings of Petilian, the Donatist"(400-402), "A Letter to Catholics on the Unity of the Church"(402), "Against the Cresconius the Donatist"(406), "On One Baptism against Petilian"(410) 그리고 "Expositions on the Book of Psalms"(410) 등이다.[82]

이미 암시한 바 있지만 아우구스티누스의 교회론은 그의 하나님의 도성(Civitas Dei) 사상과 깊은 연관 속에서 형성되었다. 로마가 야만족에게 망하는 역사 진행을 지켜보면서 그 속에 드러나는 역사의 의미를 증언하는 기록이었다. 하나님의 도성은 세계의 역사가 하늘의 도시와 인간의 도시로 나뉜 두 도시의 '진행'(progress)이라는 것이다. 천사의 타락과 함께 타락한 인간들에 의하여 이 세계에는 두 도성이 생겨났다는 것이다. 두 도시란 하나님을 무시하면서 자신을 사랑하는(eros) 지상의 도성(Civitas Mundi)과 인간 자아를 포기하면서까지 하나님을 사랑하는(agape) 하늘의 도성(Civitas Mundi)을 의미하며, 역사는 이 두 도성 사이의 협력과 긴장의 과정이라고 이해하였다. 문제는 아우구스티누스가 하나님의 도성을 교회와 동일시한 데 있었으며 그 교회는 '선택된 자의 무형적 교회', '그리스도의 신부', '신비적 몸'으로서 보편적 교회를 의미했다.[83]

이같은 사상적 배경에서 아우구스티누스는 구체적으로 교회의 본질을 '그리스도의 신비적인 몸'과 '성령의 교제'로서 정의한다. 세례받은 사람들이 성만찬에 참여함으로 예수 그리스도의 신비체에 합일된다는 것이다.[84] 세례받은 사람들은 그리스도의 몸과 지체로서(고전 12:27), 이 신비적 연합을 성만찬에서 이룬다는 것이다. 예수 그리스도를 성부 하나님과 동질적인 영원한 말씀으로서 하나님과 인간 사이의 중보자로 보았고, 교회의 머리와 몸의 관계에서 보았다. 바로 이 그리스도의 몸 안에 성령이 거하고, 성령을

---

82 Eric Jay, *The Church*, 84.
83 *Ibid*., 91. 그리고 Reinhold Seeberg, *History of Doctrines*, 326을 참조 바람.
84 이형기, 『역사 속의 교회』, 91.

받은 자가 교회 안에 있고, 교회 밖에 있는 자는 성령을 받은 자가 아니라고 한다. 여기서 교회는 그리스도의 몸이며, 동시에 성령의 교제가 된다.[85]

아우구스티누스는 이어 교회의 표지(marks)에 대하여 네 가지 범주를 가지고 설명한다. 이는 오늘의 로마가톨릭교회 교회론의 근간을 이루는 것이다. 교회의 처음 표식은 '하나님의 교회' 혹은 '교회의 일치성'(unity of the church)이었다. 예수 그리스도의 몸인 교회는 하나이며, 하나의 머리를 가진다. 다양한 지체에도 예수 그리스도의 통일성의 원리이다. 동시에 통일성의 원리는 성령으로서, 그것은 한 영혼이 몸의 다양한 지체에 생기를 공급하듯이 한 성령이 그리스도의 몸의 다양한 지체에게 생기를 공급한다. 아우구스티누스에게서 이 성령은 사랑이었다. 성부 하나님은 성자를 사랑하고 성자는 성부를 사랑하는데, 그 사상 자체는 사랑이라고 이해하였다. 아우구스티누스는 도나투스파의 세례와 성만찬 그리고 신조를 인정하면서도 그것이 구원의 효험을 일으킬 수 없는 이유는 그들이 사랑(성령)의 공동체를 떠났기 때문이라는 것이다. 가톨릭교회 안에 들어와 사랑의 친교를 나누어야 구원을 받는다고 믿었기 때문이다. 교회를 어머니로 보았으며, 어머니 사랑의 품 안에서 생명(신앙)은 유지된다고 보았다.[86]

교회의 표지 두 번째는 교회의 '거룩성'이다. 키프리아누스, 노바티아누스 그리고 도나투스파 등이 교회의 가시적 거룩성을 주장한 데 반하여, 아우구스티누스는 교회를 술 취한 자, 도둑, 혹은 이리 같은 쭉정이가 섞여 있는 공동체로 보았다.[87] 한 걸음 더 나아가 참 교회는 세상의 기초가 놓이기 전에 이미 예정된 일정 수의 성도들만이라고 이해했다. 이는 하나님만이 아는 성도들로서, 그들의 교회는 불가시적 교회(invisible church)이다. 교회의 거룩성은 가시적 거룩성이 아니라 바로 이 불가시적-선택받은 성도들의 교회의 거룩성으로 이해하였다.

아우구스티누스의 교회 표지 세 번째는 교회의 '보편성'(catholiity)이다.

---

85 Eric Jay, *The Church*, 84-85.
86 앞의 책. 93.
87 J. N. D. Kelly, *Early Christian Doctrines*. 413.

"모든 계명과 모든 성례전을 지킨 교회만이 가톨릭적"이라고 주장하는 로가티스트(Rogatists)의 견해에 반대하여, 아우구스티누스는 예수 그리스도의 십자가 사건과 부활 사건 등 온전한 진리(the whole truth)를 소유하여야 진정한 가톨릭교회라고 했다. 이단들은 온전한 진리가 아니라 부스러기 진리를 소유하고 그것을 절대화하려 했다. 이단들은 온전한 진리가 아니라 부스러기 진리를 소유하고 그것을 절대화하려 하였다. 아우구스티누스에게서 교회의 보편성은 어느 지역에 제한되지 않고 전 세계 도처에 있는 그리스도 공동체와 그리스도의 몸에 나타난다고 이해하였다. 그리고 교회는 과거, 현재, 미래라는 시간 모두를 포괄하는 한 보편적이었다.[88]

교회의 표지 네 번째는 교회의 '사도성'(apostolicity)이다. 아우구스티누스는 선배 교부들인 이레니우스, 테르툴리아누스 그리고 키프리아누스와 더불어 사도적 전통과 사도적 삶이 감독들의 연속성에 의해 보장되고 또 계승되었다고 보았다.[89] 제베르크(Reinhold Seeberg)는 아우구스티누스의 교회론이야말로 초대 교회의 하나님 나라 사상 특히 하나님 도성의 사상을 통하여 이단주의 교리를 교정하는 공헌뿐 아니라 사도적 계승이라는 또 다른 해석을 통하여 중세 교회의 교권주의적 교회론의 길을 마련해 놓았다고 평가하고 있다.[90] 아우구스티누스의 '보이는 교회'는 중세 교회에 지대한 영향을 주었는가 하면 '보이지 않는 교회' 사상은 후대 루터와 개신교회의 교회론 형성에 영향을 끼친 것으로 알려졌다.

이렇듯 교부 시대의 교회론은 길고도 복잡한 정치적 경험을 배경으로 형성되었다. 로마 제국의 가혹한 박해, 몬타누스주의(Montanism) 그리고 도나투스주의(Donatist) 논쟁은 교부 신학자와 당시 교회 지도자로 하여금 교회의 정통성과 일치성을 변증하도록 몰아갔던 외적 도전이었다. 끊임없이 제기된 사도 계승에 관한 교부들의 신학적 변증에서는, 많은 경우 안수례에 의한 사도 계승이 주장되었다. 특히 서기 381년에 열렸던 니케아 공

---

88 앞의 책. 93.
89 Eric Jay, *The Church*, 89.
90 Reinhold Seeberg, *History of Doctrines*, 328.

의회에서의 교회 규정은 교부 시대의 신학을 집약하는 것이었다. '하나의, 거룩한, 보편적, 사도적' 교회로서 교회론이었다. 이와 관련하여 이형기 교수는 다음과 같이 요약한다. '하나의' 교회에 관련하여 많은 서방 교회의 교부들(로마의 클레멘스, 안티오크의 이그나티우스, 키프리아누스)은 교회의 일치를 교직에 의한 통일로 해석하는 경향을 보였다. 그러나 아우구스티누스에 이르러 교회의 일치성은 직제에 의하지 않고 예수 그리스도(교회의 머리)와 성령(생명과 사랑을 공급하는)과의 연합에서 찾는 새로운 신학적 해석이 태동되었다. '거룩한' 교회와 관련하여, 많은 교부는 이는 믿는 자들의 도덕적 성취에 달려 있다고 믿었던 반면, 아우구스티누스는 인간의 죄의 실존을 보면서 그리스도를 통한 은총만이 교회가 거룩해지는 근거임을 주장하였다. '보편적' 교회에 관련하여, 많은 교부는 감독들의 연속성과 역사적 정통성에 근거를 두었지만, 아우구스티누스는 성경에 나타난 그리스도 계시와 교회에 대한 계시 등 온전한 진리의 보편성을 주장하며 신학적 성숙을 심어 놓았다. '사도적' 교회와 관련하여, 많은 교부는 이를 사도적 전승의 승계와 감독들의 역사적 승계에서 그 의미를 찾으려 했으며 아우구스티누스도 이 전통을 수용한 것으로 보았다.

그러나 필자는 교부들의 고귀한 신학적 공헌과 업적에도 그리고 제베르크가 아우구스티누스의 교회론을 하나님의 도성과 하나님 나라 사상에서 재평가해야 한다는 충고에도, 교부들의 교회론은 처음 교회가 경험하고 표현했던 예수 그리스도에게서 도래하는 하나님 나라-하나님의 통치 사상을 교회론에서 외면하거나 약화시킴으로 교회를 하나의 제도와 직제로 전락시키는 교권주의 혹은 제도주의의 길잡이가 되었다고 평가한다.

8장
중세기 교회론

야만족의 침략으로 무너진 로마 제국의 멸망은 가톨릭교회의 등장과 통치 시대를 열어놓는 계기를 마련하였다. 특히 5세기에서 13세기 사이에 발생한 무함마드의 정복(발칸, 아프리카, 스페인까지)과 동방 교회와 분열(1054)에도, 서방 교회는 지리적, 정치적, 경제적 그리고 종교적으로 영향력을 크게 확대하였다.[1] 그러기에 중세의 일치성은 정치적이기보다는 교권적 힘에 의하여 유지해 왔다. 서방 교회는 영토 통치뿐만 아니라 문화 보존의 주역으로 등장했다. 그리고 교황은 로마 제국의 카이사르(Ceaser)의 후계자들이었다. 유럽은 한 마디로 가톨릭 제국이 되었다. 교황의 권위는 영적 영역을 넘어 정치, 경제 그리고 모든 세속적 영역까지 확대되었기에, 교황은 세계 안에서 하나님을 대변하는 절대 권위자로 군림하게 되었다.[2]

서기 451년경 로마교회는 당시 다른 교회들(Constantinople, Alexandria, Antioch, Jerusalem)보다 상대적 우위에 놓이게 되었다. 레오 1세(Leo I)는 베드로가 제자 중에서 으뜸이었고, 로마 관구의 처음 감독(bishop)이었음을 주장하였는데, 이는 로마의 교황은 다른 대관구의 대관구장들(patriarchs)보다 우위에 있음을 주장하기 위해서였다. 서기 600년경, 그레고리우스 1세 때까지만 해도 로마의 교황은 보편적 수위권을 행사할 수 없었다. 그러

---

1 John E. Booty, *The Church in History*(NY: Seabury Press, 1979), 51-52.
2 Cyril Charles Richardson, *The Church through the Centuries*(NY: Charles Scribner's Sons, 1950), 79.

나 서기 800년경부터 로마의 교황은, 특히 그레고리우스 7세와 인노첸시오 3세에 이르러, 그 교황권이 절정에 이르렀다. 1215년 제4 라테란 공의회에서 화체설(transubstantiation theory)이 확정되고 1436-1445년 피렌체 공의회에서 제7 성례전이 공식화되면서 교황을 피라미드의 정점으로 하는 로마 가톨리시즘이 확고하게 구축되었다.3

1. 중세기 교회론의 흐름

중세기의 교회는 고도로 제도화되었으며, 그 조직은 교황권을 둘러싸고 강화되었다. 바로 이러한 현상은 중세기 교회론을 교권적이고도 성례전적인 것으로 특징짓는 요인이 되기도 한다. 특히 서방 교회는 당시 봉건제도를 흡수하였으며, 각국의 제왕들과 성주들로부터는 토지를 상납받는 일을 서슴지 않았다.4 이렇듯 로마의 감독–교황의 권위가 절대화되어 가는 시대적 배경에서 중세기 교회론은 형성되었다.

590년에서 604년까지 로마의 감독이었던 그레고리우스 1세(Gregory I)는 아우구스티누스의 사상을 수용했다. 그러나 그의 주요한 사상 중에서 로마교회는 베드로의 교회이며, 감독은 사도들의 직접적인 후예(heirs)라는 사실만을 선택적으로 수용하였다. 물론 겉으로는 감독의 권위가 겸손과 섬김에 있음을 강조하였다. 학자들 사이에는 그레고리우스가 교회의 절대 우위를 말한 것이 아니라는 논거를 펼치지만(콩가르), 그러나 그 시대의 특성이었던 '사도 베드로'와 '교황의 우월권' 사이의 연계를 강조하는 신학적 논거에서 그레고리우스도 예외는 아니었다.5

제이에 따르면 9-10세기의 중세기 교회론은 더욱 신비화되고, 교권화되었으며, 성직화되는 방향으로 심화해 갔다. 교회를 그리스도의 신비적

---

3 이형기, 『역사 속의 교회』, 151.
4 Eric Jay, *The Church*, 99-101.
5 *Ibid.*, 99.

몸(mystical body)으로 이해한 것은 아우구스티누스의 해석이었지만, 그리스도의 화체(incarnate)를 성만찬적 몸(eucharistic body)과 동일시하는 데까지 발전하였다. 결국 '떡'은 그리스도의 몸이라는 사상으로 귀착되었다.[6] 이것은 신비화된 교회론에서 연유된 것이었다.

9-10세기 교회론의 두 번째 특징은 로마 교황의 절대 우위성에 대한 강조였다. 렝스(Rheims)의 대주교 힝크마르(Hincmar: 845-882)가 교황 절대 우위와 그 계승에 대하여 저항한 사실이 있었다. 로마의 우위를 부정한 것이 아니라, 로마의 교황은 성경과 에큐메니칼 공의회(다른 감독들도 참여하는)가 결정하는 법령과의 일치성을 추구하는 한 우위에 있어야 함을 주장했다.[7] 그러나 로마교회는 마태복음 16:18을 교황의 절대 우위성(supremacy)의 근거로 삼고, 그 권위를 확대해 갔다.

제이에 따르면 9-10세기 교회론의 세 번째 특징은 '교회는 곧 사제'라는 성직화에 있었다. 성직자와 평신도 사이의 구분이 심화하면서, 교회와 성례전은 성직자의 독점물로 변하기 시작하였다. 그리고 평신도는 점차 수동적 속성으로 바뀌면서 성도의 교제로서 교회와 공동체성은 사라지기 시작하였다.[8]

중세기 교회론의 세 번째 단계는 11-12세기 사이에 형성된 교회론이다. 이 기간 로마교회 교황은 점차 군주화되기 시작했다. 1049-1054년 사이의 교황이었던 레오 9세(Leo IX)는 교회를 "군주로서 교황 통치 아래 있는 특수한 왕국"(a unique kingdom under the papal monarchy...)이라 정의하였다.[9] 교황이 소유한 우주적 책임과 절대 권력에 반하여 감독들은 극히 부분적 몫밖에 행사할 수 없다고 그 한계를 분명히 하였다. 로마교회는 베드로의 교회이며, 다른 교회에 대하여 머리요, 어머니요 기초이며, 신앙에 관한 한 로마교회는 잘못을 범할 수 없다는 '무오설'을 내놓았다.[10] 이것은

---

6 *Ibid.*, 102.
7 *Ibid.*, 103.
8 *Ibid.*, 104.
9 *Ibid.*
10 *Ibid.*

교황의 사도 계승과 절대 무오를 교회론의 핵심 사상으로 이론화했다는 것을 의미했다.

11-12세기 사이의 교회론을 교황의 권위와 수위성을 중심으로 확대한 이는 1073-1085년의 교황인 그레고리우스 7세(Gregory VII)였다. 레오 9세 교황의 자문이었던 힐데브란트(Hildebrand)가 교황이 되면서 그레고리우스 7세가 되고 20년 뒤 27개의 단문으로 된 Dictatus Papae(교황의 고서)에서 그레고리우스 7세는 그의 교회론을 펼쳤다.

제이는 그의 교회론을 크게 4가지 범주로 요약하여 설명하고 있다. 그레고리우스 7세의 교회론 그 처음은 로마교회(ecclesia Romana)만이 하나님이 세운 교회라는 주장이다. 그리고 로마교회 감독만이 우주적이고 세계적이라는 것이다. 로마교회는 과오를 범한 일이 없으며, 또 앞으로도 과오를 범하지 않을 것으로 주장하였다.[11] 두 번째는 교회를 통치하는 교황권에 관한 것이었다. 로마의 감독 즉 교황만이 안수하는 권한을 가지며, 감독들을 면직하고 복귀시킬 수 있으며, 또 다른 교구로 전보하는 권한을 갖는다는 것이다. 교황만이 감독 의회를 주관하고, 새 법을 만들며, 새로운 교구를 만들어내는 권한을 가진다고 했다. 이로써 교황의 절대 우위뿐만 아니라 절대 권력을 교회의 근거로 삼았다.[12] 그레고리우스 7세의 교회론의 세 번째는 황제와 군왕까지도 면직시킬 수 있는 교황의 권한에 관한 것이었다. 그리고 네 번째는 교황의 절대 신분(status)에 관한 것이었다. 교황만이 황제의 표지(imperial insignia)를 사용할 수 있으며, 모든 군왕은 그의 발에만 입맞춤해야 한다는 것이었다. 누구도 그를 비판할 수 없다는 것이다. 교황으로부터 안수례를 받은 자는 성 베드로의 공로를 힘입어 성자가 된다고 주장하였다.[13]

이같은 그레고리우스 7세의 교회론은 1076년 독일의 국왕인 헨리 4세가 면직되고 또 출교한 역사적 사건에서 드러난다. 교황은 베드로의 대행

---

11 *Ibid.*, 105.
12 *Ibid.*
13 *Ibid.*

자로서 자처하기도 하였다. 1077년 헨리 4세가 참회함으로써 교황이 그의 면직과 출교를 취소한 일에서 교황의 절대권은 증명되었다. 결국, 교회는 '교황의 군주성'과 일치되는 것이었으며 교황은 교회뿐 아니라 지상의 제왕과 군주들 그리고 세속까지도 통치하는 지고의 통치자였다.[14]

그러나 그레고리우스 7세의 교황지상주의는 적지 않은 저항과 비판을 받았다. 감독들은 교황이 마치 지주(地主)가 농민을 다루듯이 매도한다는 비난에 이어 1076년 보름스(Worms)에 모인 독일 감독들은 교황을 교만과 야망에 찬 사람으로 비난하였다. 그리고 제왕들로부터도 교황의 월권에 대한 비난의 소리가 강하게 불어닥쳤다. 특히 저자 미상의 "무명의 노르만"(Anonymous Norman, 1000년)에서, "교회는 한 신앙, 사랑 안에 있는 하나님의 회중"이며 "이 회중 자체가 제사장적 백성"이라는 논리를 펼치면서 교황의 절대주의를 공격하였다. 제사직의 권위가 말씀과 말씀의 화신(incarnation)에 있다면 세상의 제왕들은 하나님으로부터 받은 권위를 가진다는 것이다. 제왕들은 하나님의 대행자이고, 제사직은 인간 안에 임한 그리스도를 대행하는 것이라고 설파되었다. 결국, 1122년 교황 갈리스토 2세(Callistus II: 1119-1124)와 헨리 5세(Henry V) 사이에 한 타협안이 협정됨으로써 교황과 제왕 사이의 갈등은 다소 해소되었다.[15]

중세기 교회론의 네 번째는 교황의 절대권을 극치에 올려놓았던 인노첸시오 3세(Innocent III: 1198-1216)와 보니파시오 8세(Boniface VIII: 1294-1303)와 중세의 최고 신학자였던 토마스 아퀴나스(Thomas Aquinas: 1225-1274)에 의하여 이론화되었다.

인노첸시오 3세가 교황으로 선출된 후, 그는 교황의 절대권이 다른 감독들과의 관계뿐 아니라 모든 인간사에 있어 실천되어야 할 것을 강조하였다. 신학자이기도 했던 그는 1215년 제4차 라테라노 공의회(Fourth Lateran Council)를 소집하여, 기독교 교리에 관련된 조항들을 결정하게 하였

---

14 *Ibid.*, 106.
15 *Ibid.*, 106-107.

다.16 그것은 삼위일체론, 화신론(incarnation), 교회론, 성례전론이었다.17 그중에서도 가장 중요한 신학적 교리는 성만찬의 화체설(transubstantiation) 제정이었으며, 아울러 공의회는 성례전 집행에 관한 원리와 법칙들까지도 제정하였다.

> "…빵은 하나님의 힘에 의해 그의 몸으로 화체되고 포도주는 그의 피로 화체된다…"18

그리고 라테라노 공의회 캐논 I에 나오는 교회론은 그 후 모든 논의의 기초가 되었다. 그것은 "There is one universal Church of believers outside which there is no salvation at all for any."(하나의 보편적인 신자들의 교회만이 있고, 이 교회 밖에는 누구에게도 구원이 없다)이다.19 인노첸시오 3세는 이 교리적 선언을 근거로 예수 그리스도를 "왕 중의 왕이요, 동시에 영원한 제사장"으로 해석하였다. 그리스도는 그의 나라와 그의 교회를 세운다고 이해하였다. 그러므로 교회는 '제사장적 왕국'이며 동시에 '왕 같은 제사장'이라는 것이다. 이어서 인노첸시오는 교황을 베드로의 대행자(Vicar of Peter)가 아니라 예수 그리스도의 대행자(Vicar of Christ)라 불렀으며, 그리스도가 모든 나라와 교회의 머리됨같이 교황은 교회와 세상의 통치자가 되어야 한다고 하였다.20

중세기 교회론은 교황권의 교권화 작업에 의하여 한정되었으며, 이를 고도로 체계화하고 실용화한 사람은 보니파시오 8세였다. 보니파시오의 교황권을 중심으로 하는 교회론은 1296년에 발표한 교황 칙서 "Clericis

---

16 John H. Leith, ed., *Creeds of the Churches*(Atlanta: John Knox Press, 1977), 57.
17 Eric Jay, *The Church*, 108.
18 *Op. cit.*, 57-59.
19 *Ibid*.
20 Eric Jay, *The Church*, 109. 이형기 교수는 제4 라테라노 공의회는 가장 큰 공의회였으며 더욱이 Canon I은 중세 기독교교회의 포괄적인 요약이었다고 해석한다. 여기서 화체설을 공식화하고 사제의 권한이 강조한다.

Laicos"와 1302년에 발표한 "Unam Sancram" 두 문서 속에 나타난다. "Clericis Laicos"는 당시 프랑스 황제였던 필립 4세와 영국의 에드워드 1세가 교황의 동의와 허락 없이도 세금을 부과할 수 있는 권한을 주장하고 나선 데 대해, 성직자들은 교황이 인정하지 않은 세금을 지불하지 않아도 된다는 내용의 칙서였다. 여기에는 세금을 부과하는 왕들을 출교시킬 것이라고 기록되어 있었다. 그러나 필립과 에드워드는 보니파시오의 칙령에 반대하고 성직자들에게 세금을 부과하였다.[21]

그 후 교황은 1301년 또 다른 칙서인 "Asculta Fili"를 발표하였으며, 여기에는 교황이 왕들보다 우월하다는 논지와 필립 4세를 비난하는 내용이 담겨 있다. 그러나 필립은 이에 불응하여 그의 국민들과 함께 교황에게 저항하였다. 다시 교황은 1302년 "Unam Sanctam"이라는 교황 칙서를 발표하면서 교황의 보편적 수위권과 속권(세속권)에 대한 제어권을 강하게 선포하였다. "Unam Sanctam"은 크게 두 가지 점을 강조하고 있다. 그리스도, 그리스도의 대리자인 베드로, 베드로의 역사적 승계자인 교황을 머리로 하는 하나의 거룩한 보편적·사도적 교회야말로 로마가톨릭교회라는 주장이다. 이 교회밖에는 구원이 없다는 것이다. 여기 교황은 영적인 칼과 세속적인 권력의 칼을 모두 가졌다는 주장이다. 교황의 권력 밑에 왕의 권력이 있다는 것이다. 즉 "영적인 칼과 세속적인 칼은 모두 교황에게 있다. 후자는 교회를 위해서 사용되어야 하고, 전자는 교회에 의해서 사용되어야한다. 전자는 사제의 손에, 후자는 왕들과 영주들의 손안에 있다. 그러나후자는 사제의 허락과 지시에 따라야 한다"는 것이다.[22] 보니파시오는 이칙서들의 성서적 근거를 로마서 13:1과 고린도전서 2:15에 두고 있었다.

그러나 1303년 필립 4세는 프랑스 군대를 동원하여 교황 궁전을 공격하였고, 그 결과 보니파시오는 죽었다. 이로써 200년 가까이 계속된 교황과 프랑스 왕들 사이의 갈등은 끝났다. 더욱이 교황 클레멘스 5세(Clement

---

21 이형기, 『역사 속의 교회』, 145.
22 위의 책.

V)가 1309년 교황청을 로마로부터 프랑스 땅 아비뇽(Avignon)으로 옮긴 후 포로 생활이 시작된 사건에서 중세 교황청과 로마가톨릭교회는 사양길에 접어들었음을 알 수 있다.23 69년 뒤 교황 그레고리우스 11세(Gregory XI)에 의해 교황청은 다시 로마로 돌아왔으나, 교황청에서는 교황 선출 적법성의 시비가 끊이지 않았으며, 여러 나라의 제왕들은 교황의 권한 축소에 박차를 가하였다.

반교권적 교회론으로 넘어가기 전, 중세 로마가톨릭교회 신학의 대성자였던 토마스 아퀴나스(Thomas Aquinas: 1225-1274)의 교회론이 간과될 수는 없을 것이다. 아퀴나스의 사상은 12세기 말에 등장한 대학과 13세기에 출현한 Franciscan과 Domminican Order 그리고 성 안셀무스(St. Anselm)과 롬바르드(Peter Lombard) 같은 사상가들이 형성한 학문적·영적 관계 안에서 형성되었다. 특별히 아퀴나스의 교회론 형성에는 교회를 '그리스도의 몸' 혹은 '신비적인 몸'으로 보는 그 시대의 사상적 영향이 크게 뒷받침하고 있었다. 아퀴나스의 교회론은 제이와 이형기 교수의 글 가운데 잘 집약되어 있다. 그의 교회론의 중심 주제는 '신비적 몸으로서 교회'였으며, 이는 아우구스티누스로부터 영향을 받은 것이었다.24 신비적 몸으로서 교회의 비유는 인간의 머리와 몸이 아날로기아(유비)에서 유추되었다. 그러나 그 유비가 더 강조되어서는 안 된다고 경고하기도 한다. 그것은 일치보다는 유사성에 더 가깝기 때문이라는 것이다(Summa Theolgica III, a. 8. 1.).25 "그리스도는 … 그에게 연합된 사람들의 머리이다. … 사랑과… 믿음에 의해 실제로 그에게 연합된 사람들의 머리이고…"26라고 말하면서도, 아퀴나스는 그의 강한 예정 교리를 따라 교회는 '보이지 않는 교회'라는 또다른 차원도 강조하였다.

아퀴나스의 교회론 두 번째 주제는 '성령의 창조물로서 교회'이다. 지

---

23 Eric Jay, *The Church*, 112.
24 *Ibid.*, 117.
25 이형기, 『역사 속의 교회』, 129.
26 위의 책.

상의 교회는 그리스도의 고난으로부터 온 것으로서, "십자가에 달리신 그리스도의 옆구리로부터 성체, 즉 피와 물이 흘러나왔고, 그 위에 교회가 세워졌다."(Summa I, a, 92. 3., III, a. 64. 2.)고 하였다. 이는 그리스도론의 틀 안에서 교회를 보던 그 당시의 중세 신학과 일치하는 사상이었다.[27] 아퀴나스는 교회의 삶 가운데 역사하는 성령의 '구성적 활동'(constitutive activity)을 동시에 강조한다.[28] 교회의 몸에 활력을 주는 이는 성령이기 때문이다. 교회에 기름을 붓는 이는 성령인 것이다. 교회 일치의 궁극적 원리도 성령이기 때문에(Summa II, a. -II, a. c. 193. 3.) 결국 교회는 성령의 창조물로 이해되어야 했다.[29]

아퀴나스의 교회론 세 번째 주제는 '혼합된 사회로서 교회'(mixed society)였다. 성도의 교제라는 용어를 사용하면서 아퀴나스는 그것을 완전한 사회로 생각하지 않았다. 에베소서 5:27의 "한 점의 티나 주름도 없고 어떤 상처도 없는 거룩하고 흠 없는 영광스러운 교회"를 인용한 것은 그것이 장차 하늘에서 성취될 소망임을 말한다. 지상에서는 "만일 우리가 죄 없다면 우리는 스스로 속이는 것이다."(요1 1:8)를 인용함으로 지상의 교회는 아우구스티누스처럼 죄인과 의인이 혼합된 사회임을 강조하였다(Summa III, a, 8. 3. ed. 2.).[30]

아퀴나스의 교회론 네 번째는 '신실한 자들의 회중으로서 교회'였다. 사도행전 해설에서 아퀴나스는 교회의 표지를 넷이 아니라 다섯으로 규정짓는다. 교회는 하나이고(그리스도에 속한 사람들의 동일한 진리, 소망, 사랑) 거룩하고(그리스도의 피로 씻음을 받고 성화를 위해 성령의 기름 부음을 받았기 때문에), 보편적이며(모든 나라에, 모든 사람이, 아벨에서 세상 끝까지 존속하기에), 사도적이었다.[31] 여기까지는 교회 표지(marks)에 대한 전통적 해석을 아퀴나스가 그대로 수용하면서 거기에 심오한 신학적 해석을 덧붙인 것이

---

27 위의 책.
28 Eric Jay, *The Church*, 118.
29 *Ibid*.
30 *Ibid*. 118-119.
31 이형기, 『역사 속의 교회』, 132-134.

다. 아퀴나스는 한 걸음 더 나아가 교회의 표지에 교황권을 첨가한 과감성을 보였다. 아퀴나스는 베드로의 신앙고백, 그리스도의 위임을 사도 계승의 근거로 수용했다. 베드로를 최고의 대제사장으로 보았으며, 교황은 그를 승계하는 것으로 이해했다. 교황은 신앙 문제, 새로운 신조를 공포하는 일 그리고 전체 공의회를 소집할 권한을 가지고 있다고 믿었다. 그러나 아퀴나스는 교회의 세속 통치권에 대해서는 지지를 보내지 않았다. 그렇지만 교황의 절대권은 인정하였으며, 여기서 공의회주의자(Conciliarists)의 도전을 면치 못했다.[32]

아퀴나스가 사도신경 주석에서 교회를 '회중'으로, '그리스도의 지체인 신자들의 회중'으로 해석한 것을 한스 큉(Hans Küng)은 이를 '신실한 자들의 회중'(congregatio fidelium)으로 해석했다. 역설적이지만 아퀴나스가 교황권의 절대성을(신앙과 교회) 인정함으로 키프리아누스의 주안점이었던 주교단(collegrate body)의 집단 지도 체제는 사실상 뒤로 밀리게 되는 결과를 낳았다.[33]

결국, 중세기 교회론은 두 가지 특색을 가지고서 형성되었다고 요약될 수 있다. 그 하나는 서기 800년경 로마 교황이 보편적 수위권을 획득한 이후 교회는 교황의 절대권을 중심으로 형성되었다. 특별히 그레고리우스 7세, 인노첸시오 3세 그리고 보니파시오 8세에 이르러 교황권은 절정에 달했으며, 교회는 곧 교황이라는 도식이 가능하게 되었다. 중세기 교회론의 또 다른 추는 서기 1215년에 열렸던 제4 라테라노 공의회에서 확정된 화체설이 서기 1436-1445년 피렌체 공의회(Council of Ferrara-Firenze)에서 공식화된 7성례전을 근간으로 하는 성례전주의였다.[34] 7성례전은 세례성사(baptism), 견진성사(confirmation), 성체성사(eucharist), 고해성사(penance), 종유성사(extreme unction)로서 이는 믿는 사람 개개인을 위한 성례전이었다. 이어서 서품성사(order), 혼례성사(marriage)는 교회 전체를

---

32 Eric Jay, *The Church*, 121.
33 위의 책. 137.
34 위의 책. 151.

위한 성례전이었다.

중세기 교회론에 있어서 교회의 하나됨이란 로마의 교황을 정점에 두는 사제 중심 체제의 교회를 하나의 보편적 교회로 보았다는 것을 말한다. 교회의 거룩성이란 교회와 수도원 안에서의 율법적 · 도덕적 성취라고 보았으며, 교회의 보편성은 로마의 교황 체제하의 로마가톨릭교회라는 보이는 교회만을 의미했다. 물론 "교회밖에는 구원이 없다"라는 교부 키프리아누스의 의미를 축소하여 "로마가톨릭교회밖에는 구원이 없다"라는 의미로 해석하였다. 그리고 교회의 사도성은 교부들이 말하던 사도들의 전승(복음)보다는 교황과 감독들의 사도적 승계에 의해서 결정된다고 믿었다. 이것은 안수권, 교리권, 영적 권위의 독점을 의미했다.[35]

2. 반교권주의적 교회론

중세기 교회론과 루터의 종교개혁 사이에는 교황주의 교회론에 강력히 저항한 '반교권운동'이 있었다. 이는 종교개혁에도 적지 않은 영향을 끼쳤다. 비록 제한적이고 또 부분적이긴 했으나, 반교권운동은 복음의 회복이라는 강렬한 신앙으로부터 온 것이었다.

제이의 해석에 따르면 반교권운동을 일으킨 처음 그룹은 '알비파교도'(Albigensina)으로 알려진 한 종파였다. 일명 카타리파(Cathari)로도 알려진 이들은 마니교의 이원론을 수용하여 이를 신관과 교회론에 적용하였다. 그들에 의하면 신은 두 종류의 신이 있으며, 한 신은 빛의 아버지인 선한 신으로서 그 신이 예수 그리스도를 통하여 자기들의 교회를 참교회로 세웠음을 주장했다. 그러나 다른 신은 악마의 신인 사탄으로서 그 사탄이 세운 교회는 로마가톨릭교회이며, 이는 사탄의 회당이요, 악마의 성소요, 거짓의 어머니라고 비난하였다.[36] 알비파교도들은 13세기 중엽 그레고리

---

35 위의 책. 153.

우스 9세(1227-1241)가 보낸 도미니칸 수도사들에 의하여 결국 근절되었다.

또 다른 반교황주의 운동은 알비파교도의 등장과 동시대에 일어난 '발도파'(Waldensian)에 의하여 주도되었다. 알비파는 발도(Peter Waldo: 1140-1217)라는 리옹(Lyons) 거부의 이름에서 온 것이었다. 복음의 부르심을 받고, 모든 소유를 포기한 채 사도적 가난(apostolic poverty)을 선택한 발도는 그의 추종자들에게도 같은 생활을 요구하였다. 초기에는 발도파들이 로마교회의 지체임을 믿었다. 그러나 발도파들은 교황청이 제정한 성직권 없이 설교하고 자의로 번역한 성경을 사용한 것 때문에 교황청으로부터 출교 명령을 받았으며, 발도파와 유사하다는 오해를 받아 80여 명이 화형으로 죽어간 사건이 발생하였다. 생존자들은 피신하였으며, 여기서부터 새로운 교회론을 발전시켜야 했다.37 참교회를 보이는 교회로 구분하게 시작한 것이다. 참교회는 성부, 성자, 성령에 의하여 선택된 자들의 보이지 않는 교회로서, 이 교회는 오직 하나님께만 알려지는 교회라고 믿게 되었다. 그러나 발도파는 보이는 교회를 부정한 것은 아니었다. 교회를 성도의 교제로 보면서, 이 교제를 돕기 위한 설교, 성례전 그리고 기도를 필수적인 사역으로 수용하였다. 이 사역을 위해 목사들이 임명되었다. 이탈리아 북서 지방과 프랑스 여러 지역으로 흩어져 나간 발도파교도 공동체는 후일 종교개혁 지도자와 접촉을 가졌던 것으로 알려졌다.38 발도파교도 운동은 한 마디로 극도로 형식화한 당시 로마교회의 성례전주의에 대한 '역'운동이기도 했다.

반교황주의적 · 반교권주의적 교회론은 영국 링컨의 감독인 로버트 그로스테스트(Robert Grosseteste, 1175-1253)가 교황과 교황청의 신앙적 · 목회적 무감각과 무책임성을 들고나온 데서 심화했다. 그는 죤(John of Paris, 1240-1306)이라는 도미니칸 수도사의 『제왕과 교황의 권한에 관하여』(On the Power of Kings and Popes)를 통해 교황은 절대군주가 아님을 강조하였

---

36 Eric Jay, *The Church*, 123.
37 *Ibid.*, 124.
38 *Ibid.*, 125.

고, 교황이 속권까지 통치할 수 없다고 논박하였다. 교황은 사역자 중의 하나일 뿐이며, 의회의 의결 없는 결정을 교황 스스로 결단할 수도 없다고 논증하였다.

그리고 반교권주의적 신학과 교회론은 이어서 에크하르트(meister John Eckhart, 1260-1327)에게서도 부각되었다. 교회는 '하나님의 임존 의식과 하나님과의 연합'이라는 신비적 경험에서 오는 공동체라는 사상을 가지고 중세 로마교회의 제도주의를 비판하였다.

단테(Dante Alighieri, 1265-1321)도 로마 교황이 세속권까지 침해하는 것은 잘못된 권위에서 온 것임을 비판하였다. 교회는 그의 『신곡』(神曲, *Divina Commedia*)에서 당시 "Unam Sanctam"이라는 칙서를 내린 보니파시오 8세와 그의 선·후 교황들을 모두 지옥에 보내야 한다는 비판을 서슴치 않았다.[39]

마르틴 루터에게 많은 영향을 끼친 것으로 알려진 영국의 프란시스코 수도사 윌리엄(William of Ockham, 1290-1349)은 교회를 교황으로서가 아닌 '믿는 이들의 회중 혹은 공동체'로 정의하였다. "황제들과 교황들의 권위에 대하여"(On the Authority of Emperors and Popes)에서 윌리엄은 교황의 권한, 특히 영적 영역과 세속적 영역의 통치적 권위는 복음에 상반되는 것으로 보고 이를 강력히 부정하였다. 교황의 독재 대신 교회 공동체성을 대변하는 의회(Council) 정치 구조를 제언하기도 했다. 결국 1328년 교황 요한 22세에 의하여 윌리엄은 출교를[40] 당하였다. 그러나 그는 굴하지 아니했다. 그의 신념과 신앙적 헌신은 후일의 종교개혁을 위한 사상적, 신학적 틀을 마련해주는 기초가 되었다.

그러나 반교권주의 운동을 극대화하고 이를 종교개혁에 가장 깊이 영향을 끼친 두 반교황주의자는 위클리프(John Wycliffe, 1328-1384)와 후스 (John Hus, 1369-1415)였다.

---

39 *Ibid.*, 129.
40 *Ibid.*, 132.

옥스퍼드 대학교수이면서 세속적 사제였던 위클리프는 교황의 절대 수위권과 교권주의는 포기되어야 한다고 강하게 주장하였다. 교회의 참주인은 교황이 아니며, 하나님이라고 주장했다. 그리고 교회의 권위는 성경의 권위에 의하여 대치되어야 한다고 하였다. 아우구스티누스의 불가시론적 교회론으로부터 영향을 받은 위클리프는 참교회는 보이는 교회가 아닌 선택된 자의 보이지 않는 교회로 보았으며, 이는 곧 그리스도의 신비적 몸이라 하였다.[41] "교회와 그 구성원"(On the Church and Its Members)이라는 글에서 위클리프는 교인을 세 가지로 구분하였다. 처음 그룹은 천국에 있는 천사와 성도들로서, 이들은 승리한(triumphant) 신자들이라고 했다. 두 번째 그룹은 연옥에서 죄를 정화하고 있는 대망자(expectant)며 세 번째 그룹은 구원받은 자들의 반열에 있게 될 전투적 기독자(militant)이다.[42]

지상의 교회는 구원받은 자와 구원받지 못한 자가 함께 있는 혼합된 사회(mixed society)이기에 지상의 교회는 중단없는 정화와 개혁의 필요로 강조하였다. 비록 출교되지는 않았으나, 위클리프는 1377년 교황 그레고리우스 11세에 의하여 정죄되었고, 1382년 종교회의에서 또다시 정죄되었다.[43] 위클리프의 사상은 영국에서보다 오히려 보헤미아(Bohemia)에 더 큰 위협이 되었다. 그것은 옥스퍼드 대학과 프라하(Prague) 대학 사이의 교류 때문으로 알려졌다. 당시 프라하 대학의 총장이며 사제였던 후스(John Hus)는 위클리프의 사상에 심취되어 있었다. 그는 위클리프의 *Trialogus*(3자 대담)를 체코어로 번역했을 뿐 아니라, 자신이 쓴『교회론』*(De Ecclesia)* 속에 위클리프의 사상을 심도 있게 반영하였다.

후스는 당시의 개혁 운동이 체코의 민족주의와 맞물려 생성되는 과정을 지켜보았다. 그는 당시 성직자의 타락을 비난했고, 교황의 성직매매 행위(simoniacal)를 맹렬히 비판하였다. 그러나 1410년 교황의 허락을 받은 프라하의 대주교는 위클리프의 책들을 불살랐으며, 1411년 후스를 출교

---

41 *Ibid.*, 133.
42 *Ibid.*
43 *Ibid.* 135.

시켰다. 후스의 사상이 확산하자 교황청은 그를 이단으로 몰고 급기야는 후스를 화형에 처하고 말았다.[44] 후스는 1411년 출교된 이후 『교회론』(De Ecclesia)을 쓰기 시작하여 1413년 5월에 책을 완료하였다. 그는 그 책을 같은 해 6월 8일 베들레헴 교회 80여 명 앞에서 읽었다. De Ecclesia에서 후스는 교회를 '믿는 자의 회중'(congregatio fidelium)이라고 정의했다. 믿는 자의 회중에는 사제와 평신도의 사역이 포함된다고 보았다. 그리고 이 교회는 양과 염소가 함께 있으며 양의 교회라 해도 교회는 끊임없이 개혁되어야 한다고 믿었다. 놀랍게도 후스는 보니파스의 "Unam Sanctam"을 지지하였다. 그러나 결정적인 것은 교회의 머리는 오직 예수 그리스도뿐이며, 교황이 교회의 머리가 아니라는 점을 분명히 하였다. 바로 이것이 그가 이단으로 몰린 이유였으며 그 죄과로 화형을 당해야 했다.[45]

---

44 Ibid.
45 Matthew Spinka, John Hus' Conception of the Church(New Jersey: Princeton University Press, 1966), 252-260.

9장
종교개혁 시대의 교회론

조지(Timothy George)는 『개혁자들의 신학』(*Theology of the Reformers*)[1]
에서 중세 신학과 종교개혁자들의 교회론 사이에 내재하는 간접적인 연관
성에 대하여 다음과 같이 설명한다. 중세기가 교황권을 구심점으로 하는
교권주의적 교회를 세운 것은 사실이지만 중세기 신학에 관한 한 신학의 중
심 과제는 교회론이 아니라, 삼위일체론(Trinity)과 그리스도론(Christology)이
었다. 교회론은 신학적 위치조차 확보하지 못한 채 교리 신학의 한 부분
내지는 부록 정도로 취급해 왔다. 예를 들어 아퀴나스(Thomas Aquinas)의
*Summa Theologica*에서도 교회론은 전무한 것이나 다를 바 없던 것이다.[2]
이러한 관점에서 볼 때, 루터나 칼뱅의 교회론은 계보 상으로 보아 중세
신학으로부터 온 것만은 아니었다. 그러기에 루터와 칼뱅 이전에 참 교회
상이 무엇인가를 추구해 온 일련의 신앙 운동과 교회 갱신 운동의 배경에
서 종교개혁의 교회론을 이해하는 것은 타당하다고 보인다.[3]

루터와 칼뱅의 교회론 배경에는 다섯 가지 유형의 교회론 운동이 깔려
있었다. 조지는 그 처음 유형을 '바티칸주의'(curialism)이라고 불렀다. 쿠리
아는 로마 교황청의 법정을 의미했으며, 바티칸주의는 영적인 것과 세속적
영역 모두를 통치하는 교황의 지고한 권위를 의미했다. 이는 앞서 논의한

---

1 Timothy George, *Theology of the Reformers*(Nashville: Broadman Press, 1988).
2 *Ibid.*, 30-31.
3 *Ibid.*, 31.

1075년 그레고리우스 7세가 고시한 "Dictatus Papae"(교황의 27가지 권한에 대한 칙서)와 1302년 보니파시오 8세가 제정한 "Unam San- ctam"(교황의 절대 주권)에서 이미 드러났었다. 이처럼 로마가톨릭교회의 바티칸주의는 루터와 칼뱅 그리고 종교개혁자들에 의하여 철저히 거부되었다.4

교회론 추구의 두 번째 유형은 '의회주의'(conciliarism)였다. 의회주의 사상은 교황 중심의 교회가 위기에 처했을 때 그리고 개혁의 요청이 강하게 일어났을 때 생겨난 교회론의 모색이었다. 의회주의는 교황보다 에큐메니칼 공의회(ecumenical council)가 더 우위에 있다고 주장하였다. 교회의 권위, 대변성 그리고 대표성은 의회의 결의과정을 거쳐서 주어진다는 주장이었다. 이것은 교황의 절대권에 대한 도전이었다. 후스를 정죄한 콘스탄티노플 의회(Council of Constanc) 이후, 많은 지도자(Conrad, Henry, Francis Zabarlla)는 교회의 권위는 믿는 사람들의 회중에 속한 것이며 그것은 의회(General Council)를 통하여 구현되어야 한다는 점을 강조하였다. 그렇지만 의회주의는 교황을 보조하는 일종의 보완 조치에 불과했던 것으로 해석한다.5 그러나 의회주의가 로마가톨릭교회의 교황주의를 규제하고 수정하는 세력으로 나타난 것은 사실이었다.

루터와 칼뱅 이전의 교회론 세 번째 유형은 위클리프(J. Wycliffe)와 후스(John Hus)가 추구했던 교회론이었다. 이 교회론은 루터에게 특별한 의미를 부여하였다. 교회의 권위는 교황이 아니라 성서에 있음을 믿었던 위클리프는 참교회는 보이는 교회가 아니라 선택된 자들의 보이지 않는 교회요, 그리스도의 신비적인 몸으로 이해하였다. *De Ecclesia*에서 후스는 교회를 믿는 사람들의 회중(Congregatio Fidelium)이라고 불렀으며, 이 사상은 루터에게 깊은 영향을 주었고, 특히 교황으로부터 단절하는 계기를 마련해 주었다.6

---

4 *Ibid*.
5 Eric Jay, *The Church*, 136.
6 *Op. cit.*, 35. 특히 E. Gordon Rupp, "The Doctrine of the Church at the Reformation", *The Doctrine of the Church*, ed., by Dow Kirkpatrick(Nashville: Abingdon Press,

교회론 추구의 네 번째와 다섯 번째의 유형은 프란치스코회 수사들(Franciscans)과 발도파(Waldensians)들이 모색한 교회상이었다. 프란치스코회 수사들은 당시 교회의 타락 가운데 절대적 가난을 실천하였고, 제3시대에 올 성령의 교회를 대망하였다. 발도파도 철저한 가난을 살면서 초대 교회(ecclesia primitiva)를 재연하는 회중을 꿈꾸었다.[7] 이는 교황의 절대주의에 대한 신앙적 저항이었으며, 잃어버린 처음 교회의 신앙적 열정과 삶을 재연하려는 시도였다. 이러한 배경에서 종교개혁자들의 교회론은 그 의미와 윤곽이 형성되었다.

그러나 종교개혁자들의 교회론은 중세기 신학의 역사적 유산에만 의존한 것은 아니었다. 그들의 교회론은 역으로 중세기 로마가톨릭교회의 신학과 교회론에 대한 전적 부정에서 출발점을 찾았다고 볼 수 있다. 리처드슨(Cyril Charles Richardson)은 다음의 세 가지 중요한 사상이야말로 개혁자들의 교회론을 뒷받침하는 근간이 되었다고 해석했다.[8] 그 처음은, 성서의 최종적 권위는 성령에 의하여 밝혀지고, 성서를 살아 있는 말씀으로 해석하며, 신앙으로 읽는 데서 그 권위가 오는 것으로 보았다. 그러기에 개혁자들은 로마교회만이 하나님의 권위를 계승한 절대적인 매개라는 주장을 부인했다. 두 번째 사상은 성만찬의 화체설을 부인하는 데서 형성되었다. 하나님의 은혜는 성만찬에만 제한될 수 없기 때문이었다. 세 번째 사상은 행함으로 구원을 얻는 도덕주의적 신앙을 거부하고 구원은 전적으로 하나님의 은총이고 선물이라는 사상이었다.[9] 물론 개혁자마다 신학적 특색과 해석의 차별성은 있었지만 이상 세 가지 사상은 종교개혁자들의 기본 신학 사상이었다.

여기서부터 개혁자들의 교회론은 크게 네 가지 형태로 나타난다고 리처드슨은 풀이한다. 루터의 교회론은 하나님의 말씀을 듣고 받아들인 사

1964), 67을 참조 바람.

7 *Ibid.*, 37-39.

8 Cyril Charles Richardson, *The Church through the Centuries*, 144.

9 *Ibid.*

람들의 공동사회로, 칼뱅은 교회는 선택받은 무리로 그리고 동시에 설교하고 성례전을 집행하는 제도라는 양면성으로 이해하였다. 후커(Richard Hooker)는 교회를 칼뱅처럼 선택된 무리이며 동시에 제도로 이해하였다. 이는 성공회의 신학적 입장이기도 하다. 네 번째 유형 재침례파(anabaptist)에 의하여 주장된 교회론이었다. 교회는 성인 세례와 성만찬의 상징에 의하여 묶여지는 믿는 이들의 협의체(Association)이며, 완전한 정의와 선을 통하여 지상에서 하나님의 나라를 대변하는 공동체라는 주장이었다.[10]

1. 루터의 교회론: Communio Sanctorum

루터(Martin Luther, 1483-1546)의 교회론은 하나의 조직된 사상 체계를 가지고 형성된 것은 아니었다. 그의 신앙적 순례와 개혁 운동의 흐름과 맥을 함께 하면서 형성되었다. 이와 관련하여 교회사가 이형기 교수는 『역사 속의 교회』에서 루터의 교회론에 관련된 소중한 자료들을 소개하고 있다. 루터의 교회론은 1520년에 쓴 *The Papacy at Rome*(로마 교황에 관하여)에서 최초로 논의되기 시작했는데, 이미 여기서 교황이 머리가 되는 제도적 교회가 거부되었고 참교회는 믿는 이들의 회집인 "Congregatio Fidelium"으로 정의되었다. 그리고 같은 해 "독일 귀족에게 주는 글", "교회의 바빌론 포로", "기독자의 자유"라는 3대 논문에서 루터는 만인 제사직론을 펼쳤으며, 이는 그의 사역 이해에 기초가 되었다.[11] 자료에 관한 한 이양호 교수는 그의 논문 "루터의 교회론"에서 'Congregation Fidelium'(성도의 회집) 사상은 루터의 "A Brief Explanation of The Ten Commandments, The Creed, and the Lord's Prayer(1520)"[12]에서도

---

10 *Ibid.*, 147.
11 이형기, 『역사 속의 교회』, 185-187.
12 이양호, "루터의 교회론", 『현대의 신학』(연세대학교 연합신학대학원, 1993. 12.), 86에서 재인용.

분명하게 드러나 있다고 첨부했다.

루터는 1521년 "Answer to the Superchristian, Superspiritual and Superlearned Book of Goat Emser"에서 목사의 특수 사역에 관해 논했다(만인 제사직론에 대비하여). 더욱이 1539년에 "On the Council and the Churches"에서 루터는 교회의 가시적, 구체적, 외적인 표지를 일곱 가지로 나열하여 교회론의 다른 차원들을 포괄하기도 하였다. 그리고 1530년 "Augsburg Confession"에서 루터는 그의 교회론뿐 아니라 사도신경과 다른 신조들까지 수용하고 또 거기에 신학적 의미를 부여하였다.[13] 이것은 루터가 쓴 글들이었으며, 그의 교회론은 이 글들을 통해 형상화되었다.

루터의 교회론 뒤에는 루터의 깊은 신앙적 순례와 경험, 신학적 고뇌와 개혁의 의지라는 복합적인 요인들이 뒷받침되고 있었으며 교회론은 이 신앙 경험과 신학화의 구체적 표현이었다. 루터는 아우구스티누스 수도원의 다락방에서 시편 강의(1513-1515년)를 준비하던 중 복음의 의미를 경험하였다. 결정적인 사건은 1515년에서 1516년 사이 로마서를 강해하던 중, 로마서 1:17을 통해 복음의 참 의미를 깨달았던 데서 시작되었다. 이는 "Justification by faith through grace alone"이었는데, 곧 행함이 아니라 "… 우리를 구원하는 그리스도를 믿고 따를 때만 하나님이 우리를 하늘나라에 들어가기에 합당한 자, 곧 하나님 보시기에 의롭다고 인정해 줄 자로 만든다…"(롬 1:17)는, '이신칭의' 사상과의 만남이었다. 그리고 루터는 1519년 갈라디아 주석에서도 복음을 발견하였다. 이는 1517년 95개 조항을 비텐베르크(Wittenberg) 대학 정문 앞에 붙이기 전에 이미 루터는 복음의 이신칭의 사상을 온전히 경험했고 또 터득했다는 사실을 말했다.[14]

조지(Timothy George)는 루터의 교회론 중심 신학 사상 세 가지를 들어 설명했다.

그 첫째는 이미 논의한 '믿음으로 말미암아 의롭게 여김을 받는' 구원

---

13 위의 책. 187-189.
14 위의 책. 185.

사상이었다. 면죄부 논쟁 이후, 루터는 용서란 인간의 행함으로 얻어지는 것이 아니라 하나님의 선물이라는 신념을 얻게 되었으며, 이는 중세기 스콜라주의와 신비주의적 율법주의와 당시 르네상스의 인간 존엄 사상 그리고 로마가톨릭교회의 성례전주의를 모두 거부하는 근거가 되었다.

루터의 중심적 신학 사상 두 번째는 'sola gratia'(은총으로만)이었다. "우리는 하나님이 우리를 점진적으로 의롭게 만들기 때문에 의로워지는 것이 아니라(아우구스티누스), 그리스도의 구속적 희생의 근거로 의롭게 된다"는 사실의 강조이다. 하나님의 은총만이 인간을 자유의 환상으로부터 자유롭게 하며, 구원은 전적으로 은총에 의한 것이라는 의미이다.

루터의 중심 사상, 세 번째는 'sola scriptura'(성서만으로) 사상이었다. 신앙은 성서의 말씀을 경청하는 데서 오는 것으로 이해하였다. 바로 이 말씀 때문에 루터는 1519년에 개최된 토론과 1521년 보름스(Worms)에서 신앙 양심을 선언할 수 있던 것이다. 성서의 권위는 교황이나 의회보다 높은 것이기 때문이었다.[15] 바로 이 세 가지 사상 '이신칭의', '은총으로만', '성경만으로'는 루터의 개혁을 가능하게 했던 것뿐 아니라 그의 교회론 형성에 중심이 되었다.

여기서 루터는 교회를 "믿음으로 말미암아 은혜로 의롭다 함을 얻는 사람들(신자들, 성도들)의 공동체"(Congregatio Fidelium, Congregation of Believers)로서 정의한다.[16] 성도의 교제, 성도의 회집으로서 교회 사상은 1520년 루터가 쓴 The Papacy at Rome에서 강하게 드러났으며, 이는 교황주의를 배격할 뿐만 아니라 제도적·가시적 교회로부터 구별되는 의미를 내포하고 있었다. 그리고 성도의 회집으로서 교회는 '복음 설교', '성만찬'을 표지로 반드시 지녀야 한다고 보았다. 성도의 교제 혹은 공동체로서 교회는 로마가톨릭교회와의 일치가 아니라, 그리스도 안에 있는 신앙과 그 신앙으로부터 생겨난 영적 교제(spiritual fellowship) 안에서 맺어지는 코이노니아

---

15 Timothy George, *Theology of the Reformers*, 62-63.
16 Eric Jay, *The Church*, 162.

(Koinonia)를 의미했다고 제베르크(Reinhold Seeberg)는 해석한다.[17]

　　성도의 교제(Communio Sanctorum)로서 교회와 관련하여, 역사가인 파우크(Wilhelm Pauck)는 루터가 교회(Kirche)라는 말을 선호하지 않았다고 한다. 오히려 '사람들', '하나님의 사람들'을 지칭하는 '에클레시아'(Ecclesia)나 '공동체'(Gemeinde), '회중' 혹은 '회집'(assembly)을 사용하였으며[18] 여기에는 중요한 신학적 전환의 의미가 있다는 것이다. 제도로부터 백성 또는 거룩한 백성으로 교회의 차원을 환원하려는 의미가 있던 것이다. 또 루터에게서 성도의 교제로서 교회의 내적 요소는 '신앙'에 있었다고 한다. 이 점을 들어 종교적 개인주의와 종교적 주관주의에 빠졌다고 루터를 비판한 로마가톨릭교회에 대해 파우크는 루터의 신앙이란 언제나 그리스도 안에서의 하나님과 이웃과 만남이라는 의미를 지녔기 때문에 그 비판은 부당한 것임을 주장했다.[19]

　　루터의 교회론 두 번째 사상은 "교회는 하나님의 말씀이 설교되고 성례전이 올바로 집행되는 곳에 존재한다."는 것이다. 예수 그리스도의 구속적 은혜가 설교와 성례전에 의하여 주어지기 때문이라는 것이다. 이 사상 역시 1520년 *The Papacy at Rome*에서 표현되었으며 이는 세례, 성만찬 그리고 복음 설교라는 표지를 통하여 교회가 세계 속에 현존해 있음을 의미한다.[20]

　　여기서 말씀 설교와 성례전을 은혜의 통로로 보았다는 루터의 사상에 주목할 필요가 있다. 하나님의 말씀은 곧 예수 그리스도였으며, 그는 성서의 증언 속에 살아계시며 아울러 성서에 근거한 선포와 설교 속에서 계속 살아 임재하는 것으로 루터는 이해하였다. 그러기에 루터는 표지로서 설교가 곧 은혜의 통로라기보다는 예수 그리스도와 그의 구속을 선포하는

---

17 Reinhold Seeberg, *History of Doctrines*, vol. Ⅱ, 291.
18 Wilhelm Pauck, *The Herritage of the Reformation*(The Free Press of Glencoe, Inc., 1971), 31-32.
19 *Ibid*., 33. 트뢸치는 루터의 교회론을 '교회형'으로 범주화한 것은 오류라고 이양호 교수는 지적한다. 이양호, "루터의 교회론", 83.
20 Eric Jay, *The Church*, 173.

한 설교는 교회의 표지가 된다고 보았다. 바로 이 말씀과 설교는 성도의 교제를 규정짓는 원리였으며, 이 원리 때문에 루터는 로마가톨릭교회의 교황주의, 계급주의, 비성서적 성례전을 복음에 첨가된 인간적 요소들로서 규정하였다.[21] 이는 말씀과 설교가 없는 로마가톨릭교회의 성례전주의에 대한 신학적 경고이고 또 동시에 말씀과 성례전 자체를 부정하는 재침례파(anabaptist)에 대해 말씀과 성례전 없이는 교회가 될 수 없음에 대한 경고이기도 하였다.[22]

루터의 교회론 세 번째 사상은 '보이지 않는 교회'(the invisible church)와 '보이는 교회'(visible church)였다. 루터에게서 참교회는 그리스도적인 거룩한 백성이며, 이들은 하나님께서만이 누가 선택되었는가를 아시는 것처럼 이들은 숨어있는 불가시적 존재로서 이해하였다.[23] 루터는 아우구스티누스의 '선택된 자들의 불가시적 교회'와 '성도와 죄인이 섞여 있는 보이는 교회'라는 신학적 구조를 따른 것이다.

"두 이름을 가지고 두 교회를 설명할 수 있을 것이다. 첫째는, 영적이고 내적 기독교 왕국이라 부를 수 있는 자연적이고 본질적이며 참 하나인 교회이다. 다른 한 교회는 외적 기독교 왕국으로 불리는 인간이 만든 교회이다."[24]

루터는 두 교회를 분리시키려 한 것이 아니라 영혼과 육이 인간의 몸을 이루는 것처럼 두 교회가 관계되어 있음을 드러내려 했다. 그러나 이때 루터는 육 없는 영혼이 가능한 것처럼 보이는 교회 없이도 참교회인 보이지 않는 교회가 가능하다고 믿었다.

그 후 루터는 멜란히톤(Melanchton)의 영향과 1524-1525년 사이에 일

21 Wilhelm Pauck, *The Heritage of the Reformation*, 34-35.
22 Reinhold Seeberg, *History of Doctrines*, 291-293. 루터의 성례전론에 대해서는 이양호, "루터의 교회론" 『현대의 신학』, 90-96.
23 Eric Jay, *The Church*, 163.
24 Martin Luther, *The Papacy at Rome, Works of M. Luther*. vol. I, 361에서 재인용.

어난 농민 전쟁의 폭력성을 경험한 이후 점차 보이는 교회의 중요성을 강조하기 시작하였다.[25] 그리하여 초기 단계의 보이지 않는 참교회의 표지인 거룩한 말씀(설교), 거룩한 성례, 거룩한 세례에 1539년 그가 쓴 "On the Councils and the Church"에서 보이는 교회의 표지 네 가지가 첨가되었다. 그것은 ① 성화 차원에서 권징 내지는 치리의 필요성 ② 만인 제사장 이외에 특수 사역의 필요성 ③ 기도, 감사, 찬송 ④ 고난의 삶이다. 더 나아가 기독교 윤리와 시대와 문화와 지역에 따른 교회의 행습도 첨가하게 되었다.[26] 이로써 루터는 교회론 이해에 성숙성을 보이기도 했다.

에비스(Paul D. L. Avis)는 『종교개혁자 신학에 있어서의 교회』(The Church in the Theology of the Reformers)에서 루터의 교회론이 가지는 공헌과 약점을 지적하였다. 교회를 말씀과 설교 그리고 구속적 사건에서 정의함으로 루터가 그리스도 중심적 교회론을 펼친 점은 높이 평가될 공헌점이라는 것이다. 그러나 다른 한편 루터는 보이는 교회의 보완적 차원을 첨가하기는 했으나, 지나치게 세속적 권위와 외형적 조건들을 경시함으로써 루터의 교회론은 경제적, 행정적, 시민적, 법률적 영역 속에 아무런 의미도 또 영향도 줄 수 없게 되었고, 그는 단순한 이상주의자(pure idealist)가 되었다. 16세기 루터의 교회론은 오늘에 적절하지 못한다는 비판을 첨가하였다.[27]

그러나 반대로 루터의 교회론 그 자체에 긍정적 평가를 한 사람은 파우크이다. 그는 보이지 않는 교회와 보이는 교회, 우주적인 교회와 개교회 사이의 구분을 서슴지 않고 시도했던 루터의 신학적 의도는 높이 평가되어야 한다고 보았다. 그 이유는 당시 로마가톨릭교회가 절대적 교권주의로 치솟으면서 회중성(개교회의 신앙적 공동체성)을 말살하고 교황 중심의 우주주의 혹은 보편주의(universalism)만을 발전시켜 전체주의화하고 있을 때, 루터야말로 하나님 백성의 양면성(double character)을 재발견하였기

---

25 Eric Jay, *The Church*, 164.
26 이형기, 『역사 속의 교회』, 187.
27 Paul D. L. Avis, *The Church in the Theology of the Reformers*(Atlanta: John Knox Press, 1981), 21-24.

때문이라는 것이다. 우주적 · 보편적 교회는 하나님이 창조하고 만든 하나의 교회지만, 그 교회는 개체 교회가 가지고 있는 회중성(congregational character)을 내포하고 있다고 봄으로, 루터는 양면을 회복한 것으로 평가하였다.28

루터의 교회론 네 번째 사상은 '믿는 모든 사람의 제사장' 혹은 일명 '만인 제사직론'이었다. 만인 제사직론은 '믿음으로 말미암은 은혜 안에서 의로 여김받은'(이신칭의) 사상과 교회를 '믿는 이들의 공동체'(Congregatio Fidelium)로서 보는 사상과 깊은 연관 속에서 이해되었다. 1520년 "독일 귀족에게 주는 글"과 "교회의 바빌론 포로"에서 루터는 다음과 같이 말했다.

> "교황, 감독, 사제, 수도사는 영적 계급이고 왕, 영주, 예술가, 농부들은 세속적 계급이라고 부르는 것은 인간이 만들어 낸 조작이다. … 모든 그리스도인은 진실로 영적 계급에 속한다. '직임'(office)을 제외하고는 차이를 둘 수 없다. … 베드로는 말하기를 너희는 왕 같은 제사장이요, 택하신 백성이요… 우리는 세례를 통하여 모든 청결함 받은 제사장들이다.… 모두가 참으로 제사장이요, 감독이요, 교황이다."29

'Congregatio Fidelium'으로서 교회는 예수 그리스도와 연합되는 차원에서 동시에 이웃을 섬겨야 하는 제사장으로 부름을 받았다는 해석이었다. 성직을 선택된 계급으로, 평신도를 피지배적 계급으로 갈라놓았던 중세 교회의 과오를 루터는 '모든 믿는 이들의 공동적 제사직'을 들어 근본적인 수정을 가하려 하였다. 처해 있는 영역에서 부름을 받아 복음을 전하고 이웃을 사랑으로 돌보며, 죄를 미워하고, 용서와 화해를 찾아 섬기는 소명

---

28 Wilhelm Pauck, *The Herritage of the Reformation*(The Free Press of Glencoe, Inc., 1971), 44-45.
29 M. Luther, "The Babylonian Captivity of the Church"(1520), *Works of Martin Luther*, vol. II. 279 재인용. "An Open Letter to the Christian Nobility", *Works of Martin Luther*, vol. II, 69. 재인용.

이야말로 진정한 의미의 사도 계승으로 보았기 때문이다.[30] 제이(Eric Jay)는 파우크(Pauck)와 함께, 루터의 교회론은 개인주의를 부추기는 이상주의 사상이라고 비판하는 세력에 대해, 루터의 교회론은 철저하게 공동체성이 강조된 신앙 공동체였음을 강력히 변호하고 있다.[31]

2. 칼뱅의 교회론: Coetus Electorum

신앙적 순례와 종교개혁 운동 그리고 신학형성을 동시대적으로 발전시켜 나간 루터와는 달리, 스위스의 개혁자 칼뱅(John Calbin, 1509-1564)은 그가 집대성한 『기독교 강요』(Institutio Christianae religionis) 제4권에서 조직적인 교회론을 펼쳤다.[32] 1536년에 초판이 출판되었으나, 그 시기는 칼뱅이 제네바와의 관계가 좋지 않았던 때이기도 했다. 1539년, 1543년을 거쳐 『기독교 강요』는 크게 확장되었고, 최종판은 1559년에 완성되었다. 이 시기는 1541년 칼뱅이 슈트라스부르크(Strassburg)을 떠나 제네바로 돌아온 후 제네바시를 중심으로 '개혁 교회'의 아버지로서 크게 성공하고 있을 때였다.

특이할 점은 칼뱅은 성령론(제3권)과의 신학적 연관 속에서 교회론을 다루지 않았다는 사실에 있다.[33] 교회론을 하나의 정당한 신학적 주제로 취급하지 않았던 중세기 신학이나, 루터의 교회론은 비조직적이었다는 역사적 배경으로 볼 때, 칼뱅이 『기독교 강요』 제4권 속에서 교회론을 독립적으로 취급한 사실은 신학 사상사에 있어서 최초의 조직신학적 교회론이었다고 볼 수 있다. 물론 칼뱅의 교회론이 『기독교 강요』에만 나타난 것은 아니었다. 1536년 "제네바 고백"에서 말씀과 성례전을 교회의 표지(marks)

---

30 Eric Jay, *The Church*, 165.
31 *Ibid.*, 166.
32 John Calvin, *Institutes of Christian Religion*, tr. by Ford Lewis Battles(The Westminster Press, 1967). 제1권은 신론이고 제2권은 기득론이며 제3권은 성령론이다.
33 이형기, 『역사 속의 교회』, 219.

로 밝힌 것이라든지, 1539년 "살로라토(Salolato) 추기경에게 보내는 서한", "사도행전 주석" 그리고 1544년 "교회 개혁의 필연성"같은 글들을 통하여 칼뱅의 사상은 드러나고 있었다.[34]

칼뱅의 교회론 사상 그 처음은 '보이는 교회'(visible church)와 '보이지 않는 교회'(invisible church) 사상이다. 이것은 루터의 교회론과 흡사한 해석으로 이해된다. 그러나 루터에게서 보이지 않는 교회는 선택의 개념으로 풀이하려 했지만, 그보다는 신앙적이고도 영적인 질(spiritual quality)의 의미로 있었다. 그러나 칼뱅은 보이지 않는 교회를 선택한 사람들의 무리(Coetus Electorum)로 이해하였던 것이 특징이었다.[35] 선택과 예정론의 강조는 자칫 보이는 교회를 불필요한 것으로 만들거나, 혹은 중요하지 않은 역사적 기구로 전락시킬 위험이 있는 듯하다. 그러나 아우구스티누스의 교회론을 수용한 칼뱅은 보이는 교회가 비록 그 안에 쭉정이가 섞여 있다 하더라도 그 교회는 하나님의 영원한 그리고 신비로운 계획 안에 속해 있다고 이해하였다. 보이는 교회는 하나님이 정한 매개로서, 여기서 이루어지는 말씀 사역, 성례전과 훈련을 통하여 하나님은 그의 선택한 이들을 구원에 이르게 한다고 이해하였다.[36] 여기서 칼뱅의 교회론은 루터가 성공하지 못한 보이지 않는 교회와 보이는 교회의 통합을 하나님의 예정론에서 해결하려 했다.[37](『기독교 강요』, IV, I. 7.). 리처드슨(Cyril C. Richardson)은 바로 이 '보이는 교회'와 '보이지 않는 교회' 사상이야말로 칼뱅에게서 중심적 교회론 사상이었다고 해석했다.[38]

칼뱅의 교회론 두 번째 사상은 '신자의 어머니로서 가시적 교회'와 '그리스도의 몸으로서 가시적 교회'에 관한 것이다. 보이지 않는 교회가 하나님의 예정에 의해 선택된 사람들이고 하나님께만 알려진 무리라면 그리스

---

34 Paul D. L. Avis, *The Church in the Theology of the Reformers*, 29-31.
35 Paul Tillich, *A History of Christian Thought*, ed. by Carl E. Braaten(A Touchstone Book, 1972), 272.
36 Eric Jay, *The Church*, 170.
37 *Ibid*.
38 Cyril Charles Richardson, *The Church through the Centuries*, 156-157.

도의 몸과 어머니로서 교회인 보이는 교회는 하나님이 인간에게 접근하고 또 말씀하고자 하는 지상적 매개이고 하나님이 지정한 거룩한 법칙(holy ordinance)이라는 것이다.39 이러한 의미에서 보이는 교회는 하나님이 이 세상 안에 제정한 거룩한 제도인 것이다. 물론 교회의 머리는 예수 그리스도이며, 성령이 그 몸 안에서 사랑으로 하나 되게 하며 성화하는 역사를 이루어간다. 이러한 신학적 배경에서 칼뱅은 키프리아누스와 아우구스티누스를 따라 교회에 '몸'과 '어머니'라는 '상'(image)을 적용했다(『기독교강요』 IV. I. 4-6).40 그러나 어머니로서 교회상에 관하여 딜리스톤(F. W. Dillistone)은 해석을 달리하고 있다. 『기독교강요』(IV. I. 1.)에서 칼뱅은 교회를 신자의 어머니라는 은유를 통하여 하나님이 그의 자녀들을 모으는 지상의 도구로서 이해했으나, 칼뱅은 점차 교회의 참기능은 신자들을 교육하고 훈련하며 안내하는 것으로 이해하기 시작하면서 어머니상을 포기하였다고 해석한다. 그것은 '어머니'보다는 교화(to edify)하고, 가르치고, 해석하고 또 설교하는 교회로의 전환이었다고 딜리스톤은 풀이한다41(『기독교강요』 IV. I. 5.).

칼뱅의 교회론 세 번째는 보이는 교회의 표지(marks)에 관한 해석이다. 그리스도를 머리로 하는 몸으로서 교회라는 사실을 무엇으로 판단할 수 있는가? 당시 개혁 운동을 빙자한 소그룹화 현상과 분열의 현실을 보면서 칼뱅은 참교회가 무엇인지 분별할 수 있는 교회의 표지들을 분명히 밝혔다. 그것은 루터가 이미 정의한 표지와 동일한 것이었다.

> "하나님의 말씀이 순수히 선포되고 또 들려지고, 그리스도의 제정에 따라 성례전이 집행되는 곳에는 의심할 여지 없이 하나님의 교회는 존재한다."(기독교강요

---

39 Wilhelm Niesel, *The Theology of Calvin*(Philadelphia: The Westminster Press, 1956). 185.

40 Eric Jay, *The Church*, 171-172.

41 F. W. Dillistone, *The Structure of the Divine Society*(Philadelphia: The Westminster Press, 1951), 125-126. Paul Tillich, *A History of Christian Though*, 272를 참조 바람.

IV. 1. 9.).

이 표지(notae ecclesiae)를 지닌 교회들은 인종, 공간, 나라 그리고 문화를 초월하여 언제 어느 곳에 있든지 그것은 보편적 교회라는 것이다. 부서(M. Bucer)와 녹스(John Knox)의 스코틀랜드 신앙 고백과 벨기에 신앙 고백에서는 '치리 내지 권징'이 제3의 표지로 첨가되고 있다.[42] 벤델(Wendel)은 칼뱅 자신이 치리를 소중히 여긴 것은 사실이지만, 그것이 교회의 표지에는 해당하지 않는다고 생각한 것이 분명하다고 밝힌다. 치리와 권징(discipline)은 교회의 본질에 속하는 것이 아니라, 교회 치리상 필요한 것으로 보았다고 해석한다.[43]

자신이 칼뱅주의자이면서도 칼뱅의 교회론의 공과 허를 들고 나온 이는 맥그리거(Geddes MacGregor)이다. 그는 『그리스도의 몸』(Corpus Christus)에서 다음과 같이 논평한다. 가시적 교회와 불가시적 교회에 관해 대단히 모호했던 루터와 츠빙글리(Zwingli)에 비해 칼뱅의 입장은 오히려 분명하고 타당했다. 이는 부서(Bucer)의 영향과 자신의 목회 경험에서 나온 조직에 대한 천재성에 기인한다고 했다.

칼뱅에게서 교회의 기초는 하나님의 선택과 예정에 있었으며, 교회는 불가시적이었다. 천사에게까지도 보이지 않는 교회로서 이해되었다. 그러나 동시에 그 교회는 지상의 도구로서 이를 통하여 하나님은 자신을 그의 백성에게 내어줌으로 성도의 회집(Congregatio Fidelium,『기독교강요』IV. 3. 3.)이 생기게 되었다고 칼뱅은 이해하였다. 교회는 그리스도를 머리로 하는 살아 있는 몸으로 존재한다. 표지들에 의하여 그 교회는 가시적으로 드러난다. 그 후 칼뱅은 한 걸음 더 나아가 어머니로서 교회가 없으면 아버지 하나님은 만날 수 없다는 논리를 발전시켰다.

그러나 딜리스톤은 칼뱅이 교회를 어머니로 본 것은 그 개념과 의미상

---

42 Eric Jay, *The Church*, 172. 그리고 이형기,『역사 속의 교회』, 221.를 참조 바람.
43 *Ibid*.

문제가 있었다고 본다. 그리고 교회론을 예정론과 연결시킨 것은 방법론적 실책이었다고 딜리스톤은 보고 있다. 왜냐하면 교회는 그리스도의 '구속적 과정'으로 보아야[44]한다고 생각했기 때문이다. 딜리스톤의 비판은 예리한 통찰력이 함축되어 있다고 본다.

3. 분리주의자들의 교회론

16세기 유럽 대륙을 휩쓸었던 종교개혁의 열풍은 독일의 루터, 취리히의 츠빙글리, 베른의 파렐, 바젤의 외콜람파디우스, 제네바의 칼뱅에 의하여 주도되고 있었다. 그러나 주류 개혁 운동에 반대하는 새로운 운동은 과격주의 종교개혁(radical reformation, 혹은 left wing reformation)이라는 이름으로 등장하였다. 이어 영국의 종교개혁 운동과 로마가톨릭교회의 반종교개혁(counter reformation) 운동이 뒤따랐다. 과격주의 종교개혁 운동은 주류 개혁 운동과 흡사성을 가지고 있었으면서도, 신앙적 근원에 관한 한 다른 뿌리에서 시작하고 있었다.[45]

과격주의 종교개혁은 중세 교회의 형태 모두를 부정하는 것이 개혁이라고 외쳤던 칼슈타트(Andreas Carlstadt)에게서 시작되어 과격한 영성주의를 들고 나온 비텐베르크 선지자들을 거쳐 스위스와 남부 독일 쪽으로 퍼져갔다.[46] 여기에는 츠빙글리의 종교개혁에 불만을 품었던 그레벨(Grebel), 만츠(Manz), 블라우로크(Blaurock) 및 새틀러(Sattler) 같은 재침례파 사람들(Anabapitsts)들이 포함되어 있었다. 독일에서는 덴크(Hans Denck)와 프랑크(S. Franck) 같은 반삼위일체론자들이 생겼다. 또 슈뱅크펠트(Schwenckfeld)와 츠비카우(Zwickau) 예언자 같은 영성주의자들이 생겨났

---

44 *Ibid*.
45 John Dilenberger& Claude Welch, *Protestant Christianinty*(New York: Scribner's Sons, 1954), 58.
46 *Ibid*., 59.

다. 극단적으로는 뮌처(Thomas Müntzer)와 호프만(Melchior Hoffman) 같은 혁명주의자들도 등장하였다.[47]

다양한 주장과 신학적 틀을 넘어서서, 과격주의 종교개혁자들은 두 개의 대상을 향해 공격을 가하였다. 그 하나는 중세 로마가톨릭교회였고 다른 하나는 루터와 칼뱅의 종교개혁 운동이었다. 특히 루터와 칼뱅이 국가와 손을 잡고 개혁을 추진한 'Magisterial Reformation'에 대해 반쪽 개혁이라 비판하고 나섰다.[48] 진정한 종교개혁이란 콘스탄티누스 황제 이전의 처음 교회를 재연하는 신약 공동체의 회복과 완전주의적 윤리를 실천하는 데 있다고 믿었다. 그리고 그들은 국가와 기성교회로부터 자신들의 공동체를 분리하는 일을 실행하였다. '성령을 통한 그리스도 안에서의 새 삶'에 대한 그들의 강조는 주류 종교개혁자들의 '믿음으로 말미암은 은혜의 의인'보다도 더 근원적인 신약의 약속이라고 믿었기 때문이었다.[49]

1527년 2월 24일 스위스 재침례파의 신학을 요약한 슐라이트하임(Schleitheim) 고백서는 다음과 같은 중요한 사상을 담고 있다. 그들은 삼위일체의 하나님에 대한 신앙고백에서 다른 개혁 운동과 동감하지만, 완전주의적 성화의 입장에서 보는 그들은 루터나 츠빙글리의 이신칭의 사상에 만족하지 못한다는 것이다. 여기서 그들은 분리를 주장했으며, 결국은 세례받은 자들을 다시 세례를 주는(재침례) 일을 실행하였다. 여기서 교회론과 관계되는 몇 가지 교리가 재세례파의 특징으로 나타났다. 유아 세례를 반대하고 성인 세례만을 주장하며(회개와 성화의 삶을 강조하기 때문), 권징과 출교가 공동체에 의하여 실시되고, 성만찬에 참여함으로 제도적 교회, 국가, 세속으로부터 분리해야 하며, 개교회 목사에게 출교권을 주어야 하고, 기독교인은 국가의 어떤 공직도 맡아서는 안 된다는 주장들이었다.[50] 1632년에 나온 도르드레흐트(Dordrecht) 고백에서는 Schleitheim 고백

---

47 이형기, 『역사 속의 교회』, 241.
48 John Dillenberger& Claude Welch, *Protestant Christianity*, 62.
49 *Ibid.*, 63.
50 이형기, 『역사 속의 교회』, 243.

보다 더 강력한 교회의 직제를 강조하고 있는 것이 특색이다. 그 핵심은 루터의 만인제사직, 목사직과 흡사하면서도 더 철저한 회중주의를 지향하고 있다. 사도들은 감독을 선출하는 것이 아니라 '형제'들을 선출하였으며, 그 형제들로 하여 감독(초대 교회), 목사, 지도자, 장로와 집사들을 선출하게 하였다고 한다. 이것은 교황주의의 사도 계승을 부정하고 철저한 만인제사직론을 주장한 것이다.[51] 그러기에 재침례파의 교회는 처음 교회를 표본으로 한 성도들의 자발적(voluntary)이면서도 훈련된(disciplined) 공동체였다. 성직과 평신도의 구분이 없으며, 성령을 받은 그리스도인들은 하나님과 이웃과의 관계에 있어서만 아니라 교회의 기능과 직임에 있어서 모두 동등하였다. 그리고 이 교회에 참여한 성도들은 철저한 결단과 내적 훈련의 생활에 참여하여야 했으며, 이러한 교회는 사회로부터 분리되어야 한다고 설파하였다.[52]

에비스(Paul D. L. Avis)는 재침례파의 교회론을 4가지 원리로 요약하고 있다. 그 첫째는 '자발적 참여주의'(voluntarism) 원리이며, 이는 그 교회에 참여하는 사람들의 결단과 훈련에 의한 자발적 협의회(voluntary associa-tion)야말로 참교회라는 것을 의미한다. 두 번째는 '원시주의'(primitivism) 원리이며, 이는 사도행전의 순수한 원시 교회의 복귀와 그 안에서의 평화주의와 공동주의적 삶의 회복을 의미한다. 세 번째는 '배타주의'(exclusivsm) 원리이다. 그들은 자신들만이 지상의 유일한 참사도적·예언자적 교회로 보았다. 강렬한 종말 의식과 영적인 긍지 때문에 박해받는 소수임을 자부하고 있었다. 그리고 네 번째 원리는 철저한 '훈련'(discipline)이었다.[53]

재침례파 운동의 핵심은 스위스와 독일에서 시작되었으나, 그곳에서 꽃피우지는 못했다. 오히려 모라비아와 네덜란드에서 이루어졌다. 후터(Jakob Hutter)와 그의 추종자들은 모라비아에서 재침례파 운동을 확대했고, 시몬스(Menno Simons)와 그의 추종자들은 네덜란드에서 재침례파 운

---

51 위의 책.
52 John Dillenberger& Claude Welch, *Protestant Christianity*, 65.
53 Paul D. L. Avis, *The Church in the Theology of the Reformers*, 55-59.

동을 이어갔다. 그 후로 재침례파 운동은 폴란드, 러시아, 파라과이 그리고 미국 펜실베니아 메노나이트 공동체를 통해서 지금까지 그 신앙과 신념이 지속하고 있다.[54]

20세기 교회론으로 넘어가기 전, 고전적 교회론에 대한 브루너(Emil Brunner)의 사상을 짚고 넘어갈 필요가 있다. 브루너는 중세 신학과 개신교 사상에 나타난 고전적 교회론에 관해 세 가지의 신학적 개념을 집약하고 있다. 그 처음은 'Coetus Electorum'(선택된 사람들의 무리)이라는 사상이었으며, 이는 칼뱅의 교회론을 의미한다.[55] 선택된 사람들의 무리로서의 교회는 "영원하신 하나님의 선택과 의지"(롬 8:28; 엡 1:19-11)에 그 존재의 근거를 두는 것이 특징이다. 이러한 교회론은 초월적·예정적 근거라는 신학적 타당성에도, 추상적인 영적 지식주의(abstract spiritual intellectualism)에 빠질 위험성을 안고 있다고 경고한다.[56] 이러한 교회는 역사성과 제도성, 교제라는 교회의 수평적 차원을 외면하기 쉽기 때문이다.

두 번째 교회의 개념을 브루너는 'Corpus Christi'(그리스도의 몸)라고 불렀으며, 이는 중세 로마가톨릭교회의 교회론을 집약한 사상이다.[57] 그리스도의 몸으로서 교회는 그 근거를 신비적 비전이나 추상적 사상에 두는 것이 아니라, 갈릴리 어부를 불러내어 그들을 제자와 사도로 삼은 예수 그리스도의 사역에 두고 있다는 것이다. 고린도전서 12장에 서술되는 머리와 몸 사이의 살아 있는 유기체적 관계에서 예수 그리스도는 머리요, 교회는 그의 몸이라는 사상에 근거한다.[58] 그러나 브루너는 그리스도의 몸으로서 교회는 그 객관적·역사적 근거의 장점에도, 이 교회론은 자칫 성례전적 계급주의(sacramental hierarchism)에 빠질 위험성을 지닌다고 보았다.[59] 이는 초월적 근거를 잃어버리기 쉽기 때문이다.

---

54 *Op, cit.*, 62.
55 Emil Brunner, *The Christian Doctine of the Church, Faith and the Consumation*, 23.
56 *Ibid.*, 27.
57 *Ibid.*, 24.
58 *Ibid.*, 24-25.
59 *Ibid.*, 27.

세 번째 개념의 교회는 'Communio Sanctorum' 혹은 'Communio Fidelium'(성도의 교제)이다. 성도의 교제로서 교회는 신자 한 사람 한 사람 신앙에 그 근거를 둔다고 브루너는 보았다.[60] 루터의 교회론이기도 한 이 사상은 오순절에 제자들의 모임이 확산하면서 새로운 신자들이 계속 늘어나고 첨가되는 것과 같은 원리에 근거를 둔다고 보았다.[61] 성도의 교제로서 교회는 믿는 자들의 공동체였으며, 이는 'Communcatio'를 통하여 'Communio'에 이르는 것으로 이해하였다.[62] 교제로서 교회는 앞서 논의한 선택(electio)과 몸(corpus) 사상을 연결하고 종합하는 제3의 차원으로 보았다.[63] 그리고 성도의 교제로서 교회는 영적 - 주관적(spiritual-subjective)인 강점에도, 이 교회론 역시 감정주의적·경건주의적 개인주의(emotional, pietistic individualism)에 빠질 위험성을 안고 있다고 브루너는 경고하였다.[64]

중세기와 종교개혁기에 제시된 교회론들, 즉 'Corpus Christi', 'Coetus Electorum', 'Communio Sanctorum'들은 성서로부터 중요한 신학적 차원들을 추출하여 그 근거 위에 형성된 것이 특징이었다. 그러나 이러한 교회론은 존재론적 근원(ontic event) 포착이 미흡했다. 그 결과 이 시대의 교회론들은 단편적이고 편파적일 수밖에 없었다.

---

60 *Ibid.*, 25.
61 *Ibid.*, 25-26.
62 *Ibid.*, 27.
63 Emil Brunner, *The Divine Imperative*(London: Lutterworth Press, 1937), 524.
64 *Op, cit.*, 27.

10장
20세기 교회론

종교개혁기로부터 20세기 사이에 분출되었던 신앙 운동과 다양한 교회 개혁 운동은 20세기 교회론을 태동시킨 중요한 배경이 되었다. 특히 종교개혁 운동에 대한 로마가톨릭교회의 반개혁 운동(counter-reformation), 성공회(anglicanism)의 등장, 성공회에 반작용으로 나온 청교도 운동(puritanism), 이와 맥을 같이하여 유럽 대륙을 무대로 등장한 독일 경건주의(German Pietism)와 모라비안 운동 그리고 영국에서 출현한 감리교회(Methodism) 운동은 보수로의 회귀와 거기에 저항하는 신앙적 추구라는 양극 사이를 오고 간 기독교 공동체의 역사적 몸부림이었다.

이와 관련하여 리처드슨(Cyril C. Richardson)은 흥미 있는 해석을 제시하고 있다. 그에 따르면 현재 교회론의 중심적 에토스(ethos)는 규격화된 개신교 사상(closed Protestantism)보다는 관용(toleration)과 자유 사상을 강조한 16세기 계몽주의 운동(Enlightenment)으로부터 왔을 것으로 추정된다.[1] 권위나 제도에 반대하고 과학적·수학적 확실성과 검증에 의한 진리를 존중했던 독일 계몽주의야말로 현대 교회론을 형성한 요인이었다는 것이다. 리처드슨의 이 같은 해석은 역사신학자들의 반론을 불러일으키기에 충분한 것이지만, 그의 독특한 착안은 역사적 교회론은 시대정신이라는 빛에서 보아야 한다는 새로운 해석학적 차원을 소개한 것이었다.

---

1 Cyril Charles Richardson, *The Church through the Centuries*, 193.

리처드슨은 한 걸음 더 나아가 트뢸치(E. Troeltsch)의 고전적 규범인 '교회형'(church type)과 '종파형'(sect type)이라는 이분법적(二分法的) 틀을 수용하여 교회의 유형화를 시도한다. 중세기의 종파들(sects)은 자발성(voluntarism)과 배타성(exclusiveness)에 의하여 특징 지워졌고, 교회형(church type)은 언제나 세속적 권력과 타협, 전통과 제도를 신봉하는 신념에 의하여 특징 지워졌지만,[2] 현대 교회론의 특징은 종파형이나 교회형이 아닌 교단형(denominationalism)이라고 했다.[3] 리처드슨이 제시하는 교단형의 교회는 종파적 요소와 교회적 요소들을 수용하였기에 자발성과 제도성을 소유하고 있지만, 아울러 교단형의 교회는 계몽주의로부터 유래된 자유와 관용의 사상을 과감히 소화하였다는 특징이 있다.[4] 리처드슨의 해석은 트뢸치의 이분법을 넘어선 제3의 해석으로 풀이된다.[5]

1. 종교개혁과 20세기 사이의 교회운동과 교회론

종교개혁과 20세기 사이에 존재한 교회 운동의 처음은 로마가톨릭교회의 '반개혁운동'(counter-reformation)이었다. 종교개혁 운동은 로마가톨릭교회에 대한 도전이었을 뿐만 아니라 충격이었다. 바로 이 충격은 로마가톨릭교회 자체의 개혁 운동으로 승화되었다. 특별히 성직자들의 각성에 의하여 '훈련, 교육, 목회'의 영역에서 개혁이 크게 부각되었으며 예수회(Jesuits, 1540)와 네리(Philip Neri)에 의하여 창설된 오라트리오회(The Congregation of the Oratory, 1575) 등에 의해 교회 개혁이 촉진되었다. 그중에서도 트리엔트 공의회(Council of Trent)는 로마가톨릭교회가 시도한 반개혁운동의 절정적 사건으로 평가했다.[6]

---

2 *Ibid.*, 196.
3 *Ibid.*
4 *Ibid.*, 197.
5 Eric Jay, *The Church*, 224-225. 제이도 리처드슨이 말하는 교단형 교회의 출현을 로크(John Locke)의 "관용에 관한 글"을 인용하면서 유사한 해석을 시도하고 있다.

트리엔트 공의회는 1545년에서 1563년 사이에 트리엔트(Trent), 볼로냐(Bologna), 다시 트리엔트를 오가면서 25회기를 가지고 열렸다. 공의회에서는 종교개혁자들이 제기한 신학적 논제들, 예를 들어 '성서의 권위', '이신칭의', '예정론', '성례전 신학' 등이 논의되었으나, 결과적으로 개혁자들의 신학은 모두 거부되었다. 다만 실천적 영역에서 몇 가지가 수용되었을 뿐이었다. 결국, 트리엔트 공의회는 교황 중심의 교회와 교권주의적 교회론을 재확인하는 것으로 귀결지었다.[7] 트리엔트 공의회 이후 교황에게 위임된 후속적 보완은 교리 문답이 아니라, 사도신경에 대한 신학적 해설이었으며, 이는 성직자의 교회와 설교와 교육을 위한 자료로 편집되었다.[8] 역사적 교회론에 관한 한 트리엔트 공의회는 그 어떤 새로운 교회론도, 개혁도 제시하지 못한 채 끝난 것으로 평가했다.

종교개혁과 20세기 사이의 두 번째 교회 개혁 운동은 영국에서 일어난 성공회(anglicanism) 일명 '영국의 종교개혁'(English reformation)이라 부르는 운동[9]의 등장이었다. 대륙의 종교개혁과는 달리 성공회는 국가 교회의 성격을 띠었으며, 그 이면에는 두 가지 중요한 요인이 자리 잡고 있었다. 그 하나는 로마 교황청의 지나친 통제와 간섭이었고, 다른 하나는 헨리 8세의 이혼을 교황이 거부한 데서 문제가 발단되었다. 1534년 "The Act of Supremacy"(수장령)가 국회에서 통과됨에 따라 'Anglicana Ecclesia'(영국 교회)의 독립이 선언되었으며 왕은 교회의 머리로서 선언되었다.[10]

성공회는 로마 가톨릭 전통과 개신교적 사상 모두를 수용하는 이중적 근거를 가지고 출범하였다. 1549, 1552, 1559년을 거쳐 1662년에 제정 발표된 "The Act of Uniformity"(일치령)와 1571년에 최종 확정된 39개 신조를 통하여 영국 교회는 개신교의 주요 교리를 채택하면서도 니케아, 이그나티우스 그리고 사도신경을 받아들이는 가톨릭적 전통도 수요하였다.[11]

---

6 *Ibid.*, 195.
7 *Ibid.*, 195-196.
8 *Ibid.*
9 John Dillenberger & Claude Welch, *Protestant Christianity*, 67.
10 *Ibid.* 68-69.

그러기에 성공회의 교회론은 독자적인 사상 체계를 가지고 있다기보다는 전통적인 '가시적'(visible)·'불가시적'(invisible) 교회의 틀을 가지고 있었다. 특히 영국 교회의 신학자 후커(Richard Hooker)에 의하여 많은 영향을 받은 이 교회론은 무엇보다 먼저 그리스도의 신비적 몸(mystical body of Christ)으로서 교회는 불가시적 교회이며, 이에 속한 사람들은 하나님만이 안다는 아우구스티누스적·칼뱅적 입장을 취하였다. 칼뱅의 해석을 따라 필드(Richard Field)는『교회에 관하여』에서 교회의 가시성과 비가시성은 둘이 아니라 한 교회의 두 면이라고 설명한 바 있다.[12]

불가시적 교회가 그리스도의 신비적 몸이기는 하나, 영국 교회와 후커는 이어서 가시적 교회의 의미와 중요성을 강조한다. 불가시적 교회의 강조는 가시적 교회를 약화하는 것이 아니고, 오히려 예수 그리스도를 머리로 하는 가운데 성령이 생명과 질서를 불어넣는 조직된 사회를 강조하기 위함이었다. 성공회의 사상을 집약한 39개 신조는 제19조에서(교회에 관하여) "보이는 그리스도의 교회는 믿는 이들의 회중이며, 그곳에서 순수한 하나님의 말씀이 설교하고, 그리스도의 제정을 따라 성례전이 올바로 수행된다"라고 표현함으로 루터와 칼뱅의 신학적 전통을 따르고 있다. 제20조에서는 교회의 권위로서 성경이, 제21조에서는 공의회도 잘못을 저지를 수 있기에 신앙에 관한 결정은 성경으로부터 와야 한다고 기록하고 있다. 제23조는 누구나 설교하고 성례전을 집행할 수 있다는 급진주의 사상을 거부하면서, "회중 안에서 권위를 부여받는 자에 의해 법적으로 선택되고 보냄을 받은 사람만(성직자)이 할 수 있다"라고 기록함으로 성직의 위계질서가 존중한다. 제36조는 감독과 사제의 봉헌에 관하여 기록하고 있으며, 특별히 성직에는 '감독'(bishop), '사제'(priests) 그리고 '집사'(deacons)라는 3개의 직이 존재한다고 기록하였다.[13]

성공회 신학에 로마가톨릭교회의 주장인 "사도 계승(apostolic succes-

---

11 Eric Jay, *The Church*, 182.
12 *Ibid*. 182-183.
13 *Ibid*. 183-186.

sion)의 교리가 있는가?"라는 질문에는 논의가 엇갈리고 있다. 1833년 영국 옥스퍼드 대학에서 일어난 옥스퍼드 운동(Oxford Movement 혹은 Oxford Tractarianism)은 교회를 국가의 통제로부터 자유롭게 하려는 운동이었다. 아울러 예수 그리스도의 권위와 사도들의 계승을 이어주는 '사도 계승'을 회복하자는 운동이었다. 그러나 리처드슨(Cyril C. Richardson)은 주의를 환기했다. 옥스퍼드 운동 이후 성공회는 점차 가톨릭 쪽으로 기울어졌으며 사도 계승 사상을 신학화하였다고 봤다.[14]

그러나 제이(Eric Jay)는 39개 조에 관한 한 '감독', '사제', '집사'의 사역에 대해서만 말하고 있을 뿐, 그 어디에도 사도 계승의 교리를 논의한 곳은 없다고[15] 단정한다. 물론 두 사람은 각기 다른 자료들을 근거로 논제를 전제하고 있다는 이유에서 이 문제는 좀 더 깊은 연구를 필요로 한다. 1662년의 기도서(prayer book)는 지금까지도 성공회 신학의 기본 자료로 평가받고 있으며, 여기서 교회의 표지는 '일치성'(unity), '거룩성'(holiness), '보편성'(catholicity) 그리고 '사도성'(apostolicity)으로 해석되고 있다. 이는 사도신경의 풀이일 뿐만 아니라 전통적으로 모든 교회가 고백하는(그 의미는 달랐어도) 신조와 일치하는 것이었다.[16]

종교개혁과 20세기 사이의 세 번째 교회운동은 '청교도주의'(Puritanism) 운동이었으며, 이는 영국과 미국의 뉴잉글랜드 지역을 중심으로 생성된 '장로교회', '회중 교회' 그리고 '침례 교회'에 의하여 유형의 교회로 확대되었다. 철저히 칼뱅주의 사상의 영향을 받은 청교도들은 제도화된 교회와 신앙(특히 영국 교회)을 배격하였으며, 살아계신 하나님을 경험하고 성서에 의한 계시와 타당성만을 인정하며 생각과 행동에 있어서 철저한 생활을 신봉하는 신앙의 정체성을 추구하였다.[17]

철저한 성서 중심의 신앙과 예정론을 통한 하나님의 주권성 그리고 하

---

14 Cyril Charles Richardson, *The Church through the Centuries*, 211-213.
15 Eric Jay, *The Church*, 186.
16 *Ibid*. 188.
17 John Dillenberger & Claude Welch, *Protestant Christianity*, 99.

나님의 역사 통치를 믿었던 청교도들은 개교회(local chruch)만이 참공동체임을 강조하였다. 이 사상의 연장 선상에서 장로교회는 장로 정치의 통치구조를 구현하고, 회중 교회는 장로도 감독제도 아닌 회중의 언약 공동체를 내세웠다.[18] 청교도 중에서 유일하게 비칼뱅주의 계보인 침례 교회는 회중 교회처럼 교회를 모든 성도가 동등하게 서로를 섬겨야 하는 언약 공동체로 보지만, 더 철저한 성인 세례와 목사의 소명 의식을 강조하고 교회의 민주적 정치 구조를 내세우는 특징을 보였다. 그리고 교회와 국가의 분리를 철저하게 주장하기도 하였다.[19] 바로 이 같은 청교도 운동은 영국(성공회) 교회와의 마찰을 가져왔지만, 미국 뉴잉글랜드를 중심으로 시작된 미국교회 확산에 중심적 역할을 수행하였다. 로마가톨릭교회의 반종교개혁과 성공회의 국교화에 반하여 청교도 운동은 종교개혁적 정신과 사상, 특히 칼뱅의 언약 사상을 중심으로 교회를 언약 공동체로 재규정한 교회 회복 운동이었다.

종교개혁과 20세기 사이의 네 번째 교회 운동은 '독일 경건주의'(German Pietism) 운동이었으며 이 운동과 연관되어 등장한 것은 모라비아(Moravian) 교회였다. 장로교회와 회중 교회가 칼뱅의 사상을 근간으로 하는 특히 하나님의 주권성과 예정 그리고 성경 중심에 근거했다면 독일의 경건주의, 영국의 감리교회(Methodism) 그리고 미국에서의 대각성(The Great Awakening) 운동은 신앙의 내적 경험과 경건에 초점을 둔 것이 특징이었다.[20] 청교도 운동이 객관적 계시에 강조를 두었다면 경건주의 운동은 주관적 경험에 강조를 두는 대조를 이루었다.

역사적 교회론에 관한 한 독일 경건주의와 모라비아 교회는 대단히 중요한 교회론적 대안(ecclesiastical alternative)을 제시하였다. 독일 경건주의 운동은 독일 루터교회의 목사인 슈페너(Philipp Spener)와 프랑케(August Francke)에 의하여 시작되었다. 그들의 궁극적 목적은 그리스도 안의 경험

---

18 *Ibid*. 108-109.
19 *Ibid*. 110-111.
20 *Ibid*. 123.

적 신앙을 통하여 형식화된 독일 교회를 개혁하는 데 있었다.[21] 그들은 신앙의 상호적 격려와 성숙을 위하여 가정의 소그룹을 만들었으며, 그 목적은 소그룹이 교회 안의 작은 '누룩'이 되어 교회 전체 안에 새 생명을 불어넣기 위한 것이었다.

이 소그룹을 "Collegia Pietatis"(경건한 사람들의 모임)라고 칭했으며, 철저한 성서 연구를 통하여 신앙의 생명력을 되찾으려 하였다. 바로 이 교회 안의 작은 공동체들은 구원받은 사람들의 공동체를 대변하였다. 이것은 교회론의 새로운 차원을 흡입하는 혁명적 개념, '교회 안의 작은 교회'(ecclesiolae in ecclesia)를 최초로 실천한 공동체였다는 점에서 역사적 중요성을 가진다. 큰 공동체 안의 작은 공동체라는 새로운 구조를 탄생시킨 것이다. "Colleiga Pietatis"는 그리스도의 현존을 경험하고 또 실천한 세포(cell) 그룹으로서 훈련된 공동체를 의미했다.[22]

'Collegia Pietatis' 운동이 확산된 역사적 계기는 귀족 친첸도르프(Count Zinzendorf)가 그의 헤른후트(Herrnhut)의 광활한 땅을 후스의 후예(Hussites)에게 제공함으로 시작된 모라비아(Moravian) 교회에서 이루어졌다. 철저한 신앙적 헌신과 성서 연구 그리고 깊은 코이노니아와 세계 선교의 열정을 중심으로 형성된 모라비아 공동체는 경건주의 신앙을 교회 안의 교회 운동을 통하여 실현한 최초의 모형이 되었다. 이는 할레(Halle) 대학,[23] 튀빙겐(Tübingen) 대학 그리고 칸트와 슐라이어마허 같은 학자들에게 깊은 영향을 주었으며, 존 웨슬리의 회심뿐 아니라 감리교 운동에도 지대한 영향을 남겼다.

종교개혁과 20세기 사이의 다섯 번째 교회운동은 존 웨슬리(John Wesley), 찰스 웨슬리(Charles Wesley), 화이트필드(George Whitefield)에 의해 시작된 '감리교 운동'(Methodism)으로 이어졌다. 감리교 운동은 영국 교회 안에서 일어난 작은 교회 운동(ecclesiolae in ecclesia)이었다.

---

21 *Ibid*.
22 *Ibid*., 124.
23 *Ibid*., 126.

당시 영국 교회는 계급화되고 합리주의적 신앙으로 전락했고 영국 사회는 부도덕과 타락으로 점철되어 있었다. 이때 옥스퍼드 대학 안의 작은 신앙 공동체인 감리교도들(Methodists)은 거룩한 클럽(holy club)을 창설하고 조지아 선교를 위한 항해 중 접촉한 모라비아 교도들의 신앙 그리고 애더스게이트(Aldersgate)에서의 회심 그리고 헤른후트(Hernhut) 공동체 방문 등의 웨슬리의 신앙적 순례는 영국 교회로부터 배척을 받았다. 결국, 웨슬리는 속회(class meeting)라는 작은 12명의 공동체를 만들었고, 평신도 사역자(lay preachers)들을 세우는 일을 통하여 전도의 길을 열어야 했다. 웨슬리 자신이 원하지는 않았지만 그는 속회와 무리(band)와 집단(society)이라는 작은 공동체들을 만들어 복음 확산을 시도할 수밖에 없었다. 감리교 운동이 처음부터 영국 교회와 분리를 의도한 것은 아니었다. 웨슬리의 사망 때까지 감리교회는 영국 교회 안에 남아 있었다. 그러나 미국으로 건너오면서부터 감리교회는 영국 교회와의 공식적인 결별이 이루어졌다.[24] 중요한 것은 웨슬리는 감리교 운동을 끝까지 영국 교회 안의 신앙 운동, 작은 교회(ecclesiolas in ecclesia) 운동으로 남기려 했었다는 사실이다. 이것은 그의 신학적 교회론에서도 잘 드러나 있다.

존 웨슬리의 교회론은 윌리엄즈(Colin W. Wiliams)의 『존 웨슬리의 신학과 오늘』[25]에서 요약되고 있다. 존 웨슬리의 교회론 정의는 다음과 같다. "그리스도의 제정을 따라 순수한 하나님의 말씀이 설교했고, 성례전이 올바로 집행되는 곳에 믿는 이들의 회중이 존재하며, 그곳이 곧 가시적 교회이다"[26] 이는 루터의 교회론과 칼뱅의 신학적 교회론이 일치되는 사상이다.

그러나 윌리엄즈는 한 걸음 더 나아가 웨슬리의 교회론이 가지는 특징 세 가지를 설명하고 있다. 전통적으로 로마가톨릭교회는 성례전만을 강조함으로 설교와 신앙을 약화시켜 왔는가 하면, 고전적 개신교회는 설교만을 강조함으로 경험적 신앙과 성례전을 외면하였으며, 자유 교회(종파적

---

24 *Ibid.*, 129-136.
25 Colin W. Wiliams, *John Wesley's Theology Today* (Nashville: Abingdon Press, 1960).
26 *Ibid.*, 141. 윌리엄즈는 웨슬리의 글 13조와 14조를 인용하고 있다.

교회)는 경험적 신앙만을 강조함으로 설교와 성례전을 외면하여 온 잘못을 범해왔다고 지적했다.[27] 윌리엄즈는 웨슬리의 교회론은 이 세 차원을 모두 포괄한다고 보았다. 웨슬리의 교회론은 살아 있는 신앙적 경험, 말씀의 선포와 경청 그리고 성례전의 올바른 집행이 이루어지는 공동체였기 때문이다.[28] 웨슬리는 "말씀과 성례전 속에 그리스도의 임재라는 '객관적 거룩'(objective holiness) 없이 신자들의 살아 있는 응답인 '주관적 거룩'(subjectvie holiness)은 교회를 참교회되게 할 수 없다"라고 주장하였다.[29] 객관적 거룩성이 대부분 고전적 개신교(루터와 칼뱅)과 성공회(영국교회)의 신학적 전통으로부터 온 것이라면 주관적 거룩성은 웨슬리의 회심 경험과 경건주의 전통에 그 근거를 두고 있다. 웨슬리의 신학적 교회론은 바로 이 양 차원의 종합으로서 신앙 공동체였다.

그리고 웨슬리의 교회론은 교회의 존재 양식과 교회의 선교의 새로운 차원을 제시하고 있다. 교회의 존재 양식은 '교회 안의 작은 교회'(ecclesiolae in ecclesia)이다. 교회 안의 작은 교회란 말씀을 살아가는 신자들의 작은 자원 그룹(속회)이며 이들은 훈련된 삶을 통하여 회중 안의 작은 누룩이 된다.[30] 누룩 공동체의 핵심은 은혜 안의 상호 격려, 상호 봉사를 의미하는 성도의 교제(Communio Sanctroum)에 있다. 설교와 성례전과 기도에 참여하는 것, 상호 훈련을 위한 작은 그룹에 동참하는 성도의 교제로 구성된다. 속회는 초대 교회의 재연으로 보았으며 작은 교회로서 속회는 복음전파 매체로서 이해되었다. 웨슬리는 교회의 제도화를 '작은 교회'의 개념으로 극복하려 하였다. 나아가 교회와 세계를 연결하는 작은 고리를 '작은 교회들'에서 찾으려 하였다.[31]

---

27 *Ibid.*, 142.
28 *Ibid.*
29 *Ibid.*, 145.
30 *Ibid.*, 149. 윌리엄즈는 웨슬리의 "설교"에 나타난 교회론을 인용하고 있다.
31 *Ibid.*, 153.

2. 20세기 로마가톨릭교회의 신학적 교회론

신학적 교회론은 20세기에 들어서면서 새로운 역사적 상황과 신학적 도전과 마주하게 되었다. 교회론에 대한 새로운 관심은 신학의 논의에서 뿐만 아니라 교회 연합 운동과 교회 개혁 운동의 중심 주제로 부상하였기 때문이었다. 교회 연합 운동은 1910년 에든버러(Edinburgh)에서 발화된 에큐메니칼 운동을 말한다. 그리고 교회 개혁 운동은 1962년에서 1964년 사이에 교황 요한 23세에 의하여 소집되고 진행된 제2 바티칸 공의회 (Vatican Council II)를 말한다.

제2 바티칸 공의회는 2000년의 로마가톨릭교회 역사상 최초로 자기 비판과 자기 개혁의 진통과 아픔을 과감히 수용했던 것으로 평가받고 있다.[32] 공의회가 제시한 공적 교회론은 혁명적이라고 불릴 만큼 과감한 자기혁신적 상(image)들을 담고 있었으며, 이는 로마가톨릭교회뿐 아니라 전 세계 교회의 신학화 과정에 지대한 영향을 끼친 것으로 평가되고 있다.

제2 바티칸 공의회가 개최되기까지 로마가톨릭교회가 보존해온 신학적 교회론은 철저하게 복고적이고 전통적이었다. 공의회 이전의 사상들을 배경으로 설명하는 것은 공의회의 교회론을 이해하는 데 큰 도움이 될 것이다. 공의회 이전의 사상은 이미 논의한 트리엔트 공의회(Council of Trent, 1545-1563)로 거슬러 올라간다. 중세기와 제2 바티칸 공의회 사이에서 처음으로 다리 역할을 수행하려 했던 트리엔트 공의회는 당시 정치적으로 일치를 가져올 수 없는 기독교 왕국의 붕괴를 경험하고 있었고, 더욱이 민족주의의 등장과 제왕들의 통치권 회복이 이루어지고 있던 시대적 상황으로 보아 개혁보다는 오히려 반개혁(counter-reformation) 쪽으로 갈 수밖에 없었다고 재거(Lorenz Jaeger)는 풀이하고 있다.[33] 기독교 왕국의 일치와

---

32 Robert E. Cushman, "A Protestant View of Vatican Council II in Retrospect", *Duke Divinity School Bulletin* (Duke Divinity School, 1966, Autumn), 169-170.
33 Lorenz Jaeger, *The Ecumenical Council, The Church and Christendom* (NY: P. J. Kendedy & Sons, 1961), 51.

자유를 보호하기 위해서 개신 교회가 제기한 신학적 문제들, 특히 교회론, 성례전, 교권주의적 구조에 대해 교황의 사도적 계승과 권위를 내세워 반교하기에 이르렀다.34 트리엔트 공의회의 중심 논제는 이신칭의의 교리가 아니라 로마 가톨릭과 개신교 사이에 가로놓여 있던 교회론이었다고 주장하는 재거의 해석35은 설득력이 있는 듯하다. 교회론에서 가톨릭과 개신교는 오랜 세월 동안 첨예한 신학적 갈등을 빚어 왔기 때문이다.

　제2 바티칸 공의회 이전의 또 다른 사상은 제1 바티칸 공의회에서 제기되고 통과된 교리 즉 교황 무오론(papal infallibility)이었다. 1868년 6월 29일 교황 비오 12세(Pius XII)는 바티칸 공의회를 소집하였다. 그러나 당시 동방 정교회 지도자와 독일, 프랑스, 스위스, 네덜란드 그리고 미국의 개신교회 지도자들은 참석을 거부하였다. 거기에는 적지 않은 교리적 비판과 정죄가 진행되고 있었기 때문이다.36 그러나 1869년 2월 8일 바티칸 공의회가 공식적으로 개막되었을 때, 그곳에는 700여 명의 주교(bishops)가 참석하였다. 교황 무오론에 관한 의제는 토의 제목에 들어있지 않았다. 다만 교회론과 로마 교황권에 대한 의제만이 토의에 포함되었으나, 주교단이 기습적으로 탄원을 내놓고 교황 무오론을 1870년 7월 18일에 통과시키기에 이르렀다.37 다음 날 Franco-Prussian 전쟁이 일어나게 되자 제1 바티칸 공의회는 정회로 들어갔으며, 교황의 무오론과 주교 그리고 공의회의 관계를 규명할 수 있는 기회마저 가지지 못한 채 장기간 휴회에 들어가고 말았다. 이것은 로마가톨릭교회 안의 의회주의자들(conciliarists)의 패배를 의미했으며, 교황 무오론에 관한 한 그것은 교권주의자들의 승리를 뜻한다.38 그리하여 제1 바티칸 공의회는 로마가톨릭교회를 더욱 경직시키고 제도화로 몰아가게 한 복고 운동으로 평가되고 있다.

　제2 바티칸 공의회 이전의 로마교회의 교회론을 형성한 또 다른 사상

---

34 *Ibid.*, 51-61.
35 *Ibid.*, 61.
36 *Ibid.*, 63.
37 Eric Jay, *The Church*, 234.
38 *Ibid.*, 235.

은 1943년 교황 비오 9세(Pius IX)가 발표한 교황 칙서 "Mystici Cor-
poris"(1943)와 "Humani Generis"(1950)에 나타난다. "Mystici Corpo-
ris"에서 교황은 "신비적인 몸은 물의 세례를 통한 중생이며 참신앙 고백
이고 그리스도의 몸에 속하는 것을 의미하며, 그것은 바로 로마가톨릭교
회이다"라고 주장하였다. 그리스도는 그의 대리자인 로마 교황을 통해 통
치한다는 것이다. "Humani Generis"에서는 신비적 몸과 로마교회를 구
별하려 했던 진보주의자들을 날카롭게 비판하였으며, 한 걸음 더 나아가
마리아의 승천을 교리화하였다.39 이것은 교황 무오론의 재확인이라는 의
미만이 아니라 다른 교회와 어떤 대화도 허용하지 않는다는 의미로 해석
된다. 이것이 제2 바티칸 공의회 전야에까지 이어져 온 로마교회의 교회
론이다. 로마가톨릭교회의 개혁은 1958년 교황 요한 23세(John XXIII)의
즉위와 함께 시작되었다. 1959년 1월 그가 소집한 에큐메니칼 의회
(ecumen- ical council)에서 교회론이 중요한 주제로 부상하였다. 그는 교회
개혁을 통하여 다른 교회와의 대화의 길을 모색하기 시작하였다. 그는 교
회 개혁을 통하여 다른 교회와의 대화의 길을 모색하기 시작하였다. 여기
서부터 비오 12세가 고집한 경직성을 풀어 놓기 시작하였으며, 더욱이 다
른 교회들을 향해 교황으로 돌아오는 길만이 일치 회복의 길이라고 주장
해온 레오 13세(Leo XIII)의 'Apostolicae Curae'(1896)를 무의미하게 만
든 계기가 되었다.40 교황 요한 23세는 기독교 일치 증진을 위한 총무를
임명하고 비로마교회와의 접촉을 시작하였다. WCC 총무와의 접촉, 상호
교류적 성격을 띤 옵저버가 참여하였고, 공의회는 모두 4개의 회기(sess-
ions)를 가졌으며, 16개의 공식 문서가 채택되었다. 교회론은 16개 문서
모두 관련되었으며, 특히 "교회론"(Dogmatic Constitution on the Church),
"현대 세계 속의 교회"(The Pastoral Constitution on the Church in the Modern
World) 그리고 "에큐메니즘에 대하여"(The Decree on ecumenism)이라는 세

---

39 *Ibid.*, 311-312.
40 *Ibid.*, 311.

문서가 교회론의 새로운 신학적 의미를 부여하는 공헌을 남겼다.[41]

제2 바티칸 공의회가 공식화한 교회론은 그 처음 문서인 "교회에 관한 교리적 구성"(Dogmatic Constitution on the Church)에서 의미 있게 구현되었다. 여기서 교회의 처음 모습은 '교회의 신비'로서 표현되었다. 그 신비는 "하나님이 숨어있는 현존 안에 불어넣음을 받은(imbued) 실재"로서 "주 예수 그리스도가 오고 있는 하나님 나라의 기쁜 소식을 설교함으로써 시작된 교회의 기초 안에 나타난 신비"라고 서술되었다.[42] 이 문서는 연이어 "만세 전부터 하나님은 그리스도를 믿는 사람들을 거룩한 교회에 모으는 것을 계획했으며, 이는 영원부터 교회의 태동을 예시한 것"이라고 서술했다.[43] 제2 바티칸 문서는 신비적 몸으로서 교회와 로마가톨릭교회 사이를 아무런 신학적 해명 없이 무조건 동일시하여 온 전통, 그중에서도 특히 1943년 교황 비오 12세가 발표한 교황 칙서 "Mystici Corporis"를 전면 부정하고, 또 근본적으로 수정하려는 새로운 교회론으로 평가되고 있다. 이는 교권 중심적 교회론이 부정되고 하나님과 그리스도 중심의 교회론으로의 전환을 가져온 계기가 되었다.

"교회에 관한 교리적 구성"에 나타난 두 번째 사상은 '하나님의 백성' 사상이었다. 이 문서의 "언제나, 누구든지 하나님을 두려워하고 그의 올바른 길을 행하는 사람들을 하나님은 환영하였으며…"[44]라는 서술에서 하나님의 구원은 전 인류와 전 세계로 열려 있다는 우주 구원이 표명되어 있다. 동시에 바티칸 문서는 "나는 이스라엘과 유다의 집과도 새 언약을 맺으리라"는[45] 성서를 인용하여 이스라엘과의 언약을 강조하고 있다. 이는 오랫동안 반유대주의(anti semitism)로 일관되어 온 유럽 신앙과 신학을 근본에서 재수정하는 의미가 있으며 결국 하나님의 구원은 이스라엘에게도

---

41 Walter M. Abbott, S. J. ed., *The Documents of Vatican II*(New York: Guild Press, 1966).
42 *Ibid.*, 14-17.
43 *Ibid.*, 15.
44 *Ibid.*, 24.
45 *Ibid.*, 25.

열려 있음에 대한 새로운 긍정의 의미이다. 하나님의 백성은 하나님을 두려워하는 모든 사람과 언약을 맺은 이스라엘 모두를 포괄한다는 의미이다.

이는 '교회밖에 구원이 없다'라는 교리를 1,500년 간 지속해 온 전통을 근본에서 수정하는 신학 사상이었다. 또 이 문서는 "그리스도를 머리로 하는 메시아적 백성들이야말로 하나님의 새 백성(new people of God)이다"라고 밝히고 있다.[46] 메시아적 백성으로서 하나님의 백성은 성례전을 통한 그리스도의 '제사장적 공동체'의 유기적 구조에 참여하며, 동시에 산 증언을 위해 그리스도의 '예언자적 직임'에도 참여한다고 이해하였다.[47] 다시 말해서, 메시아적 백성으로서 하나님의 백성은 제사장적·성례전적 공동체에 참여할 뿐만 아니라 동시에 예언자적·증언적 사역에도 참여한다는 것이다. 바로 이 하나님 백성 사상은 교회를 교황과 사제로만 보아오던 전통적 사상을 근본에서 수정하는 공동체주의의 승리를 의미한다. 바티칸 공의회 기간 동안 큰 공헌을 남긴 덜레스(Avery Dulles) 자신도 이 하나님 백성 사상의 의미를 높이 평가하면서, 이는 "교회의 인간적이고도 공동적인 삶의 강조를 실현한 것"이라고 해석하기도 하였다.[48] 제사장적, 예언자적, 왕권적 기능을 가진 하나님의 백성은 사제의 사역과 함께, 아니 사제의 사역까지 포괄한다고 덜레스는 밝히고 있다.[49]

바티칸 공의회는 하나님의 백성으로서 교회와 연관된 평신도와 그 사역에 관해서도 과감한 제언을 남겼다. 하나님의 백성이 평신도와 성직자를 모두 포함하는 신학적 개념이었다면, 하나님의 백성으로서 평신도(성직자가 아닌)는 세례와 견진 성사(confirmation)를 통하여 선교 사역에 참여해야 하는 평신도 사도직(lay apostolate)을 위임받았다는 것이다.[50] 평신도 사도직의 영역은 세속적 영역 전체를 포괄하는 것이었다. 그들은 직업과 소명을 통하여 하나님 나라를 구현하고, 하나님의 계획에 따라 그들은 세

---

46 *Ibid.*
47 *Ibid.*
48 Eric Jay, *The Church*, 314 재인용.
49 *Ibid.*
50 Walter M. Abbott, S. J. ed., *The Documents of Vatican II*, 57-59.

속적 영역을 새로운 질서로 바꾸어 가는 사역에 참여한다는 것이다.[51] 바티칸 문서는 이를 세속적 질(secular quality)이라고 불렀으며 이는 평신도만이 수행할 수 있는 사역의 질이라고 하였다.[52] 평신도 사도직 사상과 평신도 사역에 대한 바티칸의 이 같은 혁명적 시도는 만인 제사직을 개혁의 핵심으로 삼아온 개신교회, 특히 루터교회의 신학적 교회론보다 훨씬 강렬하고도 분명한 신학적 위치와 사명을 제시하고 있다. 평신도 사도직 사상은 후일 남미와 필리핀의 기초 공동체 운동[53]을 창출해 내는 원동력이 되기도 하였다. 하나님 백성으로서 교회론 정립과 평신도 사도직과 사역에 관한 바티칸 신학은 로마가톨릭교회를 개혁으로 몰고 간 실천신학적 패러다임이었다.

"교회에 관한 교리적 구성"에 나타난 세 번째 사상은 "순례적 교회의 종말론적 본질과 하늘 교회와의 연합"(The Eschatological Nature of the Pilgrim Church and Her Union With the Heavenly Church)이라는 제목 속에 나타난 '종말론적 교회론'이다.[54] 제목이 암시하는 만큼의 내용 전개가 이루어지지 못한 것이 아쉬움으로 남지만 이 사상은 하늘의 영광 속에 인류와 전 세계가 그리스도 안에서 완전하게 재건(reestablished)될 것이라는(엡 1:10; 골 1:20; 벧후 3:10-13) 소망을 교회의 궁극적인 목적으로 설정하고 있다.[55] "예수는 제자들에게 성령을 보내고, 또 성령을 통하여 그의 몸된 교회를 세웠다. …교회는 구원의 우주적 성례전이다…"[56] 이 교회는 순례적 과정 속에 있으며 이 교회의 거룩은 그리스도의 약속에 비추어 볼 때 불완전한 거룩(imperfect holiness)이다.[57]

바티칸 공의회의 문서에 나타난 이러한 사상은 교회 절대주의와 교회

---

51 *Ibid*.
52 *Ibid*.
53 기초 공동체 운동(Basic Christian Community)에 관한 논의는 이 책의 후속인 『실천적 교회론』(가칭), "교회 안의 작은 교회" 부분에서 심층적으로 논의될 것임.
54 *Op, cit*., 78.
55 *Ibid*., 78-79.
56 *Ibid*., 79.
57 Eric Jay, *The Church*, 317.

승리주의에 대한 일대 수정일 뿐만 아니라, 다른 교회와 교파들과의 대화의 길을 열어 놓은 새로운 틀이 되기도 하였다.

교회론과 관련된 바티칸의 두 번째 문서인 "현대 세계 속의 교회"(The pastoral Constitution on the Church in the Modern World)에서 교회는 세계 위에 있는 것도, 반대하는 것도, 닫혀 있는 것도 아니라 교회는 세계를 향해 열려 있고, 세계를 위해 존재하며, 세계 안에 있어야 할 것이 선언되고 있다. 이것은 종말론적 교회론에서 연유되는 교회 현존의 모습이다.

그리고 세 번째 문서 "에큐메니즘에 대하여"(the Dercree on Ecumenism)에서는 모든 기독교인과 다른 교파들을 그리스도 안에서 하나 되게 하는 일을 증진할 것과 '갈라진 형제들'을 위한 기도를 촉구하는 개방성과 일치성의 의지가 선언되었다. 개신교회의 에큐메니칼 운동을 모든 교회가 참여해야 할 운동으로 인정하면서, 이를 위한 대화도 촉구하였다.58 이 모두는 바티칸 공의회가 성취한 교회적·신학적 혁명이었다. 그러나 제2 바티칸 공의회가 로마가톨릭교회를 완전히 비가톨릭화시켰다는 의미가 아니다. 예를 들어 "교황권과 관련된 계급 구조론"59, "마리아론"60 등은 여전히 로마교회의 전통을 그대로 반영하고 있다. 그러기에 제2 바티칸 공의회는 전통과 개혁이 함께 어울린 역설적 성격을 띠고 있었다.

개신교 옵저버들의 눈에 비친 제2 바티칸 공의회의 역사적 의미는 로마가톨릭교회가 자기비판과 자기 개혁의 몸부림을 시작했다는 데 있다. 쿠시먼(Robert E. Cushman; Duke 대학교 신대원 학장)은 특히 "종말론적 교회로, 하나님의 순례적 백성으로 교회를 정의한 것은 우월주의를 넘어선 자기 겸허"로 평가했다.61 교회론 논의의 전체 흐름은 성서와 가까웠으며, 특히 하나님의 백성과 그리스도의 몸이라는 용어들은 바울의 의미를 내포한다고 하였다. 그리고 평신도 사역은 사실상 교권주의를 포기한 것이었

---

58 Ibid., 318-320.
59 Walter M. Abbott, S. J. ed., The Documents of Vatican II. 37.
60 Ibid., 85.
61 Robert E. Cushman, "A Protestant View of Vatican Council II in Retrospect", Duke Divinity Bulletin, 170

으며, 교황의 절대권은 주교들과 권한을 공유하는 평등성(collegiality)으로 선회한 계기가 되었다고 쿠시먼은 평가했다.[62] 쿠시먼과 입장을 함께 한 개신교 대표들은 브라운(Robert M. Brown),[63] 린드벡(George A. Lindbeck)[64] 그리고 아우틀러(Albert C. Outler)[65] 등이었다.

그러나 제2 바티칸 공의회에 직접 참관한 스키드스가르드(Kristen E. Skydsgaard)는 바티칸 공의회가 성취한 교회 개혁적 · 교회 신학적 공헌에도, 바티칸 문서는 두 가지 차원을 망각한 잘못을 범했다며 비판하였다.[66] 하나는 역사의 궁극적 차원을 망각하였다는 것이다. 기독교의 역사관은 단순한 세계관이나 진보관이 아니라 하나님의 계시에서 해석하는·역사이어야 하지만, 바티칸 문서에는 '텔로스'(Telos)가 없다는 것이다.[67] 두 번째 문제는 'Constitutio de Ecclesia'에서 교회가 여전히 하나님 나라보다 우선적 위치에 서 있다는 사실이다. 교회는 하나님 나라가 아니라는 것이다. 교회는 하나님 나라를 위해 존재해야 하는 게 원칙이나, 바티칸과 그 후속 문헌들은 이러한 차원을 망각하고 있다는 것이다.[68] 바로 이 문제는 로마 가톨릭 신학만의 문제가 아니라 개신교회의 모든 신학적 교회론이 직면한 문제이기도 하다.

---

62 *Ibid*.
63 Robert M. Brown, *The Ecumenical Revolution*(New York: Doubleday& Co., Inc., 1967).
64 George A. Lindbeck, ed., *Dialogue on the Way*(Minneapolis: Augsburg Publishing House, 1965).
65 Albert C. Outler, "A Response", *The Documents of Vatican II*, 104.
66 Kristen E. Skysgaard, "The Church as Mystery and as People of God", *Dialogue on the Way*, ed., by George Lindbeck, 158.
67 *Ibid*., 159.
68 *Ibid*., 168-171.

3. 20세기 에큐메니칼 운동과 교회론

1962년에서 1964년까지 열렸던 제2 바티칸 공의회가 2000년 동안의 로마가톨릭교회의 신학과 교회론 전개에 있어서 혁명적 변화를 촉매한 계기였다면, 개신교의 신학적 변화는 1910년 에든버러 회의(Edinburgh Conference)를 기점으로 시작된 에큐메니칼 교회론에서 태동되었다. 로마 가톨릭의 신학적 변신이 교황 요한 23세라는 역사적인 한 지도자의 비전에 의해서 가능한 것이었다면 개신교의 신학적 변혁은 전 세계 교회 대표들과 다양성을 지녔던 여러 교파의 선교사와 지도자들이 함께 참여하고, 진통하고 모색해 온 '의회적', '공동적', '대화적' 공동체 형성 과정을 거쳐 이루어져 왔고 또 지금도 진행되고 있다는 특색을 가진다. 이것이 에큐메니칼 교회론의 태동이었다.

에큐메니칼 교회론을 태동시킨 20세기 에큐메니칼 운동은 자연발생적 사건도, 그 어떤 조작에 의하여 일어난 사건도 아니었다. 복잡하게 전개된 역사적 상황과 그 속의 신학적 비전이 만들어낸 하나님의 기적이었으며, 하나님의 역사(役事)가 처음부터 개입되고 또 이끌어 간 역사적 사건이었다. 여기서 20세기 전야의 선교적 상황을 분석하는 것은 에큐메니칼 운동을 이해하는 기본적 전제가 될 것이다.

선교신학자 호그(William Richey Hogg)는 그의 논문 "1517-1914년 사이에 나타난 개신교의 선교적 관심의 등장"[69]에서 20세기 이전의 선교적 상황을 잘 설명하고 있다. 선교적 상황 그 첫 기간은 1739-1815년 사이를 계수한다. 프랑스 혁명과 워털루(Waterloo)에서의 나폴레옹의 패배 이후, 유럽 특히 영국에서 일어난 '복음주의적 각성'(evangelical awakening)은 선교에 대한 관심을 불러일으켰다. 이 관심의 구체적 결실은 개신교 선교 역사상 최초의 선교사로 알려진 캐리(William Carey)(인도 선교사)에 의해

---

69 William Richey Hogg, "The Rise of Protestant Missionary Concern, 1517-1914", *The Theology of the Christian Mission*, ed., by Gerald H. Anderson(New York: McGraw-Hill Book Co., Inc., 1961).

이루어졌다.[70]

1792년에 결성된 '이방인을 위한 복음전파 침례교 협회'(Baptist Society for the Propagation of the Gospel Amongst the Heathen)라는 조직의 후원을 받아 의사 토마스(John Thomas)와 함께 인도로 온 캐리는 성경을 인도의 여러 말로 번역하는 일과 인도 목사를 양성하는 일 그리고 인도 사회를 개혁하는 일에 선교의 관심과 열정을 쏟았다. 이는 선교의 토착화를 시도한 선교 정책이기도 했다. 그리고 이때 캐리는 교단별 선교를 금하고, 세계 선교 의회를 만들어 여러 교파가 하나의 통일된 선교에 참여할 것을 요청하였다.[71] 캐리는 이미 선교의 에큐메니즘이라는 비전을 가지고 있었다. 캐리의 요청이 런던에서 긍정적으로 수용되면서 초교파적인 런던 선교 협회(London Missionary Society)가 1795년 조직되는 결과를 가져왔다. 이것은 개신교의 역사상 최초의 에큐메니칼 선교협의체이기도 했다. 그러나 영국 교회(Anglican church)가 독립적인 교회 선교 협회(Church Missionary Society)를 결성하면서 분열되기 시작했으며, 더욱이 1817-1818년 웨슬리 감리교 선교 협회(Wesleyan Methodist Missionary Society)가 결성되면서부터 분열은 점차 심화되어 갔다. 1798년 네덜란드 선교 협회, 스코틀랜드 선교 협회, 1812년에는 외국 선교를 위한 미국 협의체(American Board of commissioners for Foreign Missions)가 결성되면서 선교는 교파별·지역별로 경쟁 시대에 들어가기 시작하였다.[72] 개신교 분열의 역사는 교회와 교회 사이를 갈라놓았을 뿐만 아니라 선교의 영역에까지 깊숙이 침투하였다.

그렇지만 호그(Hogg)의 분석에 따르면 개신교 선교는 1815년으로부터 1914년까지 100년 사이에 전 지구를 뒤덮는 확장기를 맞이하였다.[73] 역사적으로 이 기간에는 유럽의 식민지 확장이 극에 달하였으며, 그 결과 아프리카 대륙은 여러 갈래로 분열되었다. 또 이 기간은 중국과 일본이 개

---

70 *Ibid.*, 106-107.
71 *Ibid.*, 108.
72 *Ibid.*, 108.
73 *Ibid.*, 109.

방을 시작하던 시기이기도 했다. 이와 때를 같이 하여 독일에서는 보수주의가 등장하면서 또 다른 형태의 선교가 확대되었으며, 미국과 영국을 휩쓸었던 무디(Moody)의 부흥 운동은 많은 젊은이를 회심과 결단으로 이끌었고 세계적으로 일어난 기독 학생 운동은 세계 선교의 열기를 더욱 가열시킨 요인이 되었다.[74] 그러나 선교의 열기와 돌풍이 전 지구를 뒤덮는 동안 안으로 심화해 간 선교의 경쟁의식과 교파주의는 선교의 의미와 기독교 복음의 의미를 퇴색시킨 부정적 상황을 초래하였다. 이것은 역설이며 또 아이러니(irony)이기도 하다.

이러한 역설적인 선교 상황에서 새로운 역사적 상황으로 전환 시켜 준 긍정적 요인 두 가지가 있었다. 이는 19세기 말과 20세기 초에 일어났다. 그 하나는 교회 분열에 대한 교회 지도자와 현지 선교사들의 뼈저린 자각과 기독교 연대성(Christian solidarity)을 호소하는 희구의 목소리였다.[75] 교파의 분열은 선교 현지 기독교인들에게는 무의미했으며, 비기독교인들에게는 복음의 궁극적 의미를 의심하게 한 이유가 되었다.[76] 이러한 인식이 현지 선교사들 속에 확산되면서 현지 선교사들이 중심이 되어 형성한 '초교파적'(interdenomonational), '초민족적'(international) 선교 협의회를 태동시키는 계기가 되었다. 특별히 1854년을 시작으로 일곱 개의 초교파적, 초민족적 협의회가 결성되는 결실을 맺었다.

긍정적 요인 두 번째는 바로 이 과도적인 선교적 상황과 역사적 시점에 에큐메니칼 운동의 챔피언인 모트(John R. Mott)가 등장했다는 점이다.[77] 19세기 중반 신발 판매상인 무디(Dewight L. Moody)가 하나님의 부르심을 받고 세계적 부흥사가 되어 복음을 전파하였을 때, 그 설교를 듣고 있던 한 젊은이는 모트(John Mott)였다. 그는 당시 코넬 대학교(Cornell Univ.) 2학년에 재학 중이었으며 회심의 경험과 함께 그는 복음전파를 위해 헌신

---

74 *Ibid.*, 109-111. 1914년에 세계선교에 참여한 선교사는 무려 22,000여 명에 이르렀으며 그중의 절반은 여성이었다.
75 John Dillenberger& Claude Welch, *Protestant Christianity*, 292.
76 *Ibid.*
77 Paul G. Macy, *If It Be of God* (St. Louis: the Bethany Press, 1960), 37.

하게 되었다. 비전과 용기를 가지고 있었던 모트는 조직화의 능력도 갖추고 있었다. 그는 '세계 학생 기독교 연맹'(World Student Christian Federation)을 조직하고 25년간 총무로 있었고, 그 후 20년 동안은 회장으로 세계 기독 학생운동을 주도한 세계적 지도자였다. 모트는 세계에 흩어져 있는 젊은 선교사들(기독 학생 출신이 많았음)의 소리를 경청하였고, 역사적 사건으로 알려진 최초의 에큐메니칼 회의인 '에든버러 회의'(Edinburgh confer-ence)를 소집하고, 또 이를 주관한 세기의 지도자였다.[78] 세계 도처의 현지 선교사들의 비판적인 인식과 그들의 일치를 향한 호소 그리고 모트의 지도력, 조직력과 결합하여 이루어진 것이 에든버러 회의였다. 당시 젊은이 중에는 후일 영국 교회의 대주교가 된, WCC의 처음 회장을 역임한 바 있는 윌리엄 템플(William Temple)이 자리하고 있었다.[79] 20세기는 에큐메니칼 운동이라는 '교회 일치 운동'에 의하여 교회와 선교의 새로운 지평이 열리게 되었다.

19세기 선교적 상황에서 분출된 일치와 협력을 향한 요청은 1910년 에든버러 회의 개최로 이어졌으며, 이는 개신교 에큐메니칼 운동의 시작이며 동시에 전기가 되었다.[80] 각 교단의 선교 담당 대표들과 현지 선교사들은 물론, 아프리카와 아시아 교회의 대표들도 이에 참여함으로 에든버러 회의는 명실공히 전 세계적, 전 교단적 대표성을 포괄한 최초의 에큐메니칼 운동이 되었다.[81] 에든버러 회의의 목적에 대해 에큐메니즘의 대변학자인 브라운(Robert McAfee Brown)은 다음과 같이 요약하고 있다. "에든버러 회의는 과거에 저질러 온 중복과 경쟁을 피하고, 미래를 향한 공동적인 선교 전략을 세우는 데 있었다"라고 서술한다.[82] 이 목적을 성취하기 위해 에든버러 회의는 "선교적 메시지는 무엇이며, 선교사 훈련을 어떻게 시행하며 기독교 교육, 선교 정책, 일치와의 협력을 어떻게 이룰 것인가?"

78 *Ibid.*, 38.
79 *Ibid.*
80 John Dillenberger & Claude Welch, *Protestant Christianity*, 293.
81 Norman Goodall, *The Ecumenical Movement* (NY: Oxford University Press, 1961), 8.
82 Rober M. Brown, *The Ecumenical Revolution*, 27.

라는 구체적 협의와 안건으로 이어지면서 선교의 비전과 새로운 지평을 확대하였다.[83]

에든버러 회의는 선교 협력의 가능성을 넘어 크게 세 가지 방향으로 에큐메니칼 운동을 승화시킨 계기를 마련하였다. 그 하나는 선교에 관한 지속적 연구와 협력을 추구하는 상설적인 조직을 태동시켰다. 그것은 '국제 선교 협의회'(International Missionary Council)의 등장이었다.[84] 국제 선교 협의회(I. M. C.)는 1921년에 완전한 조직을 갖추고, 1928년에는 '세속주의의 등장에 대한 논제'를 중심으로 예루살렘에서 모임을 가졌다. 1938년에는 '타 종교와의 대화'를 의제로 하여 마드라스(Madras)에서 열렸으며, 1947년에는 '선교에 있어서 동역'(partnership)이라는 주제로 캐나다의 휘트비(Whitby)에서 열렸다. I. M. C.의 혁신적 공헌은 1952년 독일 빌링겐(Willingen)에서 열린 모임에서 논의된 선교신학의 부각이었다. '일치 속의 선교'(mission in unity)라는 휘체돔(Georg Vicedom)에 의해 제시된 '하나님의 선교'(Missio Dei) 신학 사상은 새로운 선교신학적 구도가 되었다. 이는 후일 1968년 웁살라 대회에서 천명된 하나님 선교신학의 기초가 되었다. 1957년 I. M. C.는 이미 기존에 존재하던 세계 교회 협의회(World Council of Churches)와 통합을 결의하고, 1961년 WCC와 통합되었다.[85] I. M. C.는 신학적 교회론을 '선교' 특히 'Missio Dei'(하나님의 선교)의 신학적 차원에서 해석한 지대한 공헌을 남겼다.

에든버러 회의로부터 분출된 두 번째 방향은 신앙고백과 교회 제도의 영역에서도 일치 운동이 일어나야 한다.[86]는 공감대 형성이었다. 특히 미국 개신교 성공회 주교인 브렌트(Bishop Charles Brent)가 교회의 분열을 극복하고 교회 일치의 가능성을 모색할 포럼(Forum)을 강력히 호소한 데서 비롯되었다. 여기서 태동된 협의체가 "신앙과 직제"(Faith & Order)였다.[87]

---

83 John Dillenberger & Claude Welch, *Protestant Christianity*, 293.

84 *Ibid.*

85 Rober M. Brown, *The Ecumenical Revolution*, 27-29.

86 박종화, "에큐메니칼 운동과 신학의 동향과 전망", 『현대와 신학』(연세대학교 연합신학대학원, 1993), 139.

신앙과 직제의 세계 회의는 1927년 로잔(Lausanne)에서 소집되었다. 여기에는 그리스 정교회를 포함한 108교단의 400여 대표가 교회의 본질과 사역을 주제로 회집하였다. 이때의 의장직은 브렌트(Bishop Brent) 주교가 맡았으나, 건강 악화와 사망으로 인해 템플(William Temple) 박사가 의장직을 하였다. '비교 교회론'(comparative ecclesiology)[88]의 성격을 띠었던 이 대회에서 '일치를 원하시는 하나님', '세계를 향한 교회의 메시지'에는 동의하였으나, 교회의 본질, 신앙고백, 사역 성례전에 대한 신학적 해석에는 커다란 불협화음이 일어났다.[89] 그러나 1937년 에든버러에서 열린 세계 대회(122 교단, 414 대표 참여)에서는 "우리 주 예수 그리스도의 은혜"라는 신학 성명이 채택됨으로 신학적 차이들의 극복과 교회의 일치를 향한 공감대가 형성되었다.[90]

1910년 에든버러 회의 이후에 분출된 세 번째 방향은 세계와 이웃을 향한 섬김과 실천적 협력의 방법을 모색하기 위한 세계 회의의 결성이었다. 일명 '삶과 일'(Life & Work)이라고 불리는 이 협의체는 1925년 스톡홀름(Stockholm)에서 그 처음 대회를 가짐으로 구체화되었다. "교리는 분열시키지만 봉사는 일치시킨다."(doctrine divides, service unites)라는 주제로 37개국에서 600여 명이 참여한 스톡홀름 대회는 경제적, 산업적, 사회적, 도덕적 문제와 국제 관계 그리고 교육에서의 교회의 책임에 대하여 심도 있는 토의와 방향을 모색하였다.[91]

에큐메니칼 운동과 신학적 교회론과 관련한 획기적인 사건은 1937년 옥스퍼드(Oxford) 대회(120교단, 435명 참여)에서 일어났다. 이는 특별히 '신앙과 직제'와의 통합을 제안한 대회였다. 여기서 사회, 교회, 공동체, 국가에 대한 교회의 책임과 인간 이해, 하나님 나라, 역사에 대한 신학적 비전이 강력히 제시되었으며, 이것은 교회론의 논의에서 중요한 차원들이었

---

87 Eric Jay, *The Church*, 296.
88 Rober M. Brown, *The Ecumenical Revolution*, 33.
89 *Ibid.*
90 *Ibid.*, 34.
91 *Ibid.*, 30-31.

다.[92] 더 나아가 통합을 향한 과감한 제의가 표명되었으며, 이는 에큐메니칼 운동의 폭과 깊이를 새로운 차원으로 심화하는 계기를 마련해 주었다.

통합의 제언을 근거로 1938년 위트레흐트(Utrecht)에서 Faith & Order와 Life & Work의 대표들이 모여 세계교회협의회의 역사적 태동을 위한 초안을 만들었다. 마침내 1948년 I. M. C.를 제외한 Faith & Order와 Life & Work의 대표들은 암스테르담(Amsterdam)에 모여 WCC를 태동시키는 데 성공하였다. WCC는 다시 1961년 뉴델리(New Delhi) 세계 대회를 계기로 국제 선교협의회(I. M. C.)와의 통합을 이루게 됨으로써 명실공히 개신교회의 에큐메니칼 협의체가 되었다.

1948년 암스테르담에서 개최된 WCC 모임에서는 "인간의 무질서와 하나님의 디자인"(Man's Disorder & God's Design)이라는 주제로 토의가 진행되었다. 참여자들은 주로 하나님의 디자인 안에 있는 교회와 증언을 신학화하였으며, 사회와 국제적 무질서 속에 있는 교회의 사명을 심도 있게 논의하였다. 그리고 WCC는 몇 가지 공통적인 신앙고백을 함께 나누기도 하였다. 예수 그리스도를 하나님과 구세주로 고백하고 그리스도 안에서의 교회 일치를 하나님의 선물로 고백하는 일에서도 일치를 모색했다. 그리하여 그리스도를 머리로 하는 모든 교회는 사실상 하나일 뿐만 아니라 서로 돕고, 협력하며, 공동으로 증언해야 하는 한 몸이라는 고백에까지 이르렀다.

그리고 WCC는 협의회(council)로서 자기 한계도 분명히 하였다. 교회 협의회로서 WCC는 모든 교단과 교회들을 묶어서 하나의 초교회를 만드는 것이 목적이 아니며 교회 연합을 위해 어떤 타협을 모색하는 것도 목적이 아님을 분명히 하였다.[93] 오히려 WCC의 존재 이유는 모든 교단과 교회들을 도와서 교회의 본질을 추구하는 일과 서로의 이해와 대화를 통하여 일치를 향한 길잡이와 도구로서 역할을 담당하는 데 있다고 보았다. WCC는 모든 교단과 교회의 교제로서 존재하며 그 이상의 그 무엇도 추구

---

92 *Ibid.*, 31.
93 *Ibid.*, 36-39.

하지 않는다는 것이다.94 이렇게 시작한 WCC는 개신교회 출현 이후 400여 년간의 필요악처럼 퍼져나간 '분열'의 아픔을 '일치'라는 새로운 공동적 모색의 틀 안에서 치유하는 계기를 마련해 주었으며 더 나아가 WCC는 2000년 동안의 신학적 논의에서 소외되어 온 '교회론'을 신학적 주제로 부각하는 전환기를 마련해 주기도 하였다.

윌리엄즈(Colin Williams)는 그의 『교회』95에서 1948년 WCC 세계 대회의 신학적 의미, 특히 신학적 교회론에 대하여 다음과 같이 서술하고 있다. 그 첫째는, 서기 5세기에는 '기독론'에, 중세기에는 '구속론'과 '성례전'에 신학적 비중을 둠으로써 교회론이 소외되었던 역사적 경험에 비추어 볼 때 20세기 신학에 의해 비로소 '신학적 문제로서 교회론'이 논의되기 시작되었다는 것이다. 교회론에 대한 신학적 질문은 교리 신학에서 나온 것이 아니라 아시아와 아프리카의 선교 현지로부터 제기된 것이라는 사실에 그는 주목한다. 교회 뒤에 교회(the church behind churches)를 추구하는 '자의식적 교회론'(self-conscious ecclesiology)은 에큐메니칼 운동의 징표(hall mark)가 되었다.96

신학적 의미 두 번째는 아일랜드의 주교 그레그(Gergg)와 스위스 신학자 바르트(Karl Barth)의 연설 속에 나타난 교회론 사상이었다. 앵글로색슨 가톨릭 전통에 서 있던 그레그 주교는 교회의 '연속성과 객관성'(givenness)에 강조를 두는 반면 바르트 교수는 교회의 '사건성'(event character)을 강조하였다. 사건성이란 성령의 은사로 말씀만이 신앙을 불러일으킨다는 것이다.97 이렇게 불붙기 시작한 교회론의 논의는 에큐메니칼 운동의 중심적 과제로 부상하였다.

1948년 WCC에서 태동된 교회론은 3기에 걸쳐 진행된 WCC의 교회 일치와 신학적 논의 속에서 변모하였다. 1948년 암스테르담(Amsterdam)

---

94 *Ibid.*, 38-39.
95 Colin Williams, *The Church*, 10.
96 *Ibid.*, 11-13.
97 *Ibid.*, 13-14.

에서 1954년 에번스턴(Evanston) 대회까지가 1기였으며 이 시기의 중심적 교회론은 교회의 다양성 뒤의 연속성 추구였다.[98] 성서의 언약 공동체는 교회의 다양성을 하나로 묶어 주는 기본 개념으로 이해했다. 이 신학적 영향은 미니어(Paul Minear)의 『신약에 나타난 교회상』[99]으로 온 것이었다. '분열 속의 연속성'의 추구는 곧이어 한계에 부딪혔으나, 교회가 자기 정체성을 찾아가는 에큐메니칼 교회론의 중요한 시발점이 되었다.

WCC 제2기는 1954년 에번스턴(Evanston)으로부터 1961년 뉴델리(New Delhi) 대회까지였다. 윌리엄즈에 따르면 이때의 교회론은 제1기의 신학적 논의와 방법론을 비판하는 데서 출발하였다. 교회의 일치나 연속성을 교회론적 추구(ecclesiastical search)에서 모색한다는 그 자체가 자기기만이라는 것이다. 여기서 새로운 신학적 탐색이 시작되었다. 진정한 교회의 일치는 예수 그리스도의 미션(Mission)에 순종할 때 일어나는 사건(event)이라는 사상이 지배하기 시작하였다.[100] 교회는 예수의 부르심에 신앙으로 응답하고 순종하는 선교적 사건이며, 그것은 일례의 선물(gift)이라는 해석이다. 여기서부터 교회의 본질적 표지는 곧 '선교'라는 것이다. 여기에는 바르트의 말씀 사건 사상이 크게 작용하였다.[101] 교회를 말씀 사건으로 보기 시작한 이 교회론은 모든 교회의 다양한 유산과 역사적 전통을 그대로 존중하면서도, 교회의 참 일치는 그것들을 넘어서서 그리스도의 부르심 앞에 순종하는 신앙적 사건에 있다는 새로운 차원을 부각시켰다. 교회론은 교회 간의 신학적 대화를 확대한 틀이 되었을 뿐만 아니라, 교회가 곧 선교라는 차원을 부각시킨 계기가 되었다.

그러나 에큐메니칼 신학과 현대 교회론에 가장 깊은 의미를 부여하게 된 역사적 계기는 제3기인 1961년 뉴델리로부터 1968년 웁살라(Uppsala) 대회 사이에 나타났다. 웁살라 대회에서 채택된 혁명적 패러다임이 하나

---

98 *Ibid.*, 14.
99 Paul S. Minear, *Images of the Church in the New Testament*, 1960.
100 Colin Williams, *The Church*, 15.
101 *Ibid.*

님 선교신학(Missio Dei)이었다.[102] 선교는 교회가 수행하는 그 무엇이 아니며 교회는 세계에서 미션을 수행해 가시는 하나님의 종으로 이해되었다.[103] 하나님 선교신학은 선교의 주체는 하나님 자신이고, 선교의 터는 세계이며 교회는 하나님의 미션을 증언하는 그리고 세계를 위해 존재하는 종과 후기(postscript) 사건으로 이해되었다.[104] 바로 이러한 전환은 2000년 동안 진행된 '하나님-교회-세계'라는 전통적 구도를 '하나님-세계-교회'라는 구도로 전환하는 교회론의 혁명적 패러다임 전환이었다.

이 하나님 선교신학은 국제선교협의회(I. M. C.)의 빌링겐(Willingen) 회의 때 제언한 비체돔(Georg Vicedom)에게서 시작되었지만, 여기에는 정교회의 슈메만(Father Alexander Schmemann), 로마가톨릭교회의 폰 발타자르(Hans Urs van Balthasar) 그리고 개신교의 호켄다이크(J. C. Hoekendijk)의 역사 신학적 접근의 영향이 크게 작용하였다.[105] 더욱이 하나님 선교신학은 로마가톨릭교회가 주도한 제2 바티칸 공의회(Vatican II)의 교회 개혁과 동시대적 사건이라는 사실에 주목한다. 그리고 하나님 선교신학과 교회론은 전 세계 교회에 일대 충격이었으며, 근본적인 구조적 변화를(긍정하든, 부정하든) 요청하는 혁명적 사상으로 평가된다.[106]

WCC는 1975년 나이로비(Nairobi) 대회, 1983년 밴쿠버(Vancouver) 대회, 1991년 캔버라(Canberra) 대회를 거치면서 신학적 순례와 교회 일치 모색을 위한 행진을 계속해 가고 있다. 1968년 하나님 선교신학과 함께 등장한 교회론은 개교회와 지역 교회들을 넘어서는 교회의 보편성(catholicity) 그리고 인류 보편성에 그 역점을 두었다면, 그 후로 진행된 WCC 대회는 개교회와 보편 교회 사이의 관계를 모색하는 방향으로 수정되었으며 특별히 '화해된 다양성'(reconciled diversity)을 통한 유기적 일체성을 지향하고 있다고 이형기 교수는 풀이한다.[107] 더욱이 로마가톨릭교회와 정

---

102 *Ibid.*, 16-19.
103 *Ibid.*
104 *Ibid.*
105 *Ibid.*
106 박종화, "에큐메니칼 운동과 신학의 동향과 전망", 『현대와 신학』, 148-149.

교회도 개교회의 중요성을 보편적 교회의 중요성과 함께 강조하기 시작했다는 역사적 맥락에서, 세계 교회는 공통적인 신학적 관심과 해석의 틀을 공유하기 시작했다.

이형기 교수는 오늘의 에큐메니칼 교회론의 방향을 다음과 같이 요약한다.

> "1982년 BEM문서 이래로 논의되어 오다가 1990년 작성된 "The Unity of the Church and The Renewal of Human community"(신앙과 직제, No. 151)는 종말적인 하나님 나라 비전의 시각에서 교회의 일치와 인류의 갱신의 관계를 다루고 있다. 오늘날 에큐메니칼 교회론은 "The Church of Mystery and Prophetic Sign"(1985)이 말해 주듯이 교회는 종말론적인 하나님 나라의 신비요, 징표요, 미리 맛봄이요, 인류 공동체 속에서 이 하나님 나라를 실현해 가는 도구이다."[108]

이렇듯 교회를 하나님 나라의 비전에서 보기 시작한 신학화 작업은 에큐메니칼 모임뿐만 아니라 신약신학과 심지어 현대 신학 전반의 관심사로 부각되고 있다.

---

107 이형기, 『역사 속의 교회』, 395.
108 위의 책, 395-397.

제IV부

현대 신학적 교회론

11장
신학적 방법으로서 교회론

2000년의 교회사의 흐름 속에서 형성되고 또 변형되어 온 교회론은 신학의 중심 주제가 아니라 하나님의 부제(subtitle) 혹은 부록(appendix) 정도의 취급을 받아왔다. 교부 시대의 신학적 명제가 기독론(Christology)에 초기 중세는 구속론(Soteriology) 그리고 후기 중세와 종교개혁 시대는 성례전(Sacraments)에 집중된 동안 교회론은 한낱 부록의 위치에 머물렀다.[1]

그러나 교회론이 신학의 중심적 명제로 부각하기 시작한 것은 이미 논의한 대로 19세기 말과 20세기 초 전 세계 선교 현지에서 교회 연합의 필요성과 가능성을 질문한 선교사들의 절규와 '한 그리스도', '한 세례'를 외치고 나선 기독 학생 운동에 의해 태동된 에큐메니칼 운동에서 그 계기를 찾는다. 에큐메니칼 운동이 교회 연합이라는 지상적 관제를 풀어가는 과정에서 '교회론'은 신학적 대화에 필수적 명제로 부각하기에 이르렀다.[2] 이것은 20세기를 교회론의 시대라고 부르는 근거이기도 하다.

20세기를 교회론의 시대라고 부르게 된 또 다른 이유는 1962년에서 1965년까지 진행되었던 제2 바티칸 공의회(Vatican Council II)에서 표출된 로마가톨릭교회의 교회론에서 찾을 수 있다.

로마가톨릭교회의 교회론은 여전히 교회의 '신비성', '교권성', '마리아

---

1 Colin W. Williams, *The Church*, 11.
2 *Ibid.*, 12-13.

론' 등 전통적 교리의 조명을 받고 있으나, 제2 바티칸 공의회가 제시한 신학적 해석의 어조(tone)가 교회를 '하나님의 백성', '평신도의 사역' 그리고 더 나아가 '종말론적 공동체'로 옮겨 놓았다는 사실은 교회론의 혁명을 의미했다. 에큐메니칼 운동과 제2 바티칸 공의회를 통해 급격히 부상한 교회론에 대한 논의는 많은 신학자의 호응을 받았으며 그 결과 교회론은 신학의 중심 과제로 부상하였다. 미니어(Paul Minear)는 『신약의 교회상』[3]을 통해 교회론의 성서적 관점을 제시했으며, 딜리스톤(F. W. Dillistone)은 『신적 사회의 구조』[4]를 통해 언약 사상의 관점을 제시하였다. 바르트(Karl Barth)는 그리스도 중심의 신학과 말씀 사건을 교회의 본질로 삼았다.[5] 본회퍼(Dietrich Bonhöffer)의 『성도의 교제』[6], 호켄다이크(J. C. Hoekendijk)의 『흩어지는 교회』[7], 몰트만(Jürgen Moltmann)의 『성령의 능력 안에 있는 교회』[8] 그리고 로마 가톨릭 신학자인 큉(Hans Küng)의 『교회』[9]는 1950년대, 60년대, 70년대의 교회론 논의의 전성기를 이루었다.

이렇듯 신학적 중심 주제로 부상한 교회론을 범주화하는 신학적 작업이 현대 신학적 교회론이라면 그 작업을 가볍게 하는 '틀'을 신학적 방법론이라고 부를 수 있다.

교회론의 신학적 방법론을 처음 소개한 이는 트뢸치(Ernst Troeltsch)이며, 그의 방법론은 '역사 분류법'이라고 부를 수 있다. 트뢸치는 교회 역사 속에 나타난 교회형 중의 하나를 '교회형'(church type)이라고 보았으며, 다른 하나를 '종파형'(sect type)이라고 하였다.[10] 교회형에는 아퀴나스(Tho-

---

3 Paul Minear, *Images of the Church in the New Testament*.
4 F. W. Dillistone, *The Structure of the Divine Society*(Philadelphia: The Westminster Press, 1951).
5 Colin W. Williams, *The Church*, 13.
6 Dietrich Bonhöffer, *The Communion of Saints*(New York: Harper & Row, 1960).
7 J. C. Hoekendijk, *The Church Inside Out*(London: SCM, 1964).
8 Jürgen Moltmann, *The Church in the Power of the spirit*(London: SCM, 1977).
9 Hans Küng, *The Church*(New York: Sheed & Ward, 1967).
10 Ernst Troeltsch, *The Social Teachings of the Christian Churches vol. II*(New York: Harper & Row, 1931).

mas Aquinas)와 중세 로마가톨릭교회로 대변되는 제도적 교회가 속한다고 보았다. 교회형 교회는 절대적이고 권위적인 진리 수호자로서 제도적 교회를 의미하며 성례전적 기적 그리고 구원과 은총의 능력까지 이 제도 안에 부여되었다고 믿는다.[11]

그러나 교회사에 나타난 두 번째 유형으로서 종파형 교회는 철저한 반제도적(anti-institutional)·반사회적(anti-social) 성격을 가진다고 보았다. 종파적 교회는 예수 그리스도의 복음과 법으로부터 오는 신앙적 이념을 중심으로 형성된 순수한 신앙 공동체를 그 생명으로 한다는 장점을 지닌다.[12] 종파형의 교회는 성격상 제도적이거나 의식적이기보다는 종말론적 신앙과 헌신을 그 생명으로 삼는다.

이처럼 트뢸치의 고전적 역사 분류법은 근일에 와서 미국의 역사학자인 마티(Martin Marty)에 의하여 계승되었다. 마티는『공의적 제국』[13]에서 교회를 두 성향을 가진 당(party)으로 구분한다. 하나는 '공당'(public party)으로서 교회이며, 이 교회는 사회적 기독교의 성격을 나타내며, 사회 개입에 중점을 둔다고 보았다. 다른 하나는 '사당'(private party)의 교회이며, 이 교회는 주로 회심과 개인 구원을 강조하는 부흥주의의 성격을 나타낸다고 봤다.[14]

마티의 '공당' 개념의 교회는 트뢸치의 '교회형' 교회와 상응되는 것으로 볼 수 있으며, '사당' 개념의 교회는 트뢸치의 '종파형' 교회와 그 사상적 맥을 같이한다고 볼 수 있다.

트뢸치와 마티의 역사 분류법은 교회의 성격을 규정하고 또 범주화하는데 중요한 방법론적 틀을 제시하였다고 본다. 그러나 트뢸치와 마티의 이분법적 분석 방법은 그 선명성에도 지나친 단순함에 빠졌다는 비판을 면하기 힘든 약점을 가지고 있다. 교회의 역사적 현상을 "교회형이냐? 종

---

11 *Ibid.*, 461.
12 *Ibid.*
13 Martin Marty, *Righteous Empire*(NY: The Dial Press, 1970).
14 *Ibid.*, 178-179.

파형이냐?" 혹은 "공당적이냐? 사당적이냐?"라는 이분법적 규범으로 범
주화하기에는 그것이 너무도 복잡하고 다양하기 때문이다. 더욱이 제3의
그 어떤 유형의 가능성도 제시하지 않았다는 이유에서 방법론의 한계를
드러냈다고 본다.

그러나 교회론을 신학적으로 접근하는 방법론적 틀을 구약성서의 공동
체 유형에서 범주화한 이는 구약 신학자 폰 라트(von Rad)였다. 폰 라트는
그의『구약성서 신학』[15]에서 구약에 나타난 공동체를 '장막'(Tent)과 '법
궤'(Ark) 형으로 대비시키고 있다. 성서적 교회론에서 이미 논의한 대로 장
막은 야훼가 지상에 거하는 장소나 공간이 아니라 하나님과 모세, 하나님
과 이스라엘 사이의 만남의 초점(point of meeting)으로 이해하였다. 장막은
여호와의 말씀을 선포하고 또 연설하는 장소였을 뿐이었다는 것이다. 임
재가 아니라 만남의 자리였기에 장막은 계시의 신학(a theology of manifes-
tation)이며 순례의 공동체를 의미했다고 한다.[16] 폰 라트의 장막 공동체의
이해는 트뢸치의 '종파형'(sect type)과 마티의 사당(private party) 상징과 공
통점을 가진다.

폰 라트가 포착한 구약의 두 번째 공동체는 법궤 공동체였다. 앞서 논
의한 대로 법궤는 장막과 상반되는 상징이다. 법궤는 12지파의 거룩한 초
점(sacral focus)으로서 솔로몬 성전의 지성소를 차지했으며, 하늘을 비워
놓고 지상에 좌정하는 신의 왕좌(throne)였다.[17] 오랜 역사 과정에서 법궤
는 당연히 야훼가 임존하는 거룩한 장소로 성역화되어 왔다. 그러기에 법
궤의 신학은 장막의 계시적 신학과는 달리 임존의 신학(a theology of pres-
ence)이었다고 해석했다.[18] 폰 라트가 보는 법궤 공동체는 트뢸치의 교회
형 교회와 마티가 말하는 공당의 상징과 그 성격을 같이하는 것으로 볼
수 있다.

---

15 Gerhard von Rad, *Old Testament Theology vol. 1*(New York: Harper & Row, 1962).
16 *Ibid*., 236.
17 *Ibid*., 237.
18 *Ibid*.

그러나 폰 라트는 트뢸치와 마티의 관점과는 근본적으로 달리하고 있다. 근본적 차이는 폰 라트가 이분법적 분류를 넘어서서 구약에 나타난 제3의 공동체의 비밀을 포착하였다는 데 있다. 폰 라트에 의하면 하나님과 이스라엘 민족 사이에 구현된 가장 중요한 공동체적 표현은 장막만도 아니었고(계시), 법궤만도 아니었다. 그것은 바로 '성막'(Tabernacle)이다.[19]

폰 라트에게서 성막은 장막과 법궤의 통합이었다. 성막은 계시와 임재가 공존하는 공간이었다. 성막은 옥좌나 왕좌가 아니라 하나님의 종말론적 임재의 자리, 역사 변혁의 자리 그리고 미래의 초점이었다.[20] 성막은 장막(계시)과 법궤(임재)의 통합이었으며, 계시와 임재가 이스라엘을, 미래로 역사화해간 종말론적 현존의 자리였다.

폰 라트의 성서적 공동체 유형화 방법은 윌리엄즈(Colin Williams)의 '모티프론적' 접근 방법과 많은 유사점을 가지고 있다. 윌리엄즈는 교회를 성서적 인물의 유비로 유형화하고 있다. 그 처음은 아브라함 모티프(Abraham motif)라고 한다.[21] 하나님의 부르심 앞에서 순종함으로 모든 제도와 고향을 떠났던, 순례적 의미를 지닌 아브라함 모티프는 공동체와 교회를 끊임없이 미래의 약속으로 이끌어가는 시간의 공동체로 만든다는 것이다. 이것은 트뢸치의 종파형 교회와 마티의 사당 개념과 폰 라트의 장막 개념과 상통하는 개념이기도 하다.

윌리엄즈가 포착한 두 번째는 모세 모티프(Moses motif)이다. 이는 율법과 제도 그리고 조직을 대변하는 개념이다. 공동체의 조직과 의식 그리고 법칙을 신앙의 규범으로 삼는다는 의미를 가진다.[22] 이는 트뢸치의 교회형, 마티의 공당 그리고 폰 라트의 법궤 공동체와 공통점이 있는 개념이다.

그러나 폰 라트와 마찬가지로 윌리엄즈도 트뢸치와 마티의 이분법적 분류 방법을 초극하게 된다. 아브라함과 모세를 통합한 제3의 모티프라는

---

19 *Ibid.*, 239.
20 *Ibid.*
21 Colin W. Williams, *The Church*, 27.
22 *Ibid.*

새로운 차원이 부각되었던 것이다. 윌리엄즈는 이를 바울 모티프(Pauline motif)라고 불렀다.[23] 그러나 바울 모티프는 아브라함 모티프와 모세 모티프의 통합이 아니라, 모티프의 순위가 신학적으로 재구성된 것이었다. 바울 모티프는 제도와 법이 우선하고(모세 모티프) 신앙이 뒤따르는(아브라함 모티프) 도식이 아니라, 신앙이 그 생명이 되고(아브라함 모티프) 제도와 법은 신앙을 섬기는 후속으로 뒤따른다는 도식으로서 표현하였다.[24]

이것은 중요한 신학적 방법론의 발견이고 해석이다. 바울 모티프의 교회는 계시와 신앙을 우선하면서도, 역사 안에서의 현존과 증언을 위해 제도와 법을 필요로 한다. 윌리엄즈의 바울 모티프는 트뢸치와 마티를 넘어서서 폰 라트의 성막 공동체 사상과 맥을 같이 하는 방법론적 범주로서 평가된다. 이것은 현대 교회론을 이해하는 중요한 방법론적 틀로 수용될 수 있다.

폰 라트의 구약 신학적 해석과 윌리엄즈의 모티프 접근의 방법을 교회론 접근의 기본적인 방법론의 틀로 수용하면서도, 현대 교회론을 해석하는 또 다른 방법론적 접근들과 씨름하지 않을 수 없다. 현대 교회론은 역사 신학적 교회의 많은 유산으로부터 온 것이기 때문이다.

역사 신학적 분류 방법을 사용하는 이들은 브루너(Emil Brunner), 딜리스톤(R. W. Dillistone) 그리고 에이버리 덜레스(Avery Dulles) 등이며, 이들의 방법론은 현대 신학적 교회론을 해석하는 틀이 될 것이다.

브루너는 교회론에 깊은 관심을 가졌었다. 그는 초대 교회 교회의 상뿐만 아니라 중세 로마가톨릭교회와 종교개혁 시대의 교회상을 중심으로 신학적 교회론을 전개하였다.[25] 중세 때 나타난 처음 교회상은 '선택된 이들의 무리'(Coetus Electorum)였으며 이 교회의 근거는 하나님의 영원한 사랑

---

23 *Ibid.*, 28.
24 *Ibid.*
25 Emil Brunner, *The Misunderstanding of the Church*(Philadelphia: Westminster Press, 1951). 브루너는 신약 교회를 에클레시아(ecclesia)로 정의하는데, 그것을 제도와는 전혀 관계 없는 교제(Koinonia)로서 규범화한다.

의 의지와 창조에서의 하나님 선택의 법칙에 있다고 보았다.[26] 그러므로 교회는 '하나님의 선택된 사람들', '구원받은 작은 무리', '하나님 나라의 전위'로 정의했다.[27] 칼뱅에 의하여 해석되고 제창된 'Coetus Electorum' 으로서 교회는 선택(Electio)이라는 신학적 모티프(motif)를 가지고 있다고 이해했다. 그러나 교회의 초월적 근거를 강조한 'Coetus Electorum'은 자칫 추상적 · 영적 주지주의(abstract spiritual intellectualism)의 위험성을 지닌다는 비판도 브루너는 아끼지 않았다.[28]

브루너가 이해한 또 다른 교회상은 이미 논의된 바 있는 중세 로마가톨릭교회와 연관된 것이었다. '그리스도의 몸'(Corpus Christus)으로 명명된 이 교회론의 핵심은 고린도전서 12장에 나타난 머리, 몸, 지체의 관계를 근거로 하는 '유기체'(organism)에 있는 것으로 이해하였다. 예수 그리스도를 머리로 하는, 몸이 하나로 연합된 'Corpus Christus'는 성령의 은사 (charisma)를 받은 사람들 사이의 상호협력을 통하여 한 몸을 이룬다는 것이다.[29] 'Corpus Christus'로서 교회의 근거는 Christus보다는 Corpus를 강조했던 것으로 해석한다. 그러기에 브루너는 Corpus가 가지는 역사적이고 객관적인 장점에도 'Corpus Christus'는 성례전적 계급주의(sacramental hierarchism)에 빠질 위험성이 있음을 경고했다.[30] 이러한 브루너의 경고는 트뢸치의 교회형 교회, 마티의 공당 교회 그리고 윌리엄즈의 모세 모티프의 교회상들이 지니는 위험성에 대한 경고일 수도 있다.

브루너가 이해한 또 다른 교회상은 '성도의 교제'(Communio Sanctorum) 였으며, 이는 루터에 의하여 제시된 교회론이었다. Communio로서 교회의 근거는 기독교인 각자의 신앙에 있었다. 오순절을 계기로 시작된 제자들의 모임을 'Communio Sanctorum'의 처음으로 보고 있다. 교회는 세상으로부터 선택되고 또 그리스도를 섬기도록 부름을 받은 Sancti(성도들)

---

26 Emil Brunner, *The Christian Doctrine of the Church, Faith and the Consummation*, 23.
27 *Ibid.*, 24.
28 *Ibid.*, 27.
29 *Ibid.*, 24-25.
30 *Ibid.*, 27.

가 Sancta(거룩한 일)에 공동으로 참여하는 신앙의 교제로서 이해되었다. 그러기에 'Communio Sanctorum'으로서 교회의 근거는 신자들의 신앙과 교제에 있다. 브루너는 이러한 교회론은 영적·주관적 차원을 강조하는 장점에도, 감정적·경건주의적 개인주의(emotional pietistic in dividualism)의 위험성을 가진다고 비판한다.[31] 이는 트뢸치의 종파형, 마틴의 사당 교회 그리고 윌리엄즈의 아브라함 모티프의 교회상과 유사점을 공유하는 교회상이다.

'Coetus Electorum'이 초월주의의 위험성과 추상주의의 위험성을 안고 있다면 'Corpus Christus'는 성례전적 신비주의와 제도주의의 위험을 안고 있다는 것이 브루너의 해석이다. 'Communio Sanctorum'은 주관주의적 개인주의의 위험을 안고 있다고 보아 이 세 가지 교회상은 그 어느 하나도 그 자체로는 완전할 수 없다고 브루너는 보고 있다. 오히려 브루너는 세 가지 교회상들이 하나로 통합될 때, 비로소 초대 교회의 참모습인 ecclesia(참교제로서 교회)가 실재가 재연될 것이라고 제언한다.[32] ecclesia는 Coetus Electorum이요, Corpus Christus요, 동시에 Communio Sanctorum이라는 것이다.[33]

그러나 브루너가 중세 교회의 교회상들을 예리한 신학적 관점에서 분류한 공헌에도, 그 자신이 제시한 Ecclesia가 과연 무엇이냐는 비판과 그것은 결국 하나의 절충주의에 불과하다는 비판을 면하기 어려운 신학적 한계를 드러내었다. 하지만 그의 약점에도 그의 신학적 방법론은 여전히 하나의 지침으로 남는다.

신학적 방법으로서 교회론에서, 브루너보다 훨씬 더 폭넓게 에큐메니칼 운동과 개혁 교회에 영향을 끼친 사람은 딜리스톤(F. W. Dillistone)이었다.『신적 사회의 구조』[34]에서 딜리스톤은 교회사 속에 나타난 교회를 여

---

31 *Ibid.*, 25-27.
32 *Ibid.*, 27.
33 *Ibid.*
34 F. W. Dillistone, *The Structure of the Divine Society*.

섯 가지 유형으로 구분하였다. 첫째는 수도원 유형(monastic type)으로서 이는 인간의 소유와 가정, 문명까지도 포기한 채 자연의 질서와 하나 되는 삶을 목적으로 하는 교회형이다.[35] 두 번째는 종파 유형(sectarian type)이며, 이는 트뢸치가 분류한 종파형처럼 현세를 부정하고, 임박한 종말을 대망하는 제자공동체를 형성했다.[36] 세 번째는 제국주의 유형(imperial type)인데, 이는 이집트, 인도, 중국의 대제국을 모방한 국교 형태를 의미한다. 네 번째는 계약 유형(contractual type)으로서, 이는 바빌론 포로 이후 등장한 회당 형태를 의미한다. 즉 율법을 듣고 또 주해하는 율법 중심의 공동체를 의미한다.[37] 다섯 번째는 유기적 유형(organic type)인데, 신적 유기체(divine organism)의 성격을 지니고 있다. 그리고 여섯 번째는 언약 유형(covenant type)이다. 딜리스톤에게 언약으로서 교회는 앞의 다섯 유형의 교회상을 근본적으로 수정하는 신학적 교회론으로 부상하였다.[38] 교회는 인간의 조직체나 인간의 계약에 의한 것이 아니라, 하나님 자신이 제정한 약속과 징표(promise & sign)에 의하여 구성된 언약의 백성인 것이다.[39]

딜리스톤의 분류는 크게 '도피형'(수도원 유형, 종파 유형)과 '제도형'(제국주의 유형, 계약 유형, 유기적 유형) 그리고 '언약형'(언약 유형)으로 집약된다. 이것은 언어의 표현이 달리 나타났을 뿐, 폰 라트의 '장막-법궤-회당' 도식과 윌리엄즈의 '아브라함-모세-바울' 모티프의 도식과 본질상 같은 신학적 분류와 신학적 해석을 담고 있다고 본다. 결국, 신학적 방법으로서 교회론은 크게 '제도형', '종파형', 신앙과 제도의 종합으로서 '언약형'으로 집약되고 있음을 볼 수 있다. 현대 신학적 교회론은 바로 이같은 신학적 방법론을 전제로 하여 형성되었으며, 그 유형적 구분도 이에 근거하고 있다.

---

35 *Ibid.*, 148-149.
36 *Ibid.*, 151-152.
37 *Ibid.*, 154-162.
38 *Ibid.*, 197.
39 *Ibid.*, 203.

12장
유기체로서 교회론

신약적 교회론에 관한 가장 오래된 전통과 역사를 지닌 교회론은 '유기적 교회론'(organic ecclesiology)이다. 유기적 교회론은 그리스 정교회와 성공회 교회론과 유사점을 공유하고 있지만 그보다는 로마가톨릭교회의 공식적, 비공식적 교회론과 깊이 관련하여 형성되었다.

부티(John E. Booty)는 『역사 속의 교회』[1]에서 유기적 교회론의 시작을 안티오크의 감독 이그나티우스(Ignatius)로부터 찾는다. 교회의 기초(charter)는 성경과 신경에, 조직은 감독, 장로, 집사로, 사역은 예배에 그 기반을 둔 이그나티우스의 교회론은 최초의 제도적 교회의 유형이었다고 본다.[2] 물론 이 모든 것의 중심에는 그리스도가 있었으며, 그리스도만이 교회의 연합이라고 보았다.

그러나 유기적 교회론이 감독 제도(episcopacy)를 통해 형상화되기 시작한 것은 카르타고의 키프리아누스(Cyprian)와 이레니우스(Irenaeus)부터였다. 이들은 신의 제정으로서 감독, 감독에 의한 교회의 연합 그리고 감독의 계승이라는 논리를 펼치면서 유기적 교회론의 윤곽을 그렸다.[3] 보이지 않는 교회를 강한 논조로 내세웠던 아우구스티누스(Augustine)마저 교회는 본질상 그리스도의 신비적인 몸이요, 그리스도와의 유기적 연합을

---

1 John E. Booty, *The Church in History*.
2 *Ibid.*, 20.
3 *Ibid.*, 39.

강조함으로 유기적 교회론자로 범주화되었다.[4] 물론 아우구스티누스가 전적으로 유기론자였는가에 대한 논의의 여지가 남는 것은 사실이다.

더 나아가 유기적 교회론이 로마가톨릭교회의 중심적 위치에 서기 시작한 것은 토마스 아퀴나스(Thomas Aquinas) 때부터였으며, 특히 그의 *Summa Theologica* 속에 나타난 그리스도의 신비적 몸으로서 교회론(비록 기독론의 부록처럼 취급되었으나)은 유기적 교회론을 대변하는 대표적 신학으로 평가되어왔다.[5]

유기적 교회론은 15세기 황제들과 교황 사이의 갈등이 심화되었을 때, 교황의 절대권을 변호하고 나선 토르케마다(Juan de Torquemada, O. P.) (1388-1468)[6]의 "Summa de Ecclesia"에서 심화됐으며, 공식적으로는 1869년 12월 교황 비오 9세(Pius IX)에 의하여 소집된 제1 바티칸 공의회 (Vartican Council I)의 교회론, 특히 교황 무오(the infallibility of the pope) 교리에서 절정에 이르렀다.[7]

로마가톨릭교회의 교회론은 세계 제1차 대전이 끝난 1942년에 튀빙겐 대학의 아담(Karl Adams)이 『가톨릭주의 정신』(*The Spirit of Catholicism*) 이라는 책을 내놓으면서 하나의 분기점이 형성되었다. 특히 교회의 상징으로 사용한 바울의 '그리스도의 몸'의 은유가 새로운 해석의 틀로 등장하였다.[8] 이어 고린도전서의 '몸과 지체'의 유비를 사회적 조직이 아닌 '신비적 연합'(mystical union)에서 해석한 세르포(Lucien Cerfaux)와 몸을 살아 있는 유기적·계급적 몸으로 해석함으로 그리스도와 교회의 관계를 존재론적 연합(ontological union)으로 본 브누아(Pierre Benoit)에게로 이어지면서,[9] 유기적 교회론은 하나의 신학적 교회론으로 자리를 잡았다.

이 '신비적-유기적' 교회론 사상은 세계 제2차 대전 기간이었던 1943

---

4 *Ibid.*, 40.
5 Gustav Weigel, *Catholic Theology in Dialogue*(NY: Harper & Row, 1960), 10.
6 *Ibid.*, 12.
7 Eric G. Jay, *The Church*, 234.
8 Gustav Weigel, *Catholic Theology in Dialogue*, 12.
9 Richard P. McBrien, *Do We Need the Church?*(NY: Harper & Row, 1969), 85-86.

년 당시 교황이었던 비오 12세(Pius XII)에게 깊은 영향을 끼쳤다. 교황칙서(encyclical letter)에서 교회를 '신비적 몸'(mystici corpori)으로 규정하는 교리를 선포하였다.[10] 이것은 로마가톨릭교회의 최초의 공식 문헌이라는 의미가 있다.[11] 이 'mystici corpori'는 사회적, 법적 요소가 포함된 'societas perfecta'(완전한 사회)라는 의미를 가지고 있었다.[12]

이러한 역사적 배경에서 형성된 유기적 교회론을 신학적으로 조형화한 그 처음은 아퀴나스(Thomas Aquinas)였다. 아퀴나스의 교회론에 대한 연구자들은 크게 두 파로 갈라져 있다. 클로이트겐(Joseph Kleutgen)과 뎀프(Alois Dempf)는 아퀴나스의 신학 체계에서 교회론 자체가 존재하지 않으며, 그러기에 아퀴나스는 교회론자가 아니라는 비판적 입장을 가진다.[13]

그러나 가이젤만(J. R. Geiselmann)과 콩가르(Yves Congar)는 아퀴나스를 원초적인 교회론의 창시자라고 보았으며, 특히 콩가르는 아퀴나스의 모든 신학상은 그의 교회론적 상(ecclesiological phase)에 근거하고 있으며, 그러기에 아퀴나스는 교회론을 따로 쓰거나 분리하기를 거부했다고 해석한다.[14] 한 가지 분명한 것은 아퀴나스의 교회론은 로마가톨릭교회의 사상적 근간을 이루었고, 신학적으로 유기론적 교회론의 대변자였다는 사실이다.

교회론을 독자적 영역으로 다루지 아니한 아퀴나스의 핵심 사상은 '그리스도의 신비적 몸'(mystical body)이라는 상징 속에 드러났다.[15] 그리스도를 머리로 하는 신비적 몸으로서 교회는 그 유비가 인간의 몸에서 유추되었으나, 그보다는 만세 전부터 구원받은 이들이 엮어가는 몸이라는 의미를 가진다.[16] 그러나 신비적 몸의 상징은 유사성(resemblance)의 성격을 지니고 있다. 아퀴나스는 신비적 몸에서 보이는 교회보다는 보이지 않는

---

10 *Ibid.*, 84.

11 Wilhelm Niesel, *The Gospel and the Churches*(Philadelphia: Westminster Press, 1962), 36.

12 *Ibid.*, 38.

13 Avery Dulles, *A Church To Believe In*(NY: Crossroad, 1982), 149-150.

14 *Ibid.*, 150.

15 Eric G. Jay, *The Church*, 117.

16 Thomas Aquinas, *Summa Theologica*, III. a. 8. 1. 재인용.

교회에 더 깊은 관심을 가진 것으로 보인다. 이것은 아우구스티누스로부터 온 영향이었다. 교회는 그리스도 안에서 주어진 은총과 깊이 관계된 신적인 삶을 지니는 ecclesia로서 이해했었다.[17]

또 아퀴나스는 그리스도의 고난으로부터 온 지상의 교회는 성령의 창조 능력 안에서 그 혼과 영을 부여받는다고 믿었다.[18] 성령은 교회 안에 기름 붓는 연합의 원리이고 또 힘이기 때문이다. 바로 이 성령의 기름 부음 안에서 그리스도의 은총과 하나님의 사랑에 연합된 자들이 이루어가는 공동체를 교회라고 보았다.[19]

아퀴나스의 교회론은 '신비적인 몸'의 개념뿐만 아니라 'Congregatio Fidelium'(믿는 자들의 회중) 혹은 'Societas Sanctorum'(성도의 사회)이라는 공동체 개념으로 이해한 것은 인상적인 해석으로 남는다. 그 당시의 교황 절대권과 교권주의의 극적 상황에 비추어 아퀴나스의 회중성의 이해는 대조를 이루기 때문이다.

아퀴나스가 유기적 교회론자로 범주화된 것은 무엇보다도 그가 하나님 나라와 교회를 동일시하였기 때문이다. 덜레스에 따르면 아퀴나스의 교회는 하늘의 교회와 어머니 교회의 완전한 실현이었다.[20] 즉 아퀴나스는 지상의 교회를 신격화하였다. 한 걸음 더 나아가 아퀴나스는 이러한 하나님 나라로서 교회는 신앙과 자선(faith & charity)에 의한 신자들의 정신적 혼입(mental incorporation)만으로는 부족하기에, 그리스도의 제사직을 세례 받은 이들을 동화(assimilate)해가는 성례전적 혼입(sacramental incorporation) 즉 세례와 성찬식을 그 생명으로 해야 한다고 이해하였다.[21] 여기서 아퀴나스는 교회를 하나님 나라와 동일시했을 뿐만 아니라 교회에 들어가는 길은 신앙보다는 성례전, 특히 성만찬을 통해서만이 가능하다는 성례전주의를 주장한 것으로 풀이된다. 여기서 성만찬은 그리스도를 담는 그릇이기 때

---

17 Avery Dulles, *A Church To Believe In*, 150.
18 Eric G. Jay, *The Church*, 118.
19 *Ibid.*
20 *Ibid.*, 151.
21 Avery Dulles, *A Church To Believe In*, 157-158.

문이다.[22] 결국, 교회는 신비적인 몸이며, 그것은 성례전에 의한 성화의 은총을 통해 하나님과 연합한 몸을 이루는 것이다. 그리고 유기적 교회론을 대변하는 아퀴나스의 또 다른 신학적 논거는 그의 사제론과 감독론에 있다. 제사직에는 두 가지 안수가 있다. 사제직 안수는 그리스도의 몸과 피를 축성(consecrate)하고 그것을 신자들에게 나누어 주는 권한을 부여받는 것이고, 감독 안수는 신비적인 몸의 큰 권한을 부여받은 것이다.

사도의 계승자로서 교회의 질서와 가르치는 일과 교회의 통치와 변호하는 과제를 부여받는 것이 감독 안수라는 것이다.[23] 여기서 아퀴나스는 신비적 교회를 하나님 나라와 동일시할 뿐만 아니라, 성례전과 안수에 의한 유기성을 강조함으로 유기적 교회론의 기초를 놓았다. 그리고 토마스는 형제들과의 갈등 속에 있는 교황을 "감독의 감독이요, 보편적 감독권을 가진 이요, 교회의 머리이다"라고 말했으며 이는 보니파시오 8세(Boniface VIII)의 'Unam Sanctam'을 합리화하는 신학적 교회론이 되었다.[24] 아퀴나스가 교황 무오설을 주장했는지 아니했는지에 대한 논쟁의 여지는 그대로 남지만, 한 가지 분명한 것은 아퀴나스는 신비적 몸, 성령의 창조, 성도의 회중이라는 신학적 교회론을 성례전주의적, 교권주의적 안수와 계급이라는 틀 안에서 해석함으로 종말론적 차원의 신앙과 교회의 역동성 그리고 교회의 역사성이 배제된 교권주의적이고도 성례전주의적인 유기체적 교회론을 주장했다는 비판을 받게 되었다. 그러기에 콩가르와 덜레스 같은 가톨릭 신학자들은 유기적 교회론은 오히려 아퀴나스 이후 토르케마다 추기경과 벨라르미노(Cardinal Robert Bellarmine)에 의해 대변되었다고 봤다.[25] 전체적인 맥락에서 볼 때, 아퀴나스의 교회론은 교황중심주의, 성례전주의와 교권주의(사제 중심)의 위험성을 면치 못하였다고 봤다.

로마가톨릭교회의 유기적 교회론은 아퀴나스 이후 점차 교회법을 강

---

22 *Ibid.*, 158.
23 *Ibid.*, 159.
24 *Ibid.*, 161.
25 *Ibid.*, 164.

조하는 방향으로 심화되어 갔으며, 그것은 제1 바티칸 공의회에서의 교황 무오설 그리고 1943년 교황 칙서의 신비적 몸 사상에서 절정을 이루었다.[26] 교황 비오 12세(Pius XII)에 의해 발표된 교황 칙서의 신비적 몸 사상은 제2 바티칸 공의회 이전까지의 로마가톨릭교회의 유기론적 교회론을 공식화한 마지막 사상이었다.

비오 12세의 신비적 몸 사상은 예수 그리스도의 십자가에서 그 궁극적인 근거를 찾는다. 십자가는 신적인 은총을 교회에 붓는 원천이기 때문이라는 것이다.[27] 교회는 십자가로부터 흐르는 은총의 통로이다. 예수는 그의 설교를 통하여 교회를 설립하였고, 그 교회를 십자가에서 완성하였다고 교황 칙서는 주장한다.[28] 결국, 교회는 그리스도 자신이라는 해석이다. 그리스도의 영원한 자기 계시의 표현이며, 교회는 그리스도의 몸이라는 것이다.

이렇듯 그리스도에 의해 세워지고 십자가에서 완성된 교회는 이제 모든 인간에게 은총을 나누어 줄 수 있는 그리스도의 몸이 되었다는 것이다. 왜냐하면 교회야말로 십자가에서 단 한 번에 바쳐진 그리스도의 희생을 반복할 수 있는 권한을 위임받았기 때문이다.[29] 교회는 계속하여 은총을 강물처럼 흐르게 하는 통로인 것이다. 결국, 교회는 그리스도의 유일한 은총의 매개가 되는 것이다.

교황 칙서는 이어서 그리스도의 은총을 계속 흐르게 하는 교회의 능력은 사제직(priesthood)에 주어져 있다고 설명한다. 사제직은 사도의 계승자인 감독의 직제에 근거하며, 이 직제는 그리스도 자신이 제정한 것으로서, 불멸의 성격을 지닌 특별한 직제라고 한다.[30] 그러므로 사제직은 그리스도로부터 직접 온 것으로서, 이는 은총을 흐르게 하는 능력을 부여받았음을 의미한다.

---

26 김광식, "교회론의 성서적 기초와 교리사적 · 신학사적 의미", 『신학논단』(연세대학교 신과대학, 1991. 06.), 64.
27 Wilhelm Niesel, *The Gospel and the Churches*, 39.
28 *Ibid*.
29 *Ibid*., 39-40.
30 *Ibid*.

여기서 교황 칙서는 교회를 군주제도(monarchy)로서 사제의 통치권을 합법화하고 있다. 베드로의 후계자인 군주에 의하여 치리되는 계급 사회라는 것이다. 특히 로마의 교황은 그리스도의 대행자이며, 동시에 교회의 입법과 치리의 머리가 된다는 것이다. 그래서 교황 칙서는 결론으로 교회를 보이는 제도(visible institution)로 규정지었으며, 교황을 교회 연합의 근거와 지상적 교회의 머리로 재천명하였다. 결국, 로마교회밖에는 구원이 없다는 고전적 교리를 재천명한 것이다. 말씀 선포에 의한 구원을 부정하고, 구원은 제사적 성례전적 조직인 로마가톨릭교회 안에서만이 가능하다는 것이다. 말씀은 교회를 통제하는 것이 아니며, 교회는 말씀의 종이 아니닌 것이다. 오히려 교회는 말씀을 통제하고, 교회야말로 말씀의 주인이라고 선언하였다.[31]

1943년의 교황 칙서는 결국 교회를 신비적 몸으로 규정하고, 십자가의 은총을 계속 흐르게 하는 교황이 통치하는 로마가톨릭교회의 성례전에 의하여 구원이 약속되는 것으로 이해하였다.

이렇듯 교황 칙서는 제도주의적-성례전주의적 유기성을 강조하는 교회론을 펼쳤다. 이로써 로마가톨릭교회는 모든 다른 교회와의 관계를 신학적으로 차단하고, 제도적으로 소외시키는 독선주의에 빠지고 말았다.

그러나 1962년에 열린 제2 바티칸 공의회에서 로마가톨릭교회는 일대 전환을 맞이했다. 그것은 곧 신학 혁명이었다. 앞서 논술한 제2 바티칸 공의회는 전례 없이 교회론을 하나님의 백성, 평신도 그리고 순례로서 종말론적 공동체라는 사상들을 과감히 도입하는 신학적 변화를 천명하였다.

제2 바티칸 공의회는 무엇보다 먼저 '하나님의 백성'(Laos Tou Theou) 사상을 새로운 교회론 설정에 응용했다는 데 주목하게 된다.[32] 특히 베드로전서 2장을 근거로 새 언약, 선택된 백성으로서 교회를 궁극적으로 하나님 나라를 위한 메시아적 백성으로 규정하고 있다. 이는 오랫동안 교회

---

31 *Ibid.*, 47.
32 Walter M. Abbott, ed., *The Documents of Vatican II*, 24.

를 교황-감독-사제 중심의 신비적 · 성례적 · 제도적 교회로 정의해 온 고전적 교회론으로부터 일대 전환이었다. 그리고 교회 생활 중심으로부터 소외되어온 평신도의 신학적 위치를 다시 회복한다는 의미를 안고 있다. 스키드스가르드(Kristen E. Skydsgaard)는 바로 이 '하나님의 백성'은 교황 칙서인 "Corpus Mysiticium Christi"가 내포하고 있는 정적 개념을 동적 개념으로 바꾸어 놓은 역사적 계기라고 평가했다.33

제2 바티칸 공의회에서 드러낸 또 다른 사상은 '평신도'(the Laity) 개념의 변화였다. 하나님의 백성 사상은 오랜 세월 동안 평신도란 사목적 · 사제적 계급과는 구분되는 비성직자인 모든 신자를 의미했다.34 그러나 하나님의 백성인 평신도는 세례에 의해 그리스도의 몸에 동참하는 하나님의 백성이며, 그들 역사적 상황과 선교적 특수성과 연관되어 있으며 거기서 제사적, 예언적, 왕권적 기능에 참여하는 사역과 깊이 관련된 것으로 해석하였다. 물론 그것은 성직의 영역과는 구별되는 것이지만, 교회와 세계를 향한 선교적 책임 안에서 그들의 분깃을 수행하는 것으로 정의하였다.35

평신도는 사제의 종속이 아니라 본질상 그들의 사역과의 관계에서 이해했다. 그들의 사역의 자리는 세속적 영역이었으며, 직업을 통하여 하나님 나라를 사회 속에 실현하는 일과 하나님의 계획을 따라 세속의 질서를 변화해 가는 일에 동참하는 사역을 의미한다. 바티칸 문서는 이것을 '평신도 사도직'(lay apostolate)이라 불렀다.36 평신도가 성직자의 시종, 열등한 계급이라는 전통적 개념을 넘어 교회의 구속적 선교에 참여하는 하나님의 백성으로 이해하였다는 것은 로마가톨릭교회 교회론의 혁명이었다.

제2 바티칸 공의회가 내놓은 또 다른 혁명적 사상은 교회를 '순례적 공동체'로 보았다는 데서 나타났다.37 순례적 교회 사상은 하늘의 교회(heavenly church)와의 연합이라는 종말에 대한 소망 때문에 주어진 개념이다. 그 종

---

33 K. E. Skydsgaard, *"The Church as Mystery and the People of God"*, 152.
34 *Op. cit.*, 56.
35 *Ibid.*, 57.
36 *Ibid.*, 59.
37 *Ibid.*, 78.

말은 모든 만물이 회복되는 때이다(행 3:21). 여기에는 주가 영광 중에 임할 때 천사와 그리스도에게 속한 사람들이 성령 안에서 한 교회를 이룰 것이라는 소망에 근거한다.[38] 이러한 교회의 종말론적 차원과 순례성에 대한 새로운 강조는 하나님 나라와 교회를 동일시함으로 교회를 최종적 실재로 보아오던 로마가톨릭교회에 대한 또 다른 혁명이며 또 전환이었다.[39]

그러나 제2 바티칸 공의회가 이렇듯 새로운 신학 사상을 교회론에 도입했음에도, 오늘의 로마가톨릭교회가 여전히 유기적 교회론에 머물고 있는 데는 중요한 이유가 있다. 제2 바티칸 공의회 문서에는 성례전적인 신비적 몸이 그대로 나타나 있으며, 평신도와는 근본적으로 구분되는 사제 질서와 계급주의, 특히 감독제도와 관계된 교회의 계급적 구조[40]와 감독주의 사상이 그대로 보존되어 있기 때문이다. 바티칸 문서에 여전히 남아 있는 감독주의는 그리스도 자신이 아버지로부터 보냄을 받은 것 같이 사도들을 보냄으로 교회를 설립했다는 전제에 그 근거를 두고 있다. 그 사도들 중에 베드로를 세워 신앙과 교회의 보이는 연합을 이루었다고 한다. 베드로의 계승은 로마 교황의 최고권(sacred primacy)과 무오적 권위(infallible teaching authority)를 가능하게 하였다.[41] 사도들의 계승은 감독들로 이어졌으며, 감독들은 세상 끝날 때까지 교회의 목자로서 역할을 부여받았다고 한다. 감독단(college of bishops)의 권위는 베드로의 계승자인 로마 교황의 권위 안에서만 인정될 수 있었다.[42] 결국, 교회의 머리는 로마 교황이며, 감독단은 로마 교황의 권위 안에서만 그 권위가 인정되고, 사제들은 감독들을 보좌하는 역할로 규정되었다.[43] 문제는 하나님의 백성, 평신도 사역의 논의가 새로운 신학적 대안으로 채택됐음에도[44] 바티칸 이후의 로

---

38 *Ibid.*, 79, 81.
39 K. E. Skydsgaard, *"The Church as Mystery and the People of God"*, 156.
40 Walter M. Abbott, S. J. ed., *The Documents of Vatican II*. 37.
41 *Ibid.*
42 *Ibid.*, 43.
43 *Ibid.*, 40.
44 Robert E. Cushman, "A Protestant View of Vartican II in Retrosprct", *Duke Divinity Bulletin*, 169-170. 쿠시만은 바티칸 제2 공의회야말로 성서적 교회로의, 계급주의의 포기

마가톨릭교회의 교회론은 여전히 성직주의, 성례전주의, 계급주의, 제도주의에 머무는 유기적 교회론의 근본범주를 벗어나지 못하고 있다.

개신교 신학자인 브라운(Robert M. Brown)과 가톨릭 신학자인 덜레스(Avery Dulles)는 제2 바티칸 공의회의 신학적 공적을 교회를 '하나님의 백성'으로 정의한 것에 두고 있다.[45]

그러나 제2 바티칸 공의회에 개신교 옵저버로 참석했던 스키드스가르드(Kristen E. Skydsgaard)는 바티칸의 공적보다는 바티칸의 공의회와 문서가 해결하지 못한 세 가지 문제를 예리하게 지적하고 나섰다.

그 첫째는, 로마가톨릭교회의 교회론의 문제는 하나님 백성, 평신도, 순례적 교회 사상의 도입에도, 역사의 궁극적 차원(ultimate dimension of history)의 결여에 있다는 것이다.[46] 이 말은 로마 가톨릭 사상에 역사의식이 없다는 뜻이 아니라, 역사를 유기적 사고(organismic thinking)의 틀로 봄으로, 역사를 기독교 역사의 연장이라는 눈으로 보는, 우주사를 왜곡하는 위험을 안고 있다는 것이다. 이것은 로마가톨릭교회의 종말론과 역사 이해에 대한 비판이기도 하다. 두 번째로, 로마가톨릭교회는 신비적 몸으로서 교회까지도 심판과 은총의 양면에서 보지 않음으로, 교회를 계속 신비화하는 위험을 안고 있다는 것이다. 세 번째로 로마가톨릭교회는 교회를 하나님 나라보다 우선적 위치에 둠으로 교회를 절대화하는 위험을 안는다는 것이다. 결국, 하나님 나라 사상과 종말론적 역사의식의 결여는[47] 로마가톨릭교회의 교회론을 여전히 '유기적-제도적 교회론'의 범주에 머물게 하고 있다는 비판이다.

그러므로 유기적 교회론은 다음과 같이 요약될 수 있을 것이다.

그러므로 유기적 교회론은 제도와 성례전을 교회의 신비적 요소로 받

로의, 교황 절대권에서 감독의 집단 지도체제로의 전환이었다고 본다.

45 Robert M. Brown, *The Ecumenical Revolution*, 174-176. Avery Dulles, *A Church To Believe In*, 4-5를 참조 바람.

46 K. E. Skydsgaard, "The Church as Mystery and the People of God", *Dialogue on the Way*, 158(스키드스가르드는 덴마크 코펜하겐 대학 신학 교수임).

47 *Ibid.*, 162-169.

아들여 그 위에 교회관을 수립하는 신학적 해석을 의미한다. 2,000년 동안의 역사를 거치면서 형성된 이 교회론은 로마가톨릭교회의 공식적 교회론으로 표현되어왔다. 유기적 교회론은 로마의 클레멘스(Clement of Rome)가 고린도에 보낸 편지에서 그 윤곽이 드러나기 시작했다. 구약성서에 나타난 대제사장, 제사장, 레위, 평신도의 구분을 따라, 교회의 제사장과 평신도의 기능과 본질의 구분을 시도한 것이 오늘의 성직주의라고 불리는 제도의 첫 시도였다.

그리스도가 하나님에 의하여 보냄을 받은 것처럼, 사도들은 그리스도에 의하여 보냄을 받았고 또 복음전파와 감독과 집사들을 세우도록 보냄을 받았다는 해석에서, 사도 계승권의 기초를 두었다.

클레멘스(Clement)에 이어 이그나티우스(Ignatius)는 교회를 '지상의 그리스도의 몸'으로, 이레니우스(Irenaeus)는 '신비적인 몸'으로, 히폴리토스(Hippolytus)는 '세계에 떠 있는 방주'로, 오리게네스(Origen)는 '지상의 영적인 몸'으로 선언하였다. 더욱이 1302년 선포된 교황 교서(Papal Bull)는 교황이 통치하는 역사적 제도로서 로마가톨릭교회만이 지상의 유일한 영적, 세속적 영역을 통치하는 성례전적 교회임을 선언한 바 있다. 이처럼 교회론은 종교개혁에 대한 충격과 반격으로 트리엔트 공의회(Council of Trent; 1545-1563)와 1870년에 소집된 제1 바티칸 공의회에서 더욱 강화되어 갔다.

현대 로마교회의 유기론적 교회론은 1963년 제2 바티칸 공의회가 열리기 이전인 1943년, 교황 비오 12세(Pius XII)에 의하여 발표된 교황 칙서(Mystici Corporis Christi)에서, 교회는 그리스도를 머리로 하는 신비적 몸으로 규정함으로 그 절정에 이르렀다. 그러나 문제는 몸이 사회학적 개념이었다는 데 있다. 그것은 완전한 사회(societas perfecta) 즉 법과 질서 안에 규정된 사람과 사회를 의미했다. 여기서 신비적 몸이란 성령에 의하여 그리스도와 삶이 각 사람 속에 주입(transfuse)되었다는 뜻으로, 이는 그리스도와 교회의 존재론적 유비(analogia entis)의 관계를 뜻하는 것이었다. 여기서 교황의 사도 계승과 무오 그리고 교회의 구속성이 재강조되었다.

1963년 제2 바티칸 공의회는 혁명적 전환을 가져왔다. 교회를 하나님의 백성과 종말론적 순례 공동체로 규정하였다. 이는 평신도 사도직이라는 개신교적 주장을 과감히 수용한 것으로 해석되었다. 그러나 비판자들은 바티칸 신학이 로마교회의 유기적 교회론의 근간인 성직의 절대성과 계급성을 포기한 것이 아니라, 그 기준의 틀 안에 몇 가지를 보완한 것에 불과하다고 해석하기도 하였다.

유기체적 교회론은 성서보다도 교회의 전통을 더 우위적 권위에 놓고 있으며, 신앙보다는 신비적 성례전을 더 중요시한다. 공동체보다는 완전한 사회(치리)를 더 중요시했다.

결국, 유기적 교회론은 교회의 제도와 전통의 중요성을 강조한 나머지, 신앙의 역동적 관계를 약화시킨 약점을 지닌다. 종말론적 역사관이 약화됨으로 교회를 하나님 나라로 대치하려는 위험을 안고 있다(Skydsgaard).

제13장
코이노니아로서 교회론

현대 사회학에서는 일반적으로 두 가지 유형의 사회를 대비시켜 비교 연구하는 방법이 채택되고 있다. 하나는 '게젤샤프트'(Gesellschaft)라는 '이익사회'이고 다른 하나는 '게마인샤프트'(Gemeinschaft)라는 '공동사회'이다. 앞서 논의한 유기적 교회론이 전자의 성격을 가지고 있다면, 코이노니아 교회는 후자인 공동사회와 일치한다고 덜레스는 해석했다.[1] 유기적 교회론이 형식적인 조직과 구조 그리고 법규와 직무에 따르는 권위를 강조했다면, 코이노니아 교회는 인격 대 인격의 친밀한 결합체, 결합체의 비전문성, 상대적인 지속성, 소수인의 구성 그리고 구성원들 상호 간 친밀성 등 다섯 가지의 특성이 강조된다. 이러한 성격의 공동체를 쿨리(Charles H. Cooley)는 일차 집단(primary group)이라고 하였다.[2]

일차 집단인 코이노니아 교회는 그 기원을 처음 교회에서 찾는다. 미니어(Paul S. Minear)는 신약에 나타난 교회상(image) 4가지 중에서 '신앙적 교제'가 중요한 위치에 있음을 강조하고 있다. 네 가지 교회상은 '하나님의 백성', '새 피조물', '그리스도의 몸' 그리고 '신앙적 교제'이다. 미니어는 신앙적 교제로서 교회는 신앙으로 의롭게 여김을 받은 성도들의 상호성(mutuality)과 형제됨 그리고 세우는 일(edification)[3]의 특징을 가진다고 보

---

1 Avery Dulles, *Models of the Church*, 51.
2 Charles H. Cooley, *Social Organization*,(199), reprinted(New York: Schocken Books, 1967), 23-31. Avery Dulles의 *Models of the Church*, 51에서 재인용.

왔다. 성도의 상호적 교제와 세우는 일(up building)이라는 관계성은 처음 교회의 강력한 특징으로 나타났다는 것이다.

이어서 로핑크(G. Lohfink)는 코이노니아 교회를 바울의 '함께함'(to-getherness)의 프락시스(praxis)에 근거한다고 해석한다.4 함께함의 프락시스는 서로를 돌보는 일과 몸을 세우는 일(edification)을 포함하는 공동체의 성격을 가진다고 보았다.5 처음 교회, 특히 바울의 선교적 교회는 성도 간의 교제, 돌봄 그리고 세우는 함께함의 공동체였다는 것이다.

처음 교회 이후 영적 코이노니아로서 교회관은 성 아우구스티누스에 이르러서 새로운 빛을 발하기 시작했다.6 아우구스티누스 이전 교부들의 관심은 보이는 교회와 사도 계승, 감독의 정통성 그리고 감독을 중심으로 하는 교회의 연합과 통일성(unity of the church)에 집중되어 있었다. 물론 아우구스티누스도 교회는 신비적인 몸, 교회의 통일성, 교회의 보편성과 사도성을 강조하였지만, 성령의 교제로서 교회라는 신약 사상을 더 높이 강조하였다.7 사랑의 교제로서 교회는 성령의 역사였으며, 그 성령은 하나님과 그의 아들 그리고 사랑하는 이들을 사랑으로 연합하는 교제로 이끈다고 보았다.8

아우구스티누스는 제시한 교회론의 양면성, 즉 보이는 교회와 보이지 않는 교회에서, 보이는 교회 차원은 중세 로마가톨릭교회의 교권화와 제도화를 합리화한 신학적 근거로 이어졌다면 보이지 않는 교회 사상은 종교개혁과 루터(Martin Luther)에게로 계승되었다.9

루터의 교회론은 앞서 논의한 대로 코이노니아를 강조하는 'Communio' (교제)에 있었기에 루터를 이 범주에 포함하는 것은 타당성을 지닌다.

---

3 Paul S. Minear, *Images of the Church in the New Testament*, 136-172.
4 Gerhard Lohfink, *Jesus and Community*(Philadelphia: Fortress Press, 1984), 99.
5 *Ibid.*, 99-106.
6 Avery Dulles, *Models of the Church*, 55.
7 Eric Jay, *The Church*, 85.
8 *Ibid.*
9 은준관, 『현대교회론』(서울: 도서출판교육목회, 1993), 81. 그리고 Wilhelm Pauck, *The Heritage of the Reformation*, 32.를 참조바람.

딜렌버거(John Dillenberger)와 웰치(Claude Welch)는 루터가 쓴 "교회의 바빌론 포로"는 당시 중세 로마가톨릭교회의 세 가지 '포로'에 대한 고발이 었다고 본다.10 그것은 주로 미사와 관련된 포로였다. 그 첫째는, 미사에서 성찬의 잔(포도주)을 평신도에게는 거절하였다는 사실은 비성서적이라는 것이다. 이는 성직과 평신도 사이를 갈라놓는 처사라고 보았다.11 두 번째는 화체설(transubstantiation)이었으며, 세 번째는 미사를 근본적 선행(good work)으로 보았던 로마가톨릭교회의 교리였다. 결국, 로마교회는 복음의 표현으로서 미사보다는 종교화와 제도화의 속박 속에 두었다.

그러나 루터는 자신의 교회론을 '성도의 모임 혹은 회중성'(congregation or assembly of the saints)으로 정의했다.

> "나는 한 거룩한 기독교교회, 즉 성도의 교제(communion of saints)를 믿으며 또 죄의 용서를 믿는다.… 성도는 성령에 의하여 모이고, 보전되며 또 통치되는 경건한 신자들이며, 그들은 하나님의 말씀과 성례전에 의하여 날로 번창하는 성도들이다…"12
>
> "세상에는 많은 종류의 사람들이 있지만 기독교인들은 특수한 백성들이다 (peculiar people). 그러므로 기독교인들은 단순히 'ecclesia'라든지, '교회'(church)라든지, '사람들'(people)이라고 불리워서는 안 된다. 그들은 '그리스도를 믿는 Sancta, Catholica, Christiana(거룩한 기독교 백성)'이라고 불리워야 한다…"13

이 '거룩한 기독교 백성'은 일곱 가지의 표상을 통하여 그 현존이 알려

---

10 John Dillenberger & Claude Welch, *Protestant Christianity*, 23.
11 *Ibid*.
12 Martin Luther, "A Brief Explanation of the Ten Commandments, the Creed, and the Lord's Prayer", *Works of Martin Luther*, vol. II, 372.
13 Martin Luther, "On the Councils and the Churches", *Works of Martin Luther, vol. V*, 264-266.

진다고 보았다. 첫째 하나님의 말씀을 설교하고 믿으며 고백하며 또 행하는 곳에는 의심 없이 거룩한 기독교 백성이 존재한다. 둘째 그리스도께서 제정하신 대로 올바로 가르치고 믿으며 또 시행하는 세례 예전이다. 셋째 그리스도의 제정을 따라, 올바로 시행되는 성찬의 예전을 통하여 알려진다. 넷째 죄의 용서, 다섯째 교회의 목사를 초빙하고 직을 수행하는 일, 여섯째 기도와 하나님 찬양 그리고 감사(특별히 주기도문과 시편의 노래와 신앙고백과 십계명을 올바로 가르치고 또 사용하는)이며, 일곱째 유혹을 이기는 고난에 참여하는 일이라고 보았다. 이는 특별히 예수의 십자가를 지는 고난을 의미했다.[14]

이 모든 루터의 사상을 파우크(Wilhelm Pauck)는 다음과 같이 집약한다. 그것은 1530년 아우크스부르크(Augsburg) 의회에서 루터의 사상을 요약하고 변호한 멜란히톤의 정의 가운데 잘 표현되어 있다는 것이다. 즉 교회는 "복음이 올바로 선포되고 성례전이 올바로 수행되는 성도의 회중(the congregation of the saints in which the gospel is rightly preached and the sacraments are rightly administered)"[15]이었다. ecclesia라는 말보다는 'Communio Sanctorum'을 더 선호한 루터의 교회론의 핵심적 규범은 말씀이었으며, 보이는 교회보다는 오히려 영적 교제로서 보이지 않는 교회를 더 강조하였다. 영적 교제의 내용은 믿음과 소망 그리고 사랑의 징표들이며 그중에서도 우선하는 것은 신앙이라고 보았다. 보이지 않는 신앙이야말로 사랑의 가시적 표현의 근거가 되기 때문이었다.[16]

한 걸음 더 나아가 포크는 루터의 교회론이 가지는 신학적 통찰을 포착하고 변호한다. 전통적으로 교회의 보편성(혹은 우주성)과 교회의 특수성(local)으로 나누는 이중성을 로마가톨릭교회는 감독화(episcopalization)와 교

---

14 *Ibid.*, 270-296.
15 Wilhelm Pauck, "The Ministry in the Time of the Continental Reformation", *The Ministry in Historical Perspectives*, H. Richard Niebuhr and Daniel D. Williams, ed., 110.
16 Wilhelm Pauck, *The Herritage of the Reformation*, 36-39.

황화(papalization)함으로 우주적 교회 속에 개교회(회중성)를 흡수해 버리는 결과를 가져왔다. 이에 반해 루터는 교회를 하나님의 백성과 성도의 교제로 이해함으로 로마교회가 상실한 교회의 이중성, 즉 보이는 교회(개교회)와 보이지 않는 교회(보편적)를 재발견하였다. 루터는 이 양면적 교회를 역사적 전통에서 보지 아니하고, 신약에 나타난 계시에서 보았으며, 그 결과 교회를 칭의 교리(justification by faith)에서 보게 되었다. 성도의 교제란 신앙으로 의롭게 여김을 받은 사람들의 회중이었으며, 이 사상은 로마가톨릭교회의 교황 중심의 신비적 몸으로서 교회론을 비판하고 수정하는 신학적 규범이 되었다. 또 루터가 생각하는 보편적 교회는 하나님께서 창조하시고 영감을 준 백성(God-created and God-inspired people)이었다. 그 결과 교회는 '교제', '회중적' 성격이 크게 부각되었다.[17]

그러기에 루터의 'Communio Sanctorum'은 로마가톨릭교회의 'Corpus Christi Mysticum'(그리스도의 신비적 몸) 사상을 성서적·신학적으로 수정하는 새로운 사상으로 등장하였다. 그러나 루터의 교회론은 개인주의적, 경건주의적, 감정주의적 차원에 머물게 되는 약점이 있다.[18] 신앙을 교회의 구성적 규범으로 강조한 루터의 교회론에는 종말론이 결여되어 있으며, 아울러 역사 속의 교회라는 차원이 약화되었다는 비판을 면치 못하게 되었다.

초대 교회의 '함께함의 프락시스'(로핑크), 성 아우구스티누스의 '성령의 교제로서 교회' 그리고 루터의 '성도의 교제로서 교회론'은 분리주의자들(separatists)에 의하여 더 극단화되었다. 제3의 개혁(third reformation)으로 칭함을 받는 재침례파(Anabaptists)와 모라비아(Moravian) 교회는 코이노니아 교회론을 극단적 형태로 발전시킨 대표적 그룹이라 할 수 있다.

재침례파는 교회는 자기 자신을 '형제'라 부르지만 밖으로부터 그들에게 붙여진 이름은 '급진적 개혁'(radical reformation), '제3 개혁'(third refor-

---

17 *Ibid.*, 44-45.
18 Emil Brunner, *The Christian Doctrine of the Church, Faith and the Con—summation*, 25-27.

mation), '좌파개혁'(left wing reformation) 그리고 '재침례파'(Anabaptist) 등
이었다.[19] 스위스의 개혁파 츠빙글리(Ulrich Zwingli)와 초기 루터의 동지
였던 칼슈타트(Karlstadt)의 개혁 사상에서 불이 붙어 스위스와 남부 독일
그리고 네덜란드로 확산된 재침례파 운동은 루터의 종교개혁이 철저한 개
혁이 아니라는 불만에서 시작되었다.[20]

1523년 츠빙글리의 추종자인 그레벨(Conrad Grebel), 만츠(Felix Manz),
후브마이어(Balthaser Hubmaier)는 교회에 관한 결정을 취리히 시의회가 주
관하는 것에 반대하였다. 모든 결정은 성서에 근거해야 한다는 성서주의
가 신학적·교권적·시민적 문제와 충돌하기 시작했다. 그리고 그들은 신
앙의 근본 문제와 씨름하기 시작하였다. 그리스도인의 삶이란 철저한 헌
신과 변화의 삶이며, 참교회란 철저하게 헌신한 신자(membership)와 훈련
(discipline)의 모임을 의미하는 신념으로 발전하였다. 이것은 재침례파 운
동의 사상적 근거가 되었다.

1525년 1월 최초의 재침례(rebaptism)가 실시된 이후, 재침례파는 엄
청난 핍박과 박해를 받기 시작했으며, 그 후 남부 독일, 동부 스위스, 오스
트리아로 확산되었다. 1535년 뮌스터(Münster) 비극이라는 사건으로 인
해 재침례파는 오해와 오명을 쓴 채, 호프만(Melchoir Hoffmann)의 지도하
에 스트라스부르(Strassburg)에서 네덜란드로 옮겨가게 되었다. 그 후 재침
례파 운동은 시몬스(Menno Simos)에 의하여 공동체로 승화되기에 이르렀
다. 시몬스가 정의한 신앙의 자발적 협의체(voluntary association)라는 교회
정의와 그리스도를 향한 충성과 서로의 사랑이라는 신앙적 요청은 오늘날
남아 있는 재침례파인 메노파(Mennonites)의 신앙적 지표가 되었다.[21]

재침례파 교회의 신학자 위버(J. Denny Weaver)는 16세기 재침례파가
주장했던 교회론을 다음과 같이 정리한다. "예수를 따르는 교회는 새로운
사회적 실재인 공동체이다. 예수를 따른다는 일은 교회 안과 밖의 모든 사

---

19 J. Denny Weaver, *Becoming Anabaptist*(Ontario: Herald Press, 1987), 19-20.
20 Williston Walker, *A History of the Christian Church*, 366.
21 J. Denny Weaver, *Becoming Anabaptist*, 96ff.

람 속에 속량 받은 태도와 관계 속에서 새로운 삶을 살아가는 것을 말한다. 이 공동체성은 개성을 부정하는 것이 아니다. 오히려 개개인의 신앙은 신앙 공동체 안에서 그 의미를 찾는다."22

여기서 교회의 근거는 예수 그리스도이다. 예수에게서 계시된 하나님의 뜻은 그 뜻을 따르는 제자직(discipleship)을 요청한다. 교회는 예수를 따르는 새로운 삶과 그의 뜻을 따르는 제자직(discipleship)을 요청한다. 교회의 예수를 따르는 새로운 삶과 그의 뜻을 따르는 제자직이다. 교회는 예수의 본을 따르는 성인 신자들의 자발적이고도 훈련된 공동체(voluntary, disciplined community)라고 정의한다.23

이처럼 자원적 형제됨과 공동체로서 교회는 하나의 대안적 공동체(alternative society)의 의미를 가진다. 그 하나는 종교적 문제까지 통제하려는 권위주의적 정부와 사회에 대한 대안이요, 다른 하나는 정부와 야합하여 사회 전체를 통제하려는 기성교회에 대한 대안으로 등장하였다는 것이다.24

재침례파의 교회론이 남기는 신학적 유산이 전적으로 부정적인 것만은 아니다. 순수한 신앙의 회복을 그 생명으로 삼고, 삶의 헌신과 훈련을 통한 제자됨을 요청하고 나선 재침례파는 당시 로마가톨릭교회의 타락상에 대한 도전이었을 뿐만 아니라, 루터와 츠빙글리의 종교개혁(그것을 반쪽 개혁 –half-reformation이라 부름)에 대한 도전으로 나타났다. 그 뒤에는 신약 교회의 재현이라는 이상이 깔려 있었다. 그러나 재침례파의 교회론은 리처드 니부어(H. Richard Niebuhr)가 분류하는 "문화와 엇갈린 그리스도"(Christ against Culture)25라는 범주에 빠졌다는 비판을 받는다. 순수한 신앙의 이름으로 반사회적(anti-social), 반역사적(anti-historical) 그리고 반문화적(anti-cultural)이 집단이라는 비판을 면치 못했다. 신앙을 개인적 차원에서 보는 한, 신앙의 역사성은 외면될 수밖에 없다는 필연적 약점을 가

---

22 *Ibid.*, 120.
23 *Ibid.*, 113.
24 *Ibid.*, 117-118.
25 H. Richard Niebuhr, *Christ and Culture*(New York: Harper & Row, 1951), 45.

지게 되었다.

　그러나 코이노니아 교회론은 20세기에 넘어오면서 신학적 의미와 사상적 틀을 갖추기 시작하였다. 덜레스의 분석에 따르면 로마 가톨릭은 라데마처(Arnold Rademacher), 콩가르(Yves Congar), 해머(Jerome Hamer)로 이어진 학자가 공동체성을 교회론의 중심 주체로 부각시킨 데서 비롯되었다.

　라데마처는 *Die Kirche als Gemeinschaft und Gesellschaft*(공동사회와 이익사회로서 교회)[26]에서 교회의 내적 핵심은 '공동사회'(Gemeinschaft)인 반면에, 교회의 외적 형태는 '이익사회'(Gesellschaft)라고 규정짓는다. 사회성은 공동체성을 증진시키기 위하여 존재해야 한다는 것이다. 왜냐하면 공동체로서 교회는 하나님 나라와 일치뿐만 아니라 성도의 교제와도 일치하는 개념이기 때문이다.[27]

　콩가르의 사상에는 분리될 수 없는 양면성이 내재하고 있다. 하나는 그리스도 안에서 하나님과 이웃과 맺는 교제이고 다른 하나는 이 교제를 창출하고 또 유지하는 방법의 총체이다. 교제가 구원의 공동체(Heilsgemeinshaft)를 의미한다면 방법의 총체는 구원의 틀(Heilsanstalt)을 의미한다는 것이다. 그러나 콩가르에게 궁극적인 것은 사람들의 교제에 있었다.[28]

　콩가르와 사상적 틀을 공유하는 해머(Jerome Hamer)도 교회의 양면성은 교제(communio)에서 통합된다는 사상에서 출발한다. 사회학적 의미의 교제는 수평적이고, 이는 사람 사이 우정의 관계를 의미했다. 수직적 차원의 교제는 예수 그리스도에게서 나타난 삶이 성령에 의하여 인간에게 적용되는 신적인 관계를 의미한다고 보았다. 결국, 교회의 본질은 성령에 의하여 주어지는 영적 교제이며, 이는 인간들의 상호협력적 관계 안에서 표현되는 것이라고 보았다.[29]

　그러나 코이노니아 교회론은 20세기 대신학자 브루너(Emil Brunner)에

---

26 Avery Dulles, *Models of the Church*, 52-53에서 재인용.
27 *Ibid.*, 53.
28 *Ibid.*
29 *Ibid.*, 53-54.

의하여 극단적인 표현으로 대변되기에 이르렀다. 브루너는 『교회의 오해』
(The Misunderstanding of the Church)[30]라는 저서를 통해 에클레시아(ecc-
elesia)를 교회론의 기본 개념으로 삼는다. 브루너는 로마가톨릭교회의 유
기체론적 해석도 거부하지만, 루터나 칼뱅이 제시했던 보이지 않는 교회
(ecclesia invisibilis)도 신약에 나타났던 교회와는 상관없는 것이라는 이유
로 거부했다.[31]

> "신약의 에클레시아, 즉 그리스도인들의 교제는 제도(institution)나 그
> 무엇이 아니다. 그리스도의 몸이란 사람들의 교제 외에 다른 것이 아니다. 그리
> 스도의 몸이란 예수 그리스도의 교제이며, 성령의 교제이며, 이 교제나 코이노
> 니아는 공동적 참여, 함께함(togetherness) 그리고 공동체 삶을 의미한다…"[32]

브루너에게 가장 중요한 것은 그리스도 안에서, 성령 안에서, 함께함
과 함께 나눔을 통한 교제이며, 이는 조직(organization)이나, 제도(institu-
tion)와는 전혀 무관한 것이라 보았다. 여기서 브루너는 에클레시아는 철
저한 교제성을 의미하며, 이 교제는 전적으로 반조직적이고, 반제도적 성
격을 지닌다고 보았다. '그리스도의 교제'(Koinonia Christou) 사상은 개신
교의 개인주의(individualism)와 가톨릭의 집단주의(collectivism) 사상을 초
월한다고 보았다.[33]

브루너는 예수 그리스도가 교회를 설립한 적이 없었다는 이론에 근거
를 둔다. 물론 예수 그리스도는 제자들을 모아 훈련을 거쳐 섬김을 위해
세상에 내보내었다. 이는 후일에 출현한 에클레시아의 근거가 된다. 예수
그리스도의 고난과 죽음, 부활 그리고 성령 강림을 통하여 생겨난 공동체
인 에클레시아는 숨겨졌던(concealment) 비밀로부터의 출현이며 메시아적

---

30 Emil Brunner, *The Misunderstanding of the Church*.
31 *Ibid*., 9-10.
32 *Ibid*. 10.
33 *Ibid*.

비밀과 예수의 메시아 되심으로 새롭게 변화하여 가는 성령의 교제(Koino-nia Pneumato)를 의미한다. 예수의 후속 사건으로 이루어진 이 공동체는[34] 결국, 예수와 성령과 믿는 이들의 교제와 함께함의 의미라는 것이다.

브루너는 이 기본적 전제로부터 사도직과 교회 직제(order)의 의미를 풀어가고 있다. 증언을 위해 위임된 사도들은 그 증언의 직(office) 때문에 사도성(apostolate)이 주어지는 것이라 보았으며, 그 사도성은 예수와의 교제 안에서 사도적 교제라는 의미에서 이해되어야 한다고 보았다. 이는 로마가톨릭교회의 사도 계승이 아니다. 사도성은 그리스도의 교제라는 관계성 안에서 해석되었기 때문이다.[35] 교회의 직제는 브루너에게는 철저하게 비제도적인 것이다. 교회의 직제는 성령의 교제로부터 오는 봉사와 섬김(diakonia, service)의 직제뿐이라고 그는 해석했다.

그러기에 브루너의 에클레시아는 제도주의 교회와 성례전주의 교회를 넘어 공동체 교회였으며, 그것은 다음 몇 가지 강점을 가진다. 교회의 본질을 그리스도의 성령과 성도 사이의 교제, 관계, 함께함이라는 신앙적 역동성에 둠으로 교회를 조직과 제도로 전락시키는 위험을 극복할 수 있다. 반대로 신앙만을 강조하는 교제로서 교회가 빠지기 쉬운 개인주의(개신교회) 특히 재침례파 교회의 신앙의 주관화를 수정하게 된다.

그러나 브루너의 에클레시아 교회론은 지나치게 제도성을 배제함으로 교회의 역사적 성격마저 소멸하는 위험성을 드러내고 있다. 공동체성의 강조는 드러났으나, 공동체의 역사성은 약화됨으로 도피적, 타계적, 반사회적 성격의 교회라는 약점을 지니고 있다.

브루너에 이어 교제로서 교회를 강조한 신학자는 본회퍼(Dietrich Bonhöffer)였다. 그의 최초의 저서이자 박사 학위 논문이었던『성도의 교제』(Sanctorum Communio)[36]에서 본회퍼는 그의 코이노니아 교회론을 신약에 나타난 두 개념에서 출발하고 있다. 그 하나는 예루살렘을 중심으로 하는

---

34 *Ibid.*, 23-24.
35 *Ibid.*, 25-26.
36 Dietrich Bonhöffer, *The Communion of Saints*.

'유대인 기독교인 교회'였으며, 이는 로마가톨릭 교회관의 근거가 되었다고 한다. 다른 하나는 바울을 중심으로 한 '이방인 기독교인 교회'였으며, 이는 루터 교회론의 근거가 되었다고 한다. 전자는 계급적 구조와 교회법을 강조하는 교회가 되었다. 개개인은 이 제도 속에 흡수되었다고 비판한다. 그러나 바울은 이를 복음의 근거로 극복하였다고 본회퍼는 풀이한다.37

바울의 신학적 교회론을 추종하는 본회퍼는 교회를 '회중과 모임'(gathering, congregation)이라고 정의한다. 회중으로서 에클레시아는 유대와 이방을 포괄하는 제3의 종족(third race)이요, 개체적 회중이요, 하나님의 교회라고 표현했다.38

'하나님과의 교제'(Communion with God)는 오직 그리스도를 통해 존재하며, 그리스도는 오직 그의 교회 안에 현존한다. 이로써 하나님과의 교제는 교회 안에만 있다.39 본회퍼는 이와 같은 교제 사상은 교회를 개인주의적으로 접근하려고 한 모든 시도를 수정하는 것이라고 본다.

그러나 이 교제는 유전사회학(genetic sociology)에서 말하는 단순한 사람들의 모임이 아니라, 성령에 의하여 생겨나는, 더욱이 하나님의 사랑이 만들어내는 교제로서 이해한다. 그래서 본회퍼는 교제로서 교회는 처음 구조인 '교회와 멤버 사이에 하나님이 세운 구조적 함께함'(miteinander)이라는 수직적 차원과 두 번째 구조인 '멤버와 멤버들 사이의 돌봄'(füreinander)이라는 수평적 차원을 포괄한다고 보았다.40

함께함과 돌봄의 성도의 교제는 세 가지 가능성을 통하여 성도 간의 교제를 이룩해 갈 수 있다고 보았다. 그 첫째는 이웃을 위한 희생적 일을 하는 것, 두 번째의 중재의 기도, 세 번째는 하나님의 이름으로 죄를 용서하는 일이다.41 본회퍼는 루터의 글을 인용하면서 이 성도의 교제는 '교회

---

37 *Ibid.*, 97-98.
38 *Ibid.*, 98-99.
39 *Ibid.*, 116.
40 *Ibid.*, 126-127. John D. Godsey, *The Theology of Dietrich Bonhoeffer*(Philadelphia: The Westminster Press, 1960), 42.
41 *Ibid.*, 130. Dietrich Bonhöffer, *Life Together*(New York: Harper& Brothers, 1954),

안의 교회'(the church within the church)[42]이며, 여기서 예배, 기도, 성경 읽기, 성례전 공동체의 새로운 구조가 된다고 보았다.

코이노니아 교회론에 관한 본회퍼의 이해는 브루너의 에클레시아 교회론보다 깊이 있는 신학적 논거를 펼쳤다고 평가할 수 있다. 그 첫째로 본회퍼는 최소한 성도의 교제가 지니는 제도성을 의도적으로 배제하지 않았다는 사실이다. 제도적 교회를 수용한 것은 아니지만, 제도성을 복음으로 극복하려 한 바울의 신학에서 그 해결을 찾으려 하였다. 두 번째로 본회퍼는 성도의 교제를 종말론적으로 해석하려 하였다는 데 있다.

가톨릭 신학자 덜레스는 여기에 몇 가지 예리한 논평을 가한다. 코이노니아 교회론은 첫째로 교회를 제도로 보는 견해보다 더 성서적인 근거를 가지고 있다고 논평한다. 둘째로, 코이노니아 교회론은 성령의 역사와 기도 생활 그리고 신자들의 자발적 참여의 공간을 넓혔다고 평가한다. 셋째로, 코이노니아 교회론은 오늘의 인간적 요구에 대응하는 적절한 교회론이라는 것이다.[43]

덜레스는 코이노니아 교회론의 단점도 언급하였다. 코이노니아 교회론은 교회의 영적 차원과 보이는 차원의 관계를 왜곡함으로 이원론에 빠질 위험성을 안고 있으며, 두 번째로 코이노니아 교회는 교회를 신격화하려는 위험성을 안고 있다고 보았다. 로마가톨릭교회가 그리스도의 몸인 교회를 예수의 화신 사건(incarnation)과 동일시하는 잘못을 범한 것처럼 코이노니아 교회는 하나님의 백성, 성도의 회중을 곧 교회 그 자체로 동일시함으로 둘 사이의 경계를 모호하게 만든다고 비판한다. 이것은 가톨릭 신학자가 보는 비판이기는 하나, 그 안에는 간과할 수 없는 암시가 들어있는 것도 사실이다. 코이노니아 교회론은 초월성과 역사를 향한 선교의식을 심어주지 못한다는 것이다.[44]

90-109.

42 *Ibid.*, 169-170.

43 Avery Dulles, *Models of the Church*, 62-63.

44 *Ibid.*, 63-64.

제14장
말씀 사건으로서 교회론

현대 교회론의 획기적 전환은 교회를 '사건'(event)으로 보는 신학적 해석에서 이루어졌다고 볼 수 있다. 유기체적 교회론이 로마가톨릭교회의 신학 형성 과정에서 생겨난 것이라면, 코이노니아 교회론은 인격주의와 공동체성을 강조하고 나온 반제도주의적 신학, 특히 종파(sect)의 성격을 지닌 신학에 의하여 대변되어 왔다고 볼 수 있다. 이는 일찍이 트뢸치(E. Troeltsch)에 의해 범주화되었던 교회형(church type)과 종파형(sect type)에서 그 유형화를 찾는다.

말씀 사건으로서 교회론은 유형적으로는 'Communio'에 가까운 뿌리를 가지고 있지만 존재론적 논의에서 유기적 교회론이나 코이노니아 교회론과는 전혀 다른 출발점을 가지고 있다. 그것은 "계시와 복음은 곧 사건"이라는 전제이다.

말씀 사건으로서 교회론은 예루살렘 교회보다는 바울의 교회에서 그 역사적 근원을 찾는다. 물론 사도행전에 나타나는 초기 예루살렘 교회에서 말씀 사건, 특히 베드로의 설교가 교회를 하나의 사건으로 만들었던 것은 사실이지만 점차 예루살렘 교회는 유대인 중심적, 율법주의적 그리고 제도적 교회로 변모되었다.

그러나 바울은 '복음'으로 제도적 교회를 극복하고 또 초월하였다고 했다.[1] 예수 그리스도의 복음이 선포되고, 또 사람들은 하나님과 깊은 관계로 인도되었으며, 복음은 새 삶과 공동체의 변화를 가져온 것이다.[2] 그러기에 교회는 복음에 의하여 생겨난 하나의 사건이요, 새로운 피조물이었다. 교회는 제도도, 코이노니아도 아니라 복음에 의한 사건이었다.

넓은 의미에서, 말씀 사건으로서 교회는 루터의 종교개혁의 중심 사상으로 이어졌다. 루터의 교회론은 'Communio Sanctorum'으로 집약되지만, 그것은 말씀이 올바로 '선포'되는(올바르게 시행되는 성례전과 함께) 설교에 의하여 생겨난 신앙사건으로 이해되었다. "말씀을 소유하고⋯ 설교 되고⋯ 믿으며⋯ 고백하고 또 말씀대로 사는 그곳에는 거룩한 그리스도인의 백성이 존재한다"에서[3] 루터는 교회를 말씀의 설교 사건으로 이해하였다고 볼 수 있다.

그러나 말씀 사건으로서 교회론은 20세기에 들어서면서 폭넓은 신학적 의미하기 시작하였다. 더욱이 19세기 자유주의 신학의 붕괴와 함께 등장한 신정통주의 신학과 동시대에 발화된 교회 연합운동(ecumenical movement)의 사상적 흐름 속에서 말씀 사건으로서 교회론은 강력하게 부각되었다. 말씀 사건으로서 교회론을 제창한 이는 세기의 신학자인 바르트(Karl Barth)였으며, 그의 말씀의 신학(Theology of the Word)은 교회론의 사상적 기초가 되었다.[4]

덜레스에 의하면 말씀 사건으로서 교회론은 바르트의 제자인 로마 가톨릭 신학자 큉(Hans Küng)에 의하여서도 형성되었다. 그는 성서의 에클레시아란 말씀 선포에 의하여 불리움 받은 사람들이라고 정의했다.[5] 그러나 큉에게 있어서 에클레시아는 단 한 번에 세워지는 것이 아니라, 반복되는 구체적 사건(repeated concrete event)[6]이었다. 이는 하나님의 말씀 앞에

---

1 Dietrich Bonhöffer, *The Communion of Saints*, 97-98.
2 Robert Banks, *Paul's Idea of Community*, 33.
3 Martin Luther, *Works of Luther*, 41. 148-152. Eric Jay, The Church, 163에서 재인용.
4 Avery Dulles, *Models of the Church*, 82-83. 바르트의 교회론은 본 논거의 주제가 됨으로 이 글 뒤에 다루어짐.
5 *Ibid.*, 83.
6 Hans Küng, *The Church*, 84.

복종할 때 일어나는 사건이기 때문이다. 그리고 교회 그 자체는 하나님 나라가 아니며, 교회가 하나님 나라를 세우거나 확산시키는 것도 아니었다. 하나님 나라는 전적으로 하나님 자신에 의하여 세워지는 것이며, 교회는 오고 있는 하나님 나라를 선포하며 증거한다고 보았다. 하나님 나라를 증거하고 선포하는 교회는 종말론적 구원 공동체(the eschatological community of salvation)로 정의하였다.7 큉의 교회는 하나님 나라의 도래를 외치고 또 증거하는 종말론적 사건이었다.

바르트 외에 개신교 신학계에 나타난 거성은 불트만(Rudolf Bultmann)이었다. 그의 대표작인『신약 신학』8에서 불트만은 예수의 오심 그 자체가 '종말론적 사건'(eschatological occurrence)임을 전제하고 있다.9 하나님은 이 종말론적 사건을 통하여 그의 회중과 교회를 부르셨으며, 교회는 그리스도의 사건을 선포하는 때 종말론적이 된다는 것이다. 여기서 설교는 하나님의 말씀이며 사람들을 에클레시아 혹은 회중 속으로 모이게 하는 규범인 것이다. 종말론적 사건인 설교에서 하나님은 현존하며, 하나님의 말씀은 비로소 사건이 된다는 것이다. 이 사건은 예수 그리스도이다.10 이 사건은 과거 사건도, 미래 사건도 아니라 전적으로 현재적인 실존적 사건이다. 여기에 바르트와 불트만의 차이가 있다. 불트만의 예리한 신학적 해석은 후기 불트만주의자로 알려진 푸치스(Ernst Fuchs)의 언어 사건(linguistic event)과 에벨링(Gerhard Ebeling)의 선포와 신앙의 관계를 강조하는 사상으로 이어졌다.11

그러나 말씀 사건으로서 교회론을 강렬한 신학적 구조와 언어로 변호하고 나선 이는 바르트(Karl Barth)였다. 라미란데(Emilien Lamirande)라는 로마 가톨릭 학자는 바르트의 교회론에는 네 단계의 사상적 변화가 있었다고 해석한다. 그 첫 단계는 로마서 강해 시기이며 이때는 교회에 대해 부정

---

7 *Ibid.*, 96.
8 Rudolf Bultmann, *Theology of the New Testament*, vol. I.
9 *Ibid.*, 43.
10 Rudolf Bultmann, *Jesus Christ and Mythology*(London: SCM, 1958), 82-83.
11 Avery Dulles, *Models of the Church*, 86-87.

적이었다. 두 번째 단계는, 교회 교의학을 쓰기 시작한 1932년으로부터 10
년 동안 바르트의 신학은 말씀의 신학과 순수한 사건으로서 교회에 집중하
였다는 것이다. 세 번째 단계는, 교회 교의학 시기로 예수 그리스도와 교회
의 연결을 적극적으로 모색하였다는 것이다. 네 번째 단계는 1956년에 실
시한 강연 "하나님의 인성"(The Humanity of God)에서[12] '하나님의 인성'은
예수 그리스도를 통하여 인간과 함께 대화하기 위해 역사 속에 임한 하나님
의 자유로운 주권으로 이해하였다는 것이다. 바로 이 네 단계의 바르트 신
학의 순례가 그의 교회론 형성에 크게 기여한 것으로 해석하고 있다.

　　바르트의 교회론을 좀 더 심층적으로 이해하기 위해, 역사적으로 계속
되어 온 보이는 교회와 보이지 않는 교회 사이의 이원론적 갈등을 극복하
려고 시도한 본회퍼와 바르트의 연구를 비교해서 고찰해 보고자 했다.

　　교회론의 이원론적 갈등을 신학적으로 극복하려 시도한 학자 중에 가
장 대표적인 학자는 본회퍼(Dietrich Bonhöffer)[13]와 바르트(Karl Barth)[14]이
다. 바르트의 교회론 이해에서 '암'적이었던 이원론 문제는 본회퍼에게도
심각한 문제로 등장하였다. 이 문제를 본회퍼는 행동(act)의 신학과 존재
(being)의 신학이라는 틀에서 설정한다. 이 점에서 두 신학자는 동의한다.
그리고 행동과 존재 신학 사이의 갈등을 극복하는 방법론에서도, 두 신학
자는 공히 '계시'를 선택한다. 두 신학자는 계시는 사건(Ereignis)으로 이해

---

12 Eric G. Jay, *The Church*, 352.
13 본회퍼의 박사 학위 논문은 *Commuinio Sanctorum*, trans. by Bernard Noble(New York
　　and Evanston: Harper and Row, 1961)였고 *Act and Being*(New York: Harper& Row,
　　1961)은 직접적인 교회론 이해는 아니지만 교회론 이해에 대한 신학적 해석을 하고 있음.
14 바르트의 교회론은 그의 *Kirchliche Dogmatik, Vol. IV*, 화해론 제1, 제2, 제3권 전반과 후반
　　에 나타나 있다. 교회론에 대한 바르트의 저서들은 *Against the Stream*, ed. by Roinald
　　Gregor Smith(London: SCM Press, 1954); *The Christian Churches and Living Reality*,
　　trans. by E. Allen(London: Hutchhinson, 1946); *Church and State*, trans. by G.
　　Fonald Howe(London: SCM Press, 1930); *The Church and the Churches*(Grand
　　Rapids, Michigan: Wm. B. Eerdmans Publishing Co., 1936); Community, *State and
　　Church*(Garden City, NY: Doubleday and Co., Anchor Books, 1960); *Karl Barth's
　　Table, Talk*, recorded and edited by John Godsey(Edinburgh: Oliver and Boyd,
　　1963) 등이며 이외의 많은 저서에서도 부분적으로 논의됨.

하였다. 하나님의 존재(God's Being, 존재론적 이해)는 하나님의 계시 행위(act of revealing Himself)로 드러내신다. 그러나 본회퍼와 바르트 사이에는 숙명적인 차이가 있다. 이 차이는 계시의 locus에서 부각되었다. 본회퍼는 계시의 locus를 교회[15]에 둠으로 교회학적 해석(ecclesiological approach)을 시도했는데 반하여, 바르트는 계시의 locus를 결정적으로 예수 그리스도의 전 사건(Totus Christus)[16]으로 보았다는 점에서 그는 그리스도론적 해석 방법을 택했다.

이 전제로부터 바르트의 신학적 교회론은 다음 몇 가지의 해석을 동반한다. 첫째, 교회가 사건이라는 전제는 대전제인 예수 그리스도의 전 사건(Totus Christus)의 관점에서 보아야 한다는 사실이다. 다시 말해 교회는 기독론적 차원에서 이해되어야 한다고 바르트는 믿는다. 말씀이 육신이 된 사건에서 하나님은 온 세계에 자신을(being) 계시한(act) 그리스도의 사건이야말로 교회라는 존재(gathering, upbuilding)와 행위(being sent)의 사건을 가능하게 한다고 믿었다. 여기서 바르트는 그리스도 사건을 존재론적(ontic) 사건으로 보고 있다. 그러기에 교회는 하나의 사건이지만 이는 자율적 사건이 아니라 예수 그리스도의 전 사건의 후기 사건(subsequent event 혹은 noetic event)인 것이다.

둘째, 바르트에게 있어서 예수 그리스도의 전 사건은 동시에 종말론적 사건이다. 교회론은 그리스도론적 후기 사건이며 동시에 종말론적 사건이다. 하나님은 예수 그리스도의 전 사건과 부활의 사건에서 완성의 미래를[17] 약속했기 때문이다. 교회는 후속 사건이다.

셋째, 종말론적 사건으로서 예수 그리스도 전 사건은 동시에 역사적 사건이다. 부활과 다시 오실 약속 사이에 있는 중간기의 역사는 교회의 증거의 장(arena)으로서 이해한다.

---

15 D. Bonhöffer, *Act and Being*, 119.
16 K. Barth, *Against the Stream*, 215.
17 종말론 이해에 있어서, 바르트는 예수의 부활(제1 재림)에서 제2 재림(종말의 약속)이 이미 약속되었다고 보고 있어 몰트만의 소망의 신학과 유사성을 지녔다.

넷째, 예수 그리스도 전 사건의 후기 사건으로서 교회의 유일한 존재 이유는 온 세계를 향한 예수 그리스도의 전 사건에 참여하는 응답이며 그 존재 양식은 증거하는 선교 행위(act)에서만 정당화될 수 있다고 바르트는 보았다. 여기서 교회는 전적으로 선교적 사건으로 이해한다.

이 대전제에서, 바르트는 Totus Christus로서 예수 사건과 교회의 관계를 세 가지 차원에서 해석한다. 그 첫째는 그리스도의 '참 하나님 되심'(Very Godness)이다. '선택하는 주체로서 하나님'(Electing God)과 연결되는 신 관념 이해이다. 그러나 바르트는 '참 하나님 되심'(Being)을 '참 인간이 되신 행위'(Act)와의 관계에서만 이해하려 했다(구속론적 관점).[18] 즉 선택하는 하나님은 바로 예수 그리스도 자신이지만, 그는 인간의 고통에 참여하기 위해 자신을 선택했다는 사건이다. 그리고 참 하나님이 참 인간 되는 행위에서 온 세계와 인간은 의롭게 여김을 받게 되었다고 바르트는 해석한다(화해론). 이것을 바르트는 그리스도 안에서의 온 세계와 온 인간의 '의인화'라고 풀이한다.[19]

이는 은혜의 객관성을 의미한다. 이 은혜의 객관성은 실재이다(바르트 신학에서 실재는 곧 인간을 향한 가능성으로 나타난다). 이 실재를 일깨워 주는 역사를 바르트는 '성령의 역사'라고 본다. 성령의 일깨워주는 힘(awakening power)에 의해 인간의 모임(gathering of people)[20]이 비로소 가능하게 된다. 여기서 교회는 온 세계를 의롭게 하신 Totus Chritus—참 하나님이 참 인간이 되었다는 행위에서—의 후기적 사건으로 나타난다. 후기 사건으로서 교회의 모임은 존재론적 사건인 예수 그리스도의 화해와 성령이 일깨우시는 역사 안에서 비로소 가능성으로 나타난다. 여기서 바르트는 모이는 교회가 세계로부터 분리된다는 현대 교회론을 근본에서 수정한다. 모이는

---

18 Karl Barth, *Church Dogmatics*, IV. 1(Edinburgh: T & T, Clark, 1956), 128. 이후, *Church Dogmatics*는 CD로 표기됨.
19 바르트의 신학 방법의 특이성은 *Totus Christus*를 인간을 향한 하나님의 실재(reality)로 이해하면서, 동시에 그 실재가 인간에게는 가능성(possibility)으로 나타난다고 보는 점이다.
20 *Op. cit.*, 643.

에클레시아는 예수 그리스도 안에서 의로워진 온 세계와 온 인류의 실재를 잠정적으로 대변하는 인간의 응답적 표현이다. 도식으로 보면 참 하나님 되심(참 인간이 되시는 행위에서) → 온 세계와 인간의 의인화(justification) → 성령의 일깨우는 힘에 교회는 모임의 형태로 나타났다(called out).

Totus Christus와 교회의 관계 그 두 번째는 예수 그리스도의 '참 인간 되심'(Very Manhood)이다. 이는 고난에 참여하기 위하여 자신을 선택한 'Elected Man'이라는 것이다. 참 인간 되심은 고난 이후에 들리움받은 인간의 빛에서 해석한다. 여기에서 의로워짐을 받은 온 세계와 온 인간은 성화되었다고 그는 해석했다.

이 그리스도의 사건에서 의롭게 된 온 세계와 인간이 성령의 일깨우는 힘에 의해 모인 공동체는 이제 그리스도의 부활에서 온 세계와 온 인간을 성화한 실재를 성령이 추진하는 힘을 통해 성장[21]한다고 보았다. 여기서 성장한 공동체는 그리스도 안에서 성화된 온 세계와 온 인간의 잠정적 형태(provisional form)로 나타난다. 도식으로 보면 다음과 같다: 참 인간 되심(들리움받은 인간 행위에서) → 온 세계와 인간의 성화 → 성령의 추진하는 힘 → 모인 교회가 성장했다(Called up).

Totus Christus와 교회의 관계 세 번째 차원은 예수 그리스도는 '하나님과 인간의 연합'의 사건이다. 하나님과 인간의 연합은 바르트의 기독론 이해에서, 그가 전통적인 칼케돈 규범을 능가하려는 획기적 해석의 시도라고 볼 수 있다. 하나님과 인간의 연합인 그리스도는 하나님과 인간 사이의 영원한 교제가 종말론적으로 약속되었다는 의미이다. 온 인류와 하나님과의 영원한 교제가 약속된 미래를 성령은 '길을 비추는 힘'(enlightening power)을 통하여 교회(모이고 또 성장한 교회)를 세상에 내보낸다는 것이다. 여기서 교회는 'church as being sent'가 됐다.

여기에 바르트 신학의 장점이 있다. 첫째 '모이는 교회'(성령의 일깨워 주는 힘에 의하여)와 '성장한 교회'의 형태를 결정적으로 종합한 개념에서

---

21 *Ibid.*, 151.

교회(성령의 추진하는 힘에 의하여)는 온 세계와 온 인간에게 약속된 구원의 메시지를 증거하는 선교적 공동체라는 해석이다. 교회의 존재 이유는 증거의 행위에서만, 그것은 Totus Christus의 후기 사건이 되는 때에만 의미가 있다는 것이다. 둘째 바르트는 교회의 존재 이유는 그 자체의 빛으로 설명될 수 없다는 사실을 강조한다. 교회의 존재론적 근거는 오직 Totus Christus에 있다는 점이다. Totus Christus만이 온 세계와 온 인간을 의롭게 하고 성화시키며 또 영원한 교제를 약속하는 전 화해의 사건을 의미한다면, 바로 이 Totus Christus 사건은 공동체를 종말론적으로 가능케 하는 유일한 선행적인 사건이 된다. 셋째 그리스도 안에서 화해된 세계(의로워지고, 성화되며, 약속 되어진)가 종말론적 가능성이 되었다는 점이다. 이 점에서 세계는 한 마디로 하나님의 역사의 '장'인 것이다. 여기서 교회는 이미 약속한 선행적 사건을 증거하는 '가능성'의 영역으로 보냄을 받는다는 해석이다. 여기서 교회는 곧 선교라는 이해에 이른다. 교회는 선교의 한 부분이 아니라 바로 존재 이유의 전부라는 의미가 된다. 선교는 교회가 세계를 기독교화하는 것이 아니라 세계의 완성을 약속한 하나님의 선교를 증거하는 것이라고 이해한다.

그렇다면 바르트에게서 Totus Christus의 'noetic'(후속) 사건으로서 교회의 모습은 어떠한가? 바르트도 성서적 이미지인 '그리스도의 몸'(soma Christou)이라는 비유를 사용하지만, 그것은 신비적 유기체(유기적 교회론)도 아니고, 상징적 관계도 아닌 '종말론적 관계'에서 이해한다.[22]

이것은 변증법적 관계(헤겔의 변증법적 관계가 아님)에서 구체적으로 설명될 수 있다. 첫째, 바르트에게서 그리스도와 교회는 비연속적이다(유기적 연속성을 부정). 즉 그리스도는 교회가 아니며, 교회는 그리스도가 아니라는 것이다. 초기 바르트 신학의 특징인 "하나님과 인간의 질적 차이"(키르케고르의 표어)는 후기 교회론에도 엄연히 적용되고 있다. 교회를 그리스도의 몸으로 보는 것은 '사건'이라는 개념에서만 이해된다. 역사에 참여한

---

22 Robert R. Nelson, *The Realm of Redemption*(London: The Ebworth Press, 1963), 91.

(의롭게 하고, 성화시키고, 약속하는 하나님의 행위) 그리스도의 현존 앞에 지상적 · 잠정적 대변으로 모이고, 성장하고, 다시 흩어지는 교회는 오직 하나님 앞에 응답하는 신앙 행위에서만 비로소 몸이 된다. 그러기에 바르트에게서의 몸 개념은 유기적이 아닌 종말론적인 신앙 참여에서 가능하다(그리스도의 몸). 교회가 봉사와 복종의 책임이 인식되는 한, 교회는 계속 그리스도를 머리로 하는 몸이 된다는 것이다. 여기에 비연속적 연속성이 나타난다. 바르트는 종말 사상이 취약한 로마 가톨릭의 유기적 해석의 약점을 극복한다. 신앙과 참여에서만 'Corpus Christi'(그리스도의 몸)가 된다는 신학적 의미는 교회 형성 과정에 새로운 빛을 준다. 몸으로서 교회는 머리 되는 분 이외의 어떤 다른 대상에게도 충성하지 않는다. 교회는 자율성과 타율성 그 어느 것에도 절대 가치를 두지 않는다. 오직 머리 되는 분의 사건에 둔다. 머리 되는 분을 향한 교회의 충성은 세계를 향한 증거의 책임으로 이어진다. 비록 세계와 온 인간은 그들을 향한 화해의 사건을 인식하지 못하고 있고, 아직 그리스도의 몸 안에 있지는 않지만 바르트는 그들을 실질적 일원(virtual member)으로 본다. 지금 몸 안에 있지는 않으나 그들은 그리스도의 영역 안에 있으며 그리스도 화해의 사건을 몸에 지닌 백성들로 인해 실질상의 일원이라는 것이다. 이것은 바르트 신학의 새로운 선교 지평이다. 머리 되시는 그리스도를 향한 충성은 동시에 몸 안에 있지 않은 이들을 향한 책임으로 이어진다. 이 두 차원의 관계에서만 교회는 비로소 몸이 되고 있는 사건이며, 이 사건은 구체적으로 회집의 사건(congregatio)으로 나타나게 한다.

이 'Congregatio'의 사건이 교파와 개체 교회들과 어떤 관계에 놓이는가에 대한 물음은 바르트와 리처드 니부어에게 공통적인 관심사였다. 니부어는 그의 논문 "The Churches and the Body of Christ"(교회들과 그리스도의 몸)에서 the Church(하나의 전체 교회)를 신앙, 사랑, 소망의 근거가 되는 초월적 실재로 본다. 그러나 churches(많은 교회)는 절충적이고, 가시적이고, 제도적이어서 타락의 운명을 가진다고 본다. 이 점에 있어서 바르트는 니부어의 해석과 동조한다.

초월적 실재의 교회(the Church)와 구체적인 교회들(churches)의 구분은 이원론(보이는 교회와 보이지 않는 교회)의 위험을 가지는 것도 사실이지만 동일 선상에 서 있다. 그러나 바르트와 니부어는 churches(보이는 교회)가 없이는 the Church를 이해할 수도, 참여할 길도 없다고 주장한다. 여기서 이원론의 약점을 극복하려고 한다. 즉, 개체교회에 참여하는 길만이 the Church의 일원으로 소속되는 길이라는 것이다.

여기까지는 바르트와 니부어는 'Congregatio'로서 교회들(churches)의 근본적 존재 이유를 질문하고 해답하는 쟁점에 와서 바르트는 니부어보다 한 걸음 더 앞서 있다. 교회들은 필연적으로 다양성(diversity)을 가지는 것을 특성으로 한다. 그러나 교회들의 다양성(교파, 구성 인원, 교리, 형식 등)이 갈등과 긴장, 경쟁을 일으키는 한 그것은 정당화될 수 없음을 주장한다. 이것은 가능한 불가능(possible impossibility)이기도 하다. 그러나 바르트는 갈등과 경쟁은 많은 '신'들 앞에 충성한 결과라고 보았으며, 이 점에서 교파주의 그리고 교권제도는 그 어떤 이유로서도 합리화될 수 없음을 그는 주장한다.

그러나 지역적으로 멀리 떨어진 거리로 인해 발생하는 교회들의 다양성은 신앙적으로 합리화될 수 있다고 바르트는 주장한다. 특수 지역이라는 상황 때문에 생겨난 생활양식, 사고 형태, 환경, 역사 그리고 언어와 습관들은 교회의 다양성을 정당화하는 요소라는 것이다. 그리고 보다 적극적 교회의 다양성이 선교와 봉사의 사역으로 사용될 때 그 다양성은 그리스도의 몸이 된다고 보았다. 교회의 존재 이유를 소명과 사역이라고 본 바르트는 교파가 개체 교회들의 사명을 억압하고 통제할 때는 그 교파는 배격되어야 한다고 보았다. 그래서 바르트는 교회는 'Congregatio'—개체 교회의 선교만이 타당성을 가진다고 본다. 이 점에서 그는 회중 교회(Congregational Church)나 개혁 교회 형태를 선호한다고 볼 수 있다.

이어서 바르트는 기독론적 사건으로서 교회를 시간과 종말이라는 차원에서 본다. 예수의 죽음과 부활에 의한 제1 재림(parousia)은 다시 올 것이라는(제2 재림) 약속에서 이해된다. 교회가 Totus Christus를 그 존재론적 근거로 하여 성령에 의하여 태동된 공동체라고 할 때, 교회는 다시 올 제2 재림에 의해 종말론적 공동체, 소망의 공동체가 된다는 것이다.

바르트는 그리스도의 부활 사건23에서 비로소 새로운 관점이 시작되었다고 이해한다. 부활 사건을 통해 사도들과 초대 신앙 공동체는 자신들과 연루된 인간 예수를 깨달았다고 본다. 부활의 사건을 통해 본 예수는 "the One who was, and is, and is to come"24(진정 그리스도였으며 주이시며 또 오실 분)이었다. 부활의 사건은 전 역사의 내용이었으며(total history), 또 동시에 특별한 시간(particular time)의 계시였다. 여기서 부활의 사건은 신앙의 계기를 마련했으며 그 신앙은 사도적 선포(Kerygma)를 가능케 했다고 본다.25 부활한 예수는 인간들 속에 함께 계셨다.26 이러한 바르트의 사상은 현대신학에 실마리를 던져 준 몰트만(Jürgen Motmann)에게 영향을 준 것으로 보인다. 부활의 사건에서 예수가 진정 누구였는가(the One who really was)하는 목격이 회고의 근거가 되었다면, 동시에 그는 장차 오실 분(who he really will be)라는 소망의 근거가 된다고 본다.27 여기서 몰트만과 함께 바르트는 종말론적 약속을 부활의 사건에서 보았다.

그리고 부활의 사건은 전 역사에 새로운 코스를 마련해 준 완성된 시간(Kairos)이라고 본다. 여기서 바르트는 "역사의 마지막은 예수의 부활에서 이미 실현되었다."(pre-actualized)28라고 보는 판넨베르크(W. Pannenberg)와 일치한다. 종말이 전 역사에 새로운 빛을 비춰주고 있다고 보는 판넨베르크의 신학은 부활과 역사의 관계를 실존적 의미로 풀이한 불트만

---

23 Karl Barth, CD, III, a, 442.

24 Ibid.

25 CD, III, 2, 443.

26 Ibid.

27 Jürgen Moltmann, Theology of Hope(New York: Harper& Row, 1967), 84-85.

28 Carl E. Braaten, "Toward a Theology of Hope", New Theology No. 5, ed. by Martin E. Marty and Dean G. Peerman(New York: The MacMillan Co., 1968), 104.

(Bultmann)의 입장보다[29] 바르트의 이해에 더 가깝다고 볼 수 있다. 전 역사에 빛을 준 부활의 사건을 카이로스(Kairos)라고 보는 바르트는 이 시간을 "우리를 위한 하나님의 시간"[30]이라고 말한다. 이 시간에서 하나님과의 진정한 만남이 일어난다고 본다. 여기서 바르트는 크로노스(Chronos)인 과거, 현재, 미래가 부활 사건에서 카이로스(Kairos)로 변화된다고[31] 믿었다. 베르카우어(G. C. Berkouwer)는 이를 '유한한 생의 영원화'[32]라고 해석한다. 또한 밴틸(Van Til)은 우리의 시간이 하나님의 시간(duration)에 흡수되었다는 것을 의미한다고 해석한다. 그러나 필자는 베르카우어나 밴틸은 바르트를 오해하였다고 본다. 그 이유는 크로노스의 과거, 현재, 미래의 시간이 완성된 카이로스에 참여한다는 의미는 영원과 시간의 동일성화(homogenized)가 아니며, 카이로스는 제3의 시간[33](third time) 즉 우리의 타락된 시간이 하나님의 계시에 의해 새로 창조되는 시간임을 의미하기 때문이다. 어제(onceness), 오늘(nowness) 그리고 내일(thenness)의 비연속성의 단절이 '우리를 위한 하나님의 시간'(God's time for us) 때문에 제3의 시간이 되는 것을 의미한다. 제3의 시간은 '영원한 현재'이다. 이 영원한 현재는 과거와 미래 속에 있으며, 신앙의 회고와 종말의 소망 안에 다가온다.

바르트에게서 교회는 제3의 시간에 참여하는 종말론적 사건이다. 교회는 기구와 조직이기 전에 그리스도 부활의 사건 그리고 부활에서 약속된 종말을 분별하고 경험하는 공동체라는 점에서, 교회는 종말론적 사건이다. 교회가 종말론적 사건이라는 신학적 근거는 전 세계를 화해하였다[34]는 그리스도의 일회적 사건과 완성(consummation)을 약속한 escha-ton의 소망에서 태동된다. 세계는 비록 타락하고 혼돈되어 있음에도, 그

---

29 *Ibid.*
30 CD, I, 2, 45.
31 CD, II, 2, 463.
32 G. C. Berkouwer, *The Triumph of Grace in the Theology of Karl Barth*(Grand Rapids, Michigan: Wm B. Eerdmans Publishing Co., 1956), 328.
33 CD, I, 2, 47.
34 바르트의 교회교의학 제4권의 명제가 '화해론'이라는 점과 그 "화해론" 속에서의 그리스도의 구속론과 교회론의 관계를 주시할 필요가 있다.

세계는 여전히 하나님의 섭리 안에 있는 '장'(場)으로 이해된다. 세계는 하나님의 영광이 드러나는 장(theatrum gloria Dei)으로 인식하게 된다. 예수 그리스도는 우주적 그리스도(cosmic Christ)로서만 아니며, 우주적 그리스도는 그리스도적 세계(Christic world)의 관계에서만 의미한다고 해석35한 로빈슨(John A. T. Robinson)의 신학적 해석은 이미 바르트 신학 체계에 내재하고 있었다. 바르트는 이를 "세계와의 우호적 관계에서"라고 표현한다.

교회가 종말론적 사건이라는 두 번째 의미는, 하나님과 세계와의 화해라는 사건 그리고 세계의 종말이 Totus Christus 안에 약속되었다는 사실에서, 교회 그 자체는 존재 이유가 될 수 없다는 선언이다. 교회는 Totus Christus의 후기 사건이기에 변혁적 공동체(revolutionary community)이어야 한다. 바르트는 이것을 "Ecclesia semper Reformanda"라고 부른다. 그러나 변화와 혁신의 기준은 성령의 역사에 의해 한계 지워진다. 부활의 메시지를 선포하는 사명만이 교회 혁신의 척도임을 의미한다. 그러기에 기독교 공동체의 존재 이유는 그 자체 안에 있지 않고, 부활의 사건에서 세계의 긍정과 완성을 약속한 Totus Christus 안에 있다. 바로 이 존재 이유 때문에 교회는 역사적 사건에 민감해야 한다.

마지막으로 바르트는 교회는 선교이기에 교회는 역사적 사건임을 강조한다. Totus Christus는 제3의 시간이라는 그리스도의 임재와 연관된다. 이 시간 속에서 교회는 하나님의 역사에 참여한다. 시간은 세 가지 차원에서 일어난다. 첫 번째 차원은 부활의 사건에서 회고된 예수 그리스도의 시간이다. 즉 부활의 사건은 죽음, 제자들과의 이별, 그의 예루살렘 입성36 등의 특별한 시간이 'the One who was'를 새롭게 드러나게 한다. 그러나 이 특별한 시간은 곧 세계를 화해한 전 역사의 시간이다. 부활의 메시지는 신앙 공동체를 불러모으고 동시에 그 공동체로 하여금 살아계신 그리스도를 증거가 되게 하는 내용이 된다. 콕스가 교회의 근본 기능 중의

---

35 John A. T. Robinson, *Theology Today*, vol. II. 155.
36 K. Barth, CD, IV. 2, 474.

하나를 케리그마적 기능[37]으로 이해한 것은 바르트 교수가 이해한 신앙 공동체의 증거로 하는 사명과 평행을 이룬다. 이러한 차원은 공동체의 믿음의 차원이다. 두 번째 차원은 'the One who is'의 시간이다. 여기서 교회는 살아 있는 그리스도의 현존을 경험한다. 그러나 바르트에게서 그 현존의 모습이 무엇인가는 구체적 해석이 결여되고 있다는 점에서, 교회의 구체적 선교 규범은 약하다고 본다. 그래도 그리스도의 역사 현존은 세계를 향한 교회의 사랑의 차원을 형성한다. 세 번째 차원은 'the One who will be'의 시간이다. 다시 오실 것을 약속한 그리스도 제2의 파루시아(재림)를 기다리는 공동체는 교회를 끊임없이 종말론적으로, 역사적으로 만들었다. 여기서 바르트는 시종일관 종말의 약속은 전 역사와 전 세계의 완성을 위한 약속이라는 것을 밝힌다. 이 점에서 비록 그 소망은 미래적이지만 교회를 증거와 봉사의 장으로 재긍정하는 근거가 된다. 교회의 종말론적 인식은 그리스도의 현존과 약속에 대한 인식이다. 교회는 아직 '몸' 안에 있지는 않으나 사실상 그리스도 안에서 일원이 된 모든 인간에게 복음을 선포하는 한 선교적 사건이 된다. 이것은 소망의 차원이다. 온 인간을 위한 하나님의 잠정적 대변[38](provisional representation)인 교회는 구체적으로 인간들 속에 소망을 증언해야 하는 사명을 부여받는다.

결론적으로, 바르트에게서 교회론은 온 세계와 온 인간과 화해와 구속을 진행하는 그리스도의 존재 사건(Totus Christus)에 의해서만 이해된다. 전 역사에 의미와 빛을 주는 Totus Christus의 존재 사건만이 신앙 공동체라는 과정(gathered, up-built, sent)을 가능케 한다고 보았으며 그 사건은 곧 선교와 증거라는 존재 양식에서만 가능하다고 본다. 그리스도의 종말론적 약속은 증거를 위한 신앙 공동체의 존재와 행위의 근거가 된다. 그 근거 뒤에는 온 세계를 위한 하나님의 'Yes'를 위해 'No'를 자기 자신에게 메운 화해 사건(십자가)이 선재하고 있으며, 여기서 온 세계는 새로운 피조

---

37 Harvey Cox, *The Secular City*(New York: The MacMillan Co., 165), 127.
38 *Ibid.*, 144.

물, 새 역사의 가능성이 주어져 있다고 바르트는 본다. 그러기에 세계 안에서의 하나님의 가능성은 교회 구조와 그 방향 설정의 근거가 된다. 그리스도의 사건에서, 세계와 전 역사에 참여한 하나님의 선행적 사건(precedent event)만이 교회를 교회 되게 하는 근본적인 존재 이유와 행동의 유일한 근거이다.

바르트의 신학적 교회론을 종결하면서 다음과 같은 논평이 가능할 것이다. 두 극단을 대표하는 신학자들의 무책임성 때문에 바르트 신학의 전체성은 크게 왜곡되고 있다고 본다. 그 한 그룹은 선입견에 사로잡힌 자유주의자들을 포함한다. 파우크(Wilhelm Pauck)[39]와 리어든(B. G. M. Reardon)[40]은 지나친 자유주의적 해석 때문에 바르트 신학의 복음주의 장점을 이해하지 못한다. 다른 한 그룹은 바르티아 학파를 자칭하는 문자주의자들이다. 이들은 바르트 신학 사상의 핵심에서 전체를 보지 않고, 바르트 인간 자신을 신격화하려 한다.[41]

오래전 바르트가 시카고를 방문했을 때 몽고메리(John W. Montgomery) 교수는 바르트 신학을 '복음주의적 장점과 인식론적 약점'의 신학이라 비판했다.[42] 그러나 웨스트(Charles C. West) 교수는 인식론적 방법에서는 약점이 있을지 모르나, 바르트 신학은 현대 신학자 중 그 누구보다 충분한 인식론적 근거를 제공한다 변론한다.[43] 그러나 바르트 신학의 결정적 약점은 정치, 사회, 경제, 윤리 문제들을 신학화함으로(정치, 사회, 윤리 문제들

---

39 Whilhelm Pauck, *The Heritage of the Reformation*, 162, 262.

40 B. G. M. Rardon, "Reason and Revelation: Is Barth Consistent?", *Church Quarterly Review*, CLV, No. 315(1954).

41 George Casalis, *Portrait of Karl Barth*, trans. by Robert M. Brown(Garden City, NY: Doubleday& Co., 1963), 3. Casalis는 다음과 같이 바르트의 말을 인용한다. "천사들은 바르트가 말하려는 것들(things)에 대해서 쓰지 않고 도리어 바르트 자신에 대해서 쓰려는 사람들을 보고 웃는다. 참으로 천사들은 웃는다."

42 John W. Montgomery, "Barth in Chicago: Kerygmatic Srtenth and Epistemological Weakness", *Dialogue: A Journal of Theology*, I(Autumn, 1962), 56-57.

43 Charles C. West, *Communism and the Theologians*(Philadelphia: The Westminster Press, 1958), 15, 304.

을 신학의 전제에서 비판) 특수 분야의 독립성과 독특성이 사라져 버릴 위험이 내재해 있다는 데 있다. 즉 바르트 신학의 약점은 신학의 전제에서 정치 및 윤리 문제의 해결까지 시도하는 범주적 과오를 범하고 있는 점이라 본다.

이러한 약점에도, 바르트 신학의 결정적 공헌은 그리스도 사건에 대한 핵심적인 해석과 바로 그 사건을 모든 다른 사건의 중심에 두고 있다는 점이다. 이것은 곧 Totus Christus의 사건을 의미한다. 이 사건에서 전 세계와 전 인간이 근본에서 재긍정 됐다는 실재(reality)와 가능성은 바르트 신학의 인식론적 근거를 마련하고 있다. 바르트는 교회 존재 이유를 여기서 발견한다. 즉 Totus Christus 안에서 재긍정된 세계는 교회 존재의 가능성의 '장'이 된다. 그러나 그 장은 eschaton에 의해서 마련된 종말론적 상황이며 동시에 교회 존재와 행위의 사건이 일어나는 장이다. 이 점에서, 교회는 선포해야 할 Totus Christus에 의해 일어나는 후기 사건이며 여기서 선교와 증거는 교회 존재의 이유와 행동 양식의 근거가 된다는 바르트의 해석은 교회론에 있어서 큰 공헌이라 본다. 여기서 바르트는 칼뱅의 '선택된 자'와 '멸망한 자' 사이의 갈등, 루터의 '보이는 교회'와 '보이지 않는 교회'의 갈등 그리고 로마 가톨릭의 'Corpus Christi'의 일방적 이해를 극복하게 된다. '존재'로 부름(선택)은 곧 '행동', '증거'로의 책임(선교)에서만 해석될 수 있기 때문이다.

다음은 몇 가지 평가이다. 말씀 사건으로서 교회론은 그 형태가 '회중적'(congregational)이라는 것, 교회의 일치와 연합은 복음에 응답할 때만 가능하다는 것이 장점으로 나타난다. 말씀이 중심이 되는 한, 교회 형태는 지역 공동체를 따라 다양성을 가질 수 있게 된다. 교회의 유일한 목적은 그리스도의 메시지를 전파하는 것이다. 회심보다도, 모든 민족으로 제자를 삼는 복음화가 그 주목적이 된다. 말씀 사건으로서 교회에 있어서 복음의 설교는 구원과 깊게 연계되며, 예수 그리스도를 믿는 신앙으로 인도하고 또한 구원의 날을 선포하는 사명을 지니게 한다. 그리고 설교는 종말론적 사건의 성격을 지닌다. 그래서 이 교회론은 성서적 근거, 교회의 선교적 자각,

하나님의 주권에 근거한 영성, 회개와 개혁을 촉구하는 장점을 가졌다.[44]

그러나 말씀 사건으로서 교회론, 특히 설교 신학에 근거를 두는 이 교회론은 '말씀이 육신이 되지 못하고', '말씀이 말로만' 끝나버리는 결과가 자주 나타난다는 것이 약점이다. 특히 가톨릭 신학자의 눈에 비친 이 교회론은 지나치게 증언만을 강조한 나머지 행동을 배제하는 결과를 가져오곤 한다는 것이다. 사회개혁에 대해 지나치게 비관적이라는 사실이 약점으로 드러난다.[45] 말씀에는 충실하나, 역사에 대한 책임은 소홀해지는 것이 이 교회론의 약점이다.

말씀 사건으로 교회론은 다음과 같이 요약할 수 있다.

만일 본회퍼의 말대로 예루살렘(유대인 기독교인)이 로마가톨릭 교회론의 기초가 되고 바울(고대 그리스인 기독교인)이 루터교회의 기초가 된다면 말씀 선포로서 교회론은 바울에게서 그 기원을 찾을 수 있을 것이다. 바울에게서 교회는(그 다양한 명칭과 이미지에도) 그리스도에 근거한 신앙과 회중의 사건이다. 특히 복음의 이해를 하고서 바울은 교회의 계급주의를 극복하려 했다(*Communio of Saints*, 98). 그리스도를 선포하는 일(설교), 영적 교제로 이끄는 일에서 ecclesia(하나님의 선택된 백성)가 모인다는 것이다. 바울의 선포 사상을 행동으로 옮긴 이는 루터였다. 그에게서 교회는 말씀이 올바로 선포되는 한(성례전과 함께) 성도의 교제가 곧 교회였다. '복음-성서-설교-성례전-교회(교제)'라는 신학적 도식이 루터의 구조였다. 그러나 루터가 설교를 강조하고 또 신앙을 강조했으나, 20세기에 재해석된 말씀 사건(word event)이라는 폭넓은 신학적 해석에까지는 미치지 못했다.

말씀 사건으로서 교회라는 주제는 20세기 바르트를 중심으로 일어난 신정통주의 신학의 관심이 되었다. 하나님 나라 선포로서 교회(Hans Küng), 종말론적 사건으로서 선포(Rudolf Bultmann) 그리고 언어 사건을 주장한 후기 불트만학파 학자인 푸치스(Ernst Fuchs)와 에벨링(Gerhard Ebel-

---

44 Avery Dulles, *Models of the Church*, 88-89.
45 *Ibid.*, 92-93.

ing) 등은 교회를 설교적 · 종말론적 사건으로 해석하였다.

말씀 선포로서 교회는 바르트에 의하여 폭넓게 대변되었다. 특히 말씀의 세 양식(forms)인 계시된 말씀(revealed word)-예수 그리스도, 기록된 말씀(written word)-성서, 선포된 말씀(proclaimed word)-설교의 상관관계라는 말씀의 신학 중심을 이뤘다. 그는 "설교란 성서를 살아 있는 것으로 만들어 그 안에서 그리스도를 만나게 하는 것"이라 설명한다. 그러므로 설교는 성서적 그리스도 사건이다.

여기서 교회는 성서적 그리스도 사건의 후속 사건으로 나타났다.

그리스도 사건	성 령		교 회
1) 십 자 가	— 전 인류의 의인 —	일깨움	— called out
2) 부 활	— 전 인류의 성화 —	추진함	— called up
3) 재 림	— 전 인류의 화해 —	빛을 비추임	— called into

바르트의 교회론은 그리스도 사건의 후속 사건이다.

제15장
섬김으로서 교회론

신학적 교회론의 혁명적 변화는 교회를 하나의 사건으로 보는 신정통주의 신학에서 비롯되었다. 특히 말씀 사건으로서 교회론은 유기체적 교회론과 코이노니아 교회론의 한계를 헤치고 나온 제3의 형태와도 같은 것이었다. 그러나 말씀 사건으로서 교회론은 그 성서적 · 역사적 · 신학적 타당성에도, 1960년대 초 전 세계를 휩쓸었던 역사의 세속화 도전 앞에서 점차 그 의미가 퇴색되어가는 한계에 도달하였다. 이 역사의 도전은 한 마디로 과학기술 혁명이 창출해가는 문화혁명(cultural revolution)이었다. 세속성의 갑작스런 등장이기도 했다. 바로 이 틈새를 헤치고 1960년대에 혜성처럼 나타난 교회론은 '선교'와 '봉사'(diakonia)를 강조하는 '섬김', '종'으로서 교회론이었다.

이 같은 역사적 상황의 도래는 근원적으로 계몽주의 시대에서 시작된 일종의 세속화 과정에 그 뿌리를 두고 있다.[1] 과학과 기술의 등장은 점차 문화의 자율성을 확대시켜 주었다. 이는 오랫동안 교회와 교회 통치에 의존했던 귀속 문화로부터 분리와 탈출을 의미하며, 결국 교회가 통제 능력을 잃게 되는 계기가 되었다. 이를 류벤(Arend Th, van Leeuwen)은 역사의 '세속화'(secularization)라고 하였다.

이 역사적 상황 도래의 또 다른 이유는 미국이라는 새로운 환경에 유럽

---

1 Avery Dulles, *Models of the Church*, 95.

의 전통적인 교회 제도가 대응해 나갈 능력을 상실하였다는 데 있다고 윌리엄즈는 해석했다.[2] 미국에서는 교회론보다는 하나님 나라의 주제(특히 사회복음 운동)가 보다 심각한 신학의 과제로 부상하였다. 그리고 섬김으로서 교회론도 강하게 부각했다.

피선교지로 알려진 19세기의 아시아와 아프리카로부터 거세게 다가온 교회 일치와 교회 연합의 호소와 열풍은 마침내 한 하나님, 한 그리스도, 한 교회를 고백하는 에큐메니칼 운동을 태동시켰다. 선교신학은 여기서 새롭게 태동되기 시작했다.[3] 섬김으로서 교회론은 1963년『신에게 솔직히』(Honest to God)를 써서 신학 혁명을 불러일으킨 로빈슨(John A. T. Robinson), 1965년『세속 도시』(The Secular City)를 써서 전 세계 교회와 선교의 재구조화를 촉구한 콕스의 세속신학의 등장, 알타이저(Thomas J. J. Altizer)와 해밀턴(William Hamilton)에 의하여 제창된 "하나님 죽음의 신학"(Death of God Theology) 그리고 진화론적 종말론으로 유명한 샤르댕(Teilhard Chardin)과 역사 종말론을 들고나온 몰트만(Jürgen Moltmann)에 의하여 과거 어느 신학도 감히 대결하지 못했던 '세속의 거룩성'(세속 신학)과 '역사의 종말론적 지평'(종말론적 신학)이라는 주제가 신학적 논의의 최첨단에 서게 되었다.[4] 교회 문제는 더이상 교회론에서 해결되는 것이 아니라, 세속과 역사라는 폭넓은 지평에서 재해석되고 또 재구조화(섬김)되어야 한다는 흐름이 나타났었다.

이러한 시대적·사상적 배경에서, 섬김으로서 교회론의 공식적 발상은 로마가톨릭교회의 제2 바티칸 공의회(Vatican Council II)에서 이루어졌다. 앞서 논의한 대로 제2 바티칸 공의회는 로마가톨릭교회 역사상 가장 강렬했던 신학의 혁명, 특히 교회론의 혁명을 이룩한 것으로 평가되어 왔다. 교회는 '종말론적 순례 공동체'로 '하나님의 백성'으로 선언한 신학적 혁명이었다.

---

2 Colin W. Williams, *The Church*, 12.
3 *Ibid*.
4 은준관,『교육신학』(서울: 대한기독교서회, 1976), 164-171. 그리고 은준관, "현대의 교육신학", 『기독교 교육사』, 오인탁 외 8인 공저(서울: 도서출판 교육목회, 1992), 417-430.

그리고 순례 공동체의 존재 양식은 '종'(servant)의 모습으로 정의되었다.

가톨릭 신학자 맥브리엔(Richard P. McBrien)은 바티칸 공의회를 중심으로 일어난 교회 신학의 사상적 변화와 그 의미를『우리는 교회를 필요로 하는가?』(Do We Need The Church?)[5]에서 크게 세 가지 단계로 나누어 설명하고 있다. 그 첫 단계는 바티칸 공의회 이전의 가톨릭의 신학적 상황과 관련되어 있다. 이때의 신학자는 라너(Karl Rahner)와 콩가르(Yves Congar)이다. 라너는 교회가 중세 때 누렸던 문화적, 정치적, 사회적 우월성에서 벗어나 현재의 다원적 사회 속에서 디아스포라(Diaspora)를 경험하는 가운데 흩어져야 한다고 주장한다.[6] 이는 새로운 역사적 상황이며 도전이라고 한다. 교회는 새로운 상황과의 적나라한 만남과 대면 속에서 새롭게 적응해야 하는데, 이것은 양(quantity)의 추구가 아닌 질(quality)의 추구로서, 복음을 가지고 그리스도의 증언자로 살아가는 그리스도인들을 찾아 나가는 것이라 했다. 디아스포라에서 기독교적 증언은 도피적이어서는 안 된다는 사실도 강조한다.[7] 라너의 예언자적 식견은 오고 있는 시대에 대한 도전일 뿐만 아니라 로마가톨릭교회의 변화를 촉구하는 개혁의 소리였다.

바티칸 공의회 이전의 또 다른 신학자인 콩가르는『넓은 세계, 나의 교구』(Wide World, My Parish)를 통하여 라너의 사상과 같은 맥락에서 교회의 존재 형태를 양(quantity)이 아닌 대변성(representative)에 귀속시키고 있다. 교회는 본질상 대다수(majority)를 섬기기 위해 소수 공동체로 남아야 한다는 것이다. 교회는 세계를 향한(to) 선교와 세계를 위한(for) 책임을 져야 하는 공동체로 이해하였다.[8] 평신도 신학을 최초로 주장한 로마 가톨릭의 신학적 발상이라는 점에서 라너와 함께 높이 평가되는 사상이다.

맥브리엔이 구분하는 두 번째 단계는 제2 바티칸 공의회에서 나타난다. 여기서는 신학 사상의 집대성과 특히 문서(document)에 나타난 새로운 교

---

5 Richard P. McBrien, *Do We Need the Church?* (NY: Harper & Row, 1969).
6 *Ibid.*, 71.
7 *Ibid.*
8 *Ibid.*, 73.

리들의 의미가 부각되었다. 세계의 변화와 상황에 대한 공의회 새로운 인식은 교회론과 그 역할을 변화시킨 중요한 계기가 되었다.[9]

특별히 "현대 세계에서의 교회에 대한 목회적 헌장"(The Pastoral Constitution on the Church in the Modern World)을 공의회의 가장 소중한 공헌으로 보는 덜레스는 이 문서야말로 교회와 세계 사이의 관계를 열어놓는 계기를 마련해 주었다고 평가한다.[10] 교회는 과학 문화를 적대시하거나 멸시하지 않고 그 성취와 공헌을 최대한 감상하고 응용함으로 인간 문화의 '적법적 자율성'(legitimate autonomy)을 적극적으로 인정해야 한다는 사실에 의미를 부여한다.[11] 세계와 문화는 교회가 침략할 대상이 아니라 교회와 함께 전 인류 사회를 구성하는 한 소중한 부분임을 인정했다는 의미이다.

여기서 로마가톨릭교회는 새로운 신학적 방법을 창안할 수 있었다. 그것은 권위주의적 방법으로부터 세속적·대화적(secular-dialogic) 방법으로 전환이었다.[12] 이는 교회 선교의 새로운 차원으로서 전환이었다. 여기서 교회는 세계를 신학의 현장(theological locus)으로 받아들이게 되고, 그곳에서 교회는 시대의 징조를 분별하는 신학적 작업에 참여한다. 그리고 현대 세계와 기독교적 전통(성서를 포함한) 사이의 새로운 관계를 모색하는 대화에 임하게 된다.[13] 로마교회는 소위 텍스트(text)와 콘텍스트(context)와 만남을 대화적 매개를 통하여 추구하는 새로운 방법을 창안한 셈이다.

여기서 구체적으로 교회는 어떤 모습이어야 하는가? 제2 바티칸 공의회에서 교회는 '고난받는 하나님의 종'(God's suffering servant)이며 종의 모습으로 오신 그리스도를 따라 교회도 세계를 섬겨야 하는 종의 모습이 강조되었다.[14] 종으로서 교회는 복음의 가장 적절한 징표이며, 또 오고 있는 하나님 나라의 살아 있는 증인이 된다고 강조하였다.

---

9 *Ibid.*, 74.
10 Avery Dulles, *Models of the Church*, 97.
11 *Ibid.*
12 *Ibid.*, 98.
13 *Ibid.*
14 Richard P. McBrien, *Do We Need the Church?*, 74.

맥브리엔이 구분하는 세 번째 단계는 바티칸 공의회 이후의 로마 가톨릭 신학적 상황이다. 특별히 메츠(G. B. Mets)의 공헌은 바티칸 이후의 신학을 한 차원 승화하는 계기를 마련해 주었다고 한다. 몰트만(Jürgen Molt-mann)의 영향을 받은 메츠는 교회를 원초적으로 '출애굽 공동체'(exodus community)로 정의한다. 출애굽 교회는 인류의 소망을 오고 있는 하나님 나라에 두도록 선포하는 교회이며, 이 교회의 구체적 책임은 '사회적 비판'과 '예언자적 선언'을 서슴치 않는 데 있다. 여기서 메츠는 가톨릭 신학자 중 홀로 서서 하나님 나라와 교회의 관계를 모색하는 사상가로 등장한다. 그는 제2 바티칸 공의회의 이중적 교회론(계급주의와 평신도주의를 동시에 주장)을 비판하고 나섰다.[15] 1966년 보스턴의 대주교인 쿠싱(Cardinal Richard Cushing)이 내놓은 목회 서신 "종으로서 교회"(The Servant Church)에서 교회는 하나님 나라의 징표이고 하나님 나라를 선포하고, 또 실현하도록 힘쓰며, 하나님 나라의 징표로서 시대 속에 현존해야 한다[16]는 논의는 메츠의 사상을 보완하고 있다. 이는 진정한 교회 신학은 종말론적 콘텍스트(eschatological context)[17]에서 보아야 한다는 로마 가톨릭 신학자들의 강력한 주장과 맥을 같이 한다(메츠, 맥브리엔, 쿠싱 주교 등). 이는 중요한 신학적·사상적 전환이요, 새로운 교회론을 향한 로마 가톨릭의 행진이라고 볼 수 있다.

섬김으로서 교회론은 개신교에서 일어난 활발한 신학적 논의와 교회 연합 운동, 특히 1960년대 후반에 각광을 받기 시작하였다. 교회 일치 운동(ecumenical movement)과 연계되어 발달한 교회론에 관해 윌리엄즈(Colin W. Williams)는 크게 세 단계로 나누어 설명하고 있다.

그 첫 번째 단계는, 1948년 암스테르담(Amsterdam)에서 1954년 에번스턴(Evanston) 사이의 교회론은 교회 간의 연속성과 공통성을 모색하는 제도적 통일을 추구한 기간이었다.[18]

---

15 *Ibid.*, 75.
16 *Ibid.*, 76.
17 *Ibid.*, 77.

두 번째 단계는 1954년 에번스턴(Evanston)에서 1961년 뉴델리(New Delhi) 사이였으며, 이때의 교회론은 선교의 빛에서 조망되기 시작하고, 교회는 그리스도의 부르심 앞에 순종하는 신앙적 사건으로 이해되었다. 여기에는 바르트의 영향이 크게 작용하였다.[19]

그러나 1961년 뉴델리(New Delhi)와 1968년 웁살라(Uppsala) 사이의 제3기는 개신교회 역사상 가장 급진적이면서도 혁명적인 교회론이 태동되었다. 그것은 하나님 선교(Missio Dei) 신학의 등장이었으며, 하나님 선교신학의 구조는[20] 세상을 향한 하나님의 선교에 교회는 종으로서 증언하는 공동체로 이해되었다.

러셀(Letty M. Russell)은 하나님 선교의 세 가지 기본적 관점을 핵심적인 신학적 쟁점으로 제시한다. 하나님 선교의 처음 쟁점은, 선교는 교회나 인간이 하는 것이 아니라 예수 그리스도를 통하여 온 세계를 자신에게 화해하게 하시는 하나님의 선교(God's Mission)이다. 선교는 하나님 자신이 수행해 가시는 주권적·화해적 행위라는 것이다.[21] 하나님 선교신학이 제시하는 두 번째 쟁점은 이 세계와 역사가 하나님 선교의 무대(arena)라는 것이다. 하나님은 세계에서 일하시기 때문이다. 하나님의 말씀은 세계를 향하여 선포되기 때문이다.[22] 그리고 세 번째 쟁점은 이 구조 안에서 교회의 위치와 본질이 설정된다. 교회는 그 자체 안에 구심점이 있는 것이 아니다. 교회는 세계 안에서 일하시는 하나님의 선교에 대한 '후기'(postscript)이며 '증언' 공동체이다.[23] 교회는 내향성을 넘어 하나님 선교를 증거 하는 외향의 공동체다.

섬김으로서 교회론은 하나님의 선교신학에서 풀이한 이는 비체돔(Ge-

18 Colin W. Williams, *The Church*, 14.
19 *Ibid.*, 15.
20 *Ibid.*, 16.
21 Letty M. Russell, *Christian Education In Mission*(Philadelphia: Westminster Press, 1967), 14.
22 *Ibid.*
23 *Ibid.*

org F. Vicedom)이었다. 1968년 웁살라 대회의 신학적 선언은 비체돔의 사상에서 온 것이었다. 1952년 빌링겐(Willingen)에서 개최된 국제 선교 대회(International Missionary Council)는 하나님 선교 사상을 채택하였으며 이때 비체돔은 큰 사상적 영향력을 행사하였다.

비체돔은 그의 저서 『하나님의 선교』(The Mission of God)[24]에서 "선교란 아들의 보내심에 참여하는 것이다"라고 전제했다.[25] 아들을 보내시는 목적은 전 창조와 전 인류 위에 그리스도의 주되심을 이루기 위한 하나님의 선교에 있다. 하나님의 선교는 철저하게 삼위일체 하나님이 이룩하는 일이다. 하나님은 '보내는 자'(Sender)일 뿐만 아니라 동시에 '보냄을 받은 자'(the One who is sent)인 것이다.[26] 여기서 하나님의 전 역사는 하나님의 선교 역사가 된다.

그렇다면 하나님 선교의 궁극적 목적은 무엇인가? 그것은 모든 인간과 인류를 하나님의 나라(하나님의 통치: Basilea Tou Theou)의 일원으로 가입시키며(incorporate) 하나님 나라의 은총을 공유하게 하는 데 있다.[27] 하나님 나라는 예수의 죽음과 부활을 통하여 실현되기에, 하나님 나라는 예수께서 그 주권을 가지고 계신다.

여기서 교회는 하나님이 그의 선교를 수행해 가는데 필요한 선교적 도구로 정의된다. 도구로서 교회의 사명은 예수의 오심을 준비하는 일이다. 예수의 부활과 승천 그리고 재림 사이에서 활동하는 하나님의 구원(선교)을 증거하는 것은 교회가 곧 하나님 선교에 동참하는 것을 의미한다.[28] 그러므로 교회의 유일한 과제는 예수가 다시 올 때까지 하나님의 회중 속에 하나님 나라를 선포하며 예수를 선포하는 구원사에 참여하는 것이다. 회중은 말씀과 성례전을 통해 하나님께서 모이게 한 하나님의 사람들이다.

---

24 Georg F. Vicedom, *The Mission of God*(St. Louis: Concordia Publishing House, 1965).
25 *Ibid.*, 5.
26 *Ibid.*, 7-8.
27 *Ibid.*, 14.
28 *Ibid.*, 6, 42.

회중은 세례를 통하여 하나님 나라의 일원이 됨을 확인하며, 회중은 오고 있는 하나님 나라의 징표가 되어 세상에서 증언과 사역을 수행하는 소명을 가진다. 그들은 하나님 나라가 임할 때까지 '잠정적 단계'(provisional stage) 안에서 살아야 한다. 교회와 하나님 나라는 동일시될 수 없기 때문이다.[29]

비록 비체돔의 선교신학이 세계적 신학으로 발전하지는 못했지만, 그의 선교신학은 교회 선교의 한계를 넘어 하나님의 선교(Missio Dei), 특히 삼위일체적 선교에 중점을 두고 구조화하였다는데 그의 신학적 공헌은 깃든다. 특히 기독론과 종말론과의 사상적 연계에서 선교를 풀이한 것도 독자적인 위치를 차지한다. 선교를 교회의 전유물이나, 선교사의 활동으로부터 구원사적 · 세계사적으로 승화시킨 것은 비체돔의 공헌으로 남는다. 여기서 교회는 '섬기는 회중', '증거하는 회중'으로 정의된다.

1968년 웁살라에서 선언된 하나님의 선교신학을 창출해 낸 주역 중 또 다른 한 사람은 호켄다이크(J. C. Hoekendijk)였다. 호켄다이크는 그가 남긴 *The Church Inside Out*[30]에서 비체돔이 미완성으로 남긴 하나님 나라와 세계의 관계를 과감하게 종말론적 차원에서 풀이하고 있다.

호켄다이크 교회론은 처음부터 '하나님 나라 복음'의 증언이라 한다.[31] 중요한 것은 교회가 아니라 하나님 나라와 세계이다. 교회보다 우선하는 하나님 나라는 전 세계와 모든 이방인 그리고 시간의 종말까지를 포괄하는 종말론적 실체로 이해한다. 그리고 하나님 나라의 실현은 이 땅에 '샬롬'(평화)을 이룩하는 데 있다. 여기서 샬롬은 개인 구원 그 이상의 '평화', '통합', '공동체', '조화'와 '정의'를 포괄한다고 보았다. 메시아 되심은 샬롬의 왕 되심을 의미했다.[32] 예수 그리스도의 십자가와 부활을 통하여 예수는 이 땅에 하나님 나라의 도래를 선포하였으며, 동시에 하나님 나라의 문을 전 세계에 열어놓았다.[33]

---

29 *Ibid.*, 132-133.
30 J. C. Hoekendijk, 이계준 역, 『흩어지는 교회』.
31 *Ibid.*, 19.
32 *Ibid.*
33 *Ibid.*, 30.

호켄다이크에게서 더 급진적인 사상은 이 하나님 나라의 일차적 관계는 교회가 아닌 전 세계 사이에 놓여 있다는 데 있다. 메시아적 완성이란 전 세계를 향한 하나님 나라의 실현이라는 것이다. 여기서 세계와 하나님 나라는 상호 관련의 관계에 놓인다. 세계와 종말론은 메시아적 완성 안에 있는 두 차원이라는 것이다. 여기서 세계는 새로운 운명에 놓인다. 세계는 하나님 나라와 상호 관련 안에서 하나님의 무대가 되며 화해와 일치의 자리가 된다.[34]

그렇다면 이러한 구조 안에서 교회란 무엇인가? 교회란 하나님 나라-세계[35] 안에서 불리움을 받은 증언 공동체이다. 교회는 '종말론의 위임'(postulate of eschatology)이며, 그 선교적 사명은 '때의 징조'(apocalyptic)를 올바로 보는 일, '이방인을 향한 구속적 선교' 그리고 '하나님의 종말론적 계획과 약속'을 선포하는 데 있다.[36]

여기서 호켄다이크는 교회의 존재 이유를 하나님 나라의 선포에 두며 존재 양식을 세계 속의 증언으로 본다. 이것은 지난날의 교회 중심적 전도주의가 행한 두 가지 오류를 수정한다고 보았다. 그 하나는 '포고'와 '선전'(propaganda)으로서 전도와 다른 하나는 '확산'과 '확대'(extension)로서 교회 이식을 목적으로 하는 전도였다.[37] 세계 속에서 하나님 나라를 증거하는 메시아적 교회는 하나님 나라 '선포'(Kerygma)와 '함께함의 삶'(Koinonia) 그리고 '봉사'(Diakonia)를 통하여[38] 메시아적 샬롬을 이 땅에 이루어가는 도구가 된다. 이는 교회론의 혁명적 전환일 뿐만 아니라 신학의 일대 변화라고 평가될 수 있다.

섬김으로서 교회론은 다음과 같이 요약될 수 있을 것이다.

신학적으로 20세기는 교회론의 시대이다. 더욱이 선교신학적 차원에서 교회론을 발전시킨 역사적 계기가 마련된 시기이다. 이는 20세기를 마

---

34 Ibid., 30, 39.
35 Ibid., 38.
36 Ibid., 30.
37 Ibid., 20-21.
38 Ibid., 23.

감하고 새로이 열리는 21세기, 아니 또 다른 1,000년 시대를 열어가는 신학적 비전이고 징검다리일 수 있다.

선교로서 교회론은 1910년 에든버러 회의에서 시작하여 발전한 에큐메니칼 운동과 세계교회협의회(WCC)를 통하여 점진적으로 형성되었다. 그러나 결정적 계기는 1968년 웁살라 대회의 하나님 선교(Missio Dei)였고, 1962년 로마가톨릭교회의 제2 바티칸 공의회였다.

특히 교회 자체를 하나님과 세계 사이의 중보적, 구원적, 성례전적 매개로 자저해온 2,000년의 기득권을 포기하고 선교의 주체를 하나님 자신에게 돌리는 신학적 전환이었다. 여기에는 바르트(Karl Barth), 딜리스톤(F. W. Dillistone), 브루너(Emil Brunner), 미니어(Paul Minear), 비체돔(Georg Vicedom), 호켄다이크(J. C. Hoekendijk) 등의 신학적 영향이 지대하였다.

선교의 주체를 하나님에게로 되돌린 신학적 전환은 선교의 영역을 전 세계로 확대하는 선교적 전환을 가져오게 하였다. 교회를 통해서 세계로 전파되었던 전도와 선교가 이제는 하나님 자신이 직접 개입하고 운행하시는 세계라는 새로운 관계 구도에서 출현한 것이다. 여기서 세계는 세속으로, 교회는 거룩한 것으로 구분했던 이분법은 세계는 곧 하나님의 일터(arena)라는 구조로 전환된 것이다. 세계는 타락되고 왜곡된 실재이기는 하나 그것은 하나님의 일터이고, '하나님의 영광이 드러나는 무대'(Theatrum Gloria Dei: 칼뱅)라는 새로운 긍정과 참여 영역으로 변한 것이다.

여기서 교회는 새로운 존재 양식을 찾는다. 복음을 독점한 채 세계에 전파하는 방주가 아니라, 세계 안에서 역사하시는 하나님의 구원을 증거하는 증언 공동체의 변신이었다. 교회가 세계로부터 선택된 공동체라는 이유는 세계 속에서 하나님을 증언하기 위함인 것이다. 영혼만을 구원하는 전도가 아니라 전인적·전세계적 구원을 위한 증언 공동체인 것이다. 그러므로 교회는 사도 계승권에 근거한 유기체적 교회도 아니고, 비역사적 영성을 독점한 신비적 교제의 교회도 아니며, 말씀 선포에 의한 신앙의 사건만도 아닌 것이다. 여기서 교회는 전 세계와 화해하시는 하나님의 구원을 전 세계의 구조 안에서 증언하는 선교 공동체이다. '하나님-교회-세계'라는 전통적 구도가 '하나님-세계-교회'라는 혁명적 구도로 전환된 것이다. 여기서 교회는 섬김과 선교로서 정의된다.

선교로서 교회론에서,

(1) 구원과 선교의 초점이 교회 중심에서 하나님 중심으로 옮긴 것은 성서적이다.

(2) 세계 긍정은 교회와 세계 사이의 이원론을 극복하는 신학적·선교적 근거가 된다.

(3) 교회를 종, 섬김의 모습으로 재해석한 것은 초대 교회의 존재 양식에 상응하는 것이다.

그러나 이렇듯 과감한 혁명적 교회론의 등장은 몇 가지 문제를 안고 있다.

(1) 호켄다이크를 예외로 할 때, 이 교회론에는 대체로 종말론적 해석이 결여되어 있다. 그 결과 하나님의 선교는 세계와 지상에서 인간의 손에 의해 완성되어야 한다는 낙관주의가 깔려 있다.

(2) 섬김과 선교를 위해 존재해야 할 모이는 교회와 영적 차원으로서 하나님과 인간과 세계의 관계가 약화되어 있다.

제4부 현대 신학적 교회론을 정리하고 제5부로 넘어가기 전, 현대 교회론에 관한 종합적 평가와 비판은 다음과 같이 정리될 수 있을 것이다.

2,000년이라는 긴 교회 역사 속에서 네 가지로 유형화되어 역사 무대에 출현한 교회들은 각기 장점과 단점을 지니고 있다. 덜레스가 객관적 근거를 가지고 이 유형들을 냉정하게 비판한 것은 높이 평가될 수 있을 것이다. 그 첫째 유형인 '유기체적 교회론'은 우선 세 가지 특징을 지닌다. 그

하나는 계시에 근거한 교리적, 성례전적, 통치적 구조이고, 둘째는 연속성이 강조됨으로 과거와 현재의 연결을 모색한 점이며, 셋째는 가톨릭교회라는 집단적 정체성이 강하게 유지되어 왔다는 점이다.[39]

이러한 유기체적 교회론은 몇 가지 특성에도 치명적 약점을 지니고 있다. 이 교회론은 성서적 근거와 초대 기독교적 전통이 결여되어 있어 성직주의(clericalism)와 법률주의(juridicism)에 빠졌다고 비판했다.[40] 성직주의와 사도직의 신성화를 가져왔을 뿐만 아니라 평신도를 수동적·열등적 위치로 전락시키는 잘못을 범하여 왔다는 것이다. 그리고 법률주의는 인간적 권위를 지나치게 과장했으며, 아울러 복음을 하나의 법칙으로 전락시켰다는 것이다. 결국, 유기체적 교회론은 창조적 신학의 가능성을 가로막고 있다고 비판했다.[41] 증언과 봉사 그리고 제자직이라는 교회의 존재 이유를 무시한 제도주의는 경직되고, 교조주의적인 우상이 될 위험성을 안고 있다는 것이다.[42]

자신이 로마 가톨릭 신학자면서 로마가톨릭교회의 우상화를 경고하고 나선 덜레스의 비판은 교회를 제도적, 수량적, 물량적 구조로 이해하는 개신 교회의 왜곡된 교회론에도 신랄한 비판을 가하고 있다.

두 번째 유형의 교회론은 '코이노니아 교회'이다. 이 교회는 성령의 은사와 내적 은혜에 의해 맺어지는 성도의 연합에 있다. 교회의 존재 이유는 인간들로 하여 하나님과의 영적 교제를 맺게 하는 데 놓여 있다. 교회는 법률적이거나 제도적인 것이 아니라 영적이고 신비적인 관계를 수립하는 성도의 회집이라는 것이다.[43] 덜레스에 따르면 코이노니아 교회는 사도행전과 바울서신에 나타난 성서적 근거를 가지고 있다고 평가한다. 그리고 이 교회는 성령의 역사와 성도 사이의 인격적 관계가 강조되고 있으며 이는 신약 교회의 처음 열정을 회복하는 강점이 있다. 오늘날처럼 관계가 단

---

39 Avery Dulles, *Models of the Church*, 47.
40 *Ibid.*, 48.
41 *Ibid.*, 49.
42 *Ibid.*, 201-202.
43 *Ibid.*, 61-62.

절되고 소외된 상황에서 이 교회는 공동체 회복의 길이 된다는 가능성을 시사해 주고 있다.[44] 점차 교회 자체가 회중성을 상실하고 형식화되는 현대 교회에 주는 좋은 대안임이 확실하다.

그러나 딜레스에 따르면, 코이노니아 교회론은 몇 가지 취약점을 지니고 있다. 그 하나는 영적 차원의 지나친 강조로 보이는 교회를 외면하는, 그래서 '이원론'(dualism)에 빠진 위험성을 가진다는 것이다.[45] 그리고 이 교회론은 영적 차원을 지나치게 신성시함으로 세계 속에서 기독교 신자의 정체성과 사명을 약화하는 약점을 지닌다. 그리고 코이노니아 교회론은 건전치 못한 열광주의로 신자들을 유도할 위험성을 가지게 한다.[46] 성숙한 제자직을 떠난 열정과 영성 그 자체는 주관주의(subjectivism)에 빠질 위험이 있다는 것이다. 결국, 코이노니아 교회는 형식화된 제도적 교회를 영적으로 소생시키는 메시지를 가지고 있으면서도, 그 영성이 역사의식이 부족했을 때 그것은 극히 위험하고, 도피적이고, 파괴적일 수 있다고 보았다.

세 번째 유형의 교회론은 '말씀 사건으로서 교회'이다. 이 교회론의 특징은 하나님의 말씀을 경청하는 신앙으로 이 신앙은 예수 그리스도를 주로 고백하고 구주로서 받아들이는 데 있다.[47] 교회는 말씀 사건이며 신앙적인 응답이다. 말씀 사건으로서 교회는 '회중성'(congregational)으로 나타난다. 회중성이란 단위 교회 그 자체가 교회의 실재라는 의미이다. 교회의 존재 이유는 예수의 명령에 따라 모든 족속을 복음화하는 복음 선포에 있다. 여기서 복음의 선포(설교)는 모든 인간으로 하여금 예수 그리스도를 구주로 받아들이게 하는 신앙과 구원과 연관되는 '종말론적 사건'이다. 이 것은 말씀 사건으로서 교회가 가지고 있는 특색이다.[48]

딜레스에 의하면 말씀 사건으로서 교회는 두 가지 장점을 지니고 있다. 그 하나는 구약의 예언자적 전통과 바울 사상에 근거한 성서적 뒷받침을

---

44 *Ibid.*, 63.
45 *Ibid.*, 63. Avery Dulles, *A Chruch To Believe In*(NY: Crossroad, 1982), 15.
46 Avery Dulles, *Models of the Church*, 202.
47 *Ibid.*, 88.
48 *Ibid.*, 89.

가지고 있다는 것이다. 설교와 증언이 교회의 사건화를 가져오는 근거라는 의미이다. 두 번째 장점은 하나님의 주권성에 근거한 교회의 정체성과 선교라는 자의식이 분명하다는 점이다.[49] 이는 교회를 제도나 코이노니아가 아닌 말씀 사건으로 보는 새로운 신학적 차원의 공헌을 남겼다.

그러나 말씀 사건으로서 교회론은 몇 가지 약점을 드러내고 있다. 특히 로마 가톨릭 신학자들의 눈에 비친 말씀 선포의 교회는 "말씀이 육신이 되지 못하고, 그 말씀은 인간의 말들 속에만 성육되고 있다"라는 지적을 받고 있다.[50] 이는 예리한 비판이다. 말씀 사건의 설교가 교회의 존재 이유를 결정 짓는 중요한 요소이기는 하나, 설교만의 강조는 교회를 주지주의(intellectualism)로 몰아넣기 때문이다.[51] 설교의 지나친 강조는 그 예언자적 전통에도 인간을 수동적으로 만들고 있다는 것이 덜레스의 비판이다.[52] 결국, 선포의 신학은 역사의 문제와 사회개혁에 대해 무기력하거나 무관심한, 그래서 역사와 단절되는 이원론에 빠지기 쉽다는 약점을 지닌다. 말씀 선포를 강조하는 개신 교회가 숙명적으로 가지고 있는 취약점임에 틀림없다.

네 번째 유형인 '섬김으로서 교회'는 가장 현대적이고, 시대적이며, 에큐메니칼적인 교회론으로 인정되고 또 평가되고 있다. 이것은 일명 세속적 교회론(secular ecclesiology)이라고도 불린다. 섬김으로서 교회가 지니는 특징은 교리나 성례적 연합이 아니라, 세계를 향한 섬김에서 인류와의 형제됨을 근거로 한다는 데 있다. 이 교회의 존재 이유는 교인 확대가 아니라 세계의 형제와 자매들이 있는 그곳에서 하나님 나라의 소망과 화해를 실현해 간다는 데 있다. 이 소망의 빛에서 교회는 시대의 징조를 분별해야 하고, 예언자적 비판을 가하며, 화해를 향한 도움을 제공해야 하는 것이다. 바로 이것이 선교의 사명인 것이다.[53]

---

49 *Ibid.*
50 *Ibid.*, 90.
51 Avery Dulles, *A Chruch To Believe In*, 17.
52 Avery Dulles, *Models of the Church*, 92.
53 *Ibid.*, 103.

섬김으로서 교회가 가지는 장점은, 섬김을 통하여 교회는 과거에 단절되었던 세계와의 관계를 회복하는 새로운 상황을 만들었다는 데 있다. 교회는 이 새로운 상황에서, 비로소 하나님 나라의 소망 안에서 평화와 정의와 형제애를 심어줄 수 있다는 것이다. 여기서 교회는 눌린 자와 가난한 자를 위한 새로운 선교라는 비전을 갖게 된다. 억눌린 인간사회를 약속된 하나님 나라의 상(image)으로 변화되는 것을 돕는 것이며, 이것이 바로 섬김(service)이다.[54]

그러나 문제는 섬김으로서 교회론은 분명한 성서적 근거를 갖고 있지 않다. 섬김(Diakonia)이란 초대 교회에 붙여진 이름이었을 뿐, 그것이 사회 개혁이라는 의미하지는 않다는 데 있다. 섬김으로서 교회론이 가지는 가장 큰 약점은 "교회가 어떻게 하나님 나라와 연결되느냐?"라는 질문에 대한 모호한 신학적 입장에서 발견된다. 섬김으로 교회와 하나님 나라를 일치시키려는 신학적 시도는 위험한 것으로 보인다. 왜냐하면 하나님 나라는 평화와 정의 같은 추상적 개념이 아니라 예수 그리스도의 복음으로 이해되어야 하기 때문이다.[55] 섬김의 이름으로 교회를 하나님 나라로 동일시하고 교회를 역사 변혁과 완성의 주체로 보려는 것은 또 다른 교회주의의 표현이기 때문이다. 이것은 덜레스가 포착한 통찰력이요, 그가 예리하게 가한 비판의 핵심이다.

필자는 여기서 덜레스의 비판을 전폭적으로 수용하면서도 덜레스가 보지 못한 비판 하나를 제시하고자 한다. 기존하는 교회론에서는 그것이 '제도'이든 '교제'이든 '설교'이든 '섬김'이든 교회의 직능과 기능들이 교회의 존재론과 혼돈되면서 마치 교회나 인간이 구원의 절대적 역할을 수행하는 것으로 잘못 이해되고 있다. 그 이유는 기존하는 교회론들은 교회 중심이 되거나 인간 중심이 되어 교회를 교회처럼 되게 하는 '초월적 존재론'(transcendentalontology)[56], '존재론적 사건'(ontic event)[57]을 외면하는 약

---

54 Ibid., 104.
55 Ibid., 104-108.
56 Max L. Stackhouse, Apologia(Grand Rapids: W. B. Eerdmans, 1988), 94.

점을 지니고 있다. 덜레스는 이 점을 보지 못하고 있다. 결국, 교회는 하나님 나라도 아니며, 궁극적인 의미에서 교회는 역사와 세계를 변화시킬 수 있는 능력을 가지고 있지도 않다. 여기서 우리는 전적으로 새로운 신학적 교회론의 정립을 필요로 한다.

---

57 Karl Barth, CD, IV. 2, 31.

역사 · 종말론적 교회론
— 하나님 나라 · 역사 · 교회를 중심으로

기존의 교회론들이 오늘에 이르러 갑자기 사상적·실천적 한계를 드러내기 시작한 것은 그 교회론들이 가지는 사상적 체계나 기능의 결핍에서 온 것은 아니었다. 유기체적 교회론이 핵심적으로 표출해 온 교회성과 통치성은 제도적 교회에 필요한 기능이며, 코이노니아 교회론이 강조하는 영적 교제는 신앙의 내적 경험과 공동체 회복에 필수적이며, 말씀 사건으로서 교회론이 생명으로 하는 설교는 신앙의 사건화를 가져오는 첨경이며, 섬김으로서 교회론이 내놓은 파생된 섬김(diakonia)은 교회와 세계 사이에 다리를 놓는 결정적 가교의 길이기 때문이다.

그러나 기존하는 교회가 한계에 온 것은 새로운 역사의 도래와 거기서 새 패러다임의 도전에서 연유된 것이다. 가톨릭 신학자 맥브리엔(Richard McBrien)은 오늘의 교회 문제는 케리그마적 신학(Kerygmatic theology)의 결핍 때문도 아니고 상황주의 신학의 결여도 아니라, 새로운 삶의 장(場)으로 등장한 '역사'(history)의 도전에서 온 것이라 해석했다.[1] 오늘의 역사가 오늘의 교회를 위협하고 있다는 것이다. 신학함(doing theology)과 교회론 설정에 역사가 제3의 범주로 등장했다는 것이다. 왜냐하면 역사는 케리그마의 상황이 만나는 총체적인 자리로 등장했기 때문이다. 맥브리엔의 제3 범주론은 교회의 정체성과 구조를 재설정하는 신학적 작업에 새로운

---

1 Richard P. McBrien, *Church*(New York: Newman Press, 1970), 12.

방법론적 틀로 등장했다.

그러나 역사를 교회론의 제3 범주로 수용한다는 것은 역사와의 씨름이 궁극적으로 하나님 나라에 관한 질문으로 연계될 수밖에 없게 된다. 역사가 신학의 새로운 범주라면 그 역사의 궁극적 의미는 하나님의 통치와 그의 나라일 수밖에 없기 때문이다. 여기서 역사와 하나님 나라 사이의 상관관계(correlation)는 신학과 신학적 교회론의 새로운 중심적 과제로 부각된다.[2] 그러므로 교회는 기능이나 구조에서 그 정체성을 모색해 온 지난 날의 한계를 넘어 이후로는 하나님 나라와 역사의 상관관계 안에서 찾아야 하는 새로운 도전 앞에 놓인다.

맥브리엔에 따르면 바로 이 '하나님 나라', '역사', '교회'라는 패러다임을 신학적 교회론의 새로운 구조로 수용하는 학자들은 틸리히(Paul Tillich), 불트만(R. Bultmann), 메츠(F. Metz), 라너(Karl Rahner), 존 로빈슨(John A. T. Robinson), 스힐레베이크스(Schillebeeckx), 맥퀘리(J. Macquarrie), 몰트만(J. Moltmann), 길키(L. Gilkey) 그리고 콕스(Harvery Cox) 등이다.[3] 덜레스(Avery Dulles)는 여기에 큉(Hans Küng)과 맥브리엔(Richard McBrien)에 판넨베르크(Walfhart Pannenberg)를 첨가한다.[4] 그러나 교회론을 하나님 나라와 역사와의 관계에서 새롭게 조명하고, 정체성을 신학적으로 규명하려는 신학자는 호지슨(Peter C. Hodgson)이다.[5] 몰트만과 호지슨은 하나님 나라와 교회의 관계를 '역사'라는 범주에서 폭넓고 또 깊이 있는 접근을 시도한 사상가들로 평가되고 있다.

맥브리엔에 따르면 '하나님 나라'-'역사'-'교회'의 상관관계를 모색하는 신학자들에게는 공통분모가 한 가지 흐르고 있다고 한다. 하나님 나라

---

2 *Ibid.*

3 *Ibid.*, 13.

4 Avery Dulles, *Models of the Church*, 111-126.

5 Peter Hodgson은 현재 밴더빌트 대학교 신학부 조직신학 교수이며 *Revisioning the Church*(Philadelphia: Fortress Press, 1988), *God in History*(Nashville: Abingdon Press, 1988), *Winds of the Spirit*(Louisville: Westminster John Knox Press, 1994) 등으로 유명하다.

는 "세계의 교회화"(로마 가톨릭, 스콜라 철학에서처럼)도 아니고 "세계신앙화"(바르트 신학에서처럼)도 아니라는 것이다.6 오히려 하나님 나라는 "성령을 통하여 다가오는 하나님의 통치(지배) 아래 세계가 인간적으로 되는 것이며(인간화), 인류의 교제가 실현되는 것"이라고 맥브리엔은 보았다.7 맥브리엔의 '인간화' 주제는 포괄적 개념으로 수용될 수 있지만, 하나님 나라를 세계의 인간화로 제한하는 데는 문제가 있다고 본다. 하나님 나라는 하나님의 통치와 성령의 능력 안에서 실현되는 세계의 '역사화'라고 보아야 하지 않을까? 몰트만과 호지슨의 메시아적 · 종말론적 접근은 하나님 나라의 실현을 세계의 인간화보다 세계의 역사화라고 보고 있다. 여기서 우리는 신학적 교회론을 열어갈 수 있는 새로운 신학적 · 해석학적 틀을 만든다. 그것은 교회를 제도나 코이노니아 혹은 설교나 선교라는 기능적 모티프에서가 아니고 하나님 나라(Basileia Tou Theou)에서 역사를 조망하는 패러다임을 만나기 때문이다. 여기서 하나님 나라는 교회와 역사를 꿰뚫고 다가오는 접점(point)이고 또한 척도(measure)가 되기 때문이다.8

---

6 *Ibid.*
7 *Ibid.*, 13-14.
8 *Ibid.*, 13-14.

16장
하나님 나라(Basileia Tou Theou)에 관한
성서적 · 역사적 논거

교회가 무엇인가라는 신학적 물음이 하나님 나라(Basileia Tou Theou)라는 성서의 중심 주제에서 그 접점과 척도를 찾게 되는 것은 새로운 패러다임 설정에 틀림임에 없다. 그러나 하나님 나라 사상이 특정 교회론이나 역사 이해에 따라 결정되거나 영향을 받는다는 뜻이 아니다. 하나님 나라 혹은 하나님 통치 사상은 그 어떤 교회론이나 역사 이해 이전에, 성서의 중심 사상에서 출발하는 것이 중요하다. 하나님의 주권적 지배를 드러내는 Basileia Tou Theou는 성서 전체를 꿰뚫고 흐르는 근원적 표현이기 때문이다. 하나님 나라는 하나님의 존재와 그의 행함을 가장 적절하게 표현해 주는 성서적 개념인 것이다.

1. 하나님 나라에 관한 성서신학적 논거

그렇다면 성서에 나타난 하나님 나라는 신학적으로 어떻게 해석되어 왔는가? 특히 성서신학적 해석이 제시하는 논거들은 무엇인가? 이 물음과 함께 세 학자의 사상들을 대비시켜 쟁점을 규명하고, 핵심적인 해석에 접근하고자 한다. 이들 세 학자는 하나님 나라를 '묵시문학적' 관점에서 접근하는 비비아노(Benedict T. Viviano), '정치신학적' 관점에서 접근하는 패트릭(Dale Patrick) 그리고 '역사 · 종말론적 신학'의 관점에서 접근하는 페린(Norman Perrin)이다.

먼저, 비비아노는 예수께서 선포하신 바실레이아(Basileia: 하나님 나라, 하나님 통치)는 유대주의의 '묵시문학적 종말 사상'의 전통에서 온 것이라는 기본 전제에서 출발했다.[1] 역사는 같은 틀의 사이클(cycle)을 끊임없이 반복하는 것이 아니라, 하나님의 인도하심을 따라 목적을 향해 움직여 가는 것으로서 이해하였다.[2] 그러나 묵시문학적 통치란 어느 결정적인 계기에 하나님이 역사에 개입하셔서 과거의 역사를 심판하고 그곳에 새로운 정의와 평화 그리고 사랑을 실현하는 때를 약속하신다는 유토피아적 미래를 의미했다.[3] 묵시문학적 종말론은 예수 당시의 쿰란 공동체의 종말론과는 다르다는 사실을 강조하면서도, 비비아노의 묵시문학적 종말론은 급격한 하나님의 역사 개입과 급진적으로 새 세계를 재창조한다는 약속에 근거한 것이었다.

신약 전체의 162회, 특히 공관복음서에 121회나 나오는 하나님 나라 사상은 신약의 중심 주제임에 틀림없다. 여기서 비비아노는 하나님 통치에 관한 '시상'(tense) 논쟁을 언급하고 나섰다. "가까왔으니"(imminent)라는 시상적 표현에서, 하나님 나라가 이미 도래했다는 의미로 해석해 온 다드(C. H. Dadd)와 오고 있는 나라라는 의미로 해석해 온 바이스(J. Weiss)와 슈바이처(A. Schweitzer)의 신학적 입장 모두를 비비아노는 수용하고 있다. 성서신학에서 첨예하게 대립 되어 온 두 사상, '실현된 종말론'(realized eschatology)과 '미래적 종말론'(futuristic eschatology) 모두를 수용한다는 의미이다.[4]

---

1 Benedict T. Viviano, *The Kingdom of God in History*(Wilmington: Michael Glazier, 1988), 13.

2 *Ibid.*, 14.

3 Benedict T. Viviano, "The Kingdom of God in the Qumran Literature", *The Kingdom of God in 20th Century Interpretation*, ed. by Wendell Willis(Peabody, Mass: Hendrickson Publishers, 1987), 97.

4 *Op, cit.*, 16.

그러나 비비아노의 문제는 자신이 내세운 유대주의적 묵시문학에서 '이미'(already)와 '아직은 아닌'(not yet)의 역설적 시상을 풀어가지 못한 한계를 드러내고 있다.

그러나 묵시문학적 종말론에 대해 정면으로 도전하고 나온 이는 패트릭(Dale Patrick)이었다. "구약에 나타난 하나님 나라"[5]에서 패트릭은 하나님 나라 혹은 하나님 통치(Basileia Tou Theou) 사상은 이스라엘 민족사의 핵심적 사상이었다는 연속성을 전제로 내세운다. 특히 열왕기상 28:5, 시편 103:19, 145:11, 12, 출애굽기 14:18, 사무엘상 8:7, 이사야 24:22, 52:7 등을 근거로 하여 구약의 일관된 하나님 나라 사상을 하나님의 지배 혹은 통치 개념으로 집약하고 있다.[6]

패트릭의 해석에 따르면, 구약에 나타난 하나님 통치는 두 범주의 형식을 통해 역사를 지배하고 있다고 한다. 그 하나는 모든 만물과 역사 전체를 지배하는 '우주적 통치'(universal sovereignty)이고, 다른 하나는 '이스라엘 민족의 통치'(sovereignty over Israel)이다.[7] 우주적 통치는 창조와 창조 질서 모두를 포함하는 전 영역에 대한 창조주(Creator)의 지배이며, 이스라엘의 통치는 출애굽과 시내산에서 언약을 통하여 수행하시는 야훼 하나님의 지배를 의미한다.[8]

하나님의 통치 사상은 사무엘상에 나타난 이스라엘 백성과 사무엘 선지자 사이의 정치 토론에서 더욱 노출되었다. 사무엘의 경고에도 이방 왕과 같은 절대군주를 요청한 이스라엘 백성들의 탄원은 야훼 하나님의 통치권과 주권성에 대한 정면 도전이었고 배신이었다. 물론 야훼 하나님이 이를 용서하고 왕 세우는 일을 허락하였지만, 이스라엘의 왕은 이방 임금 같은 절대군주(ontocratic king)가 아니라 하나님의 주권과 그의 나라를 섬기고 또 증언하는 제한된 왕(theocratic king)이었다는 사실에서 Basileia

---

5 Dale Patrick, "The Kingdom of God in the Qumran Literature", *The Kingdom of God in 20th Century Interpretation*.

6 *Ibid.*, 73.

7 *Ibid.*

8 *Ibid.*, 76.

Tou Theou가 이해되어야 한다는 것이다.9 이것은 이스라엘 통치에 대한 정치신학적 해석이다. 두 범주를 통한 하나님의 통치는 하나님 자신에게 속한 지배 능력의 양면성과 동시성을 나타내는 것으로 패트릭은 풀이한다. 여기서 두 범주는 이것이냐, 저것이냐라는 양자택일도 아니고 어떤 것이 더 우위에 있느냐도 아니다.

그러기에 예수가 선포한 하나님 나라(Basileia Tou Theou)의 도래를 묵시문학적 종말론에서 해석하는 비비아노에 대하여 패트릭은 정면으로 도전하고 나섰다. 패트릭은 공관복음서가 증언하는 하나님 나라는 정치적 콘텍스트(political context)에서 이해되어야 한다고 했다.10 바실레이아(Basileia)는 하나님이 통치하시는 정치적 신정국가(theocratic state)를 의미한다는 것이다.11 이는 '우주 통치'와 '이스라엘 통치'라는 구약의 정치 지배 사상의 신약적 수용으로 이해했다.

여기서 패트릭은 정치 신학적 의미의 하나님 나라가 이 지상의 국가와는 구별되는 '종말론적 실체'(eschatological reality)라면서도, 주기도문에 나오는 "나라가 임하옵시며"라는 인류를 통치하시는 하나님의 주권이 실현되는 '법적'(legal) 의미를 가진다고 보았다.12 결국, 하나님 나라란 예수께서 구약의 전통을 새롭게 '정치화'(poiliticize)한 사건이라는 것이다.13

예수의 Basileia Tou Theou를 두고 묵시문학적 종말론으로 풀이한 비비아노와 정치 신학적으로 풀이한 패트릭의 해석은 각기 예리한 신학적 통찰력의 단면들을 가지고 있다. 그러나 세 번째 유형을 제시한 페린(Norman Perrin)의 '역사·종말론적' 접근보다 설득력 있는 해석으로 다가오고 있다. 페린의 역사·종말론은 크게 세 가지 단계로 펼쳐지고 있다.

(1) 1963년『예수의 교훈에 나타난 하나님 나라』14에서 페린은 '묵시

---

9 *Ibid.*, 74.
10 *Ibid.*, 71.
11 *Ibid.*
12 *Ibid.*
13 *Ibid.*
14 Norman Perrin, *The Kingdom of God in the Teaching of Jesus*(London: SCM, 1963).

문학적 종말론'과 다드(실현된 종말론)와 슈바이처(미래종말론)를 종합하려는 학자들부터 결별한다. 특히 1976년 2월 『예수와 하나님 나라의 언어』[15]에서 페린의 방법론적 전환은 하나님 나라 이해의 새로운 장(章)을 열어놓았다. 하나님 나라를 '개념'(concept)으로 보지 않고 '상징'(symbol)으로 보아야 한다는 해석은 새로운 차원을 열어놓았다.[16] 개념의 틀에서 하나님 나라를 보는 한 그것은 하나님 나라의 실재에 근접하기보다는 개념화하여 하나님 나라를 축소화하거나 제한하는 한계를 드러내기 때문이다. 그러나 하나님 나라를 상징으로 보는 방법은 하나님 나라 실재를 개념화하지 않고 실재의 근사치를 상징을 통하여 포착하려 하려는데 있었다. 이것은 신학 방법론 전반에 걸쳐 중요한 의미를 가진다.

(2) 윌라이트(Philip Wheelwright)의 『은유와 실재』(*Metaphor and Reality*) 그리고 리쾨르(Paul Ricoeur)의 『악의 상징』(*The Symbolism of Evil*)[17]에서 크게 암시를 받은 페린의 방법론은 하나의 혁명적 계기를 마련해주었다. 페린에 따르면 방법론적 범주의 처음은 '스테노 상징'(steno symbol)이다. 이는 하나하나에 초점을 두는 방법이다.[18] 스테노 방법에서 보는 하나님 나라는 예를 들어 마카베오 전쟁, 유대인 전쟁, 바르 코크바의 난(Bar Kochba Revolt) 등 유대 묵시문학적 사건들 하나하나가 하나님이라 실현이라고 본다는 것이다.[19] 여기서 하나님 나라는 특수한 사건과 동일시하게 된다. 그리고 하나님 나라는 단편화되거나 왜곡된 실재로 해석하는 위험이 나타난다는 것이다. 성서신학의 오랜 논쟁점인 실현된 종말론(과거), 오고 있는 종말론(미래)은 하나님 나라를 파편화했다는 우를 범하고 있다는 것이다. 스테노 상징은 하나님 나라 해석에 적절한 방법이 아닌 것이다.

---

15 Norman Perrin, *Jesus and the Language of the Kingdom: Symbol& Metaphor in the N. T. Interpretation*(1976).

16 Ron Farmer, "The Kingdom of God in the Gospel of Matthew", *The Kingdom of God in 20th Century Interpretation*, 120.

17 *Ibid.*, 121.

18 *Ibid*.

19 *Ibid.*, 121-122.

(3) 스테노 방법에 대비되는 방법론은 '텐시브 상징'(tensive symbol)이다. 이는 하나하나를 꿰뚫고 흐르는 연결 혹은 의미의 연결(set of meanings)이다.[20] 마카베오 전쟁, 유대인 전쟁, 병 고치는 기적 등 하나하나의 사건들 그 자체는 하나님 나라의 실재가 아니지만, 그 사건들 속에 하나님 나라가 역사한다고 보는 것이 텐시브의 방법이다. 그러기에 텐시브 상징에서는 창조에서, 출애굽에서, 마카베오 전쟁에서 하나님 나라를 보지 않는다. 오히려 하나님 나라에서 창조, 출애굽, 마카베오 전쟁을 해석하게 된다.[21]

바로 이 'steno'와 'tensive' 방법은 하나님 나라와 종말론의 학문적 논의를 예리하게 성찰하게 하는 하나의 틀을 마련해 주었다. 바이스와 슈바이처를 중심으로 하는 '미래적 종말론'이나 이에 반대하는 다드의 '실현된 종말론' 모두 하나님 나라를 미래냐 과거냐는 시상(tense)에서 보는 한, 둘은 모두 하나님 나라의 실재를 분화하는 스테노 방법에 빠지게 된다는 것이다.[22]

스테노 방법은 여기에 머물지 않았다. 이번에는 모두 현재와 미래의 양면성을 수용하는 방향으로 발전하였다. 하나의 학파는 현재와 미래의 시상을 '시간적'(temporally) 연관 안에서 이해하는 그룹이다. 예레미아스(Joachim Jeremias)는 다드의 실현된 종말론을 '지금 실현되고 있는 종말'로 바꾸어야 한다고 보았으며, 큄멜(Werner Georg Kümmel)은 그것을 '현재'라고 이해하였으며, 쿨만(Oscar Cullmann)은 그리스도 사건을 'D-Day'로, 미래 완성(parousia)을 'V-Day'로 설정하는 시간적 종말론을 내세웠다. 다른 학파는 현재와 미래의 변증법적 관계를 시간적으로 보지 않고 '실존적'(existentially)으로 해석하는 그룹이다. 여기에는 후기 불트만 학파로 알려진 케제만(Ernest Käsemann), 본캄(G. Bornkamm), 푸치스(E. Fuchs) 등이 속하였으며, 이들은 하나님 나라가 역사와 예수의 사역 속에서 부분적으로 실현되었다고 주장한다.[23] 그러나 페린의 방법론적 분석에 따르면 이 두 학파 모두

---

20 *Ibid.*, 122.
21 *Ibid.*
22 *Ibid.*

현재와 미래의 긴장 관계를 애매하게 하였고 또 수수께끼로 만들었다는 데 문제가 있다. 결국, 하나님 나라를 시상(tense)에서 해석하는 한, 그것은 정적 개념(static concept)으로 남을 수밖에 없기 때문이다.

그렇다면 하나님 나라와 종말론의 관계를 텐시브(tensive) 상징에서 보는 해석은 어떤 것인가? 페린은 "하나님 나라를 텐시브 상징에서 접근한다면 하나님의 나라는 하나님이 친히 수행하시는 구원의 왕권적 행위로 나타난다"고 하였다. 시상(tense)이 하나님 나라를 해석하는 기준이 아니라, 하나님의 왕권적인 주권적 행위가 하나님 나라를 정의하는 것이 기준이 된다는 것이다. 하나님의 주권적 통치에서 하나님 나라는 현재적으로 혹은 미래적으로 해석될 수 있다는 것이다.[24] 이것은 중요한 방법론의 전환이고, 해석학적 관점의 변화이다. 텐시브 상징은 시상을 포기하는 것이 아니다. 하나님의 주권적 활동으로서 하나님 나라는 과거도, 현재도, 미래를 포괄한다는 의미이다. 예수의 십자가와 부활 사건을 통하여 하나님이 그의 구원을 펼치시며, 모든 시간 사이에도 그의 역사가 나타난다고 보기 때문이다. 하나님 나라를 하나님의 주권적·왕권적 행위로 보는 한 하나님 나라는 현재만도 미래만도 아니라 현재와 미래의 동시성으로 나타난다. 하나님의 초월성과 하나님의 내재성을 하나님 나라의 영역이라는 의미이다.[25]

그러므로 예수가 선포한 "하나님 나라가 가까이 왔으니…"(eggiken)는 인간의 노력으로 땅 위에 성취하려는 19세기 자유주의 신학 그 이상이며, 하나님 나라와 윤리를 불가분리의 원리처럼 해석한 20세기 종말론자들(슈바이처) 그 이상의 실재인 것이다. 하나님 나라의 생활화(다드), 결단과 회개(불트만)도,[26] 2000년 전 전투적이고 민족주의적이며 폭력적인 율법주의적 성격을 지녔던 쿰란 공동체의 묵시문학적 종말론과도 그 성격을 달리했다.[27] 예수가 선포한 하나님 나라는 하나님 자신의 주권적·왕권적

---

23 *Ibid.*, 123.
24 *Ibid.*
25 *Ibid.*
26 *Ibid.*, 124-125.
27 Benedict T. Viviano, "The Kingdom of God in the Qumran Literature", 107.

인 구원의 행위이며, 그것은 예수 그리스도에게서 그리고 이 역사의 흐름 그 어느 포인트에서도 드러내시는 하나님 나라인 것이다.

2. 교회사에 나타난 하나님 나라 사상

하나님 나라와 그 현존에 대한 일차적 경험은 역사의 진행에 따라 점차 2차적 경험으로 바뀌었으며, 그 결과 하나님 나라는 점차 경험적 차원에서 개념화의 단계로 진행하였다. 그 첫 단계는 교부 시대에 나타난 하나님 나라 사상이다. 비비아노(Benedict Viviano)는 그의 또 다른 논문 "교부들 속에 나타난 하나님 나라"(The Kingdom of God in the Church Fathers)[28]에서 교부들에 의하여 개념화되고 또 유형화된 하나님 나라 사상을 크게 네 가지로 분류하고 있다. 비비아노의 해석은 교회 역사와 현대신학에까지 이어온 하나님 나라 사상에 관한 신학적 논쟁을 이해하는 데 중요한 유형이 된다.

그 처음 유형을 비비아노는 '종말론적 접근'이라고 하였다. 특히 이 종말론적 해석은 신약교회와 서기 200년까지 교부에 의하여 형성된 개념이었다.[29] 이 범주에 속하는 교부는 '오고 있는 하나님 나라'와 '미래'라는 사상을 강조한 로마의 클레멘스(Clement of Rome, 서기 95년)로부터 하나님 나라를 '낮은 곳'(lowliness)과 '영광'(glory)이라는 양면에서 임재한다고 해석하는 순교자 유스티누스(유스티노 순교자, Justin the Martyr, 서기 100-165)로 이어진다. 여기서 유스티누스는 하나님 나라를 '낮음'(십자가)와 '영광'(부활)에서 해석한 최초의 교부이기도 하다.[30]

하나님 나라를 종말론적으로 해석한 또 다른 교부는 초기 기독교 설교 (Homily)를 쓴 저자로 알려진 제2 클레멘스(Second Clement, 서기 150년경)

---

28 Benedict T. Viviano, "The Kingdom of God in the Church Fathers", *The Kingdom of God in History*.

29 *Ibid.*, 30.

30 *Ibid.*, 36.

이며, 그는 하나님 나라의 소망(종말론적)은 인간 행동의 동기와 윤리적 규범이 된다고 주장하였다. 이것은 현대신학에서 논의되는 '중간 윤리'를 이미 암시한 선구자적 해석이다. 그리고 리옹(Lyons)의 감독 이레니우스(Irenaeus, 서기 200년경)는 하나님 나라의 임재를 부활에 뒤따르는 사건으로 해석하였으며, 이는 미래 종말론의 예시로 나타났다.

그러나 비비아노에 따르면 하나님 나라 사상을 종말론적 관점에서 해석한 최초의 교부는 카르타고의 키프리아누스(Cyprian)였으며, 그는 하나님 나라를 하나님의 통치적 행위로 이해한 교부였다고 한다. 그는 "그의 통치가 있는 곳에 하나님 나라는 존재한다"라고 해석하였다.[31] 하나님 나라는 예수 그리스도 안에서 타락한 전 피조물 위에 주가 되심으로, 구속자와 통치자로 임재하는 것으로 이해하였다.[32] 그러면서도 키프리아누스는 하나님 나라의 임재를 '현재적'으로 이해하였으며, 하나님의 통치는 늘 현재적으로 진행되고 있기 때문이다.

이렇듯 하나님 나라를 종말론적 모티프에서 해석한 교부들은 각기 다른 관점에도 하나님 나라를 한 가지 관점이나 한 시간의 초점, 속기(과거, 현재, 미래)에서 보지 않고, 하나님 통치하심을 예수 그리스도, 부활, 전 시간성 그리고 전 피조물 안에서 실현되는 궁극적 실재라고 보았다. 이는 긴장 방법을 시도한 신학적 시도라고 평가될 수 있을 것이다. 바로 이러한 해석의 시도는 하나님 나라 논의에 중요한 틀을 제공하였으며, 특히 '역사·종말론적' 논의를 주제로 하는 본서의 핵심 사상과도 깊이 교감하는 것이다.

그러나 교부들이 시도한 하나님 나라 사상에 대한 두 번째 해석은 '영적-신비적 해석'이다.[33] 종말론적 해석은 세계와 역사 그리고 시간성을 그 자리로 했다면, 영적·신비적 해석은 반역사적(anti-historical) 성격을 띠는 것이 특징이다.[34] 영적·신비적 해석은 일반적으로 다음 몇 가지를 그

---

31 *Ibid.*, 37.
32 *Ibid.*, 37-38.
33 *Ibid.*, 31.
34 *Ibid.*, 38.

특징으로 삼는다. 즉 하나님 나라는 믿는 이들의 영혼 속에 내재하는 영적 선(spiritual good)과 같은 것이다. 여기서 영적 선은 지식, 명상, 지적 영감 그리고 기독교적인 덕의 실천을 의미하며, 그 선의 완성은 영혼의 불멸, 일반적인 부활에서 이루어진다는 것이 그 특징이다.[35]

문제는 신약 교회의 하나님 나라 이해가 어떻게 이토록 반역사적이고 개인주의적 영성으로 바뀌었나에 있다. 비비아노는 그 원인을 기독교와 고대 그리스, 로마 문화와의 접촉에서 찾는다. 기독교와 고대 그리스 문화와의 접촉은 하나님 나라 소망을 장차 임할 영원한 개개인의 부활로 제한하는 잘못을 범했다는 것이다. 여기서부터 기독교적 소망의 '역사적 차원'이 외면되었다. 역사는 의미 없는, 끝없는 순환의 사건이며 계절의 리듬일 뿐이었기 때문이다.[36]

이처럼 영적 · 신비적 해석은 알렉산드리아의 오리게네스(Origen of Alexandria, 185-254)에 의하여 집약적으로 대변되었다. "비유적(allegorical) 해석"으로도 유명한 오리게네스는 성서적 역사를 몇 가지 철학적 · 도덕적 진리로 축소하였다. 그는 비유적 해석 방법으로 누가복음 17:21의 "… 하나님 나라는 너희 안에"라는 구절을 영적이고도 개인적인 내면의 차원으로 해석하였다.[37] 오리게네스에게서 하나님 나라는 인간 이성의 실현, 슬기로운 충고의 법칙들, 정의 실현 그리고 잃어버린 낙원의 회복[38]이었으며, 이는 하나님 나라 사상을 철저하게 내면화한 것이고 개인주의화한 것이며 또한 신비화한 것이다. 여기서 오리게네스는 하나님이 친히 이끌어 가시는 역사의 목표를 상실하고 말았다.

교부 시대에 나타난 하나님 나라 사상의 세 번째 유형은 '정치적 해석'이다. 그러나 앞서 논의한 패트릭의 정치 신학적 해석과는 구별된다. 패트릭의 해석은 우주와 이스라엘의 역사를 지배하는 하나님의 통치성을 중심

---

35 Ibid., 31.
36 Ibid., 38-39.
37 Ibid., 41.
38 Ibid.

으로 한 정치 신학적 해석이었던데 반해 교부 시대의 정치적 해석은 하나님 나라를 지상의 특정한 정치적 구조와 황제와 동일시하는 해석 방법이었다.[39]

하나님 나라의 정치적 해석은 서기 260-340년 사이에 에우세비오(Eusebius)에 의하여 과감히 시도되었다. 그는 동방의 콘스탄티누스 황제를 인자로서 동일시하였을 뿐만 아니라, 신성 로마 제국을 지상에 실현된 하나님 나라라고 찬양하였다.[40] 서기 335년 콘스탄티누스가 황제로 13년 되는 해를 기점으로, 에우세비오는 다니엘서 7:18의 "지극히 높은 신자의 성도"를 언급하면서 콘스탄티누스 황제를 칭송하였고, "나라를 얻으리니"를 말하면서 동로마 제국을 찬양하였다. 이 같은 하나님 나라에 대한 정치적 해석은 19세기 자유주의 신학의 유토피아적 이상과 1933년 히틀러가 꿈꾸었던 제3 제국(das Dritte Reich)을 하나님 나라의 실현으로 보는 흐름으로 맥을 이어갔다.

교부 시대에 나타난 하나님 나라 사상의 네 번째 유형은 '교회론적 해석'이다. 하나님 나라와 교회의 관계를 논하는 대목은 첨예한 대결로 이어진다. 그 하나는 비비아노와 벤즈이다. 교회론적 접근은 처음 성 아우구스티누스에 의하여 시도되었으나, 그 후 로마가톨릭교회가 이를 공식화하고 확대하였다.[41] 성 아우구스티누스는 『하나님의 도성』(Civitas Dei)에서 오리게네스처럼 하나님 나라의 영적 임재를 수용한다. 하나님의 도성은 하나님의 나라와 동의어이며, 하나님의 영원한 생명에 참여하는 것을 의미한다.[42] 그러나 오리게네스와 입장을 달리하는 결정적 대목은 아우구스티누스에게서 하나님 나라는 곧 지상의 교회와 동일시된다는 사실이다. 아우구스티누스에게서 하나님 나라는 지상에 실현되는 하나님의 도성, 즉 교회라는 것이다. 이것은 비비아노가 해석한 아우구스티누스의 교회론적 유형이다.

---

39 *Ibid.*, 31.
40 *Ibid.*, 48.
41 *Ibid.*, 31.
42 *Ibid.*, 52.

벤즈(Ernest Benz)는 아우구스티누스야말로 종말의 대망을 보이는 교회로, 특히 로마가톨릭교회로 대치하는 교권주의적 실증주의(ecclesiastical positivism)를 선택했다고 부언했다.[43] 교회는 지상에 실현된 하나님 나라이고, 초자연적 기관이며, 또 하늘나라의 역사적 구현(historical manifestation)으로서 이해하였다는 것이다. 이것을 벤즈는 하나님 나라의 '비종말론화'(deeschatologization)라고 불렀다.[44]

이러한 비비아노와 벤즈의 해석에 대해 반기들은 사람은 쉰(Roger Shinn)이었다. 쉰은 아우구스티누스의 사상 속에 하나님 나라와 교회를 동일시하려는 시도가 있었던 것을 인정하면서도 교권주의적 실증주의적 해석으로 아우구스티누스의 종말론을 왜곡하는 것이라고 비판한다. 아우구스티누스의 종말론은 오히려 성서적 예언과 묵시적 차원을 포함하고 있으며 특히 하나님의 나라는 역사 속에 임재한다고 보았다는 것이다. 역사를 종말의 관점에서 본 것이 아우구스티누스의 해석이라는 것이다.[45] 신플라톤주의(Neo-Platonism)로 인해 아우구스티누스가 역사를 부정적으로 본 것도 사실이지만, 그래도 아우구스티누스는 역사를 하나님 나라와 관점에서 보았다는 것이다. 하나님 나라는 새 하늘과 새 땅이지만, 동시에 하나님 나라는 역사와의 연속으로 이해되는 양면성을 가진다고 보기 때문이다.[46]

아우구스티누스는 두 가지 초점인 십자가와 부활, 그리스도의 재림과 종말을 과거와 미래의 프론티어로 이해하였다. 바로 이 두 초점에서 두 가지 역사적 공동체의 존재를 이해했다는 것이다. 그러나 쉰에 따르면, 아우구스티누스의 종말론은 3차원에서 이해된다. 그 하나는 역사의 궁극적 목적과 근거는 종말론적 완성(그리스도의 부활과 재림)에 있으며, 두 번째 지상 국가와 구별되는 참 교회가 역사 안에 존재하며, 세 번째 세속사를 포함

43 Ernest Benz, *Evolution and Christian Hope*(Garden City, New York: Doubleday& Co. Inc., 1966), 26.
44 *Ibid.*, 26-34.
45 Roger L. Shinn, *Christianity and the Problem of History*(St. Louis, Missouri: The Bethany Press, 1964), 32-33.
46 *Ibid.*, 34.

하는 역사 그 자체의 수용이라는 것이다.[47]

비비아노와 벤즈의 해석과 달리, 쉰은 역사 속에 존재하는 신적인 사회는 하나님께만 알려진(선택된) 하나님의 백성으로 구성되는 신앙 공동체이며, 이를 로마교회와 보이는 교회와 동일시한 것은 문제라고 보았다. 비비아노와 벤즈는 아우구스티누스가 하나님 나라와 교회를 동일시한 것으로 이해한 반면, 쉰은 아우구스티누스가 하나님의 도성(Civitas Dei)을 제도적 교회와 동일시하지 않고 성도의 교제(commuinio sanctorum)와 동일시한 것으로 이해한다.[48] 하나님 나라와 교회를 동일시한 것은 아우구스티누스(암시는 있었으나)가 아니라 중세 로마교회에 의하여 이루어졌으며, 특히 아퀴나스(Thomas Aquinas)에 의하여 신학화되었다고 보았다.[49]

교회사에 나타난 하나님 나라 사상 두 번째 시기는 종교개혁의 주역인 루터, 칼뱅 그리고 재침례파에 의해 제시된 소위 탈로마 가톨릭적 해석 시기이다.

먼저 루터(Martin Luther)의 사상도 상반되는 두 해석이 충돌하고 있다. 하나는 비비아노(Vivano)의 해석이다. 비비아노에 의하면 루터에게서 중요한 신학적 주제, 하나님 나라 사상이 아니라 바울과 아우구스티누스로부터 이어온 칭의 사상(Justification by faith through grace alone)이었고, 이와 연관된 구원에 관한 것이었다. 루터에게 하나님 나라 사상이 있다면, 그것은 아우구스티누스의 'Civitas Dei'(하나님 도성)로부터 암시를 받은 그의 두 왕국론에서 표현되었다고 한다. 두 왕국이란 첫째, 그리스도를 왕으로 믿는 사람들의 왕국으로서 이를 하나님 나라라고 보았고, 다른 왕국은 세속적 영역으로서 지상의 왕국(earthly kingdom)을 의미했다.

그러나 비비아노에 따르면 루터는 하나님 나라와 교회를 동일시하려한 아우구스티누스의 교회론적 접근을 거부했다는 것이다. 그 대신 루터는 두 왕국을 대립시켜 역설적 관계로 이해하였다는 것이다.[50] 그러나 루

---

47 *Ibid.*, 52-53.
48 *Ibid.*, 56-57.
49 *Ibid.*, 63-73.

터는 두 왕국의 역설적 관계를 개개인의 신앙과 양심 그리고 직업을 통해 지상에서 통합할 수 있는 것으로 이해하였다는 것이라는 것이다.[51]

비비아노의 해석에 대해 쉰(Shinn)은 일차적으로 루터가 제시한 두 왕국설의 모호성은 역사의식을 약화시키는 사상적 취약점에 기인한다는 사실에 동의한다.[52] 또 루터는 하나님이 주권적인 주임에도, 지상 왕국들이 악마적 역사를 지배한다고 보았으며, 쉰은 이 점에도 동의한다. 이 악마적 역사와 왕국 안에서 기독교인들이 하나님 나라의 시민으로 산다는 것은 극히 개인적 신앙과 소망과 사랑의 삶을 실천하는 것으로 보았다고 쉰은 풀이했다.[53] 이것은 루터가 두 왕국을 분리하고, 또 혼돈시킨 데서 온 신학적 과오임을 수긍한다.

그러나 쉰은 루터에게서 하나님 나라 사상이 결여가 됐거나 약화되었다고 보는 비비아노의 해석을 비판하고 또 수정하고 나섰다. 루터의 하나님 나라 사상은 묵시문학적 종말론에 근접한 '마지막 날'(the Last Days)과 밀접하게 관련되어 있다고 쉰은 해석한다. 마지막 날에 개인과 우주적 변화가 성취될 것이라는 기대와 소망을 루터는 가지고 있었다는 것이다.[54] 쉰은 여기서 루터에게는 종말론이 없다거나 칭의 사상 때문에 종말론이 약화되었다는 해석은 잘못된 것임을 분명히 하고 있다.

다만 루터의 하나님 나라 사상은 미래적이고 묵시문학적이었기 때문에, 하나님 나라와 하나님의 주권적 지배가 역사로부터 분리되었다는 사실은 비판의 대상이 되어왔다.[55] 하나님 나라와 그의 통치를 루터는 개개인 그리스도인의 직업 소명과 윤리에 접목하려 했다는 점에서, 이는 비비아노가 범주화한 영적·신비적 해석에 속한다고 볼 수 있을 것이다.

---

50 Benedict T. Viviano, "The Kingdom of God in the Church Fathers", *The Kingdom of God in History*, 89.

51 *Ibid*.

52 Roger L. Shinn, *Christianity and the Problem of History*, 85.

53 *Ibid*.

54 *Ibid*., 74-75.

55 *Ibid*., 75.

종교개혁기에 나타난 또 다른 사상은 칼뱅과 재세례파에 의해 이루어졌다. 비비아노는 칼뱅보다 부처(Martin Bucer)를 더 높이 평가하는 입장을 취한다. 1550년 "그리스도의 왕국에 대하여"(On the Kingdom of Christ)라는 논문에서 부처는 루터의 개인주의적·윤리적 접근과는 달리, 그리스도의 왕국을 삶 전체와 기독교적 사회 실현의 청사진이라고 강조한 점을 비비아노는 높이 평가하고 있다.[56] 교회와 국가는 하나님 나라와 성서 신학적 근거에서 해석되고 조명되어야 한다는 입장을 취하였다. 다른 한편 비비아노는 칼뱅이 이해한 하나님 나라는 그리스도 안에서의 죄의 용서, 신앙, 구원 그리고 복종으로 연계되는 신앙적 삶을 의미했다고 본다.[57]

그러나 비비아노의 해석과는 달리 쉰은 전혀 다른 해석을 내놓는다. 쉰에 따르면 칼뱅은 하나님 나라를 세계와 사회 그리고 역사를 변혁해 가시는 하나님의 주권적 행위로서 받아들였다는 것이다. 예정론은 전 역사의 사건을 주관하며 인간들을 이끌어가는 하나님의 의지이기에, 예정은 법칙이나 숙명이 아니라는 것이 칼뱅의 해석이라고 본다.[58] 하나님은 영원히 이 세계 안에서 이 세계를 통하여 그의 나라를 세워 가시는 주체로서 이해된다. 역사와 세계는 궁극적으로 하나님의 영광을 드러내는 일을 위해 존재하며 또 노력해야 하는 것이다. 그러므로 역사는 역사 안에서 의미를 찾지 못한다. 그리스도의 왕권만이(마지막 날에 완성되지만) 역사와 세계를 이끌 것이기 때문이다.[59]

쉰의 칼뱅 이해는 비비아노의 칼뱅 이해를 근본적으로 수정하는 것으로 평가받는다. 칼뱅의 종말론은 영적 해석이 아니라, 역사·종말론적 해석에 속한다고 보기 때문이다. 칼뱅의 종말론은 개신교 신학의 중심적 위치에 서서 20세기까지 강력한 영향력을 행사하였다.

다른 한편 종교개혁기에 나타난 가장 강렬하고도 극단적 언어로 표현

---

56 Benedict T. Viviano, *The Kingdom of God in History*, 96.
57 *Ibid.*, 97.
58 Roger L. Shinn, *Christianity and the Problem of History*, 88.
59 *Ibid.*, 90.

된 하나님 나라 사상은 재세례파(Anabaptist)로부터 왔다. 여기서 비비아노는 루터와 칼뱅의 종말론은 격하시키고 재세례파의 종말론은 지나치게 찬양하는 듯한 편협성을 드러내고 있다.

비비아노에 따르면 재세례파는 특히 뮌처(Thomas Müntzer, 1490-1525)를 중심으로 형성된 공동체는 성령의 직접적 계시(결국 성경을 부인하는)를 강조하였고, 계시의 권위를 근거로 유아 세례를 거부하였으며, 루터를 하나의 위선적 서기관으로 비판하는 배타적 성격을 가지게 되었다.[60] 그리고 뮌처는 폭력(violence)을 설교하기 시작하였다. 폭력은 종말이 임박함에 따라 정당화되었으며, 농민들의 혁명에서 종말이 임박한 징표를 보았다고 한다. 뮌처 자신은 종말을 앞당기는 항거의 수장임을 자처했다. 뮌처 이후의 재세례파 운동은 메노파(Mennonites), 아미시파(Amish) 그리고 형제의 교회(Brethren)로 다양화했으며, 후예들은 대부분 정의사회, 민주주의, 사회복지, 종교적 자유를 실현하려는 비폭력적 평화주의(pacifism)로 전환하였다.[61]

그러나 쉰은 비비아노가 보지 못한 깊은 차원을 포착하였으며, 그 의미는 다음과 같다. 쉰은 재세례파의 종말론은 철저하게 성서로부터 왔으나 그 이해는 철저하게 묵시문학적 대망이었다고 해석한다. 비비아노는 재세례파가 종말의 임박함에서 폭력 사용을 합법화했다고 보았으나, 쉰은 묵시문학적 대망에서 재세례파의 하나는 혁명적 분파로, 다른 하나는 고난받는 분파로 나뉘었고, 둘 다 하나님 나라가 그의 통치를 이룩하는 일에 공동으로 헌신하였던 것으로 해석했다.

쉰은 여기서 칼뱅의 사상과 재세례파 운동이 결합되어 영국의 청교도 운동(Puritanism)이 일어났다고 본다. 그리고 청교도 운동은 오늘의 서구 세계에 지대한 영향을 끼쳤다고 해석한다.[62] 그 이유는 칼뱅주의와 종파주의의 결합으로 생겨난 청교도주의는 '인권', '정치의 도덕성', '역사의 진

---

60 Benedict T. Viviano, *The Kingdom of God in History*, 93.
61 *Ibid.*, 95.
62 Roger L. Shinn, *Christianity and the Problem of History*, 95-96.

전' 등 서구의 정치 이념들을 창출해 냈으며 결국 지상에 거룩한 공동체를 실현할 가능성을 심어 놓았기 때문이라는 것이다. 칼뱅주의와 종파주의가 가지는 약점들이 없는 것은 아니지만, 이 둘의 결합으로 이루어진 청교도주의는 역사를 인간의 노력과 혼동하지 않으면서 하나님 나라가 실현되는 사건의 과정으로 이해한 공헌을 남겨 놓았기 때문이라는 것이다.[63] 이는 역사적으로 하나님 나라를 교회나 국가와 동일시하여 온 지난날의 과오와 하나님 나라를 전적으로 역사와 분리한 묵시문학적 종말론의 과오를 신학석으로 수정한 공헌을 남겼다고 평가된다.

교회사에 나타난 하나님 나라 사상에 관한 신학적 논의 세 번째 단계는 19세기와 20세기 초반에 걸쳐 형성된 자유주의 신학 시대를 지칭한다. 그 시대를 주도한 정신적 특징은 한 마디로 진보(progress) 사상이었다. 현대 세속주의(secularism) 진보의 개념은 사실상 오랜 기간 서구 역사 속에 자리해 온 기독교론적 종말론(Christian eschatology)의 자리를 빼앗아 가버렸다.[64]

진보의 사상을 근간으로 19세기 서구 사상을 형성한 현대세속주의는 크게 세 가지 형태로 그 모습을 드러냈다. 그 하나는 '혁명적 합리주의'(revolutionary rationalism)이고 두 번째는 '자연적 진화'(natural evolution)이며 세 번째는 '과학기술'(technology)이라고 쉰은 범주화한다.[65]

혁명적 합리주의는 이성(reason)에 대한 철저한 신뢰와 고전주의에 대한 깊은 존경에 근거한다. 전통적인 종교적 통제로부터 벗어나 인간 스스로 이성의 힘을 가지고 사회를 재구성할 수 있다는 능력을 신뢰하기 시작한 것이다. 하늘로부터 내려오는 영원한 하나님의 도성이 아니라 이성적으로 계몽된 인간들이 세워가는 도시들을 신뢰하기 시작했다는 것이다. 이것은 계몽주의(Enlightenment)의 산물이었다. 이러한 합리주의는 프랑스, 영국 그리고 미국으로 확산되어 갔다.[66]

---

63 *Ibid.*, 96.
64 *Ibid.*, 101.
65 *Ibid.*, 104-113.
66 *Ibid.*, 104-108.

진보의 개념을 형체화한 두 번째는 자연적 진화이다. 여기에는 콩트 (Auguste Comte, 1798-1857), 다윈(Charles Darwin, 1809-1882) 그리고 스펜서 (Herber Spencer, 1820-1903) 등의 사상적 공헌이 뒷받침되고 있다. 이들은 점진적 · 자연적 과정에 의하여 역사가 지속적으로보다 높은 단계로 발전되고 있다는 확신을 갖고 있었다.[67] 일명 진보의 신화(cult of progress)라고도 불리는 자연적 진화론은 전쟁이나 경제적 빈곤이나 계급 투쟁은 인간의 죄에서 온 것이라고 믿는다. 죄는 지식의 결핍이었기에 무식이 모든 죄의 근원이라고 생각하였다. 그렇다면 구원은 무엇인가? 그것은 사회구조를 개혁해 가는 합리적인 과학적 지식을 쌓는 길이며, 그것은 역사의 진행속에 실현되어 가고 있다고 믿었다.[68] 결국, 자연적 진화론자들은 기독교 종말론을 세속화하여 죄를 무지로, 구원을 신앙이 아닌 교육으로, 하나님의 언약 공동체를 사회정의로, 초월성을 내재성과 진화적 과정으로 대치시켜 버렸다.[69]

현대세속주의의 세 번째 형태는 과학기술의 등장이다. 1830년에서 1870년 사이에 영국에서 일어난 산업 혁명은 유럽과 미국의 꿈 그리고 그 미래를 열어놓은[70] 결정적 계기가 되었다. 산업 혁명은 진보의 신화를 역사 속에 실현한 역사적 현실이 되었으며, 특히 무한대의 자원을 지닌 미국을 시험대로 삼아 세계화되어 갔다. 과학기술의 도래는 진보의 극치였을 뿐만 아니라 기독교의 역사를 세속화해버린 가장 강렬한 힘으로 등장하였다. 이는 류벤(Arend Th. van Leeuwen), 콕스(Harvey Cox), 윈터(Gibson Winter) 같은 신학자뿐만 아니라, 사회학자 벨(Daniel Bell)에 의해서도 예언된 바 있다.

그러나 문제는 바로 이 진보의 신화가 기독교와 기독교 사상에 새로운 문제를 제기했다는 데 있다. 여기서 제기되는 신학적 문제란 진보가 불가

---

67 *Ibid.*, 108-110.
68 Eric C. Rust, *Towards a Theological Understanding of History*(New York: Oxford University Press, 1963), 43.
69 *Ibid.*, 44.
70 *Ibid.*, 44.

피하거나 하나의 가능성으로 보는 것이 아니었다. 오히려 많은 기독교 사상가들이 진보 신화를 무비판적으로 수용해 왔다는 데 있다. 그리하여 진보의 종교화 또는 신학화, 심지어는 진보가 구원의 해결을 제시한다고 보는 단계까지 온 것이다.[71] 이 같은 진보 사상과 기독교의 접촉을 사상적으로 시도한 이들 가운데 칸트(Immanuel Kant)와 헤겔(Georg W. Fridrich Hegel)이 주도적 역할을 담당한 것으로 알려져 있다.

쉰은 칸트의 사상과 연관 지어서 몇 가지를 논평하고 있다. 칸트는 종교와 과학 정신의 만남을 과감히 수용한 사상가였다. 역사문제에 대해서 칸트는 기독교적 종말론을 진보적 역사관과 함께 재해석하기도 했다. 1791년에 내놓은 『이성의 한계 안에 있는 종교』(Religion within the Limits of Reason alone)에서 칸트는 우주사란 합리성의 역사이며 이 합리성은 역사 안에서 진보적으로 성취된다는 점을 강조하였다. 쉰의 말을 인용해 본다면 "칸트는 바로 이 사상을 하나님 나라 사상과 역사에 응용하였다.… 인간의 의지만이 인간을 도덕적 진보(moral progress)의 길로 이끌 수 있다. 참교회는 우주적 교회여야 하며, 그것은 현존하는 교회의 형태가 아니라 순수하고도 합리적인 종교적 신앙 위에 서 있는 교회여야 한다.… 결국, 하나님 나라는 역사 앞에서 실현되는 점진적 발전(gradual development)의 형태를 취한다. 지연될 수는 있으나, 중단됨이 없는 발전의 형태이다."[72] 한편 벤즈(Benz)는 칸트의 사상은 역사적 진화(historical evolution)를 역사의 범주로 집약시킨 것이라 고평가하고 있다.[73]

진보의 신화를 근거로 기독교 종말론과 역사를 연결하려 했던 또 다른 사람은 헤겔이었다. 그는 자신의 『역사 철학』(The Philosophy of History)에서 고난, 비극 그리고 악마의 세력을 역사의 현상으로 인식한다. 헤겔이 추구한 해답은 역사의 현상 뒤에 있는 위대한 설계로서 하나님의 섭리(그것은 합리적인 틀 안에서 이해되는)에서 찾는다. 헤겔에게서 이 위대한 설계

---

71 Roger L. Shinn, *Christianity and the Problem of History*, 111.
72 *Ibid.*, 114-115.
73 Ernst Benz, *Evolution and Christian Hope*, 66.

는 세계정신(world spirit)의 자기실현이었다.[74] 이 정신의 본질은 자유이며 자기의식이다. 이 정신은 변증법적 – 발전적 과정을 거쳐 가는 역사 속에서 생겨난다. 그러기에 헤겔은 하나님과 하나님 나라를 역사적 과정 속으로 흡수하였다. 하나님의 현존은 철저하게 내재적이었으며 역사는 자유에 근거한 진보의 과정으로 이해하였다.[75]

이 모든 진보의 신화를 과감히 기독교적 종말론과 역사에 접목한 신학자는 리츨(Albrecht Ritschl)이었다. 슐라이어마허(Friedrich Schleiermacher)와 함께 자유주의 신학의 시조로 알려진 리츨은 『칭의와 화해의 교리』(The Christian Doctrine of Justification and Reconciliation, 1870), 『경건주의 역사』(History of Pietism, 1880-1886)에서 기독교 복음과 현대성의 상호 연결을 철저하게 추구하였다.[76]

그러나 상호 연결의 고리는 도덕적 · 윤리적 인간성의 실현에 있었다. 리츨에게서 창조론, 구속론 그리고 역사의 궁극적인 목적은 도덕적이고도 영적인 인간 실현에 있었다고 포스터(A. Durwood Foster)는 풀이한다.[77] 리츨에 대해 우호적인 입장을 가진 포스터와 달리 비판적 입장을 취한 매킨토시(Hugh Ross Mackintosh)도 리츨의 기본적인 신학적 틀은 윤리적 가치 실현에 있었음을 시인하고 있다.[78] 리츨은 신약에 나타난 하나님 나라를 도덕적(moral)인 인간 통합의 그 무엇으로 보았기 때문이다. 도덕적 인류 통합은 이웃 사람에 대한 우주적 사랑에 의하여 촉진되는 행동으로 이루어지며, 그것이 곧 하나님 나라라고 보았다는 것이다.

매킨토시는 리츨의 사상을 다음과 같이 집약한다. "기독교란 하나님 나라를 설립한 예수 그리스도의 인격과 사역에 근거한 절대적인 윤리적

---

74 Eric C. Rust, *Towards a Theological Understanding of History*, 56.
75 Roger L. Shinn, *Christianity and the Problem of History*, 116-117.
76 A. Durwood Foster, "Albrecht Ritschl", *A Handbook of Christian Theologians, ed. by Marty E. Marty& Dean P. Peerman*(New York: The World Publishing Co., 1965), 49.
77 *Ibid.*, 53.
78 Hugh Ross Mackintosh, *Types of Modern Theology*(New York: Charles Scribner's Sons, 1973), 151.

종교이다. 사랑의 영감을 받아 행동으로 인간을 하나로 묶어 가는 것이야
말로 하나님 나라이며, 아버지 하나님의 궁극적 목적이며, 인간이 추구하
는 지고의 선이다. 하나님 나라는 사랑의 나라이다. 하나님 자신이 사랑이
기 때문이다."[79]

그러기에 리츨의 하나님 나라 사상에는 종말론적 초월성(ecschatologi-
cal transcendence)이 존재하지 않으며, 오직 윤리적 · 합리적 원리(ethicora-
tional purposive principle)만이 남는다고 매킨토시는 비판한다.[80] 이러한 사
상적 맥락에서 리츨은 교회란 사랑의 공동체이며 하나님 나라를 지상에
실천해 가는 도덕적 선의 공동체라고 본다.[81] 진보의 신화를 신학적으로
극대화한 리츨의 윤리적 규범으로서 하나님 나라 사상은 그의 제자들
(Ritschlians)에게 지대한 영향을 주었고, 19세기 자유주의 신학의 사상적
근간을 형성하였다.

그리고 이어 진보의 신화가 미국이라는 풍토에서 재현된 강력한 역사
적 현상은 침례교 목사인 라우션부시(Walter Rauschenbusch)에 의해 주도된
'사회복음 신학'(A Theology for the Social Gospel)과 사회복음 운동에 의하여
이루어졌다. 그는 1886년 25세 때, 뉴욕시의 구조적인 악들(빈곤, 밀집된
인구, 범죄, 경제적 착취)과 접하게 되었으며, 여기서 사회복음의 비전을 키
웠다.[82] 사회복음은 19세기와 20세기 초 미국교회를 휩쓸었던 개인주의
적 구원에 대한 정면 도전으로 등장했다. 특히 사회복음은 하나님 나라 사
상에 근거하여 출현하였다. 라우션부시는 성서의 복음적 핵심을 하나님
나라 사상에서 발견하였는데, 하나님 나라는 '종교'와 '사회' 사이를 이어
놓는 다리로 이해하였으며[83] 1891년 목회 교구를 떠난 그는 영국의 노동

---

79 *Ibid.*, 158.
80 *Ibid.*, 151, 178.
81 Roger L. Shinn, *Christianity and the Problem of History*, 116.
82 Benson Y. Landis, compiled, *Rauchenbusch*(New York: Harper& Brothers, 1957),
ⅩⅣ-ⅩⅤ.
83 Robert T. Handy, "Walter Raushenbusch", *A Handbook of Christian Theologians*,
194-195.

운동과 사회 운동 그리고 독일에서의 신약 연구를 통하여 점차 하나님 나라 사상을 사회 문제와 종교 문제를 풀어나갈 중심 주제로 확신하게 되었다. 그리고 자신을 슐라이어마허(Schleiermacher), 리츨(Ritschl), 부시넬(Bushnell), 벨하우젠(Wellhausen) 그리고 하르나크(Harnack)과 같은 자유주의 신학자들의 반열에 합류시켰다.[84]

1897년 로체스터 신학교 교수가 된 이후에도 라우션부시는『기독교와 사회적 위기』(Christianity and the Social Crisis, 1907.),『사회 질서의 기독교화』(Christianizing the Social Order, 1912.) 그리고 주저『사회복음 신학』(A Theology for the Social Gospel, 1917.)의 저서들을 통하여 하나님 나라 사상을 발전시켰으며 하나님 나라는 곧 진보적 변혁(progressive transformation)이라는[85] 모티프에서 이해하였다.

그렇다면 라우션부시가 신학적으로 포착한 하나님 나라는 어떤 것인가? 그는 다음과 같이 서술한다. "하나님 나라에 대한 예수의 개념은 나에게 새로운 계시로서 다가왔다. 하나님 나라 사상과 목적은 예수 그리스도의 마음을 사로잡았다. 예수의 교훈은 이 사상을 중심으로 이루어졌으며, 예수는 그의 삶과 죽음까지도 하나님 나라를 위해 바쳤다…"[86] 라우션부시에게서 하나님 나라는 그 기원과 진보와 완성의 모든 과정이 신적이며, 동시에 하나님 나라는 하나님의 궁극적인 목적 그 자체이다. 그리고 하나님 나라는 항상 선재적이고, 미래적이며, 동시에 행동을 촉진하면서 다가오는 실재이다. 하나님 나라는 하나님의 뜻에 따라 인간이 조직하는 사회 제도이다. 그러기에 하나님 나라는 인간사 속에 다가오는 사랑의 진보적 통치를 의미한다. 이것은 핸디(Robert Handy)가 요약한 라우션부시의 하나님 나라 사상이다.[87]

중요한 것은, 라우션부시는 하나님 나라를 강력한 역사적 세력(historical

---

84 Ibid., 195.
85 Ibid., 197.
86 Walter Rauschenbush, Christianizing the Social Order(Boston & Chicago: The Pilgrim Press, 1912), 93.
87 Robert T. Handy, "Walter Raushenbusch", 202.

force)으로 근접이 지상에서 점진적으로 또한 진보적으로 실현되는 과정으로 이해하였다는 데 있다. 그것은 완성이 아니라 완성을 향해 행진하는 성장과 근접(approximation)이었다. 이로써 하나님 나라는 '점진적'이고 '인간이 성취하는 그 무엇'이며 또한 경제, 가정, 국가, 교회 모두를 포괄하는 '역사적 실재'가 된다.[88] 여기서 교회는 구원에 있어서 사회적 요소가 되며, 동시에 그 존재 이유는 하나님 나라에 예속되어 것으로 보았다.

　　라우션부시는 자유주의 신학(진보의 신화를 사상적으로 극대화한) 계보의 마지막 챔피언(champion)이었다. 산업화로 생겨난 인간 소외와 경제적 착취를 하나님 나라 사상에서 풀어보려 한 그의 신학적 시도는 높이 평가되어 왔고 또한 앞으로도 재평가될 것이다.[89] 이것은 비판자 라인홀드 니부어가 던진 평가이기도 하다. 라우션부시는 하나님 나라의 사회적 · 역사적 차원을 포착하였다는 것이다.

　　그러나 라우션부시의 공헌 못지않게 그의 사상은 결정적인 약점 몇 가지를 가지고 있다. 하나님과 하나님 나라의 '내재성'을 강조한 나머지 그는 성서적 · 신학적 주제인 하나님의 '초월성'과 '주권성'을 외면하였다.[90] 『기독교가 문명을 구원할 수 있는가?』(Can Christianity Save Civilization, 1940)를 통하여 라우션부시의 사상을 신랄하게 비판하고 나선 호튼(Walter M. Horton)은 라우션부시가 몇 가지의 공헌에도 하나님 나라와 기독교 세계 문명을 혼돈했다고 주장하였다. 이는 하나님 나라를 인간의 행위에 의존하여 확대하려는 사회적 낙관주의에 빠진 증거라고 보았다. 결국, 라우션부시는 그리스도의 복음이 아니라 '진보의 복음'(gospel of progress)을 설교하였다고 비판했다.[91]

---

88 Walter Rauschenbush, A Theology for the Social Gospel(New York: Abingdon Press, 1917), 131-145.
89 Op. Cit. 210.
90 Ibid.
91 Roger L. Shinn, Christianity and the Problem of History, 127-130; Benedict Viviano, The Kingdom of God in History, 121.

17장
하나님 나라(Basileia Tou Theou)에 관한
20세기 신학의 논거들

1. 미래적 종말론, 실현된 종말론, 실존적 종말론, 구속사적 종말론

  칸트, 헤겔, 리츨 그리고 라우션부시로 이어지면서 형성된 서구의 철
학적 진보주의(progressivism)와 자유주의(liberalism) 신학은 20세기에 들
어서면서 심각한 도전에 직면하였다. 제1차 세계대전의 비극적 경험은 진
보 사상을 뒷받침해온 낙관주의를 근본에서 부정하는 계기가 되었으며,
이른바 전후 사상으로 표현되는 실존주의는 인간과 역사를 비관적으로 해
석하기 시작하면서, 진보주의는 그 행진을 멈추어야 했다. 아울러 하나님
나라를 진보의 신화에서 해석해 오던 자유주의 신학도 근본적인 궤도 수
정이 불가피하게 되었다.

  바로 이 사상적 전환은 1937년 옥스퍼드 회의(Oxford Conference)와 그
후에 편집된『하나님 나라와 역사』(The Kingdom of God and History)에서
이루어졌다고 쉰(Roger Shinn)은 해석한다.[1] 회의에 참여한 지도자들은 진
보주의 사상의 한계를 인정하고, 새롭게 추구해야 할 사상적·신학적 모티
브를 성서에서 다시 찾아야 할 것을 강조하였다. 여기서 신학은 성서적 종
말론을 추구하기 시작하고 아울러 역사 문제에 깊은 관심을 기울이는 전

---

1 Roger L. Shinn, *Christianity and the Problem of History*, 187 재인용.

환기를 맞이하였다.[2] 물론 1937년 옥스퍼드 회의 이전에도 역사의 흐름을 바꾸어 놓는 사상적 전환은 있었다. 쇼펜하우어(Schopenhauer), 니체(Niezsche), 슈펭글러(Spengler) 그리고 키르케고르(Kierkegaard)는 낙관주의적 진보주의에 대해 날카로운 비판을 가하였다. 더욱이 진보주의적 하나님 나라 사상에 대한 바르트(Karl Barth)의 날카로운 비판과 성서적 종말론을 들고 온 바이스(Johannes Weiss)와 슈바이처(Albert Schweitzer)의 비판은 사상의 방향을 바꾸기에 충분하였다.[3]

이렇듯 20세기에 불붙기 시작한 하나님 나라 사상은 신학 전반의 어조(tone)까지 파고들었으며, 그것은 21세기를 앞둔 오늘에 이르기까지 신학의 중심 주제로 부각되었다. 가톨릭 신학자 맥브리엔(Richard P. McBrien)은 20세기에 등장한 하나님 나라 사상을 크게 다섯 범주로 나누어 그 특징을 서술하고 있다.

그 첫째 범주는 '미래적 종말론'(consistent, consequent, futurist or thoroughgoing eschatology)이다.[4] 미래적 종말론은 칸트와 리츨에 의해 제창된 윤리적 연방(ethical commonwealth)으로서 하나님 나라 사상에 대한 정면 도전이었으며, 그 도전자는 요하네스 바이스(Johannes Weiss)였다. 요하네스 바이스는 신약학자인 베른하르트 바이스(Bernhard Weiss)의 아들이었고, 더욱이 윤리적 진보주의의 대가였던 리츨의 사위였던 점으로 미루어 그는 자유주의를 계승해야 하는 위치에 있었다. 그러나 바이스는 『하나님 나라에 관한 예수의 선포』(Jesus' Proclamation of the Kingdom of God)[5]에서 그의 장인이 주장한 내재적(immanent), 주관적(subjective), 내면적(inward) 그리고 인간 성취 하나님 나라는 예수가 선포한 하나님 나라가 아님을 분명히 밝힘으로 사상적 결별을 선언하였다.[6] 이것은 종말론적 논의를 전면

---

2 *Ibid*.
3 *Ibid*., 187-188.
4 Richard P. McBrien, *The Church*, 14.
5 Johannes Weiss, *Jesus's Proclamation of the Kingdom of God*(Philadephia: Fortress, 1971).
6 *Ibid*., 133-134.

적으로 수정한 신학적 출발일 뿐 아니라, 성서신학의 주제를 하나님 나라 사상으로 재설정한 역사적 계기가 되었다.

윌리스(Wendell Willis)는 바이스의 사상을 여섯 가지 특징으로 요약하여 설명한다. 첫째 바이스가 이해한 예수의 하나님 나라는 철저하게 초월적(transcendent)이고 초자연적(supramundane)이었다는 것이다. 이는 내재적이고 내면적인 진보주의의 차원을 근본적으로 수정하는 것이었다. 둘째 하나님 나라는 전적으로 미래적이었기에, 그 어떤 방법으로도 현재일 수 없다는 것이다.7 셋째 예수는 하나님 나라의 창시자(founder)도 아니고 개시자(inaugurate)도 아니라 하나님이 그의 나라를 실현하기를 기다렸을 뿐이라는 것이다. 넷째 하나님 나라는 예수 제자들의 모임과 동일시될 수 없다는 것이다. 다섯째 하나님 나라는 성장이나 발전에서 오는 것이 아니라, '하나님의 손'에 의하여 임한다는(come) 것이다. 그리고 여섯째 하나님 나라의 윤리는 엄밀히 말해서 '부정적'이며 '세계 부정적'이라는 것이다.8 바이스가 이해한 하나님 나라는 철저하게 '객관적'이고, '초월적'이며, '신적'이고 또한 '미래적'이었다.

바이스의 후예이며 동시에 바이스와 함께 미래적 종말론에 속하는 슈바이처는 바이스의 사상을 근거로 칸트의 도덕주의를 비판하고 나섰다. 음악가요, 철학자요, 의사요, 신학자였던 슈바이처는 『하나님 나라의 신비』(*The Mystery of the Kingdom of God*),9 『역사적 예수의 모색』(*The Quest of the Historical Jesus*)10을 통하여 합리주의와 자유주의 신학의 허구성을 들고 나왔다.

"합리주의적이고 자유주의적인 신학이 내세운 기독교의 역사성은 존재하지 않

---

7 Wendell Willis, "The Discovery of the Eschatological Kingdom: Johannes Weiss & Schweizer", *The Kingdom of God in 20th Century Interpretation*, ed. by Wendell Willis, 4.
8 *Ibid*.
9 Albert Schweitzer, *The Mystery of the Kingdom of God*(New York: Schocken, 1914).
10 Albert Schweitzer, *The Quest of the Historical Jesus*(New York: The MacMillan Co., 1961).

는다. 왜냐하면 현대 신학자들은 그들이 발견한 역사적 방법(historical method)을 과신하고 있으며, 그 방법으로 예수를 현대 속에 증명하려고 하는데, 그러한 예수는 존재하지 않는다. 예수는 역사적으로 알려지는 분이 아니다. 예수는 인간들 속에 영적으로 사시면서 오늘에 알려지며 그 영만이 세계를 극복할 수 있기 때문이다.

많은 사람은 종말론적 논의가 예수의 말씀을 소멸케 한다고 두려워하나,… 예수의 말씀은 종말론적 세계관에 근거하고 있었다는 사실을 기억해야 할 것이다.… 예수는 교사도 통치자도 아니다. 메시아, 인자, 하나님의 아들 등의 호칭은 역사적 비유일 뿐이다. 예수는 알려지지 않는 분으로서 우리에게 오셨다. 갈등과 고난 그리고 신비 속에서 사람들은 그가 진정 누구인지를 경험할 것이다.…"11

이상의 인용은 합리주의적 역사 방법으로 예수를 유인화해 온 자유주의 신학에 대한 저항이며, 영적이고도 종말론적 해석을 대안으로 제시하려는 슈바이처의 의도이다.

바이스와 슈바이처 연구에 관한 전문가로 알려진 윌리스는 슈바이처의 또 다른 저서 『하나님 나라의 신비』에 나타난 사상을 중심으로 바이스와 슈바이처의 사상을 비교하고 있다. 슈바이처는 『하나님 나라에 관한 예수의 선포』에서 제시된 요하네스 바이스의 6가지 하나님 나라 특징에 대해 전적으로 동의하고 있다.12 하나님 나라는 성장하거나 도덕적 성취의 그 어떤 결과도 아니라는 사실을 분명히 하고 있다. 그리고 두 사람은 자유주의 신학이 제기한 중간 윤리(interim ethics)는 도덕적 규범이 아니라 하나님 나라의 선포와 회개를 촉구한 예수의 모티프에서 해석되어야 한다는 것이다. 두 사람은 예수의 '인자'(Son of man)란 역사적 상징이 아니라 "묵시문학적… 심판하실 이의 모습"이며 동시에 "장차 되실 인자"라는 미래상으로 이해되어야 한다는 해석에도 동의하고 있다. 다만 바이스는 이를

---

11 *Ibid.*, 398-403.
12 Wendell Willis, "The Discovery of the Eschatological Kingdom", 1.

전적으로 미래적 시상으로 보지만 슈바이처는 예수가 자신을 계시하신 사람들에게는 비밀리에 알려졌다고 봤다.[13]

그러나 바이스와 슈바이처의 차이점은 신약성서를 어느 관점에서 보았는가에서 드러난다. 바이스는 하나님 나라를 예수의 교훈에서 보았는데, 슈바이처는 하나님 나라를 예수의 사역과 그의 전 생애에서 보았다. 세례 요한과 예수와의 관계에 대하여, 바이스는 하나님 나라를 선포했다는 이유로 동일 선상에서 보려한 반면에 슈바이처는 예수는 오고 있는 하나님 나라를 선포하고 세례 요한은 길잡이(forerunner)였다는 데서 예수와 요한은 구분되어야 한다고 보았다. 예수의 죽음에 관하여, 바이스는 예수야말로 민족의 실패를 대속하고 그들을 회개시키기 위하여 죽으셨다고 보는 반면에, 슈바이처는 예수의 죽음은 회개를 위한 소극적 행위가 아니라 스스로 몸값을 치르심으로 인류를 구원하기 위해 고난을 받으신 적극적 행위로 해석한다.[14] 바이스와 슈바이처 사이의 몇 가지 차이에도, 두 사람은 크게 합리주의, 진보주의, 자유주의의 한계를 과감히 고발하고 성서에서 새로운 신학적 패러다임을 찾는 전환기를 마련하였다. 두 사람은 하나님 나라 사상에 대한 예리한 재해석뿐만 아니라, 역사 이해와 교회의 정체성을 재규명하는 데도 큰 공헌을 남긴 것으로 평가된다.

월리스와는 달리 가톨릭 신학자 맥브리엔은 바이스와 슈바이처 사이의 차이보다는 공통점을 극대화한다. 예수의 사역과 가르침은 대변동적 사건(cataclysmic event) 속에 임하는 하나님 나라의 사건으로 이해하면서 묵시문학적 종말론에 더 가까운 것으로 본다. 여기에는 논쟁의 여지가 남는다.[15] 그리고 맥브리엔은 바이스와 슈바이처의 미래적 종말론이 교회론에 미치는 신학적 의미에 대해서 중요한 해석을 더하고 있다.

바이스와 슈바이처의 후예인 베르너(Martin Werner)에게로 이어진 미래적 종말론은 교회나 공동체의 결성을 염두에 두지 않았을 것으로 해석

---

13 *Ibid.*, 7.
14 *Ibid.*, 8-10.
15 Richard P. McBrien, *Church*, 14.

한다. 임박한 하나님 나라의 도래는 세계 질서를 곧 무너뜨릴 것이라는 이 유에서 예수는 그 어떤 지상 공동체도 필요하지 않았을 것이다. 메시아 공동체는 하나님 나라의 도래 이후에만 가능하다고 믿었다. 그 메시아 공동체는 오늘의 종교적·교권적 형태의 교회와는 동일시될 수 없었다. 그 이유는 초대 교회가 하나님 나라의 지연을 인식하면서부터 비종말론화 (deeschatologization)하였기 때문이다. 타협을 거치면서 초대 교회는 점차 교권화했던 것이다.16 미래적 종말론에서 보면 지상의 공동체는 하나님 나라 도래 이후의 메시아적 공동체 안에 있을 뿐이었다. 시상의 모든 교회는 비종말론화된, 세상과 타협하여 만들어 낸 교권적 교회일 뿐이라는 것이다. 이러한 교권적 교회는 예수의 의도와는 전혀 무관한 역사적 산물로 남게 된다.

20세기에 등장한 하나님 나라 사상 두 번째 범주는 '실현된 종말론'(realized eschatology)이다.17 실현된 종말론은 다드(C. H. Dodd)에 의하여 제창되었으며, 미래적 종말론과는 정반대되는 극단적 사상으로 등단하였다. 다드의 연구가인 하이어스(Ricahrd H. Hiers, Jr.)는 다드가 처음부터 실현된 종말론을 주장한 것은 아니었다는 전제에서 출발한다. 오히려 다드의 초기 사상은 미래적 종말론에 근접해 있었다는 것이다. 예수는 "하나님 나라가 가까웠으니…", 즉 오고 있는 나라를 선포함으로 하나님 나라는 오고 있는 미래적 사건으로 이해했다는 것이다.18 이것은 바이스와 슈바이처로 온 신학적 영향이었다.

그러나 하르나크(Harnack)의 영향을 받기 시작하면서, 다드는 하나님 나라는 미래적 대변동의 사건이며, 동시에 하나님 나라는 인간들의 가슴 속에 임재하고 있다는 사상으로 전환하기 시작하였다. 그래서 다드는 예수의 종말론을 '미래적'이면서도 동시에 '현재적'이라는 양면으로 접근하

---

16 *Ibid.*, 15.
17 *Ibid.*, 16.
18 Richard H. Hiers, Jr., "Pivotal Reactions to the Eschatological Interpretation: R. Bultmann and C. H. Dodd", *The Kingdom of God in 20th Century Interpretation*, ed. Wendell Willis, 16-17.

기 시작하였다.[19] 그러나 다드는 이러한 접근에 만족할 수 없었고 미래적 종말론에 대해 질문을 던지기 시작하였다. 그리하여 미래적 종말론은 중간 윤리 혹은 잠정적 윤리(interim ethics)를 필연적인 것으로 강요하고 있으며, 결국 중간 윤리란 예수의 가르침과 그 권위를 축소시키는 위험을 동반한다는 결론에 이른다.[20]

여기서 다드는 과감한 전환을 시도한다. 그것은 실현된 종말론이었으며, 그 근거는 예수가 선포한 하나님 나라, 인자 그리고 심판이 이미 예수의 때에 실현되었기 때문이라는 것이다. 하나님 나라는 예수 시대에 이미 현재화(present)되고 실현되었다는 것이다. 특히 1935년에 강연하고, 1961년에 출간한 셰이퍼 강연 『하나님 나라의 비유』(The Parables of the Kingdom)[21]에서 다드는 마태복음 12:28의 "… 하나님 나라가 이미 너희에게 임하였느니라"와 누가복음 11:20의 "… 귀신을 쫓아내는 것이면 하나님의 나라가 이미 너희에게 임하였느니라"를 근거로 하나님 나라는 귀신을 내쫓는 예수의 사역에서 실현되었다고 주장하였다.

그러나 다드의 극단적 해석은 비판을 불러일으켰으며, 특히 성경 본문 중에서 실현된 하나님 나라에 해당하는 구절만을 선정하고 미래론에 해당하는 구절들을 의도적으로 배제시켰다는 비판을 받기에 이르렀다.[22] 다드는 그의 후기 작품들을 통해 수정된 입장을 취하였으나, 그의 핵심적 사상은 변하지 아니한 것으로 알려지고 있다.

실현된 종말론에서 보는 교회는 어떤 모습일까? 맥브리엔은 여기서 중요한 신학적 단서를 제시한다. 교회는 '과거'의 사건의 빛에서 오늘을 해석하는 기관(agency)으로 정의될 수밖에 없다는 것이다. 교회는 실현된 하나님 나라의 성례전, 통치 구조 그리고 예배를 실천함으로 예수가 이미 실현한 결단의 시간을 개개인의 경험 속에 설교하는 일만을 하게 된다는 것이

---

19 Ibid., 18.
20 Ibid.
21 C. H. Dodd, The Parables of the Kingdom(NY: Charles Scribner's, 1961).
22 Richard H. Hiers, Jr., "Pivotal Reactions to the Eschatological Interpretation", 18.

다. 교회는 "때가 찼고 하나님 나라가 왔으니…, 회개하고 복음을 믿으라"는 메시지 외에 다른 할 말이 없게 된다는 것이다. 맥브리엔에 따르면 오늘날 다드의 주석적 방법을 따라 교회론을 보는 사람은 없다고 한다. 이러한 방법은 교회를 항상 실현된 하나님 나라라는 과거형으로 규정 짓게 한다고 본다. 동시에 해석학의 문제를 노출시켰다고 보았다. 여기서 미래는 완전히 사라져 버리고 만다.[23] 미래적 종말론이 사실상 역사적 교회의 의미를 퇴색시켰다면, 실현된 종말론은 교회의 존재와 사명을 '과거'라는 시상 속에 묶어 두는 약점을 지니고 있다.

20세기에 등장한 하나님 나라 사상의 세 번째 범주를 맥브리엔은 '실존주의 종말론'(existentialist eschatology)이라고 불렀다. 이는 불트만(Rudolf Bultmann)에 의하여 대변되었다.[24] 불트만은 그의 주저인『신약신학』(Theology of the New Testament)[25]에서 예수가 선포한 '종말론적 메시지'(eschatological message)를 강조하였다. 그리고 그 중심 주제는 '하나님의 통치'(the Reign of God)가 있음을 강조하였다.[26] 하나님의 통치는 "이미 경험되고 있는… 직각으로 다가오는 침입이며, 세상의 모든 사탄의 세력을 꺾고…, 약속을 기다리는 하나님의 백성에게 구원을 가져다준다"라고 한다. 하나님의 통치는 인간의 도움 없이 하나님이 성취하는 기적적 사건이다.[27] 이 같은 신학적 입장은 분명히 19세기 진보주의에 대한 비판과 함께 하나님의 통치 사상을 불트만의 신학 중심의 과제로 부상시켰다.[28]

그러나 불트만의 종말론적 사상이 점차 실존주의 색채로 심화되어 간 것은 1955년 에든버러 대학에서 실시한 그의 기퍼드 강좌(Gifford Lectures)

---

23 Richard P. McBrien, *Church*, 16-17.
24 *Ibid.*, 17.
25 Rudolf Bultmann, *Theology of the New Testament*(New York: Charles Scribner's Sons, 1955).
26 *Ibid.*, 4.
27 *Ibid.*
28 Paul Minear, "Rudolf Bultmann's Interpretation of New Testament Eschatology", *The Theology of Rudolf Bultmann*, ed. by Charles W. Kegley(New York: Harper& Row, 1966), 65.

가 책으로 출판되기 시작하면서부터였다. 불트만은 『역사와 종말론』(History and Eschatology)[29]에서 기본적으로 고대 그리스 사상의 '우주론'(cosmology)과 이에 대치되는 '역사적 확실성'(historicity)을 대비하는 개념에서 전개한다. 불트만이 이해한 고대 그리스 사상은 자연과 계절 그리고 자연의 진행과의 순환적 상관관계에서 형성된다고 보았다. 고대 그리스의 종말론은 자연의 법칙과 우주적 조화 속에 함몰되어 버렸다는 것이다.[30]

여기서 불트만은 고대 그리스의 우주론적 종말론을 단호히 거부한다. 그 이유는 고대 그리스 철학은 역사를 인간이 미래를 향해 결단하는 책임의 영역으로 보지 않고 자연 질서에 의하여 결정되는 운명적 과정으로 보기 때문이며 여기서 인간은 개성과 역사성 모두가 말살된다고 보았기 때문이다.[31] 고대 그리스의 우주론에 반하여 불트만은 성서의 역사성을 제시한다. 고대 이스라엘 백성은 역사와 자연 속에 내재하는 힘보다는 하나님의 창조와 그의 경륜 그리고 그가 이끄시는 역사의 진행에서 역사의 의미와 미래를 경험했다는 것이다.[32] 결국, 역사적 상황은 하나님의 백성으로 하여금 미래에 대한 책임을 지도록 촉구하는 부르심의 순간들인 것이다. "이 부르심은 과거에 대한 비판적 자기 이해를 불러일으키며, 동시에 현재를 변화하는 미래에 대한 소망을 불러일으킨다"는 것이다.[33]

불트만의 종말론은 예수의 선포에서 그 절정적 계기를 찾는다. 그는 예수가 선포한 하나님의 통치는 종말론적 통치(eschatological reign)라고 한 많은 학자의 견해에 동의한다. 그러나 불트만은 그 하나님의 통치가 '오고 있는' 것이냐?(미래적 종말론: 바이스와 슈바이처) 혹은 '이미 그의 인격 속에서 실현된' 것이냐?(실현된 종말론: 다드)라는 시상(tense)에 머무는 학자들의 견해에는 반대한다. 예수는 그의 때를 결단의 시간(the time of decision)으로 보

---

29 Rudolf Bultmann, *History and Eschatology*(New York: Harper& Brothers, 1957).
30 *Ibid*., 15-16.
31 Paul Minear, "Rudolf Bultmann's Interpretation of New Testament Eschatology", 68.
32 Rudolf Bultmann, *History and Eschatology*, 18.
33 *Op. cit*., 68.

왔고, 특히 그의 말씀을 향한 사람들의 결단의 시간이었다는 사실을 들어 불트만은 결단을 종말론 해석의 핵심으로 도입한다.34 사람들에게 전한 예수의 말씀은 "그를 따르도록 개개인을 부르는데" 핵심이 있었다는 것이다.

여기서 불트만의 종말론은 인간 하나하나가 이것을 궁극적인 결단으로 하는 순간이야말로 '종말론적'이 된다는 것이다. '실존주의적 종말론'이라 한다. 여기서 불트만은 바이스와 슈바이처가 제시한 하나님 나라의 미래와 다드가 제시한 하나님 나라의 과거를 비신격화하고 하나하나를 인간 실존과 결단의 가능성으로 전이한다.35

그렇다면 불트만의 종말론은 교회론과 어떤 관계를 갖고 있는가? 불트만은 예수의 죽음 이후의 처음 교회는 그들 자신을 '종말론적 회중'(eschatological congregation)으로 보았다는 사실을 강조한다. 특히 12제자에 의하여 대변되는 작은 소수에게 예수는 그의 나라를 주시기로 약속하였다는 사실(눅 12:32)을 강조한다. 그들은 사도들이 아니라 '종말론적인 대리 통치자'(eschatological regent)였다고 불트만은 이해했다.36 제자들은 예루살렘을 하나님 통치의 중심으로 받아들였다. 그러나 하나님 나라의 도래가 지연되면서, 교회는 그 자체의 역사에 관심을 가지기 시작하였다. 교회는 그들 자신이 더이상 종말론적 회중이 아니며 사도들에 의하여 설립되었다고 주장하였고 감독들은 사도들의 계승자임을 주장하기 시작했다.37 여기서 교회는 점차 성례전적 교회로 바뀌었으며 종말론적 관심은 사라져 갔다.38 슈바이처와 함께 불트만은 이를 교회의 '비종말론화'(de-eschatologize)라고 하였다. 교회는 결국 성례전적 교회로 변신하였고 하나님 나라가 아닌 말씀의 선포(설교) 앞에선 사람들은 자기 실존을 위한 결단을 하는 상황으로 왔다는 것이다.39

---

34 Rudolf Bultmann, *History and Eschatology*, 32.
35 Richard P. McBrien, *Church*, 17.
36 Rudolf Bultmann, *Theology of the New Testament*, vol. I, 37.
37 Rudolf Bultmann, *History and Eschatology*, 56.
38 *Ibid.*, 54.
39 Richard P. McBrien, *Church*, 18.

여기서 미래적 종말론과 실현된 종말론의 양극을 수정하는 제3의 해석으로 나타난 불트만의 실존주의적 종말론이 남긴 공헌은 '역사성'의 회복에 있다고 볼 수 있다. 그러나 그는 그 역사성을 '지금', '순간'이라는 결단의 순간으로 제한함으로 '현재주의'에 빠지고 말았다. 교회론마저 인간실존의 결단을 위한 자리 이상을 넘지 못하는 한계를 드러내 주었다. 결국, 불트만의 종말론은 하나님의 통치와 교회 사이의 관계를 해명하는 신학적 작업에서 약점을 드러낸 것으로 보였다.

20세기에 나타난 하나님 나라 사상의 네 번째 범주는 '구속사적 종말론'(salvation-history eschatology)이다. 여기에는 쿨만(Oscar Cullmann), 예레미아스(Joachim Jeremias), 슈나켄부르크(Rudolph Schnackenburg), 큄멜(Werner Georg Kümmel) 등이 속한다.[40] 물론 구속사적 종말론은 2000년 동안 진행되어 온 신학 사상 속에 그 뿌리를 두고 있다. 보이즈(Mary C. Boys)는 구속사의 신학은 리옹의 이레니우스(Irenaeus of Lyons)에서 시작하여 아우구스티누스(St. Augustine)를 거쳐 콕세이우스(Johannes Cocceius), 벵엘(Johann A. Bengel), 칸트, 헤겔, 호프만(J. C. K. von Hofmann), 켈러(Martin Kahler), 폰 라트(von Rad) 그리고 쿨만(Oscar Cullmann)으로 이어져왔다는 역사적 근거를 제시한다.[41]

물론 구속사 사상은 19세기와 20세기에 이르러서야 하나의 학파적 성격을 띠었지만, 17세기에 콕세이우스는 구원사의 진보적 단계(progressive stages)를 설정함으로 학문적 기초를 놓았다고 한다. 그리고 구속사의 핵심적 사상은 19세기 호프만에 의하여 발전되었으며, 그것은 당시의 진보주의적 사상과 맥을 같이 하면서 진행되었다. 즉 "하나님은 역사 속에 진보적으로 계시되었다."(God is revealed progressively in history)인 것이다.[42] 진보적 구속사를 언급한 호프만의 사상은 "하나님은 역사 안에 계시하고", "그 계시는 연속되는 단계들을 통해 이어지는 진보적(progressive)

---

40 *Ibid.*, 19.
41 Mary C. Boys, *Biblical Interpretation in Religious Education*(Birmingham, Ala: Religious Education Press, 1980), 13-14.
42 *Ibid.*, 52.

과정이며", "신약이 구약을 완성한다는 의미에서 성경은 구속사의 기록이 며" 그리고 "예수 그리스도는 역사 속에서 하나님의 진보적 계시의 초점 (focal point)"이라는 점을 강조한다. 호프만에게서 그리스도는 구약을 성 취하고 또 완성하는 자로서 이해되고 있다.[43]

그러나 20세기에 들어서면서 구속사적 접근은 폰 라트(von Rad)에 의하 여 더욱 확대되었다. 그는 구속사적 관점이 구약과 이스라엘의 역사를 꿰 뚫는 해석학적 원리(hermaneutical principle)가 되었다고 해석했다.[44] 폰 라 트에게서 구속사는 구약의 중심 주제일 뿐만 아니라 구약과 신약을 이어 놓은 원초적 연결로 이해되었다.

구약의 구속사적 해석을 폰 라트가 시도했다면 신약의 구속사적 해석 은 쿨만에 의하여 가장 분명하고도 세련된 방법으로 진행되었다. 쿨만은 호프만이 내세운 구속의 연계를 구속의 선(redemptive line)이라는 이름으 로 바꾸어 설명한다. 이 구속의 선은 예수 그리스도 사건에서 출발점 (starting point)과 중심점(midpoint)을 찾는다. 예수 그리스도 안에서 구원의 역사는 '앞으로'(forward)와 '뒤로'(backward)의 양면성을 열어놓는다.[45] 그 리고 현재는 D-Day(예수의 사건)과 V-Day(종말) 사이에 있는 시간이며, 이는 '이미'(already)와 '아직은 아닌'(not yet)의 시간이라고 정의한다.[46]

구속사적 종말론은 세계 제2차 대전이 끝난 이후에도 강력한 흐름으로 지속되었고, 특히 큄멜(Werner Georg Kümmel)과 래드(G. Ladd)에 의하여 보완됐다. 큄멜에 따르면, 하나님 나라 도래에 대한 예수의 선언에서는 "가까이 오고 있다"라는 '미래적 대망'과 공관복음서에서 증언된 "종말의 때, 심판의 날이 이미 실현되고 있다"라는 '현재성'이 동시에 강조되고 있 다.[47] 여기서 큄멜은 하나님 나라란 현재와 미래 사이의 상호 교차

---

43 *Ibid.*
44 *Ibid.*, 53.
45 *Ibid.*, 39.
46 *Ibid.*, 40.
47 Elden Jay Epp, "Mediating Approaches to the Kingdom: Werner G. Kümmel and George E. Ladd", *The Kingdom of God in 20th Ceuntury Interpretation*, 35-40.

(interplay) 속에서 다가오는 것으로 해석한다. 약속이라는 미래가 이미 어떤 형태로 성취되고 있다는 것이다. 이처럼 큄멜의 해석은 미래적 종말론, 실현된 종말론, 현재적 종말론이 가지는 있는 스테노(steno)적 단순성과 약점을 수정해 보려는 텐시브(tensive)의 접근으로 볼 수 있다. 제한된 시간 안에 실현되고 있는 종말의 근접(promixity)은 장차 완성될 종말을 이미 예수 자신 안에서 사실상 실현되고 있다는 사실을 표현하는 언어로 사용하였다.48 결국, 큄멜은 하나님 나라의 임박성(imminence)과 하나님 나라의 현재성(presence)의 양면이 이미 예수의 선포 가운데 함께 있었다고 풀이한다.49

큄멜에 이어 래드는 그의 여러 저서를 통해 성취(fulfillment)와 완성(consummation)이라는 양면성을 가지고 하나님 나라의 역사 방법을 제시한다. 래드는 『미래의 현존』(The Presence of the Future)50에서 묵시문학적 종말론(apocalyptic eschatology)을 세 가지 이유를 들어 비판하고 있다. 첫째로 묵시문학은 예언자들을 통해 말씀하시는 살아 있는 주의 말씀을 단순한 계시나 환상으로 대치하였고, 둘째로 묵시문학은 역사와 종말론 사이의 긴장을 포기함으로 하나님이 현재적인 구속적 활동을 정지한 것으로 만들었으며, 셋째로 묵시문학은 종말을 구원의 보장으로 전락시킴으로 역사 속에서 하나님의 백성이 하나님의 뜻과 씨름해야 하는 윤리성을 약화했다는 것이다. 이것은 묵시문학적 종말론이 가지고 있는 결정적 취약점이며 대부분 종말론과 역사를 분리시킨 데서 오게 된 결과였다. 래드는 이 문제를 예리하게 지적했다.51 묵시문학과는 달리 성서의 종말론은 언제나 두 개의 순간(moments)에서 하나님 나라를 이해하게 된다. 그 하나는 구약의 약속 성취로서 예수의 사역과 다른 하나는 역사의 완성으로서 새 시대

---

48 *Ibid*.
49 Werner G. Kümmel, *The Theology of the New Testament*(Nashville: Abingdon Press, 1973), 32-39. 그리고 *Promise and Fulfillment*(London: SCM Press, 1957)을 참조 바람.
50 George E. Ladd, *The Presence of the Future*(Grand Rapids: William B. Eerdmans Publishing Co., 1974).
51 *Ibid*., 80-95.

의 도래이다. 하나님 나라는 이미 예수 그리스도의 사역에서 이루어졌고, 하나님 구속적 통치는 인간들 속에서, 역사 속에서 수립되었다. 이는 악을 이기고 인간을 구원하는 하나님의 통치라는 것이다.

구속사적 종말론은 그 접근의 다양성에도 하나님 나라 사상을 균형 있게 풀이한 해석으로 평가한다. 그 이유는 구속사적 접근은 과거 · 현재 · 미래라는 세 시상(tense)을 동시에 수용하기 때문이다. 하나님 나라는 예수 안에서 역사 속에 결정적으로 돌입52했기에 하나님 나라는 '이미'(already, 성취)와 '아직은 아닌'(not yet, 미래 약속) 사이의 긴상을 그 초점으로 삼고 있다.

그렇다면 구속사적 종말론에서 보는 교회의 존재 이유는 어떻게 정의되는가? 교회는 엄밀한 의미에서 십자가와 재림 사이의 시간 혹은 중간기 (between times)에 존재한다.53 이 중간기는 하나님 나라의 성장과 확장의 기간으로 해석한다. 중간기에 있는 교회는 하나님 나라의 도래를 선포하며 부활에서 약속된 소망이 장차 완성될 것을 증언하기 위해 존재한다.54 그리하여 구속사적 종말론은 교회를 잠정적 공동체로 규정하며 선포적 교회로 정의한다. 이것은 교회의 존재를 새롭게 정의하는 신학적 패러다임으로 등장했지만, 구속사적 종말은 '역사'와 '선교'(diakonia)에 대한 신학적 논거는 다소 취약한 것으로 나타났다.55

2. 역사 종말론 혹은 예시적 종말론

맥브리엔은 미래의 종말론적 틀은 구속사적 종말론과 예시적 종말론 (proleptic eschatology)의 종합에 있음을 강력히 피력한다.56 예시적 종말론은 '희망의 신학'으로 대변되는 몰트만(Jürgen Moltmann)에 의하여 제시된

---

52 Richard P. McBrien, *Church*, 19.
53 Mary C. Boys, *Biblical Interpretation in Religious Education*, 195.
54 *Ibid*.
55 *Ibid*., 197-199.
56 Richard P. McBrien, *Church*, 19.

사상이다. 이는 구속사적 종말론의 한 변형(variation)이라고 할 수 있으며, 구속사적 종말론보다 미래를 더 강조한다는 측면에서 그 차이점이 드러날 뿐이다.[57]

그러나 저자는 맥브리엔의 신학적 해석과 입장을 달리한다. 미래에 대한 몰트만의 강조만이 예시적 종말론을 구속사적 종말론으로부터 구별하는 유일한 요소는 아니라고 보기 때문이다. 하나님 나라의 빛에서 보는 몰트만은 '역사' 이해와 '교회' 이해에 있어서도 질적으로 구속사적 종말론과는 다른 해석을 시도하고 있기 때문이다. 바로 이러한 이유에서 본 저자는 맥브리엔이 명명한 예시적 종말론을 '역사 종말론'(historical eschatology)으로 바꾸어 지칭하고자 한다. 그러나 역사 종말론을 논하기 위해 역사적으로 존재해 온 종말론 사상들을 다시 평가해야 했다.

앞서 논의한 성서와 역사에 출현했던 종말론적 사상들은 크게 일곱 가지의 범주로 요약 평가할 수 있을 것이다. 첫째로 유형의 종말론은 '묵시문학적 종말론'(apocalyptic eschatology)이었다. 재세례파(Anabaptist)에 의하여 표출된 묵시문학적 종말론은 역사뿐만 아니라 교회 특히 로마가톨릭교회와 루터의 종교개혁마저 타락했다는 이유로 거부하였다. 그리고 폭력에 의한 종말을 정당화하고 촉진하기까지 하였다. 놀랍게도 신학적으로는 20세기 초, 당시 진보주의(progressivism) 사상에 저항한 바이스(Weiss)와 슈바이처(Schweitzer)에 의하여 묵시문학적 종말론이 재현되었다. 장차 임할 하나님 나라는 인간의 그 어떤 성취로 실현되는 것이 아니라 하나님의 나라는 전적으로 하나님의 손에 의하여 임하는 것이라고 주장했기 때문이다. 심지어 비비아노(Benedict Viviano)는 예수가 선포한 Basileia Tou Theou를 하나님의 급격한 역사 개입으로, 역사의 심판으로, 동시에 평화와 정의를 실현하는 하나님의 주권으로 해석함으로 묵시문학적 종말론을 변호하기도 하였다.

묵시문학적 종말론의 강점은 하나님 나라의 하나님 나라의 초월성과

---

57 *Ibid.*

객관성 그리고 초자연성에 있었다. 그러나 묵시문학적 종말론은 기독론이 배제되고(특히 예수 그리스도의 말씀, 기적, 십자가와 부활 그리고 승천에서 약속한 재림), 역사 이해의 결여되었으며, 교회의 존재 이유는 사라져 버린 약점들을 드러내고 있다.

두 번째 유형의 종말론은 '영적-신비적 종말론'(spiritual-mystical eschatology)이었다. 오리게네스(Origen)과 하르나크(Harnack)에 의해 대변되는 이 종말론은 하나님 나라는 "너희 안에…"라는 구절 하나만을 들어 하나님 나라의 임재 자리를 인간들의 내년적 영혼과 영적 선을 이루는 명상에서 찾았다. 묵시문학적 종말론이 초월적이고 타계적이며 객관적이었다면 영적-신비적 종말론은 내면화하고 신비화하였으며 개인화하였다고 본다. 결국, 영적-신비적 종말론은 묵시문학적 종말론과는 정반대의 입장에 서 있음에도 동일한 비판을 면하기 어려울 것이다. 이 종말론 사상에는 그리스도 사건도, 역사와 교회가 들어올 자리도 없기 때문이다.

세 번째 유형의 종말론은 '정치적 종말론'(political eschatology)이었다. 여기에는 에우세비오(Eusebius)와 부서(Martin Bucer)가 속한다고 볼 수 있다. 그러나 두 사람 사이에는 질적으로 다른 사상이 상반적으로 대치해 있다. 에우세비오는 콘스탄티누스 황제를 예언이 성취된 인자의 임재라고 보았으며 신성 로마 제국을 실현된 하나님 나라와 동일시함으로 정치적 종말론을 시도하였다. 반대로 부서는 하나님 나라를 인간의 삶과 기독교 사회 실현의 청사진이라고 보았다.

정치적 종말론은 19세기 자유주의 신학이 제시한 유토피아적 종말론과 특별히 20세기 미국에서 등장한 사회복음 운동과 사상적 맥을 같이한다고 볼 수 있다. 현실과 역사 긍정이라는 사상적 공헌에도, 정치적 종말론은 하나님 나라의 초월성과 하나님의 주권성을 약화시키고, 그 자리에 인간과 제도의 우월을 대치하는 위험성을 안고 있다. 물론 기독론도, 성령론도, 교회론도 여기서는 불필요한 교리로 전락되어버린다.

네 번째 유형의 종말론은 '교회론적 종말론'(ecclesial eschatology)이었다. 이는 어느 정도 아우구스티누스(St. Augustine)에게서, 그러나 결정적으로는 아퀴나스(Thomas Aquinas)에 의하여 제창되었으며, 로마가톨릭교회에 의해 공식적으로 수용되었다. 아우구스티누스가 하나님 나라와 교회를 어떤 형식으로 동일시했느냐에 대한 논의는 확실한 결론에 이르지 못하지만 후대 사상가들이(특히 중세에 이르러) 하나님 나라와 교회를 동일시하고 교회 제도를 신격화(apotheosis)하기 위해 아우구스티누스의 사상을 자주 인용했다는 사실에서, 아우구스티누스도 이 범주로부터 전적으로 예외는 아니었다.[58]

교회론적 종말론은 사실상 그리스도 사건도, 역사도, 종말에 대한 소망마저도 제도화하는 위험성을 노출시켜 왔다. 이는 로마가톨릭교회만이 가지고 있는 약점이 아니라, '교회 성장학파'가 주장해 온 잘못이라 본다. 두 형태는 모두 제도를 절대화할 뿐만 아니라 제도를 척도로 하고, 하나님 나라와 그리스도 사건과 역사를 측정하려는 위험을 안고 있다.

종말론 사상의 다섯 번째 유형은 '진보주의적 종말론'(progressive eschatology)이었다. 여기에는 칸트, 헤겔, 리츨 그리고 자유주의 신학이 포함된다. 진보주의는 인간의 이성과 발전을 역사 발전의 척도로 삼았다. 결국, 하나님 나라는 계몽된 인간들이 세워가는 유토피아였다. 인간을 비관적으로 보아 온 전통적 신학에 대한 저항으로 등장한 진보주의는 과학의 발전과 세계 문명의 급진전에 기인하고 있었다. 그러나 진보주의적 종말론은 사실상 성서적 종말론을 퇴색시켰으며, 역사의 주역을 하나님 대신 인간으로 대치하였고, 교회를 하나의 교제 단체로 전락시키는 신학적 위기를 초래하였다.

여섯 번째 유형은 '실존주의적 종말론'(existentialist eschatology)이었다. 이는 불트만 신학의 상표(trade mark)와도 같은 것이었다. 바이스와 슈바이처의 미래적 종말론과 다드의 실현된 종말론의 양극을 초극하는 형식으로 나타난 불트만의 종말론은 현재의 결단과 그 결단에서만 실현되는 참 자

---

58 Isaac C. Rottenberg, *The Promise and the Presence*(Grand Rapids, Michigan: William B. Eerdmans, 1980), 64-65.

아의 실현에 초점을 둔다. 그러나 "그가 말하는 역사성(historicity)은 무엇이며, 하나님 나라의 객관성과 초월성 그리고 역사와 교회의 공동체성은 어디로 향하고 있는가?"라는 질문을 남겼다.

이상의 여섯 범주의 종말론 사상들은 나름대로 신학적 논거와 타당성을 모색하여 온 것은 높이 평가될 수 있다. 그러나 문제는 이상의 모든 종말론은 하나님 나라의 성격, 그리스도 사건과의 관계, 하나님 나라와 역사와의 관계 그리고 하나님 나라와 교회와의 관계를 외면했거나 왜곡시켜온 한계들을 노출시켰다는 데 있다. 하나님 나라를 논하면서 역사를 외면하기도 했고(묵시문학적, 영적-신비적 해석), 하나님 나라를 논하면서 제도를 앞세우기도 했으며, 또한 시상(tense: 과거, 현재, 미래)에 매여 하나님 나라를 분해하거나 무의미한 실재로 전락시키기도 했기 때문이다. 이상의 종말론 사상들의 많은 경우 페린(Norman Perrin)이 구분한 방법 중 하나인 스테노(steno) 방법을 사용함으로 하나님 나라 사상을 올바로 포착하지 못한 것으로 본다.

이제 필자는 역사적 종말론으로 들어가기 전 일곱 번째 유형으로 나타난 '구속사적 종말론'에 관한 비판적 논평을 시도하고자 한다. 맥브리엔(McBrien)은 구속사적 종말론이야말로 다른 유형과는 달리 가장 균형 있는 해석이라 평가하고 있으며, 과거·현재·미래 그 어느 하나의 시상에만 중점을 두지 않고, 이 셋을 모두 포괄하고 있다는 점을 들어 구속사적 종말론을 높이 평가하고 있다. 하나님 나라는 예수 그리스도 안에서 역사 속에 결정적으로 돌입했으며,[59] D-Day와 V-Day 사이의 중간기는 하나님 나라를 증언해야 할 교회의 때로 해석하였다. 특히 예수 사건의 D-Day와 V-Day라는 제2 재림(parousia) 사이의 긴장을 '성취'(fulfillment)와 '약속'(promise) 혹은 '완성'(consummation)으로 해석한 것은 기존의 종말론 사상들을 넘어선 새로운 해석임에 틀림이 없다.

그러나 필자는 예시적 종말론(proleptic eschatology)을 구속사적 종말론

---

59 Richard P. McBrien, *Church*, 19.

의 한 변형으로 보는 맥브리엔의 해석에 대해서 이의를 제기한다. 두 종말론 사이에는 많은 유사점이 내재하고 있음에도 이 두 종말론, 구속사적 종말론과 예시적 종말론(역사 종말론)을 한 범주에 넣을 수 없다고 보기 때문이다. 그것은 시상(tense)에 관한 문제에서 드러난다. 구속사적 종말론은 예수 사건을 구약의 성취(fulfillment)와 하나님 나라의 시작(D-Day)으로, 재림(Parousia)을 완성(consummation)으로 해석한다. 문제는 과거 · 미래 · 현재라는 시상을 연대적 역설(chronological paradox)로 풀이하는 데 있다.

그러나 '예시적 종말론' 혹은 '역사적 종말론'은 예수 그리스도의 십자가와 부활(과거)에서 이미 장차 오실 분이 오고 있다는(미래의 실현) 새로운 해석을 제시한다. 이와는 다르게 구속사적 종말론은 과거 · 미래 · 현재의 시상을 여전히 연대성(chronos)이라는 틀로 나열하고 해석함으로 하나님 나라 마치 진보하는 과정이라는 인상을 남기게 되었다. 이 비판은 두 번째로 이어진다. 구속사적 종말론은 D-Day와 V-Day 사이를 교회의 증언과 중간 윤리(interim ethics)의 때로 규정함으로 하나님 나라의 역사 개입과 진행을 사실상 교회와 인간에게 위임한 것 같은 인상을 남긴다. 역사는 하나님 없는, 그래서 정적(static) 진행이 남아있는 것으로 평가되기 때문이다.

3. 역사 종말론의 신학적 논거

그렇다면 역사 종말론의 신학적 논거는 무엇인가?

종말론이 20세기 성서신학 특히 신약 신학의 주제로 부각하여 열띤 논쟁이 계속되는 동안, 신학적 종말론의 관심은 점차 조직신학의 영역으로도 확산해 갔다. 그것은 바르트가 『로마서 강해』(The Epistle to the Romans)에서[60] 자유주의 · 도덕주의적 신학을 거부하고 성서적 종말론을 제시한

---

60 Karl Barth, *The Epistle to the Romans*(London, New York: Oxford University Press, 1933).

데서 연유되었다. 그리고 로마 가톨릭 신학자 슈나켄베르크(Rudolph Sch-nackenburg)가 최초로 하나님 나라와 교회를 동일시해 온 신학적 전통을 깨뜨리고 하나님 나라의 우주성을 들고 나오기도 했다.[61] 그 후 개신교 신학에서는 틸리히(Paul Tillich), 리처드 니부어(Richard Niebuhr)가 하나님 나라 주제를 신학적 의제로 수용하였으며, 가톨릭 서클에서는 스힐레베이크스(Schillebeeckx)와 큉(Hans Küng)에 의하여 하나님 나라 사상이 신학의 쟁점으로 부상하였다.

그러나 하나님 나라 사상이 신학의 본격적인 주제로 부상한 것은 1960년대 특히 후기 바르트 시대라고 일컫는 신학의 혼란기 속에서 일어났다. 1963년 로빈슨(John A. T. Robinson)이 쓴『신에게 솔직히』(Honest to God)가 기폭제가 되어 발화된 신학의 난립은 '세속신학', '하나님 죽음의 신학', '해석학' 그리고 '진화론적 종말론' 같은 형태로 나타났다. 이러한 혼란기에 튀빙겐(Tübingen)의 젊은 학자 몰트만이 저술한『희망의 신학』(Theology of Hope)[62]은 1919년 바르트의『로마서 강해』못지 않게 신학 혁명의 계기가 되었다. '세속'의 문제가 신학의 첨예한 쟁점으로 부상했던 그 당시 몰트만은 '계시', '그리스도 사건', '종말론' 그리고 '역사'의 문제를 들고 나왔으며, 특별히 하나님 나라 사상을 중심 주제로부터 부각시켰다. 몰트만의 사상 형성에는 두 학자의 사상이 큰 영향력을 행사하였다. 종말론적 논의는 바르트로부터 왔으며, 역사의 희망과 해방의 논의는 블로흐(Ernest Bloch)로부터 온 것이었다.[63] 마르크스주의적 철학에 근거한 해방을 주장한 블로흐의 사상은 몰트만 뿐만 아니라 당시 많은 신학도에게 역사와 세속 문제에 대해 해답의 실마리를 제공하였다.

해방신학은 많은 경우에 성서적 메시지와 기독교 복음을 블로흐의 철학에서 해석하였는데 반해, 몰트만은 블로흐의 역사의식을 바르트의 신학에서 해석했다. 맥브리엔은 몰트만의 종말론을 '예시적 종말론'(proleptic

---

61 Benedict T. Viviano, *The Kingdom of God in History*, 135.
62 Jürgen Moltmann, *Theology of Hope* (New York: Harper & Row, 1967).
63 *Op. Cit.*, 140.

eschatology)이라고 명명하면서 그 특징을 '역사적 성격'(historical in charac-
ter)[64]에 두었다. 필자는 이를 '역사적 종말론'이라고 명명했다.

몰트만이 이해하고 또 해석하는 하나님 나라는 어떤 것인가? 몰트만은
무엇보다도 먼저 19세기 말의 바이스와 슈바이처의 미래 종말론은 당시
서유럽을 지배해 온 진화론적 종말론을 흔들어 놓았다고 보았다.[65] 특히
두 사람이 강조한 하나님 나라의 초월성은 세계 제1차 대전 이후 바르트의
『로마서 강해』, 종말론적 현재성을 강조한 불트만의 '실존적 종말론'은 20
세기 신학의 흐름을 바꾸어 놓은 역사적 사건이 되었다.[66]

그러나 몰트만은 깊은 영향을 받았으면서도 바르트의 '초월적 종말론'
과 불트만의 '실존적 종말론'을 비판하고 나섰다. 바르트는 하나님의 계시
적 초월성을 강조한 반면 불트만은 인간실존의 초월성을 강조했다고 이해
한다. 여기서 두 사람 모두 '초월적 종말론'을 주장하였다는 것이 문제라고
본다. 바르트에게서 계시는 하나님의 자기 계시였으며, 이 계시는 영원히
인간에게 다가오는 것으로만 이해하였다. 불트만에게서 계시는 궁극적으
로 인간의 자기 실존에 대한 자각이었다.[67] 결국, 바르트와 불트만의 종말
론에는 '약속'에 의한 미래가 없다는 것이다. 이 약속의 미래가 없는 종말
론은 두 사람의 종말론을 초월적(그것이 하나님의 초월성이든지 인간 실존의
초월성이든지 간에)으로 묶어두고 있다는 것이다. 바르트와 불트만의 종말
론은 마치 역사와 미래가 없는 묵시문학적 종말론의 한 유형으로 전락할
수 있다는 강한 암시를 제시한다는 것이다.[68] 바르트와 불트만에 대한 몰
트만의 비판이 논쟁의 대상이 될 수도 있으나, 몰트만의 비판은 타당성을
가진다고 볼 수 있다.

그러나 몰트만의 비판은 바르트와 몰트만의 종말론에만 머물지 않는
다. 구속사적 종말론과 우주사적 종말론도 비판의 대상이 되었다. 구속사

---

64 Richard P. McBrien, *Church*, 20.
65 Jürgen Moltmann, *Theology of Hope*, 37.
66 *Ibid*., 39-40.
67 *Ibid*., 40-46.
68 *Ibid*., 45-46.

적 종말론의 시작을 콕세이우스(J. Cocceius)에서 찾는 몰트만은 이 종말론의 특징은 계시의 역사적 의미와 세계사를 계시로 보려는 데 있다고 본다.[69] 구속사적 종말론은 예수 그리스도의 계시적 사건이야말로 하나님 나라의 최종적이고도 결정적인 순간이었다는데 그 강조점을 둔다. 그 하나님 나라는 창조와 타락에서 이미 시작된 원 역사(pre-history)에 뿌리를 두고 있다고 해석한다. 여기서 계시의 역사는 이미 계획된 구원의 틀을 따라 단계마다 발전한다는 일종의 진보성(progressiveness)을 지닌다.[70] 그런 의미에서 구속사적 종말론은 역사 속에서의 '진보적 계시'를 그 핵심으로 삼는다고 보았다.

여기서 몰트만이 문제 삼는 것은 계시성이나 계시의 진보성이 아니다. 오히려 구속사적 종말론은 구원의 종말론적 발전을 예수의 십자가와 부활 사건에서 보지 않는 것을 문제 삼는다.[71] 구속사적 종말론은 십자가와 부활 대신에 '교회의 타락' 혹은 '세계의 쇠퇴', '문화의 진보' 혹은 '지식의 발전'이라는 시대의 징조에서 종말론적 전개를 추구하고 있음을 비판한다.[72] 결국, 계시는 역사의 한 속성(predicate)으로 전락하였으며, 역사는 하나님을 대치하는 신화가 되었다고 몰트만은 비판한다.

이어 몰트만은 판넨베르크(W. Pannenberg)와 몇몇 신학자들에 의하여 제시된 우주론적 종말론에 대해서도 비판을 늦추지 않았다. 우주론적 종말론은 한 마디로, 하나님의 계시와 행동의 자리는 '순간'이나 '실존'이 아닌 '전 실재'(reality as a whole)라는 포괄적인 장(context)에서 논의되어야 한다고 보는 신학적 시도이다.[73] 1961년 판넨베르크는 그가 내놓은 『역사로서 계시』(Offenbarung als Geschichte)에서 하나님 논의를 존재라는 관점보다는 우주(cosmos) 혹은 전 실재(reality as a whole)라는 관점에서 하나님을 증명하려고 하였다.[74] 이는 말씀 안에 자기를 드러내는 하나님의 직접적

---

69 *Ibid.*, 69.
70 *Ibid.*, 70.
71 *Ibid.*, 71.
72 *Ibid.*
73 *Ibid.*, 76.

계시 '케리그마 신학'(말씀의 신학)을 정면으로 도전하는 것이다. 판넨베르크는 하나님은 역사 안에서 자신을 간접적 계시 방법으로 드러낸다고 해석한다. 여기서 역사는 하나님의 간접적 계시의 '장'이 된다. 역사란 완성된 것이 아니기에, 역사는 종말의 빛에서 보아야 하며, 이때 역사는 계시에 의해 인식 가능해진다.75 예수의 부활에서 역사의 종말은 앞질러 시작되었다(forestalled). 예수의 부활에서 모든 사람이 대망하는 것이 이미 일어났기 때문이다. "만일 부활이 '앞질러 시작한 것'(forestalling), '대망'(anticipation) 그리고 '우주적 종말의 예시'(prolepsis)라면 부활에서 하나님은 이미 모든 사람의 하나님이심을 간접적으로 계시하셨다"라는 것이다.76 여기서 하나님의 계시와 종말론은 언제나 '예시적'이고 '대망적' 성격을 가진다.

그러나 몰트만은 판넨베르크의 종말론 그 자체보다는, 그의 종말론의 근거가 된 고대 그리스적 우주 신학과 그것을 바탕으로 하는 우주사적 종말론이 문제라고 비판한다. 판넨베르크의 종말론에는 약속(promise)과 성취(fulfillment) 사이에 일어난 역사라는 구약의 기본 통찰마저 우주적 종말론의 이름으로 거부되었다고 비판한다.77 판넨베르크의 사고 구조는 고대 그리스적 우주론에 사로잡혀 있으며, 거기에 종말론적 논의를 덧붙인 것뿐이라고 비판한다.

바르트의 초월적 종말론, 불트만의 실존적 종말론, 구속사적 종말론이 암시하는 역사주의 그리고 판넨베르크에 의해 대변되는 우주사적 종말론을 신랄하게 비판하고 나선 몰트만은 그 대안으로 내놓은 자신의 종말론적 신학을 '역사의 신학'(theology of history)이라고 불렀다. 이는 그의 종말론적 논의의 근거가 된다.78

역사의 신학은 원초적으로 말씀의 신학과 전통의 신학으로부터 구분되지만 그렇지만 역사의 신학은 분리된 요소들인 '말씀', '말씀 사건', '해석'(말

---

74 *Ibid.*, 77.
75 *Ibid.*
76 *Ibid.*, 78-79.
77 *Ibid.*, 78-79.
78 *Ibid.*, 80.

씀 신학) 그리고 factum으로 불리는 '사실들'(facts)의 종합을 시도한다. 역사의 신학은 '전통'과 '대망'의 장(context) 안에서 일어나는 사건들과 관련된 '사실'의 언어들을 다룬다. 역사의 신학자는 역사와 인간 사회의 해석에만 관여하는 자가 아니다. 역사의 신학자는 '하나님의 변화'에 대한 대망 안에서 역사와 인간사회를 변혁(transformation)하는 자로서 정의한다.[79]

이러한 기본적인 틀에서 몰트만은 자신의 '역사적 종말론'을 전개했다. 가장 중요한 출발점은 고대 그리스적 방법에서 온 '영원한 현재의 현현'(epiphany of the eternal present)이 아닌 '부활한 그리스도의 계시'이다. 이 계시는 약속된 미래(promised future)를 묵시하는 것이어야 한다고 본다. 미래의 약속 안에서만 인간은 비로소 삶의 실재를 '역사'로서 경험하게 된다는 것이다.[80] 그러기에 몰트만에게서 중요한 것은 예수의 부활 사건에서 나타난 계시이다. 이 계시를 통해 부활하신 분은 곧 십자가에서 돌아가셨던 바로 그분이었다는 사실이 밝혀졌고, 부활에서 "예수는 진정 누구였느냐?"(what he really was)가 드러나게 되었다. 예수의 부활 사건에서 나타난 계시는 예수를 역사적으로 기억하게 하는 신앙적 근거가 된다.[81] 이는 단순한 말씀 사건도, 실존의 회복도, 우주사적 종말론도 아니라 '부활'이라는 역사적 사건이 가지는 계시의 역사성과도 같은 것이다.

동시에 '아직은 아닌'(not yet) 그리스도의 메시아 왕국은 예수의 부활에서 대망하게 된다. 부활 출현과 부활의 계시는 예수의 미래적인 '주' 되심과 영광을 미리 맛보는(foretaste) 약속을 대망하게 한다. 예수는 그의 부활에서 장차 되실 분(what he really will be)으로 인식되며, 이는 소망의 근거가 된다.[82] 그러므로 몰트만에게서 부활 출현과 부활의 계시는 한편으로는 나사렛 예수의 삶·말씀·십자가를 기억하는 신앙의 근거가 되며 동시에 '장차 되실 분'의 약속을 대망하는 소망의 근거가 된다. 부활은 예수의 역

---

79 *Ibid.*, 80-81.
80 *Ibid.*, 84.
81 *Ibid.*
82 *Ibid.*, 85.

사성과 미래성을 동시에 드러내는 계시인 것이다.

부활 사건의 계시는 로고스(logos)의 성격이 아니라, '약속'(promise)의 성격을 지니고 있다. 그것은 '종말론적'(eschatological) 성격을 지닌다. 여기서 '약속'은 몰트만의 종말론을 이해하는 초점이 된다. 약속은 단순한 말씀 사건이 아니다(바르트). 또 약속을 우주사적으로 보는 종말론(판넨베르크)과도 구분된다. 약속은 미래로부터 '아직은 아닌' 실재의 도래를 공포한다.[83] 이 하나님 약속의 말씀으로부터 '미래'와 '가능'(the possible)이 다가오는 것이다. '미래'는 약속을 완성하는 실재이며 '무'로부터 창조와 '죽음'으로부터의 부활과도 같은 것이다.[84] 그러기에 약속에서 오는 '미래'는 숨어있는 그 무엇의 노출이 아니라, 약속된 것의 완성인 것이다. 예수의 부활에서 약속되고 또 보장된 '미래'는 새로운 창조의 대망을 포함한다. '미래'는 종말론적 열림(eschatological openness)이다. 그러나 이 종말론적 열림은 교회나 교회 역사에 의하여 완성하거나 조정하는 것이 아니다. 교회와 교회 역사로 인하여 부활에서 약속된 미래가 결정되거나 수행되는 것이 아니기 때문이다.[85] 오히려 부활의 계시와 약속된 미래로 인하여 인간과 세계가 비로소 '역사적'(historical)[86]으로 된다. 이것이 역사-종말론의 사상적 체계이다. 부활의 계시에서 약속된 미래, 아직은 아닌 실재로서 미래는 숨어있는 그 무엇의 구현이 아니라 약속된 것의 완성이라는 새로운 창조 사건으로 다가온다. 바로 이 부활에서 약속과 그 약속의 내용으로서 미래 때문에 인간과 세계는 비로소 '역사적'이 되는 것이다. 교회, 교회 역사, 교회의 선교가 교회와 세계를 '역사적'으로 만들지 못한다. 몰트만의 종말론(부활의 약속과 미래)은 동시에 철저한 역사적 성격을 지닌 것으로 해석했다.

이어 몰트만은 그의 종말론의 방법 전개에서 구약에 나타난 이스라엘 역사의 '약속'과 '성취'의 틀을 배경으로 예수 그리스도의 선포와 그의 십자

---

83 *Ibid.*, 86.
84 *Ibid.*
85 *Ibid.*
86 *Ibid.*

가 죽음과 부활 사건을 '예시'(prolepsis)적으로 보고 있다.[87] 예수의 선포는 하나님 나라의 예시였으며, 예수의 부활은 하나님에 의하여 이루어질 죽은 자들의 부활 예시였기 때문이다. 여기서 부활 신앙은 '예시적 구조'를 가진다. 그것은 대망의 형태로 주어진 미래는 이미 열려 있고, 약속된 미래가 이미 역사 안에서 가능성으로 실현되어 가고 있기에 예시적인 것이다.[88] 그것은 '아직은 아닌' 가운데서 '이미' 실현되고 있는 것이다. 여기서 몰트만의 종말론은 구속사적 종말론을 넘어선다. 구속사적 종말론은 '이미'(already)와 '아직은 아닌'(not yet)을 연대기적(chronological)으로 분리한 데 반하여, 몰트만은 '이미'(already) 안에 '아직은 아닌'(not yet) 약속이 실현된다고 본다. 바로 이러한 근거에서, 몰트만의 종말론은 '예시적 종말론'(proleptic eschatology)인 것이다. 동시에 예수 그리스도의 종말론적 역사를 근거로, 그의 종말론은 '역사 종말론'(historical eschatology)으로 명명될 수 있었다.[89]

몰트만의 '예시적 종말론'(맥브리엔이 붙인 이름) 혹은 '역사 종말론'(본 저자의 명명)이 가지는 신학적 의미는 무엇인가? 바이스와 슈바이처의 미래적 종말론, 다드의 실현된 종말론, 볼트만의 실존적 종말론, 바르트의 초월적 종말론 그리고 쿨만의 구속사적 종말론이 시도한 연대적 시상(chrono-logical tense)으로부터 몰트만은 그의 신학적 위치를 차별화한다. 그는 부활 사건과 부활의 계시(과거)에서 '아직은 아닌' 실재(미래)가 '이미' 약속되었다는 미래적 시상(futuristic tense)을 통하여 하나님 나라를 해석한다. 여기서 과거-현재-미래라는 연대적 연계를 넘어서서 과거와 현재를 미래의 도래에서 해석하는 시간의 질적 연계를 제시한다. 이는 분명히 스테노(steno)적 종말론에 대한 텐시브(tensive)적 접근이라고 평가할 수 있을 것이다. 그리고 몰트만의 종말론적 이해는 역사 이해와 교회의 정체성을 새롭게 규명하는 데 대단히 중요한 구조와 틀을 제시하여 준다고 본다.

---

87 Jürgen Moltmann, *The Future of Creation*(Philadelphia: Fortress Press, 1979), 46-47.
88 *Ibid.*, 47.
89 *Ibid.*, 48.

18장
하나님 나라의 역사 그리고 교회
: 역사 종말론적 교회론
― 하나님 나라-교회-세계, 하나님 나라-세계-교회,
하나님 나라-역사-교회의 신학적 구조를 중심으로

하나님 나라 혹은 Basileia Tou Theou에 관한 긴 신학적 논의는 하나님 나라의 모티프에서 역사와 교회를 해석하고, 또 어떤 관계 설정이 가능한가를 모색하기 위한 것이다. 과거의 신학적 오류 중 하나는 '역사'라는 삶의 총체성을 배제하고 하나님 나라와 교회의 관계에만 집착해 온 신학적 방법론에 있었다. Basileia Tou Theou는 역사와 교회와의 관계를 새롭게 조명하는 신학적 재해석이 되어야 할 것이다.

하나님 나라와 역사의 관계에 대한 질문은 거의 한 세기 전에도 신학자들의 첨예한 관심사였다. 특히 우드(C. H. Wood)는 다음과 같은 질문들을 던진 바 있다. 진화론적 철학에 근거한 진보적 신화가 무너지고 전쟁과 계급 투쟁 그리고 민족 간의 극심한 적대 의식이 심화되어 가던 1940년대의 위기를 경험하면서, 그는 교회의 사명이 무엇인가를 묻는다. 그것은 "하나님 나라가 무엇인가의 질문이며, 나아가 그 하나님 나라와 하나님의 통치가 역사와 어떤 관계에 있는가의 질문이다"라고 우드는 말한다.[1] 역사의

---

1 H. G. Wood and Others, *The Kingdom of God and History*(Chicago & New York: Willett, Clark& Co., 1938), 5.

문제와 교회의 과제는 하나님 나라와 역사의 관계에 달려 있다는 뜻이다. 하나님 나라가 어떻게 역사에 구현되는가라는 신학적 해석은 교회의 정체성뿐만 아니라 교회의 과제를 설정하는 틀이 된다는 의미이다.

로텐버그(Isaac C. Rottenberg)는 『약속과 현존』(The Promise and the Presence)[2]에서 현대 신학사상에 나타난 하나님 나라와 역사와의 관계를 크게 네 유형으로 분류한다. 그 처음을 '하나님 나라와 교회'(Kingdom and Church)의 관계 유형으로 보았다. 두 번째 유형은 '하나님 나라와 세계'(Kingdom and World)라고 보았다. 처음 유형이 로마가톨릭교회와 동방정교회의 신학적 해석이라면, 두 번째 유형은 자유주의 신학과 사회복음운동의 해석으로 보았다.[3] 세 번째 유형은 '하나님 나라와 자아'(Kingdom and Self)의 관계 유형이었다. 하르나크(Adolf Harnack)은 이 유형에 속하는 대표적 학자이기도 하다. 하르나크에 따르면 "하나님 나라는 개개인의 영혼에 들어와 하나하나의 자아들 속에 임재한다. 하나님 나라는 하나님의 통치이다. 그러나 그 통치는 개개인의 가슴 속에서 행사되는 통치이다…"[4] 이는 극히 신비적이고도 개인주의적인 이해로 제한되어 있다. 로텐버그에 따르면 네 번째 유형은 가장 의미 있는 신학적 접근이다. '하나님 나라와 역사'(Kingdom and History)의 관계에 초점을 두는 신학이다.[5] 전 세계와 전 인류를 향하신 하나님의 통치와 구원은 교회 존재 이전의 사건이라는 신학적 전제에서 출발한다. 교회의 존재 이유는 전 세계와 화해를 이루어 가시는 하나님의 '역사–종말론적'(historical-eschatological) 구원을 증언하고 섬기는 데 있기 때문이다.[6] 하나님의 통치와 역사의 관계가 교회보다 우선한다는 것이다. 몰트만에 의해 대변되는 '하나님 나라와 역사'의 관계 설정은 기존의 '하나님 나라와 교회', '하나님 나라와 세계', '하나님 나라와 자

---

2 Isaac C. Rottenberg, *The Promise and the Presence*(Grand Rapids: William B. Eerdmans, 1980).

3 *Ibid.*, 65-73.

4 Adolf Harnack, *What is Christianity*(New York: Harper & Row, 1957), 56.

5 *Op. Cit.*, 67-70.

6 *Ibid.*, 67.

아'의 관계 구조를 근본적으로 수정하는 신학적 해석으로 평가된다. 기존의 세 가지 관계 유형은 공히 '역사'라는 차원을 외면하였기 때문이다. 그결과 세 가지 관계 유형은 하나님 나라 사상을 왜곡했을 뿐만 아니라 '교회' 혹은 '세계' 또는 '자아'를 우위적 규범으로 삼고 하나님 나라를 부차적 실재로 전락시키는 잘못을 범해왔기 때문이다.

이상의 모든 신학적 논의는 교회를 '역사 · 종말론적 공동체'로 재설정하는 데 있다. 우리는 '하나님 나라'와 '역사'의 관계를 풀이한 현대 신학적 논의에서 출발한다. 현대 신학적 논의는 크게 세 가지 유형으로 나뉜다. 하나의 유형은 '하나님 나라-교회-세계'의 구조이며, 여기에 구속사적 해석이 속한다고 본다. 다른 유형은 '하나님 나라-세계-교회'라는 도식이며, 여기에는 하나님 선교신학(Missio Dei) 그리고 해방신학이 속한다고 본다. 세 번째 유형은 '하나님 나라-역사-교회'의 구조이며, 여기에는 위르겐 몰트만(Jürgen Moltmann)과 호지슨(Peter Hodgson)이 속한다고 본다. 이 세 유형의 현대신학적 접근은 '하나님 나라' 모티프를 신학적 틀로 삼았다는 점에서 공통점을 가진다. 그러나 종말론이 역사문제와 접목될 때, 세 가지 유형은 각기 다른 색깔과 특징을 표출한다.

1. 현대 신학에 나타난 종말론적 신학의 첫 번째 구조: 하나님 나라-교회-세계

그 처음 구조는 '하나님 나라-교회-세계'이다. 쿨만(Oscar Cullmann)의 사상은 이미 구속사적 종말론에서 논의된 바 있지만 그의 사상적 구조는 하나님과 세계와의 관계보다 하나님 나라와 교회의 관계를 우선순위에 놓는다는 점에서 쿨만은 이 범주에 속한다고 볼 수 있다. 예수의 십자가와 부활의 결정적 승리가 D-Day를 의미한다면 예수의 재림인 재림(Parousia)은 V-Day(Victory Day)를 의미한다. 이를 약속과 성취의 변증법이라고 한다.

그런데 쿨만에게 중요한 것은 D-Day와 V-Day를 이어 놓는 '구속의 선'(redemptive line)이었다. 이것은 "세계와 피안의 변증법도 아니고 시간과 영원의 변증법도 아니라, 현재와 미래의 변증법"이다.7 바로 이 현재와 미래의 변증법은 곧 중간기(time interval, mid-point)라는 새로운 시간과 기간을 창출한다고 보았다.8

문제가 되는 것은 D-Day와 V-Day 사이의 기간을 구속사적 선으로 묶으면서, 그것을 '연대기적 연계'(chronological sequence)로 이해한 점이다. 이는 이미 앞서 논평한 사상이다. 그러나 여기서 더 문제가 되는 것은 바로 이 D-Day와 V-Day 사이의 기간을 중간기라고 부른 것과 이 중간기를 '교회의 때'(period of the church)로 명명한 데 있다. 쿨만은 로마가톨릭 교회가 이 교회의 때를 절대화했다고 비판하면서, 초대 교회가 경험한 교회의 때는 그리스도의 '주'되심과 연관된 구속사의 '선'(line)이며 지상에 세우는 그리스도의 몸의 '때'라고 해석한다. 여기서 그리스도의 왕권적 통치와 교회의 존재 이유가 완전히 일치한다고 보았다.9 심지어 교회는 지상의 중심으로서, 이 중심으로부터 그리스도의 '주'되심이 가시화(visible)되었다고 보았다.10

쿨만의 구속사적 종말론은 앞서 제시된 그 어느 종말론들보다 텐시브(tensive)적 해석으로 평가되지만 그의 중간기(mid-point) 이론은 신학적으로 몇 가지 문제를 노출했다. 그 첫째는 쿨만은 시간과 역사를 현재와 미래의 변증법이라고 해석함으로 사실상 시간이 시간을 창출하는 것 같은 인상을 남겼다는 것이다. 비록 그가 카이로스(Kairos, 영원한 현재)를 끌어들이기는 하였으나,11 중간기는 여전히 예수의 승천과 재림 사이에 주어지는 빈 시간으로 전락된다. 둘째로, 이 빈 시간을 주도하는 지상적 대행을 쿨만은 교회라고 보았다. 교회는 그리스도 왕권의 지상 구현이라는 것이다. 여기

---

7 Oscar Cullmann, *Christ and Time*(Philadelphia: Westminster Press, 1949), 146.
8 *Ibid.*
9 *Ibid.*, 150-151.
10 *Ibid.*, 154.
11 *Ibid.*, 147.

서 문제가 되는 것은 중간기란 하나님의 구원이 잠시 중단되었거나 하나님 나라의 역사 개입이 자제된 가운데 그 사역이 교회에 위임되었다는 데 있다. 여기서 쿨만은 중간기를 끌어들여 하나님 나라의 임재(종말론)를 지연시켰다는 비난을 면치 못한다. 로마교회의 절대화를 비판했음에도 자신은 교회 중심주의 구조를 넘어서지 못한 한계를 드러냈다고 본다.

하나님-교회-세계 구조에 속하는 다른 학자는 로마 가톨릭 신학자인 큉(Hans Küng)이다. 바르트의 사상적 후예이기도 한 큉은 그의 『교회』(The Church)에서[12] 종말론과 교회에 관한 신학적 순례를 바르트 신학의 틀에서 추구하고 있다. 넓은 의미에서 큉은 구속사적 종말론 학파에 속한다. 큉은 '하나님의 통치'(Reign of God)는 예수의 선포와 가르침의 가장 중심적 메시지였다는 성서적 해석에서 출발한다.[13] 이는 교회를 교회적 관점에서 풀어가려는 신학적 시도를 거부한다는 의미이다. 큉은 교회는 하나님의 통치에서 보아야 한다는 종말론적 신학에 서 있었던 것은 사실이다. 그러나 큉에게서 하나님의 통치는 예수가 선포한 중심 사상이지만, 그는 하나님의 통치를 해석은 "마지막 날에 있을 결정적이고 미래적인 최후의 사건"이라고 보았다.[14] 그러기에 큉의 종말론은 '미래적' 성격을 지닌다. 큉의 하나님 통치에 대한 두 번째 해석은 통치란 전적으로 하나님 자신의 전능한 행위라는 것이다. 세 번째는 하나님의 통치는 순수한 종교적 통치(purely religious reign)이며, 네 번째는 죄인들을 구원하는 사건이며 그리고 다섯 번째는 인간의 결단을 촉구하는 복종과 회개의 메타노이아라는 것이다.[15]

여기서 큉은 하나님의 통치 사상을 종말론적인 것으로 보면서도 그것은 회개를 촉구하는 종교적 왕국의 도래라고 보았다는 점에서 문제점을 노출시켰다.[16] 큉은 물론 하나님의 통치를 정치적으로 해석한 열심당의 종말론도, 묵시문학적으로 해석한 쿰란 공동체의 종말론도 그리고 도덕주

---

12 Hans Küng, *The Church*(New York: Sheed & Ward, 1967).
13 *Ibid.*, 45.
14 *Ibid.*, 97.
15 *Ibid.*, 98-101.
16 *Ibid.*, 47-49.

의적 종말론도 잘못된 것으로 규정했다.[17] 그러나 큉의 문제는 잘못된 종말론에 대한 그의 비판이 아니라, 큉 자신이 이해한 하나님의 통치 사상이 지나치게 '초월적'이고 '미래적'이며 '비역사적 성격'을 띤 종교화에 있었다. 큉의 하나님 통치 사상 이해의 두 번째 영역은 하나님 통치의 시간 문제와 관련된다. 큉은 쿨만처럼 '이미'(already)와 '아직은 아닌'(not yet) 사이를 하나님 통치의 시간으로 설정했다.[18] 이 기간을 중간기라고 부르지는 않았지만 큉은 이 시간을 종말론적 현재(eschatological present)와 종말론적 미래(eschatological future)가 서로 교차하는 시간으로 본다. 그러나 큉은 하나님의 통치와 이 시간 사이의 관계에 대해서는 침묵한다. 그 대신 회개와 하나님의 뜻에 순종하는 결단만을 강조하는 모순을 드러내고 있다.[19] 큉은 하나님 통치 사상과 역사와의 관계를 신학적으로 해석하고 또 해명하는 데 실패했다는 비판을 면하지 못할 것이다. 결국, 그는 '이미'와 '아직은 아닌' 사이의 시간을 '실존적 결단'의 시간으로 이해함으로 역사의 질문을 외면한 결과를 가져왔다.

그렇다면 하나님의 통치와 교회의 관계에 대한 큉의 해석은 무엇인가? 부활 이전(pre-Easter)에 예수는 교회를 세우려 하지 않았으며, 더욱이 쿰란 공동체처럼 '거룩한 남은 자'(holy remnant)를 선택하려는 의도도 없었다는 사실을 강조한다. 이 점에서 큉은 바르트 신학의 어조를 반영하고 있다. 예수는 하나님의 통치가 가까웠음과 종말론적 메시아 백성들의 등장을 선포하였을 뿐, 교회를 설립할 의도는 없었다고 해석했다.[20] 이는 자신이 로마 가톨릭 신학자이면서도 하나님 나라와 교회를 동일시하여 온 로마가톨릭교회의 교권주의적 종말론에 대한 대담한 수정임에 틀림이 없다.

큉에게서 교회는 부활 이후(post-Easter)의 사건이다.[21] 특히 그는 부활 신앙으로부터 교회가 존재하기 시작했다고 본다. 큉의 이러한 해석은 교

---

17 *Ibid.*, 49-52.
18 *Ibid.*, 61.
19 *Ibid.*, 62.
20 *Ibid.*, 74-75.
21 *Ibid.*, 75, 80.

회를 부활의 후기 사건으로 보는 바르트의 신학과 입장을 같이 한다. 부활의 신앙고백과 함께 새로운 공동체인 에클레시아, 교회, 회중 그리고 구원의 공동체가 태동되었다는 것이다.

그러나 큉은 하나님의 통치와 교회의 관계에 대해서는 역설적인 언어로 표현한다. "나라가 임하옵시며"라는 하나님 통치의 초월적이고도 종말론적인 차원에서는 어떤 종류의 하나님 나라와 교회의 동일시(identification)도 거부된다는 것이다.[22] 그 이유는 하나님의 통치는 우주적이고 종말론적이기 때문에 그 통치는 어떠한 형태의 교회와도 동일시될 수 없다는 것이다. 종말론적 이해에서 보는 한 교회는 하나님 나라가 될 수 없다는 것이다. 그러나 그는 동시에 교회가 하나님의 통치와 그의 나라를 대망하고 기다리면서 선포하는 순례적 공동체가 될 때는 하나님의 통치와 교회가 연결된다고 보았다.[23] 그래서 하나님의 통치와 교회의 관계는 '분리'와 '연결'이라는 역설적 관계에 놓인다는 것이다.

큉의 종말론적 신학은 몇 가지 문제점을 노출시켰다. 무엇보다도 큉이 이해한 하나님의 통치 사상은 지나치게 초월적이고 종교적이며 때로는 실존적이고 개인주의적이었기 때문에, 하나님의 통치가 '역사'와는 상관없는 '비역사적'인 것이 되어버렸다. 이 비역사적 성격의 Basileia는 '이미'와 '아직은 아닌' 시간을 무의미한 시간으로 남겨두었다는 약점을 노출시켰다.

결국 쿨만처럼, 어떻게 보면 쿨만보다 더 취약한 신학적 구조 안에서 큉은 '이미'와 '아직은 아닌' 것 사이를 교회의 설교와 개개인의 결단의 시간으로 만들어 하나님 나라의 임재를 원천적으로 제한한 결과를 가져왔다는 비판을 받는다. 큉은 교회를 하나님 나라와 동일시하진 않지만 결국, 중간기에는 교회가 중심이 될 수밖에 없는 모순을 드러냈다고 봤다.

쿨만이나 큉은 하나님의 통치를 '중간기'라는 이름으로 역사로부터 사실상 단절시킴으로 그 결과 구원의 주체를 다시 교회에 떠넘기는 약점을

---

22 *Ibid.*, 92.
23 *Ibid.*, 95.

드러내고 있다. 이는 '하나님 나라-교회-세계' 구조가 가지고 있는 신학적 허구이다. 보이스(Mary Boys)는 로마 가톨릭 신학자들의 구속사적 종말론 은 교회와 하나님 나라를 동일시함으로 ekklesia(교회)를 Basileia(하나님 나라)[24]에 예속시키는 일에 실패했다고 비판한다. 교회가 구원의 주역이 되는 교권주의의 틀을 벗어나지 못했다는 뜻이다.

2. 현대 신학에 나타난 종말론적 신학의 두 번째 구조: 하나님 나라-세계-교회

'하나님 나라-교회-세계'의 구조로부터 '하나님 나라-세계-교회' 구 조 전환은 1960년대를 기점으로 불어닥친 거센 세속주의의 도전과 세속 에 대한 신학적 긍정이라는 새로운 신학 운동이 크게 작용하였다. 전통적 구조인 '하나님 나라-교회-세계'는 마치 하나님은 교회에서만 역사하고 교회는 세계에서 일한다는 도식이었다면, 세속신학 이후의 '하나님 나라-세계-교회'의 구조는 사회 변화의 전초에서 일하는 하나님의 구원과 행위 앞에 교회는 순종하고 섬기는 설정이 바뀌게 됐다.[25] 이는 1962년 제2 바 티칸 공의회와 1968년 웁살라 세계교회협의회 대회를 중심으로 태동한 새로운 신학적 에토스이고 또 패러다임이었다. 그리고 이 신학적 구조는 전 세계 교회를 '세계 긍정'(world affirming)과 '선교의식'(mission conscious-ness)으로 몰고 간 큰 흐름으로 작용하였다. 여기서 교회는 과거의 구조를 포기하고, 새로운 체제를 갖추는 진통을 겪기도 하였다. 교회론에 관한 한 '하나님 나라-세계-교회' 구조의 태동은 신학적 혁명임에 틀림이 없다. 급 격한 사회변동에 대한 신학적 응답과 신학 방법론의 근본적 변화가 요청 되었기 때문이다. '하나님 나라-세계-교회' 구조의 등장은 이에 대한 세계

---

24 Mary C. Boys, *Biblical Interpretation in Religious Education*, 199.
25 Richard P. McBrien, *The Church in the Thought of Bishop Robinson*(Philadelphia: Westminster Press, 1966), IX.

교회 응답의 표현이었다.[26]

여기에 로마 가톨릭 신학도 '하나님 나라-세계-교회'의 등장은 도식으로 등장했다. 로마교회의 신학과 교회론의 대표적 학자인 맥브리엔은 그의 저서『우리는 교회를 필요로 하는가?』[27]에서 로마가톨릭교회의 신학과 교회론의 변화를 제2 바티칸 공의회에서 찾고 있다. 가장 큰 특징은 교회를 '세계', '역사', '문화'와의 관계에서 보기 시작했다는 점이다.[28] 교회는 더이상 제도가 아니라 '신비'(주님의 임재 때문에)요, '성례전'(세계 안에서 그리스도의 보이는 현존이기 때문에)요, '성례전'(세계 안에서 그리스도의 보이는 현존이기 때문에)이요, 동시에 '순례적 공동체'(역사 안에, 역사 저편의 선교)[29] 라고 정의한 데서 로마교회는 제도주의를 극복할 수 있는 계기를 마련하였다고 본다.

더 나아가 맥브리엔은 제2 바티칸 공의회가 제시한 두 가지 사상에 신학적 의미를 부여하고 있다. 그 하나는 '교회와 하나님 나라' 사상이고 다른 하나는 '순례적 교회'이다. 공의회 문서는 "예수의 설교와 사역의 중심에는 하나님 나라가 있었다"는 사실을 환기시키면서 출발한다. "주님만이 인류에게 연합(unity)을 줄 수 있으며 주님만이 모든 만물을 그 아래로 모을 수 있다"는 성서적 증언에 대한 고백이다.[30] 바티칸 문서는 이 주권성으로부터 교회가 선교의 책임을 부여받았다고 기록했다. 교회의 선교는 모든 사람 속에 예수 그리스도의 나라를 선포하고 또 세우는 일과 그 나라를 지상에 퍼뜨리는 사명으로서 해석한다.[31]

여기서 교회는 하나님 나라와의 관계에서 세 가지 차원의 선교를 수행해야 한다고 한다. 첫째는 하나님 나라를 선포하는 일이고, 두 번째는 하나님 나라의 실현을 위해 일하는 것이고, 세 번째는 하나님 나라가 어떤

---

26 *Ibid.*, X.
27 Richard P. McBrien, *Do We Need the Church?*(NY: Harper & Row, 1969).
28 *Ibid.*, 121.
29 *Ibid.*
30 *Ibid.*, 127.
31 *Ibid.*

깃인가를 그리고 인류와 역사의 궁극적 운명이 어떤 것인가를 삶의 질과 공동체 생활을 통해 보여주는 것이라 보았다. 결국 교회는 인간들을 섬기고, 인류에게 봉사하고, 분열을 치유하는 일들을 통해 하나님 나라가 현재에 임하도록 힘쓰는 '징표'(sign)와 '도구'(instrument)라고 정의한다.[32] 교회가 하나님 나라의 '징표'요 '도구'라는 의미는 교회를 본질상 '제도'로 보았던 전통적 교회론부터 교회를 '선교'로 전환하게 한 일대 전환임에 틀림없다.

제2 바티칸 공의회의 두 번째 교회론적 사상은 '순례적 교회'다. 맥브리엔은 공의회 문서를 근거로, 교회란 역사 안에서 존재하는 공동체로 해석한다. 그러나 그 역사는 예수의 죽음과 부활 그리고 재림 사이의 시간임을 분명히 하고 있다.[33] 이 중간기에 있는 교회는 부활을 고백하고, 삶과 역사의 궁극적인 의미와 목적이 예수 그리스도 안에 있다는 사실을 선포하는 교회라고 생각한다. 이는 구속사적 종말론이 제시하는 교회론과 일치한다. 그러나 구속사적 종말론, 특히 쿨만의 교회론으로부터 구별되는 가장 큰 이유는 제2 바티칸 공의회의 교회론은 교회를 하나님 나라의 대행과 주체로 보지 않고, 하나님 나라를 선포하고 섬기는 선교의 공동체로 보았다는 점에서 교회를 '순례적' 교회로 보았다는 데 기인한다. 교회 그 자체는 고난의 섬김을 계속하며 자신을 비우는 사랑을 실천하는 공동체로 이해되었다는 점이다.[34] 그러나 맥브리엔은 제2 바티칸 공의회가 제시한 혁명적 교회론이 제2 바티칸 이후에 여러 신학자에 의하여 퇴색해 가고 있음에 깊은 우려와 경고를 서슴치 않는다. 제2 바티칸 이후의 신학적 논의는 아돌프스(Robert Adolfs)의 *The Grave of God*, 힐맨(Eugene Hillman)의 *The Wider Ecumenism*, 덜레스(Avery Dulles)의 *The dimensions of the Church*, 비안치(Eugene Bianchi)의 *Reconciliation: The Function of the Church*, 루에더(Rosemary Reuther)의 *The Church Against Itself* 그리고 스힐레베이크스(Edward Schillebeeckx)의 *God the Future of Man* 등에서 전개되었다.[35]

---

32 *Ibid.*, 132.
33 *Ibid.*
34 *Ibid.*

여기서 맥브리엔은 교회론에 대한 모든 신학적 시도들은 한 가지 공통적인 잘못을 범했음을 지적한다. 즉 그들의 교회론은 교회의 선교(Diakonia) 차원을 경시했고 왜곡했으며 또한 외면하였다고 비판했다.[36] 제2 바티칸 공의회가 제시한 교회론의 생명은 예수 그리스도의 부활 신앙과 하나님 나라의 도래를 선포하고 또 실현하도록 헌신하는 선교에 있었다. 이 선교에 충실하는 한 교회는 '순례적' 성격을 지닌다고 보았다. 이것은 로마가톨릭 신학자 맥브리엔의 로마교회의 신학적 혁명에 대한 증언이다.

그러나 본 저자는 맥브리엔이 보는 것과 다소 다른 차원에서 한 가지를 비판하고자 한다. 제2 바티칸 공의회가 제시한 교회론은 교회를 '세계'와 '하나님 나라'와의 관계에서 재설정한 점과 '선교'와 '순례'로서 교회 됨을 강조했다는 점에서 교회론의 혁명이라고 평가할 수 있을 것이다. 그러나 문제는 세계와의 관계, 하나님 나라와의 관계는 강조했지만, '하나님 나라와 역사'와의 직접적인 관계가 외면되었다는 데 있다.

하나님 나라와 역사의 관계가 설정되지 않는 가운데 세계와 하나님 나라와의 관계만을 강조하는 교회는 여전히 부분적 혹은 교회 중심적 구조로 전락할 수밖에 없다는 약점을 지니고 있다. 선교와 봉사가 강조됨에도 그것은 또다시 교회의 선교가 되어버리고 마는, 그래서 역사 속에서의 하나님의 주권적 지배와 개입은 배제되는 위험성을 안고 있다고 본다.

가톨릭적 해석에 이어 '하나님 나라-세계-교회' 구조를 과감히 수용하고 해석하고 실천하는 개신교의 해석은 어떤 것인가? 1968년 웁살라(Uppsala) 세계교회협의회(World Council of Churches) 대회에서 확정된 '하나님의 선교'(Missio Dei) 신학의 출현을 개신교 신학, 특히 교회론과 관련된 선교신학의 일대 전환기였다.[37] 1968년 이전의 사상적 형성은 40-50년대의 바르트(Karl Barth)와 미니어(Paul Minear) 그리고 60년대의 비체돔(Georg Vicedom)과 호켄다이크(J. C. Hoekendijk) 등에 의하여 이루어졌다.

---

35 Richard P. McBrien, *Church*, 47-65.
36 *Ibid.*
37 Colin W. Williams, *The Church*, 16-17.

1968년 이후에 계속된 WCC의 연구와 문헌들은 하나님 선교신학을 더욱 성숙시킨 공헌을 남겼다. 근래에 이르러 '하나님-세계-교회' 구조는 남미를 중심으로 일어난 '해방신학'에 의하여 심화하고 또 극단화되어 갔다.

여기서 1968년 웁살라 대회 이전의 비체돔과 호켄다이크의 사상은 어떠했는지 살펴볼 필요가 있다. 비체돔은 '하나님의 선교'(Missio Dei) 신학은 1952년 빌링겐(Willingen)에서 열린 국제선교협의회에서 이미 공식적으로 논의된 개념이라고 전제했다.[38] "선교는 말씀에 대한 순종과 모이는 회중에 대한 헌신뿐만 아니라 전 우주 위에 그리스도의 주가 되심을 세우는 하나님의 선교, 다시 말해 아들을 보내는 일에 참여함이다"라고 논의되었다는 것이다. 그러기에 "선교운동은 삼위일체 되는 하나님 자신이 하는 일에 참여함"을 의미한다고 정의했다.[39]

하나님 선교신학에서 선교의 주체는 하나님 자신이라는 것을 강조한다. 하나님은 창조의 주만이 아니라 세계와 인간과의 관계에서 '보내시는'(sending)의 주체가 된다는 것이다. 여기서 '보냄'이란 하나님이 심판과 은총으로 역사하시는 하나님 구원의 구체적 표현이다. 선교로서 보냄의 궁극적인 목적은 모든 인간은 하나님 나라(Basileia Tou Theou)에 귀속시키기 위한 것이다.[40] 그 하나님 나라는 오직 하나님의 아들이 메시아가 되는 하나님의 보냄에서만 구체화할 뿐, 다른 방법으로 하나님 나라는 지상적 형태를 취하지 않는다.[41] 인간이 하나님의 선교인 하나님 나라에 응답하는 길은 '결단'(decision)이며, 이 결단을 통해 인간은 어둠의 왕국으로부터 하나님의 선교를 거쳐 하나님의 나라로 옮겨진다고 비체돔은 해석한다.[42] 하나님 나라는 메시아의 보내심 외에는 지상의 표현을 취하지 않았다. 그리고 하나님 교회 앞에 메시아적 약속을 주었고 동시에 교회에게 구속자를 기다리고 대망하도록 가르쳐야 하는 사명을 위임하였다.[43]

---

38 Georg F. Vicedom, *The Mission of God*, 5.
39 *Ibid.*
40 *Ibid.*, 14.
41 *Ibid.*, 22.
42 *Ibid.*, 15.

60년대를 주름 잡았던 또 다른 선교신학자 호켄다이크는 그의 저서 *The Church Inside Out*[44]에서 비체돔과는 전혀 다른 접근을 시도한다. 호켄다이크에게서 성서의 주제는 '세계를 향한 그리고 세계를 위한 하나님 나라' 사상이다. 부활한 주께서 열어놓은 것은 임박한 하나님 나라이며 그 하나님 나라는 세계를 향해 문을 열어놓았다는 사실을 강조한다. 호켄다이크에게 중요한 것은 세계와 하나님 나라 사이의 '상호 관계', '상호 연결'(correlate)이다. '땅'과 '시간'의 궁극적인 목적은 하나라는 것이다. 종말론과 세계는 메시아적 완성의 양 차원을 나타낸다. 상호 배타적이거나 이원론이 아니다.[45] 전 세계와 전 지구(oikoumene)가 하나님 나라와 만난다는 것이다. "선교란 종말론의 필수조건(postulate)이다."[46]

종말론의 필수 조건으로서 선교는 세 가지 관점을 가진다. 그 하나는 시대의 징조를 보고 세대의 마지막을 말해야 하는 '묵시문학적' 관점이고, 두 번째는 이방인에게 복음을 전파하고 민족의 회심을 촉구하는 '구원사적' 관점이며, 세 번째는 하나님의 종말론적 계획을 증거하는 '사도적' 관점이다.[47] 전 세계 그리고 전 지구와의 상호 연결 속에 있는 하나님 나라(종말론)의 필수 조건으로서 선교가 수행되는 한, 호켄다이크에게 교회 중심주의(church-centrism)는 설 자리가 없다. 이는 호켄다이크가 제도적 교회에 가한 그의 신랄한 신학적 비판이다. 교회는 제한되었기에 '사도적' 증언의 영역인 전 지구, 전 세계와 동시에 하나님 나라의 구원인 '샬롬'(케리그마를 통해 샬롬이 선포되고, 코이노니아를 통해 샬롬에 참여하며, 디아코니아를 통해 샬롬을 증명하는)의 징표일 뿐이다. '세계'와 '하나님 나라'의 관계만이 중요하고 우선하는 것이다.[48] 이 관계 속에서 교회의 하나님 나라를 이 세계에 선포하는 한 교회는 교회 되고 있을 뿐이라는 것이다.[49]

---

43 *Ibid.*, 22.
44 J. C. Hoekendijk, *The Church Inside Out*, 『흩어지는 교회』 이계준 역.
45 *Ibid.*, 30.
46 *Ibid.*
47 *Ibid.*, 30-37.
48 *Ibid.*, 40.

비체돔의 하나님 선교신학이 삼위일체론 성격인 하나님의 행위에서 출발한 것은 신학적 공헌이었으나, 그의 '선교'는 인간의 결단과 교회의 신앙적 소망에만 제한되었기에 '역사'와는 무관한 것이었다. 비체돔의 신학은 비역사성의 선교신학이었다고 평가할 수 있다. 더욱이 비체돔이 언급한 하나님 나라는 '메시아의 보내심' 그 이상이 아니었다는 점과 당시 유행하였던 구속사적 종말론이 제시한 '중간기'조차 외면하였다는 점에서 역사성이 결여되어 있었다.

　그러나 호켄다이크의 종말론은 비체돔을 훨씬 능가한다고 본다. 특히 전 우주와 하나님 나라의 상호 연결을 전제로 샬롬이라는 구원의 약속을 교회가 선포하고 실현해야 할 지상의 과제로 부각하는 것은 교회 중심의 선교로부터 하나님 선교의 가능성으로 전환하는 중요한 계기를 마련해주었다고 본다. 그러나 호켄다이크의 선교신학은 치명적인 약점 하나가 숨어있다. 전 세계와 하나님 나라의 관계에 대한 신학적 해명이 없는 점이다. 이 말은 하나님 나라와 세계를 매개하는 기독론, 성령론 그리고 종말론이 결여되어 있다는 의미이다. 판넨베르크도 우주사적 종말론과 흡사한 약점을 드러내고 있다. 호켄다이크에게서 하나님 나라와 세계의 양 추(two fo-ci)는 존재하나, 그 속에 예수 그리스도의 십자가와 부활 그리고 재림의 신학적 의미와 역사에 주는 의미는 취약한 것으로 본다.

　호켄다이크 자신은 교회 중심주의를 거부하고 나섰지만 그리스도 없는 하나님 나라와 세계 사이의 관계는 사실상 빈자리로 전락하게 되고 이 빈자리에 유일하게 교회만이 남게 된다면 교회 중심주의로 다시 떨어질 수밖에 없기 때문이다. 호켄다이크는 이 빈자리를 '샬롬'으로 대치하지만, 그것은 누구의 샬롬인가라는 질문이 제기된다.

　이렇듯 비체돔과 호켄다이크에 거쳐서 서서히 윤곽을 드러내기 시작한 하나님 선교신학(Missio Dei)은 1961년 뉴델리 대회로부터 시작하여 1968년 웁살라 대회 때 그 절정에 이르렀다. 윌리엄즈(Colin W. Williams)

---

49 *Ibid*.

는 이 역사적 전환을 다음과 같이 묘사했다.

"이때부터 우리는 교회란 '선교'를 교회의 표지(mark) 중의 하나가 아니라… 참 교회란 세계를 향한 하나님의 선교에 종이 되는 것을… 그러므로 교회는 그 자체에 목적이 있지 않음을 인식하기 시작하였다.… 교회는 세계를 위해 존재한다. 세계와 인류를 섬기기 위해 불리움을 받았다. 교회는 세계에서 샬롬을 선포하고 또 증거해야 한다.… 교회는 하나님-세계의 관계 안에서만 이해될 수 있다.… 교회는 세계를 향한 하나님 관심의 한 부분이며 또 동시에 '후기'(post-script)이다…."[50]

러셀(Letty M. Russell)은 하나님 선교신학의 3차원을 다음과 같이 요약한다. 첫째로, 하나님 선교란 교회의 선교가 아니라 하나님의 선교를 의미한다. 하나님 선교는 교회의 자기 이해를 재수정하는 관점이 된다. 둘째로, 하나님 선교란 '세계'가 하나님 선교의 무대(arena)가 된다는 것을 의미한다. 세계는 하나님 말씀이 주어진 영역이기에 교회는 세계에서 일하는 하나님 선교의 증언일 뿐이다. 세 번째로, 교회는 오늘의 구조를 선교적 구조로 전환해야 하는 과제 앞에 서 있다는 것이다.[51]

세계교회협의회(WCC)는 하나님 선교신학에 대한 신랄한 비판과 시행착오를 거치면서, 하나님 선교에 대한 신학적 논의와 교회론의 새로운 틀을 모색하였다. 특히 '신앙과 직제'(Faith & Order) 연구 위원회는 꾸준한 연구와 협의를 거쳐 교회의 선교적 사명을 심화해 갔다. 특히 하나님 나라와 세계라는 상호 지평에서 교회와 세계는 하나의 '종말론적 함께함'(eschato-logical togetherness) 안에 있게 된다는[52] 사상을 전개하였다. 하나님은 선

---

50 Colin W. Williams, *The Church*, 16-17.
51 Letty M. Russell, *Christian Education In Mission*(Philadelphia: Westminster Press, 1967), 14.
52 Jan M. Lochman, "Church and World in the Light of the Kingdom of God", *Church, Kingdom, World*, ed. by Gennadios Limouris(Geneva: WCC, 1986), 68.

교 주제이고 세계는 그의 일터이며 교회는 세계 속에 일하는 하나님에 대한 증언이라고 정의한 선교 구조에서 종말론적 연합을 모색하려 하였다.

이 같은 신학적 변화는 남미에서도 일어나고 있다. 보프(Leonard Boff)는 *Church, Charism and Power*에서 교회는 그 자체에서 이해될 것이 아니라 교회를 넘어서 있는 두 실재 안에서 새롭게 이해되어야 한다고 주장했다.[53] 두 실재란 세계와 하나님 나라이다. 하나님 나라의 실재는 교회와 세계를 정의한다고 한다. 여기까지는 WCC 보고서와 맥을 같이 한다. 그러나 하나님 나라의 성격 문제에 와서 보프는 WCC와 다른 해석을 제시한다. 보프는 예수가 선포한 하나님 나라는 전 창조와 세계 속에 실현될 정치적·해방적 유토피아라고 본다. 아울러 세계는 유토피아로서 하나님 나라가 역사적으로 실현될 무대가 된다고 한다. 교회는 결국 이 하나님 나라가 세계 속에 실현되는 성례전이며 도구라는 것이다.[54]

이제 마지막 구조인 '하나님 나라-역사-교회'로 넘어가기 전에, 호켄다이크와 세계교회협의회 심지어 해방신학의 주장한 '하나님 나라-세계-교회' 구조에 대해 비판적 논평을 던지고자 한다. 세계 교회 협의회를 중심으로 등장한 하나님 선교신학은 선교의 주체를 인간과 교회로부터 하나님 자신에게 돌림으로 구원에 대한 성서적 증언의 회복과 교회 중심이냐 세계 중심이냐는 이원론적 논쟁을 종식시키는 신학적 틀을 마련한 점은 공헌으로 남는다. 이는 2000년 교회 역사상 최초의 신학 혁명이라고 본다. 그리고 세계 긍정은 인간이나 교회가 하는 것이 아니며, 하나님이 일하는 무대(arena)이기에 긍정과 참여의 근거가 된다는 사상도 또 다른 신학 혁명이다. 또 교회를 과감히 하나님의 전 세계 구원을 증거로 하는 종으로 재정의한 것은 교회의 자기 이해와 자기 개혁을 촉진하는 새로운 패러다임에 틀림이 없다. 그래서 지난 25여 년간 전 세계 교회들은 교회의 존재 이유와 존재 양식을 '선교'와 '섬김'이라는 관점에서 재구조화하는 변혁을

---

53 Leonard Boff, *Church, Charism and Power*(NY: Crossroad, 1985), 2.
54 *Ibid*.

모색하여왔다고 본다.

그러나 '하나님 나라-세계-교회' 구조는 몇 가지 치명적인 약점들을 안고 있다. 첫째로 이 구조는 기독론이 없는 하나님 나라를 말하고 있다는 점에서, 종말론은 자칫 인간이 성취하는 유토피아거나 또다시 교회가 그 자리를 보완해야 하는 허구성을 가지고 있다. 이론적으로는 선교의 주체를 하나님에게로 돌렸으나 그리스도와 성령의 역사가 개입되지 않는 하나님의 선교는 결국 역사, 삶, 세계와는 사실상 관계없는 초월주의에 빠지기 쉽다는 위험성을 안고 있다.

두 번째로 이 구조는 세계를 하나님의 무대로만 정의할 뿐, 그 세계를 무대로 하여 펼쳐가고 있는 하나님 구원의 드라마가 무엇인지가 생략되어 있다는 약점을 지닌다. 창조와 언약, 그리스도와 종말이라는 하나님의 구원 드라마를 외면한 채 세계를 논함으로 역사를 마치 빈 공간으로 전락시키고 있다.

세 번째로 이 구조는 교회를 증언과 섬김으로만 정의하였을 뿐, 증언과 섬김을 가능하게 하는 공동체 형성에 관해서는 부정적 입장을 가진다. 교회의 제도주의와 교회 중심주의를 견제하기 위해 제도성을 넘어서려는 의도에 충분히 동의할 수 있음에도, 이 구조는 교회의 회중성과 그 회중이 모이고 흩어지는 양면성은 무시한 약점을 드러냈다고 본다. 회중성의 결여는 결국 '유령' 같은 집단으로 교회를 전락시킬 위험성을 지닌다고 봤다.

3. 현대 신학에 나타난 종말론적 신학의 세 번째 구조: 하나님 나라-역사-교회

'하나님-역사-교회' 신학은 일반적 종말론 논의로부터의 대전환일 뿐 아니라, 역사 이해와 교회론 이해에도 새로운 신학적 차원을 제시한다고 본다. 이 도식 안에 범주화될 수 있는 신학자는 다양하지만 그중 튀빙겐

(Tübingen)의 몰트만(Jürgen Moltmann)이 대표적 주자이며, 밴더빌트(Van-
derbilt) 대학의 호지슨(Peter Hodgson)이 이에 합류하고 있다고 본다.

앞서 논의한 하나님 나라(Basileia Tou Theou) 사상에서 몰트만의 사상
은 '예시적 종말론'(proleptic eschatology)에 근거를 둔 역사신학(theology of
history)이었음을 밝힌 바 있다. 즉 고대 그리스 철학이 제시하는 '영원한
현재의 출현'(epiphany of the eternal present)에 근거한 정적인 역사관에 반
대한 역사 종말론은 예수 그리스도의 부활 사건에서 이미 약속된 미래가
도래하고 있다는 종말론적 지평에 근거하고 있음을 밝힌 바 있다. 부활 사
건은 하나님의 계시이며 부활에서 '그가 진정한 누구였는가?'(who really
was)와 '진정 오실 분'(who really will be)이 드러난다고 몰트만은 이해한다.
'그가 누구였느냐?'는 역사적 기억의 근거이며(믿음), '진정 오실 분'은 아
직은 아닌 실재에 대한 미리 맛봄이고 또 대망의 근거(소망)가 된다는 것이
다. 몰트만에게서 부활은 하나님의 계시이며 동시에 미래의 약속이라는
점에서, 부활은 역사를 이해하고 또 교회 존재 근거를 찾게 하는 기점인
것이다. 역사는 부활에서만 빛을 받을 수 있는 영역이기 때문이다. 그리고
부활에서 약속된 미래만이 새로운 창조의 가능성이기에, 여기에서 비로소
인간과 세계는 새로운 존재 즉 '역사적'(historical)이 된다는 것이다. 그러기
에 몰트만에게 있어서 인간과 세계는 부활에서 약속된 미래 안에서만 '역
사'로 변할 수 있는 것이다.

여기서 몰트만의 '하나님 나라-역사-교회'의 관계를 그의 역사 종말론
적 관점에서 조명해 보는 것은 교회론 이해에 큰 도움이 될 것이다. 하나님
나라와 역사의 관계를 논하기 위해서 몰트만의 또 다른 신학적 해석은 좋은
틀이 될 것이다. 몰트만은 이를 '기득론과 종말론의 변증법'(dialectic of
Christology and eschatology)이라고 불렀다.[55] 전통적인 해석은 기독론과 종
말론을 '근원'과 '처음'에서 시작한다. 이는 "아버지께서 아들을 세상에 보
내시고 아들은 성령을 보내신다."에서 아버지는 주역으로 아들은 준 주역

---

55 Jürgen Moltmann, *The Future of Creation*, 86.

으로서 성령은 수동 역할로 이해되는 방법론이다. 그러나 종말론적 해석은 "아들이 죽음으로부터 다시 살아나서 아버지께로 갔으며… 예수의 부활은 아버지와 함께 미래를 열었으며… 예수의 근원은 종말론적 미래를 향한 것이며… 예수의 메시아적 사명은 세계의 종말론적 완성을 위한 것이었다…"고 풀이한다. 여기서 종말론적 삼위일체론은 "성령이야말로 아들과 아버지를 영화롭게 하고, 아들은 아버지를 영화롭게 하며, 아버지는 아들과 성령을 통하여 영광을 받으신다"고 해석한다. 이처럼 전통적 해석은 '근원'과 '시작'에서 사건을 해석하며, 종말론은 '미래'와 '목적'에서 사건을 해석하는 양극적 입장에 서 있다.[56]

그러나 몰트만은 이 두 해석은 상호 배타적이 아니라 상호 보완적이어야 하며, 그때에만 역사에 대한 온전한 이해가 가능하다는 점을 분명히 한다. 예수의 십자가 죽음은 그의 삶과 메시아적 사명이라는 차원에서 보아야 하며 동시에 예수의 부활은 그의 종말론적 미래라는 차원에서 보아야 하기 때문이다.[57] 아버지의 보내심과 성령의 역사라는 양면에서 예수의 부활과 미래의 약속을 보아야 한다는 의미이다. 이러한 신학적 배경에서 몰트만은 하나님 나라와 역사의 관계를 어떻게 풀어 가는가? 기독론적 종말론에서, 부활 사건에서, 약속된 미래에서 '세계'(the world)는 결코 고대 그리스 철학이 내세우는 운명(fate)이나 우연(chance)이 아니고 우주론적·기계주의적 숙명도 아니며, 과학기술이 추구하는 천년 시대도 아니라 하나님과 미래를 향해 열려 있는 역사이다.[58] 여기서 역사는 약속에 의하여 결정되는 실재이다.[59] 부활에서 주어진 약속에 의하여 제정되는 실재로서 역사는 이상주의자들이 말하는 자기실현의 영역도 아니고 낭만주의자들이 말하는 자기 소외의 지옥도 아니다. 그것은 하나님과 미래를 향해 열려 있는 지평이다. 몰트만은 이것을 '세계의 역사화'라고 불렀다.[60]

---

56 Ibid.
57 Ibid., 87.
58 Jürgen Moltmann, The Theology of Hope, 93.
59 Ibid., 224.
60 Ibid., 93.

한 걸음 더 나아가 몰트만은 역사를 예수 그리스도의 재림(Parousia)의 빛에서 해석의 깊이를 증폭시킨다. 재림이란 '가셨던 분'의 귀환을 말한 바르트와는 달리, 그리스도의 미래는(부활에서 약속된) 오늘과 내일을 대망하고 기다리는 역사 안의 현존(presence)이고 오고 있는 미래(arriving future)라는 것을 의미한다. 그러기에 몰트만에게서 "종말론적 약속은 경험하는 현재를 과거로부터 오고 있는 것을 향해 열어놓는 역사가 되게 하는 것이다."61 바로 이 역사화를 유대 예언자들이나 그리스도인들은 구원의 역사로 보았으며, 하나님의 프로그램 역사로 보았다. 몰트만에게서 역사는 언제나 미래이고, 오고 있는 그리스도의 미래이다. 그는 이 미래의 눈에서 역사를 보는 것을 '역사적 미션'(historic mission)으로 해석하였다. 종말론적 약속과 이 역사적 미션은 인간의 존재를 끊임없이 역사적으로 바꾸며, 또한 세계를 가나안으로 인도하신 변혁적 역사로 바꾸어 간다.62 여기서 역사의 비극과 타락을 극복할 수 있는 가능성을 찾는다. 하나님을 역사의 미래로 이해하였을 때, 그 미래의 약속 안에 있는 세계는 역사로 변화된다. 그러기에 하나님은 우리 위에 계신 분(God above us)도 아니고, 우리 안에 계신 분(God in us)도 아니며 오히려 우리 앞에 계신 분(God ahead of us) 즉 출애굽과 가나안으로 인도하신 하나님으로 다가온다.63

하나님 나라(혹은 하나님)와 역사의 관계에서 몰트만은 자신의 역사 종말론적 신학을 과정 신학(process theology)으로부터 구별한다. 과정 신학은 세계 진행의 역동성을 장(context)으로 하여 '되고 있는 하나님'(becoming God)을 증언하고 있는 자연신학에 반하여, 역사 종말론적 신학은 무로부터의 창조, 죽음을 이기고 다시 사신 부활이 엮어내는 변증법적 역동의 장속에 오고 있는 하나님을 증언한다.64 여기서 하나님은 부활에서 계시하였을 뿐 아니라 부활의 약속에서 확실히 약속되는 미래 속으로 오고 계신

---

61 *Ibid.*, 227.
62 *Ibid.*, 284.
63 Jürgen Moltmann, *Religion, Revolution and the Future*(New York: Charles Scribner's Sons, 1969), 209.
64 *Ibid.*, 210.

다. 역사는 이 약속과 미래에 의하여 설계되는 실재이며, 그것은 부활의 약속과 소망 안에서 경험되는 '약속된 역사'(promissory history)[65]이다.

몰트만의 역사 종말론적 신학에 관해 믹스(M. Douglas Meeks)는 주관성과 객관성의 신학적 양극을 '하나님의 종말론적 초월성'이라는 제3의 틀을 통해 극복한 신학으로 높이 평가했다.[66] 중요한 것은 '종말'(eschaton) 사상이며 그것은 변혁적 지평으로 이해되는 역사와의 관련에서 이해되기 때문이다. 하나님은 초월도 내재도 아니라 무에서 삶을 창조하시는 창조자시며, 예수 그리스도는 하나님의 화해적 미래의 지평에서 죽은 자가 다시 산 자로 오실 것이라는 것이다. 역사는 바로 부활에서 약속된 미래에 의하여 설정되는 'Promissio Dei'(하나님의 약속)이며, 인간은 여기서 하나님의 가능성과 새로운 창조에 참여하는 역사적 존재가 되는 것이다.[67]

그러나 몰트만 신학에 약점이 없는 것은 아니다. 그의 종말론은 하나님, 그리스도, 성령, 역사, 인간 그리고 교회를 새롭게 해석하는 중요한 신학적 공헌을 남긴 것은 사실이다. 모름지기 그는 초월성과 내재성 사이를 끊임 없이 오고 가며 갈등을 빚어 왔던 전통 신학의 틀을 넘어, 신학을 하나님 나라와 역사 그리고 교회의 관계로 전환한 가장 의미 있는 신학자라고 평가한다. 그러나 그의 '미래주의'(futurism)는 하나님 계시의 시간성을 허공에 띄워 버리기 쉬운 위험성을 안고 있다. 출애굽, 예언자의 선포, 예수의 죽음과 부활 사건의 역사적 의미(몰트만은 이를 protologic이라고 하였다)를 'not yet'(아직도 아닌) 시킴으로 성서, 특히 구약이 증언하는 역사적 기억(historical remembrance)의 근거를 약화하는 인상을 남긴다. 그리고 몰트만의 역사 이해에도 문제가 있는 것으로 보인다. 역사를 부활에서 약속된 미래의 지평으로 보는 것은 훌륭한 해석이지만, 그것은 마치 약속으로 채색된 역사 그 자체가 종말론적으로 움직여 가는 듯한 인상을 남긴다. 다

---

65 Ibid.
66 M. Douglas Meeks, *Origins of the Theololgy of Hope*(Philadelphia: Fortress press, 1974), 157.
67 Ibid.

시 말해서 몰트만의 역사 이해는 역사의 종말론적 지평 그 자체를 강조함으로 역사를 직접 운행하고 또 개입하는 하나님의 지배(God's reign)가 약화되거나 보류되는 것 같은 혼돈을 주고 있다. 역사 속의 하나님(God in history)의 차원이 약화된 것으로 보인다. 그렇지만 부활에서 약속된 미래는 곧 역사의 'Promissio Dei'(하나님의 약속)이며, 그것은 끊임없이 인간과 교회를 불러 'Missio'(선교)의 사명을 위임한다고 본 것은 그의 교회론 이해에서 소중한 틀이 된다.

그렇다면 '하나님 나라-역사-교회' 구조 안에서 교회의 존재는 무엇이며, 그 존재 양식은 어떤 것인가? 몰트만에게 교회는 그 자체 안에 생명이 있거나 구원이 있지 않았다. 교회 자체가 전할 말씀이나 메시지가 있는 것도 아니다. 교회의 존재는 한 마디로 부활에서 나타난 하나님의 종말론적 약속으로 Promissio Dei와 위임받은 Missio 사이에 자리하기 때문이다.68 부활 사건에서 나타난 우주적 미래의 Promissio는 모든 민족을 향한 교회의 우주적 Missio로 이어져야 하기 때문이다.69 그러기에 역사의식은 곧 선교의식을 의미한다. 여기서 역사의식은 교회를 역사적 존재로 만든다.

또 Promissio Dei와 교회의 관계는 어떤 것인가? 부활한 그리스도는 Promissio Dei 안에서 사람들을 부르고, 보내며, 의롭게 보며 또 성화시킨다. 그리고 그리스도는 그들을 모으고, 부르고 또 세계를 향하여 그의 종말론적 미래로 내보낸다. 여기에 비로소 기독교 공동체가 현존하며 그 궁극적 목적은 다시 산 주님의 주권을 위해 살고 또 섬기는 데 있다. 이 공동체는 종말론적 공동체로서 자각과 동시에 모이고 다시 보냄을 받는 공동체로서 존재 이유를 자각하는 공동체이다. 이 기독교 공동체는 교회이며, 그 존재의 본질은 약속된 미래에 있고, 그 존재 양식은 Missio에 있게 된다.70

몰트만은 Promissio Dei와 Missio를 경험하는 사람들이야말로 오고 있는 하나님 나라의 메시아적 백성이라 정의했다.71 그러기에 역사 종말

---

68 Jürgen Moltmann, *The Theology of Hope*, 87-92, 224-225, 286.
69 *Ibid.*, 225.
70 *Ibid.*, 335.

론적 성격을 지닌 교회를 몰트만은 '메시아적 백성'이라 이름하였다. '메시아적'이란 메시아에 의하여 정당화되었다는 의미이며(부르시고 보내시고…), 동시에 '메시아적'이란 미래의 약속을 받았다는 의미이다. 메시아적 백성은 역사 안에서 이루어가는 하나님의 통치와 하나님 나라 임재를 대망하는 공동체이다. 여기서 교회는 성령의 능력 안에서 아직은 하나님 나라가 아니지만, 하나님 나라를 역사 안에서 대망하는 공동체로 현존한다. 하나님 나라는 역사에서 미래의 현존으로 존재한다. 메시아적 백성은 왜곡되고 자기도취에 빠지며 자신 안의 노예가 된 사람들을 장차 올 것을 향해 자신을 열어놓게 하는 공동체 그리고 세계와 타자를 위해 자신을 열어놓는 공동체, 그래서 악한 세력에 저항하는 것을 두려워하지 않는 공동체이다. 그리고 메시아적 공동체는 바로 오고 있는 하나님 나라를 대망하는 삶 속에서 오고 있는 하나님 나라를 대변하며 동시에 이 세계와 모든 사람을 대변한다. 그리고 희망 없는 자들, 눌린 자들의 미래와 자유를 위해 자신을 바침으로 참소망을 살아가는 공동체이다.[72]

그러기에 교회는 오고 있는 하나님 나라를 대망하고, 악에 저항하며, 하나님과 이웃을 대변하고 자기희생으로 살아가는 메시아적 백성 혹은 메시아적 공동체로서 이해한다.

메시아적 공동체로서 교회는 아직 새로운 창조는 아니지만 성령이 역사하는 공동체이며, 기독교는 아직 새로운 인류는 아니지만 선구적 위치(vanguard)에 있다. 특히 이 공동체는 인간의 미래를 대변하고 역사 안에서 자기희생을 통하여 역사의 궁극적 목적이 하나님 나라임을 증거하는 잠정적 공동체이다.[73] 그러기에 교회는 역사 종말론적 공동체인 것이다. 교회는 하나님 나라를 대망하는 지평 안에 현존한다는 의미이다. 그러므로 교회는 Promissio Dei 안에서 그 존재 의미를 갖는다.

그럼 몰트만에게서 교회와 Missio의 관계는 어떤 것인가? 메시아적

---

71 Jürgen Moltmann, *The Church in the Power of the spirit*(London: SCM, 1977).
72 *Ibid.*, 193-196.
73 *Ibid.*, 196.

공동체로서 교회는 Promissio Dei에서 위임된 Missio를 통해 그 존재 양식이 역사 속에 드러난다. Missio의 처음은 하나님의 말씀 선포이다. 말씀의 선포는 그 자체 안에 마법적인 힘이 있는 것은 아니다. 말씀의 선포는 미래를 향해, 하나님의 약속을 향해 열려야 한다. 하나님의 약속을 향한 증언일 때, 말씀은 종말론적 선물[74]이 되며, 그 말씀 안에서 세계를 향한 하나님 미래의 비밀이 현재화된다. 말씀이 종말론적 구원은 아니다. 그러나 말씀은 오고 있는 구원의 종말론적 타당성을 추구한다. 그러므로 교회는 하나님 나라와 구원의 증거로서 말씀 선포라는 Missio를 통하여 메시아적 삶을 살아간다.

Missio의 두 번째는 세례와 주의 만찬이다. 세례는 단순히 입회의 의식이거나 죄사함의 의식이 아니다. 예수의 죽음에 대하여 세례를 준다는 것은 부활한 그리스도에게서 약속된 하나님 나라의 미래를 향해 사람들을 봉인(seal)하는 것이라고 몰트만은 풀이한다.[75] 그리고 주의 만찬도 마찬가지이다. 몰트만에게 있어서 주의 만찬은 신비도 아니고 종교적 의식도 아니며 또 절대자의 임재도 아니다. 하나의 종말론적 행위로서, 성만찬에서 오고 있는 주님과의 교제를 대망하는 회중적 사건이다.[76]

Missio의 세 번째는 봉사의 행위이다. 세계를 향한 그리스도의 Missio를 따르는 교회는 세계에서 행하는 그리스도의 봉사에도 동참해야 한다. 메시아적 백성으로서 교회는 세상을 향한, 세상을 위한 봉사에서만 그 존재의 의미를 찾는다. 그러나 그것이 세계의 교회화(churchifying)를 목적으로 삼아서는 안 된다.[77] 교회의 봉사는 오고 있는 하나님 나라를 대망하는 종말론적 지평 안에서 실천되어야 한다. 봉사는 개개인의 구제보다 구약에서 부각된 샬롬(shalom)과 같은 것이며, 정의와 평화 그리고 자유와 인간의 존엄을 위한 것이어야 한다.[78] 인간의 인간화, 인간의 사회화 그리고

---

74 Jürgen Moltmann, *The Theology of Hope*, 236.
75 *Ibid.*
76 *Ibid.*
77 *Ibid.*
78 *Ibid.*, 329.

모든 창조를 위한 평화의 실현을 포함한다.

몰트만의 교회론은 Promissio Dei로서 역사와 Missio로서 교회 사역 사이에 서 있다고 논평하였다. 결국 '종말'의 관점에서 몰트만은 하나님 나라-역사-교회의 관계를 구조화하였으며 이는 분명 전통적 교회론의 한계를 초극할 수 있는 새로운 신학적 패러다임으로 평가된다. 특히 오고 있는 하나님 나라를 대망하는 역사의 종말론적 지평에서 교회를 종말론적 증언과 봉사의 공동체로 정의한 것은 교회의 제도주의와 분파주의를 넘어 새로운 존재 가능성을 모색하게 하는 틀로 평가된다. 또 Missio로서 말씀, 세례와 성례전 그리고 봉사를 Promissio Dei에서 새롭게 조명한 것은 교회 사역의 변화를 위한 패러다임이다.

참고문헌

I. 한글 도서

기독교문사.『기독교대연감』, 1992.

김광식.『조직신학 III』, 서울: 대한기독교서회, 1994.

김병서.『현대사회의 위기와 교회적 대응』, 서울: 도서출판 교육목회, 1993.

민경배.『한국기독교 사회운동사』, 서울: 대한기독교출판사, 1987.

박인수.『성서에 나타난 세례와 성만찬』, 서울: 도서출판 교육목회. 1994.

오인탁 외 5인.『기독교교육사』, 서울: 도서출판 교육목회, 1992.

은준관.『교육 신학』, 서울: 대한기독교서회, 1976.

은준관.『현대교회론』, 서울: 도서출판 교육목회, 1993.

이원규.『한국교회의 사회학적 이해』, 서울: 성서연구사, 1992.

이원규 편저.『한국교회와 사회』, 서울: 나단출판사, 1989.

이원규.『현대교회의 위기와 가능성』, 서울: 도서출판 교육목회, 1993.

이형기.『역사 속의 교회』, 서울: 도서출판 교육목회, 1993.

주재용.『기독교 본질과 역사』, 서울: 전망사, 1983.

한국 기독교하회문제연구원,「비기독교인 교회 및 기독교인에 대한 여론 조사」, 1982.

II. 한글 논문

김광식. "교회론의 성서적 기초와 교리사적, 신학적 의미",『신학논단』제19집, 서울: 연세대학
　　　교 신과대학, 1991.

김병서. "한국사회의 산업화와 교회발전",『한국교회와 사회』, 서울: 나단출판사, 1989.

김영재. "한국교회의 문제점과 그 쇄신에 대한 제언",『한국 기독교와기독 지성인』, 서울: 도서
　　　출판 풍만 1987.

노길명. "한국종교성장의 사회적 배경",『한국교회와 사회』, 서울: 나단출판사, 1989.

노치준. "한국종교성장의 사회적 배경", "한국교회의 개교회주의",『기독교상』, 2(1982),
　　　11(1983), 1(1984), 5(1986).

박영신. "한국근대사회변동과 기독교",『한국교회와 사회』, 서울: 나단출판사, 1989.

박종화. "에큐메니칼 운동과 신학의 동향과 전망",『현대와 신학』, 서울: 연세대학교 연합신학
　　　대학원, 1993.

은준관. "현대의 교육신학",『기독교교육사』, 서울: 도서출판 교육목회, 1992.

이양호. "루터의 교회론",『현대와 신학』, 서울: 연세대학교 연합식학대학원, 1993.

이원설. "미래사회의 도전과 한국교회의 대응", 예장 바른목회 실천협의회, 1991.

III. 영문 도서

Abott, Walter M. *The Documents of Vartican II*. New York: Guild Press, 1966.

Altizer, Thomas J. J. *The Gospel of Christian Atheism*, Philadelphia: Westminster Press.

Anderson, Bernhard W. *Understanding the Old Testament*. Englewood Cliffs: Prentice-Hall, 1986.

Anderson, Gerald H. ed. *The Theology of the Christian Mission*. New York: McGraw-Hill Book Co. Inc., 1961.

Avis, Paul D. L. *The Church in the Theology of Reformers*. Atlanta: John Knox Press, 1981.

Banks, Robert. *Paul's Idea of Community*. Grand Rapids: Eerdman's, 1980.

Barth, Karl. *Against the Stream*. London: SCM Press, 1954.

Barth, Karl. *Church Dogmatics*. Edinburgh: T& T Clark, 1956.

Barth, Karl. *Epistle to the Romans*. London & New York: Oxford University Press, 1933.

Bell, Daniel. *The Coming of the Post-Industrial Society*. New York: Basic Books Inc., 1973.

Benz, Ernst. *Evolution and Christian Hope*. Garden City: Doubleday & Co., 1966.

Berkouwer, G. C. *The Triumph of Grace in the Theology of Karl Barth*. Grand Rapids: William B. Eerdman's Publishing Co., 1956.

Bettenson, Henry. ed.& tr. *The Early Christian Fathers*. London: Oxford University Press, 1956.

Boff, Leonard. *Church, Charism& Power*. New York: Crossroad, 1985.

Bonhőffer, Dietich. *Lift Togehter*. New York: Harper & Brothers, 1954.

Bonhőffer, Dietich. *Act and Being*. New York: Harper & Row, 1956.

Bonhőffer, Dietich. *The Communion of Saints*. New York: Harper & Row, 1960.

Booty, John E. *The Church in History*. New York: Seabury Press, 1979.

Boy, Mary C. *Biblical Interpretation in Religious Education*. Birmingham: Religious Education Press, 1980.

Bright, John. *A History of Israel*. Philadelphia: Westminster Press, 1971.

Bowden, Derric J. *The World of the New Testament*. Oxford, Headington-Hill Hall: Religious Education Press, 1971.

Brown, Robert M. *The Ecumenical Revolution*. New York: Doubleday & Co., 1967.

Brunner, Emil. *The Christian Doctrine of the Church, Faith and the Consummation*. Philadelphia: Westminster Press, 1950.

Brunner, Emil. *The Divine Imperative*. London: Lutterworth Press, 1937.

Brunner, Emil. *The Misunderstanding of the Church*. Philadelphia: Westminster Press, 1951.

Bühlmann, Walbert. *The coming of the Third Church*. New York: Doubleday & Co., 1967.

Bultmann, Rudolf. *History and Eschatology*. New York: Harper & Brothers, 1957.

Bultmann, Rudolf. *Jesus Christ and Mythology*. London: SCM Press, 1958.

Bultmann, Rudolf. *Theology of the New Testament*. vol. I. New York: Charles Scribner's Sons, 1955.

Calvin, John. *Institute of Christian Religion*. Philadelphia: Westminster Press. 1967.

Casalis, Georges. *Portrait of Karl Barth*. Garden City: Doubleday & Co., 1963.

Conzelmann, Hans. *An Outline of the Theology of the New Testament*. New York: Harper & Row, 1969.

Conzelmann, Hans. *History of Primitive Christianity*. Nashville: Abingdon Press, 1973.

Cooley, Charles H. *Social Organization*. New York: Schocken Books, 1967.

Cox, Harvey. *Social Organization*. New York: Schocken Books, 1967.

Craig, Clarence T. *The Beginning of Christianity*. Nashville: Abingdon Press, 1944.

Cullmann, Oscar. *Christ and Time*. Philadelphia: Westminster Press. 1949.

Cullmann, Oscar. *Early Christian Worship*. Nashville: Alec R. Allen, Inc., 1953.

Cwiekowski, Frederick. *The Beginning of the Church*. Ireland: Gill & MacMillan Co., 1988.

Davies, J. G. *The Early Christian Church*. New York: Holy, Rinehart & Winston, 1965.

Dillenberger, John& Welch, Claude. *Protestant Christianity*. New York: Charles Scribner's Sons, 1954.

Dillistone, F. W. *The Structure of the Divine Society*. Philadelphia: Westminster Press. 1951.

Dodd, C. H. *The Parable of the Kingdom*. New York: Charles Scribner's Sons. 1961.

Doohan, Halen, *Paul's Vision of Church*. Wilmington: Michael Glazier, 1989.

Dudley, Carl S. *Where Have All Our People Gone?* New York: Pilgrim Press, 1979.

Dulles, Avery. *A Church To Belive In*. New York: Crossroad, 1982.

Dulles, Avery. *Models of the Church*. Garden City: Doubleday & Co., 1978.

Dunn, James. *The Unity and Diversity in the New Testament*. tr. by Duk Jung Kim. Seoul: Nathan, 1990.

Durell, J. C. *The Historic Church*. Cambridge University Press: Kraus Reprint Co., 1969.

Eichrodt, Walther. *Theology of the Old Testament.* London: SCM Press, 1961.

Fouset, Marianka. *The Church in a Changing World.* St. Louis: Concordia Publishing House, 1971.

Freedman, D. N. ed. *The Anchor Bible Dictionary*. Garden City: Doubleday & Co., 1992.

George, Timothy. *Theology of the Reformers*. Nashville: Abingdon Press, 1944.

Godsey, John D. *The Theology of Dietich Bonhöffer*. Philadelphia: Westminster Press. 1960.

Goguel, Maurice. *The Primitive Church*. New York: MacMillan Co., 1964.

Goodall, Norman G. *The Ecumenical Movement*. Philadelphia: Westminster Press. 1960.

Gottwald. Norman G. *The Church Unbound*. Philadelphia: J. B. Lippincott Co., 1967.

Hann, Ferdinand. *The Worship of the Ealry Church*. Philadelphia: Fortress Press. 1973.

Harnack, Adolf. *What is Christianity?* New York: Harper & Row, 1957.

Harrelson, Walter. *From Fertility Cult to Worshop*. New York: Doubleday & Co., 1970.

Harrison, Everett F. *The Apostolic Church*. Grand Rapids: William B. Eerdman's Publishing Co.,

1985.

Hodson, Peter C. *Revisioning the Church*. Philadelphia: Fortress Press. 1988.

Hodson, Peter C. *God in History*. Nashville: Abingdon, 1989.

Hodson, Peter C. *Winds of the Spitit*. Louisville: Westminster John Knox Press, 1994.

Hoekendijk, J. C. *The Church Inside Out.* London: SCM, 1964.

Hoge, Dean R.& Roozen, David A. ed. *Understanding Church Growth and Decline*. 1950-1978. New York: Pilgrim Press, 1979.

Holland, Dewiite T. *The Preaching Tradition*. Nashville: Abingdon, 1980.

Houtepen, Anton. *People of God*. Maryknoll: Orbis books, 1984.

Hunter, A. M. *Introducing New Testament Theology*. London: SCM Press, 1982.

Illich, Ivan. *Deschooling Society*. New York: Harper & Row, 1970.

Jaeger, Lorenz. *The Ecumenical Council, the Church and Christendom*. New York: P. J. Kenedy & Son, 1961.

Jay, Eric G. *The Church.* Atlanta: John Knox Press, 1980.

Jeremias, Joachim. *New Testament Theology*. London: SCM, 1971.

Kaploun, Uri. *The Synagogue*. Philadelphia: Jewish Publishing Society of America. 1973.

Kee, Howard Clark. *Understanding the New Testament*. Englewood Cliffs: Prentice-Hall Inc., 1983.

Kegley, Charles W. ed. *The Theology of Rudolf Bultmann*. New York: Harper & Row, 1959.

Kelley, Dean M. *Why Conservative Churches Are Growing?* New York: Harper & Row, 1972.

Kelly, J. N. D. *Early Christian Doctrine.* New York: Harper & Brothers, 1959.

Kümmel, Werner Gerog. *Promise and Fulfiilment.* London: SCM Press, 1957.

Kümmel, Werner Gerog. *The Theology of the New Testament*. Nashville: Abingdon, 1973.

Küng, Hans. *The Church.* New York: Sheed & Ward, 1967.

Küng, Hans& Swidler, Leonard. *The Church in Anguish.* San Francisco: Harper & Row, 1987.

Ladd, George. *The Presence of the Future.* Grand Rapids: William B. Eerdman's Publishing Co., 1974.

Landis, Benson Y. comp. *Rauchenbush.* New York: Harper & Brothers, 1957.

Lawson, John. *A Theological and Historiclal Intoduction to the Apostolic Farthers.* New York: MacMillan Co., 1961.

Leith, John. H. ed. *Creeds of the Church.* Atlanta: John Knox Press, 1977.

Limouris, Gennadios. ed. *Church, Kingdom, World.* Geneva: WCC, 1986.

Lindbeck, George A. ed. *Dialogue on the Way.* Minneapilis: Augsburg Publishing House, 1965.

Lohfink, Gerhard. *Jesus& Community.* Philadelphia: Fortress Press. 1982.

Luther, Martin. *Works of Martin Luther.*

MacGregor, Geddes. *Corpus Christus.* Philadelphia: The Westminster Press, 1958.

Mackintosh, Hugh Ross. *Types of Modern Theology.* New York: Charles Scribner's Sons, 1937.

Macy, Paul G. *If It Be of God.* St. Louis: The Bethany Press, 1960.

Marty, Martin& Peerman, Dean P. ed. *A Handbook of Christian Theologians.* Cleveland& New York: The World Publishing Co., 1965.

Marty, Martin. *Righteous Empire.* New York: The World Publishing Co., 1965.

McBrien, Richard. *The Church in the Thought of Bishop Robinson.* Philadelphia: Westminster Press, 1966.

McBrien, Richard P. *Do We Need the Church?* New York: Harper & Row, 1969.

McBrien, Richard P. *Church.* New York: Newman Press, 1970.

Meeks, M. Douglas. *Origins of the Theology of Hope.* Philadelphia: Fortress Press. 1974.

Minear, Paul. *Images of the Church in the New Testament.* Philadelphia: Westminster Press. 1960.

Moberly, R. C. *Ministerial Priesthood.* New York, 1916.

Moltmann, Jürgen. *Theology of Hope.* New York: Harper & Row, 1967.

Moltmann, Jürgen. Religion, Revolution and the Future. New York: Charles Scribner's Sons, 1969.

Moltmann, Jürgen. *The Church in the Power of the Spirit.* London: SCM Press, 1977.

Moltmann, Jürgen. *The Future of Cration.* Philadelphia: Fortress Press. 1979.

Nelson, Robert R. *Therealm of Redemption.* London: Epworth, 1963.

Newlands, George M. *The Church of God.* Marshall Morgan & Scott, 1984.

Newman, Murray Lee. *The People of the Covement.* New York: Abingdon Press, 1962.

Niebuhr, H. Richard. *Christ and Culture.* New York: Harper & Row, 1951.

Niebuhr, H. Richard& Williams, Daniel D. ed. *The Ministry in Historical Perspective.* New York: Harper & Row, 1956.

Niesel, Wilhelm. *The Theology of Calvin.* Philadelphia: Westminster Press. 1956.

Niesel, Wilhelm. *The Gospel and the Church.* Philadelphia: Westminster Press. 1962.

Pannenberg, Wolfhart. *The Church.* Philadelphia: Westminster Press. 1983.

Puck, Wilhelm, *The Heritage of the Reformation.* Free Press of Glencoe Inc., 1961.

Perrin, Norman. *The Kingdom of God in the Teaching of Jesus.* London: SCM Press, 1963.

Perrin, Norman. *Jesus and the Language of the Kingdom*: Symbol and Metaphor in the New Testament Interpretation, 1976.

Rauschenbusch, Walter. *Christianizing the Social Order.* Boston& Chicago: The Pilgrim Press, 1912.

Rauschenbusch, Walter. *A Theology for the Social Gospel.* New York: Abingdon Press, 1917.

Reich, Charles A. *The Greening of America.* New York: Random House Inc., 1970.

Richardon, Alan. *An Introduction to the Theology of the New Testament.* London: SCM Press, 1958.

Richardson, Cyril Charles. *The Church through the Centuries.* New York: Charles Scribner's Sons, 1950.

Robertson, Pat. *The New Millennium.* Dallas: Word Publishing Co., 1990.

Rottenberg, Isaac C. *The Promise and the Presence*. Grand Rapids: William B. Eerdman, 1980.

Russell, Letty M. *Christian Education in Mission*. Philadelphia: Westminster Press, 1967.

Rust, Eric C. *Towards a Theological Understanding of History*. New York: Oxford University Press, 1963.

Schlatter, Adolf. *The Church in the New Testament Period*. London: SPCK, 1955.

Schnackenburg, Rudolph. *The Church in the New Testament*. New Testament. New York: Herder& Herder, 1966.

Schweitzer, Albert. *The Mystery of the Kingdom of God*. New York: Schocken, 1914.

Schweitzer, Albert. *The Quest of the Historical Jesus*. New York: MacMillan Co., 1961.

Scott, Ernest F. *The Kingdom of God in the New Testament*. New York: MacMillan Co., 1931.

Seeberg, Reihold. *The History of Doctrines*. Grand Rapids: Baker Books, 1961.

Sherril, Lewis J. *The Rise of Christian Education*. New York: MacMillan Co., 1944.

Shinn, Roger L. *Christianity and the Problem of history*. Nashville: Abingdon, 1966.

Smith, Harry E. *Secularization and the University*. Richmond: John Knox Press, 1968.

Spinka, Matthew. *John Hus' Concept of the Church*. N. Jersey: Princeton University Press, 1966.

Stackhouse, Max L. *Apologia*. Grand Rapids: William B. Eerdman, 1988.

Strong, James. *The Tabernacle of Istael*. Grand Rapids: Kregel Publishing Co., 1984.

Swift, Fletcher H. *Education in Ancient Israel*. Chicago. Open Court Publishing Co., 1919.

Tillich, Paul. *A History of Christian Thought*. A. Touchstone Book. 1972.

Toffler, Alvin. *The Third Wave*. New York: William Morrow & Co., 1980.

Troeltsch, Ernst. *The Social Teachings of the Christian Churches,* New York: Harper & Row, 1931.

van Leeuwen, Arend Th. *Christianity in World History*. New York: Charles Scribners's Sons, 1964.

van Unnik, W. C. The New Testament, *The New Testament*. New York: Harper & Row, 1962.

Vicedom, Georg. *Missio Dei*. St. Louis: Concordia Publishing House.

Viviano, Benedict T. *The Kingdom of God in History*. Wilmington: Michael Glazier, 1988.

Viviano, Benedict T. *TheKingdom of God in 20th Century Interpretation*. ed. by wendell Willis. Peabody, Mass.: Handrickson Publishers, 1987.

von Rad, Gerhard. *Old Testament Theology*. New York: Harper & Row, 1962.

Walker, Willston. *A History of the Christian History*. New York: Charles Scribner's Sons, 1918.

WCC. *The Church for others*. Genava: WCC., 1967.

Webber, George E. *Worship Old and New*. Michigan: Zondervan Publishing House, 1982.

Webber, George W. *Today's Church*. Nashville: Abingdon Press, 1979.

Weaver, J. Denny. *Becoming Anabaptist*. Ontario: Herald Press, 1987.

Weigel, Gustav. *Catholic Theology in Dialogue*. New York: Harper & Row, 1960.

Weiss, Johannes. *Jesus's Proclamation of the Kingdom of God*. Philadelphia: Fortress Press, 1971.

West, Charles C. *Communism and the Theologians*. Philadelphia: Westminter Press, 1958.

Westerhoff Ⅲ, John. *Values for Tomorrow's Children*. Philadelphia: Pilgrim Press, 1979.

Williams, Colin. *John Wesley's Theology*. Nashville: Abingdon, 1960.

Williams, Colin. *The Church*. Philadelphia: Westminster Press, 1968.

Wilke, Richar B. *And Are We Yet alive?* Nashville: Abingdon Press, 1986.

Willis, Wendell. ed. *The Kingdom of God in 20th Century Interpretation*. Mass: Hendrickson, 1987.

Winter, Gibson. *The Suburbian Captivity of the Church*. New York: Doubleday & Co., 1970.

Wood, H. G.& Others. *The Kingdom of God and History*. New York: Willett, Clark & Co. 1938.

IV. 영문 논문

Brown, Raymond E. "Unity and Diversity in New Testament Ecclesiology", *Novum Testamentum*. 1963, 6.

Cushman, Rober E. "A Protestant View of Vartivan Council II in Retrospect", *Duke Divinity*. Duke University Divinity School, 1966, Autumn.

Farmer, Ron, "The Kingdom of God in the Gospel of Matthew", *The Kingdom of God in 20th Century Interpretation*. ed. by Wendell Willis.

Hiers, Jr. Richard. "Pivotal Reations to the Eschatological Interpretaition", *The Kingdom of God 20th Century Interpretation*. ed. by Wendell Willis.

Hogg, William R. "The Rise of Protestant Missionary Concern: 1517-1914", *The.Theology of Christian Mission*. ed. by Gerald H. Anderson.

Käsemann, Ernst. "Unity and Diversity in New Testament", *Novum Testamentum*. 1963. 6.

Knox, John. "The Ministry in the Primitive Church", *The Ministry in Historical Perspectives*, ed. by H. Richard Niebuhr& Daniel D. Williams.

Mason, Arthur James. "Conceptions of the Church in Early Times", *Essays on the Early History of the Church and the Ministry*. London: MacMillan, 1918.

Outler, Albert C. "A Response", *The Documents of Vatican II*. ed. by Walter M. Abbott.

Patrick, Dale. "The Kingdom of God in the Old Testament", *The Kingdom of God in 20th Century Interpretation*. ed. by Wendell Willis.

Pauck, Whlhelm. "The Ministry in the Time of the Continental Refotmation", *The Ministry in Historical Perspectives*.

Robinson, John A. T. "Church and Theology: Here to Where", *Theology Today*. vol. II. 1968.

Skydsgaard, K. E. "The Church as Mystery and the People of God", *Dialogue on the Way*. ed. by George Lindbeck.

Un, Joon Kwan. "Building Solidarity", 『현대와 신학』, 서울: 연세대학교 연합신학대학원, 1993.